# 사도신경[1]

구번역

전능하사 천지를 만드신 하나님 아버지를 내가 믿사오며,
그 외아들 우리 주 예수 그리스도를 믿사오니,
이는 성령으로 잉태하사 동정녀 마리아에게 나시고,
본디오 빌라도에게 고난을 받으사,
십자가에 못 박혀 죽으시고,
장사한 지 사흘 만에 죽은 자 가운데서 다시 살아나시며,
하늘에 오르사, 전능하신 하나님 우편에 앉아 계시다가,
저리로서 산 자와 죽은 자를 심판하러 오시리라.
성령을 믿사오며, 거룩한 공회와 성도가 서로 교통하는 것과
죄를 사하여 주시는 것과 몸이 다시 사는 것과
영원히 사는 것을 믿사옵나이다. 아멘.

새번역

나는 전능하신 아버지 하나님, 천지의 창조주를 믿습니다.
나는 그의 유일하신 아들, 우리 주 예수 그리스도를 믿습니다.
그는 성령으로 잉태되어 동정녀 마리아에게서 나시고,
본디오 빌라도에게 고난을 받아 십자가에 못 박혀 죽으시고,
장사된 지[2] 사흘 만에 죽은 자 가운데서 다시 살아나셨으며,
하늘에 오르시어 전능하신 아버지 하나님 우편에 앉아 계시다가,
거기로부터 살아 있는 자와 죽은 자를 심판하러 오십니다.
나는 성령을 믿으며, 거룩한 공교회와 성도의 교제와
죄를 용서받는 것과 몸의 부활과 영생을 믿습니다. 아멘.

---

1) '사도신조'로도 번역할 수 있다.
2) '장사 되시어 지옥에 내려가신 지'가 공인된 원문(Forma Recepta)에는 있으나, 대다수의 본문에는 없다.

말씀 따라

내가 쓰는

# 한 줄

# 필사성경

3

열왕기상 - 에스더

___________ 님에게

손으로 쓴 성경을

주님의 이름으로

축복하며 드립니다

말씀 따라 내가 쓰는
한 줄 필사성경_3
열왕기상 - 에스더

엮은이 | 두란노 편집부
초판 발행 | 2022. 4. 13
등록번호 | 제1988-000080호
등록된 곳 | 서울특별시 용산구 서빙고로 65길 38
발행처 | 사단법인 두란노서원
영업부 | 2078-3352　　FAX | 080-749-3705
출판부 | 2078-3331

책값은 뒤표지에 있습니다.
ISBN 978-89-531-4108-7 04230　Printed in Korea
(세트) 978-89-531-4101-8 04230

독자의 의견을 기다립니다.
tpress@duranno.com www.duranno.com



두란노서원은 바울 사도가 3차 전도여행 때 에베소에서 성령 받은 제자들을 따로 세워 하나님의 말씀으로 양육하던 장소입니다. 사도행전 19장 8-20절의 정신에 따라 첫째 목회자를 돕는 사역과 평신도를 훈련시키는 사역, 둘째 세계선교(TIM)와 문서선교(단행본·잡지) 사역, 셋째 예수문화 및 경배와 찬양 사역, 그리고 가정·상담 사역 등을 감당하고 있습니다. 1980년 12월 22일에 창립된 두란노서원은 주님 오실 때까지 이 사역들을 계속할 것입니다.

말씀 따라 내가 쓰는

# 한 줄 필사성경

3

열왕기상 - 에스더

필사자 :

시작일 : . . .

마감일 : . . .

두란노

## 필사성경 활용법

필사 범위 · 창세기 1:1-1:14 Date 2022. 1. 1. · 필사 날짜

소제목표시 · 천지 창조

장 표시 · 1 태초에 하나님이 천지를 창조하시니라

2 땅이 혼돈하고 공허하며 흑암이 깊음 위

에 있고 하나님의 영은 수면 위에 운행

하시니라

3 하나님이 이르시되 빛이 있으라 하시니

빛이 있었고

저녁이 되고 아침이 되니 이는 둘째 날

이니라

절 표시 · 9 하나님이 이르시되 천하의 물이 한 곳으

로 모이고 뭍이 드러나라 하시니 그대로

되니라

10 하나님이 뭍을 땅이라 부르시고 모인 물

을 바다라 부르시니 하나님이 보시기에

- 필사하기 전, 기도로 마음을 정돈하고 주님의 은혜를 구합니다.
- 성경 본문이 한 줄씩 인쇄되어 있기에 말씀을 보고 그대로 따라 씁니다.
- 장과 절, 소제목까지 인쇄되어 있어 말씀 위주로 또박또박 써도 됩니다.
- 필사 후 틀린 곳이 있는지 확인하고 정확히 고쳐 둡니다.
- 필사가 끝나면 필사 확인표에 체크 표시를 합니다.
- 체크 표시를 하고 나면 말씀이 새겨지도록 기도로 마무리합니다.

## 필사 확인표

| | | | | | | | | | | | | | | | | | | | | | | | | |
|---|---|---|---|---|---|---|---|---|---|---|---|---|---|---|---|---|---|---|---|---|---|---|---|---|
| 열왕기상 | 1 | 2 | 3 | 4 | 5 | 6 | 7 | 8 | 9 | 10 | 11 | 12 | 13 | 14 | 15 | 16 | 17 | 18 | 19 | 20 | 21 | 22 | | |
| 열왕기하 | 1 | 2 | 3 | 4 | 5 | 6 | 7 | 8 | 9 | 10 | 11 | 12 | 13 | 14 | 15 | 16 | 17 | 18 | 19 | 20 | 21 | 22 | 23 | 24 |
| | 25 | | | | | | | | | | | | | | | | | | | | | | | |
| 역대상 | 1 | 2 | 3 | 4 | 5 | 6 | 7 | 8 | 9 | 10 | 11 | 12 | 13 | 14 | 15 | 16 | 17 | 18 | 19 | 20 | 21 | 22 | 23 | 24 |
| | 25 | 26 | 27 | 28 | 29 | | | | | | | | | | | | | | | | | | | |
| 역대하 | 1 | 2 | 3 | 4 | 5 | 6 | 7 | 8 | 9 | 10 | 11 | 12 | 13 | 14 | 15 | 16 | 17 | 18 | 19 | 20 | 21 | 22 | 23 | 24 |
| | 25 | 26 | 27 | 28 | 29 | 30 | 31 | 32 | 33 | 34 | 35 | 36 | | | | | | | | | | | | |
| 에스라 | 1 | 2 | 3 | 4 | 5 | 6 | 7 | 8 | 9 | 10 | | | | | | | | | | | | | | |
| 느헤미야 | 1 | 2 | 3 | 4 | 5 | 6 | 7 | 8 | 9 | 10 | 11 | 12 | 13 | | | | | | | | | | | |
| 에스더 | 1 | 2 | 3 | 4 | 5 | 6 | 7 | 8 | 9 | 10 | | | | | | | | | | | | | | |

## 다윗이 늙은 때

1 다윗 왕이 나이가 많아 늙으니 이불을
1 다윗 왕이 나이가 많아 늙으니 이불을
덮어도 따뜻하지 아니한지라
덮어도 따뜻하지 아니한지라
2 그의 시종들이 왕께 아뢰되 우리 주 왕
2 그의 시종들이 왕께 아뢰되 우리 주 왕
을 위하여 젊은 처녀 하나를 구하여 그
을 위하여 젊은 처녀 하나를 구하여 그
로 왕을 받들어 모시게 하고 왕의 품에
누워 우리 주 왕으로 따뜻하시게 하리
이다 하고
3 이스라엘 사방 영토 내에 아리따운 처
녀를 구하던 중 수넴 여자 아비삭을 얻
어 왕께 데려왔으니
4 이 처녀는 심히 아름다워 그가 왕을 받
들어 시중들었으나 왕이 잠자리는 같이
하지 아니하였더라

## 아도니야가 왕이 되고자 하다

5 그 때에 학깃의 아들 아도니야가 스스
로 높여서 이르기를 내가 왕이 되리라
하고 자기를 위하여 병거와 기병과 호
위병 오십 명을 준비하니
6 그는 압살롬 다음에 태어난 자요 용모
가 심히 준수한 자라 그의 아버지가 네
가 어찌하여 그리 하였느냐고 하는 말
로 한 번도 그를 섭섭하게 한 일이 없
었더라
7 아도니야가 스루야의 아들 요압과 제사
장 아비아달과 모의하니 그들이 따르고
도우나
8 제사장 사독과 여호야다의 아들 브나야
와 선지자 나단과 시므이와 레이와 다
윗의 용사들은 아도니야와 같이 하지
아니하였더라
9 아도니야가 에느로겔 근방 소헬렛 바위
곁에서 양과 소와 살찐 송아지를 잡고
왕자 곧 자기의 모든 동생과 왕의 신하
된 유다 모든 사람을 다 청하였으나
10 선지자 나단과 브나야와 용사들과 자기

차
례

# 열왕기상

## 다윗이 늙은 때

1 다윗 왕이 나이가 많아 늙으니 이불을
덮어도 따뜻하지 아니한지라
2 그의 시종들이 왕께 아뢰되 우리 주 왕
을 위하여 젊은 처녀 하나를 구하여 그
로 왕을 받들어 모시게 하고 왕의 품에
누워 우리 주 왕으로 따뜻하시게 하리
이다 하고
3 이스라엘 사방 영토 내에 아리따운 처
녀를 구하던 중 수넴 여자 아비삭을 얻
어 왕께 데려왔으니
4 이 처녀는 심히 아름다워 그가 왕을 받
들어 시중들었으나 왕이 잠자리는 같이
하지 아니하였더라

## 아도니야가 왕이 되고자 하다

5 그 때에 학깃의 아들 아도니야가 스스
로 높여서 이르기를 내가 왕이 되리라
하고 자기를 위하여 병거와 기병과 호
위병 오십 명을 준비하니
6 그는 압살롬 다음에 태어난 자요 용모
가 심히 준수한 자라 그의 아버지가 네
가 어찌하여 그리 하였느냐고 하는 말
로 한 번도 그를 섭섭하게 한 일이 없
었더라
7 아도니야가 스루야의 아들 요압과 제사
장 아비아달과 모의하니 그들이 따르고
도우나
8 제사장 사독과 여호야다의 아들 브나야
와 선지자 나단과 시므이와 레이와 다
윗의 용사들은 아도니야와 같이 하지
아니하였더라
9 아도니야가 에느로겔 근방 소헬렛 바위
곁에서 양과 소와 살찐 송아지를 잡고
왕자 곧 자기의 모든 동생과 왕의 신하
된 유다 모든 사람을 다 청하였으나
10 선지자 나단과 브나야와 용사들과 자기

동생 솔로몬은 청하지 아니하였더라

### 솔로몬이 왕이 되다

11 나단이 솔로몬의 어머니 밧세바에게 말
하여 이르되 학깃의 아들 아도니야가
왕이 되었음을 듣지 못하였나이까 우리
주 다윗은 알지 못하시나이다
12 이제 내게 당신의 생명과 당신의 아들
솔로몬의 생명을 구할 계책을 말하도록
허락하소서
13 당신은 다윗 왕 앞에 들어가서 아뢰기
를 내 주 왕이여 전에 왕이 여종에게
맹세하여 이르시기를 네 아들 솔로몬이
반드시 나를 이어 왕이 되어 내 왕위에
앉으리라 하지 아니하셨나이까 그런데
아도니야가 무슨 이유로 왕이 되었나이
까 하소서
14 당신이 거기서 왕과 말씀하실 때에 나
도 뒤이어 들어가서 당신의 말씀을 확
증하리이다
15 밧세바가 이에 침실에 들어가 왕에게
이르니 왕이 심히 늙었으므로 수넴 여
자 아비삭이 시중들었더라
16 밧세바가 몸을 굽혀 왕께 절하니 왕이
이르되 어찌 됨이냐
17 그가 왕께 대답하되 내 주여 왕이 전에
왕의 하나님 여호와를 가리켜 여종에게
맹세하시기를 네 아들 솔로몬이 반드시
나를 이어 왕이 되어 내 왕위에 앉으리
라 하셨거늘
18 이제 아도니야가 왕이 되었어도 내 주
왕은 알지 못하시나이다
19 그가 수소와 살찐 송아지와 양을 많이
잡고 왕의 모든 아들과 제사장 아비아
달과 군사령관 요압을 청하였으나 왕의
종 솔로몬은 청하지 아니하였나이다
20 내 주 왕이여 온 이스라엘이 왕에게 다

주목하고 누가 내 주 왕을 이어 그 왕
위에 앉을지를 공포하시기를 기다리나
이다
21 그렇지 아니하면 내 주 왕께서 그의 조
상들과 함께 잘 때에 나와 내 아들 솔
로몬은 죄인이 되리이다
22 밧세바가 왕과 말할 때에 선지자 나단
이 들어온지라
23 어떤 사람이 왕께 말하여 이르되 선지
자 나단이 여기 있나이다 하니 그가 왕
앞에 들어와서 얼굴을 땅에 대고 왕께
절하고
24 이르되 내 주 왕께서 이르시기를 아도
니야가 나를 이어 왕이 되어 내 왕위에
앉으리라 하셨나이까
25 그가 오늘 내려가서 수소와 살찐 송아
지와 양을 많이 잡고 왕의 모든 아들
과 군사령관들과 제사장 아비아달을 청
하였는데 그들이 아도니야 앞에서 먹고
마시며 아도니야 왕은 만세수를 하옵소
서 하였나이다
26 그러나 왕의 종 나와 제사장 사독과 여
호야다의 아들 브나야와 왕의 종 솔로
몬은 청하지 아니하였사오니
27 이것이 내 주 왕께서 정하신 일이니이
까 그런데 왕께서 내 주 왕을 이어 그
왕위에 앉을 자를 종에게 알게 하지 아
니하셨나이다
28 다윗 왕이 명령하여 이르되 밧세바를
내 앞으로 부르라 하매 그가 왕의 앞으
로 들어가 그 앞에 서는지라
29 왕이 이르되 내 생명을 모든 환난에서
구하신 여호와께서 살아 계심을 두고
맹세하노라
30 내가 이전에 이스라엘의 하나님 여호
와를 가리켜 네게 맹세하여 이르기를

네 아들 솔로몬이 반드시 나를 이어
왕이 되고 나를 대신하여 내 왕위에
앉으리라 하였으니 내가 오늘 그대로
행하리라
31 밧세바가 얼굴을 땅에 대고 절하며 내
주 다윗 왕은 만세수를 하옵소서 하니라
32 다윗 왕이 이르되 제사장 사독과 선지
자 나단과 여호야다의 아들 브나야를
내 앞으로 부르라 하니 그들이 왕 앞에
이른지라
33 왕이 그들에게 이르되 너희는 너희 주
의 신하들을 데리고 내 아들 솔로몬을
내 노새에 태우고 기혼으로 인도하여
내려가고
34 거기서 제사장 사독과 선지자 나단은
그에게 기름을 부어 이스라엘 왕으로
삼고 너희는 뿔나팔을 불며 솔로몬 왕
은 만세수를 하옵소서 하고
35 그를 따라 올라오라 그가 와서 내 왕위
에 앉아 나를 대신하여 왕이 되리라 내
가 그를 세워 이스라엘과 유다의 통치
자로 지명하였느니라
36 여호야다의 아들 브나야가 왕께 대답하
여 이르되 아멘 내 주 왕의 하나님 여
호와께서도 이렇게 말씀하시기를 원하
오며
37 또 여호와께서 내 주 왕과 함께 계심
같이 솔로몬과 함께 계셔서 그의 왕위
를 내 주 다윗 왕의 왕위보다 더 크게
하시기를 원하나이다 하니라
38 제사장 사독과 선지자 나단과 여호야다
의 아들 브나야와 그렛 사람과 블렛 사
람이 내려가서 솔로몬을 다윗 왕의 노
새에 태우고 인도하여 기혼으로 가서
39 제사장 사독이 성막 가운데에서 기름
담은 뿔을 가져다가 솔로몬에게 기름을

부으니 이에 뿔나팔을 불고 모든 백성
이 솔로몬 왕은 만세수를 하옵소서 하
니라
40 모든 백성이 그를 따라 올라와서 피리
를 불며 크게 즐거워하므로 땅이 그들
의 소리로 말미암아 갈라질 듯하니
41 아도니야와 그와 함께 한 손님들이 먹
기를 마칠 때에 다 들은지라 요압이 뿔
나팔 소리를 듣고 이르되 어찌하여 성
읍 중에서 소리가 요란하냐
42 말할 때에 제사장 아비아달의 아들 요
나단이 오는지라 아도니야가 이르되 들
어오라 너는 용사라 아름다운 소식을
가져오는도다
43 요나단이 아도니야에게 대답하여 이르
되 과연 우리 주 다윗 왕이 솔로몬을
왕으로 삼으셨나이다
44 왕께서 제사장 사독과 선지자 나단과
여호야다의 아들 브나야와 그렛 사람과
블렛 사람을 솔로몬과 함께 보내셨는데
그들 무리가 왕의 노새에 솔로몬을 태
워다가
45 제사장 사독과 선지자 나단이 기혼에서
기름을 부어 왕으로 삼고 무리가 그 곳
에서 올라오며 즐거워하므로 성읍이 진
동하였나니 당신들에게 들린 소리가 이
것이라
46 또 솔로몬도 왕좌에 앉아 있고
47 왕의 신하들도 와서 우리 주 다윗 왕에
게 축복하여 이르기를 왕의 하나님이
솔로몬의 이름을 왕의 이름보다 더 아
름답게 하시고 그의 왕위를 왕의 위보
다 크게 하시기를 원하나이다 하매 왕
이 침상에서 몸을 굽히고
48 또한 이르시기를 이스라엘의 하나님 여
호와를 찬송하리로다 여호와께서 오늘

내 왕위에 앉을 자를 주사 내 눈으로
보게 하셨도다 하셨나이다 하니
49 아도니야와 함께 한 손님들이 다 놀라
일어나 각기 갈 길로 간지라
50 아도니야도 솔로몬을 두려워하여 일어
나 가서 제단 뿔을 잡으니
51 어떤 사람이 솔로몬에게 말하여 이르되
아도니야가 솔로몬 왕을 두려워하여 지
금 제단 뿔을 잡고 말하기를 솔로몬 왕
이 오늘 칼로 자기 종을 죽이지 않겠다
고 내게 맹세하기를 원한다 하나이다
52 솔로몬이 이르되 그가 만일 선한 사람
일진대 그의 머리털 하나도 땅에 떨어
지지 아니하려니와 그에게 악한 것이
보이면 죽으리라 하고
53 사람을 보내어 그를 제단에서 이끌어
내리니 그가 와서 솔로몬 왕께 절하매
솔로몬이 이르기를 네 집으로 가라 하
였더라

## 다윗이 솔로몬에게 마지막으로 이르다

2 다윗이 죽을 날이 임박하매 그의 아들
솔로몬에게 명령하여 이르되
2 내가 이제 세상 모든 사람이 가는 길로
가게 되었노니 너는 힘써 대장부가 되고
3 네 하나님 여호와의 명령을 지켜 그 길
로 행하여 그 법률과 계명과 율례와 증
거를 모세의 율법에 기록된 대로 지키
라 그리하면 네가 무엇을 하든지 어디
로 가든지 형통할지라
4 여호와께서 내 일에 대하여 말씀하시기
를 만일 네 자손들이 그들의 길을 삼가
마음을 다하고 성품을 다하여 진실히
내 앞에서 행하면 이스라엘 왕위에 오
를 사람이 네게서 끊어지지 아니하리라
하신 말씀을 확실히 이루게 하시리라
5 스루야의 아들 요압이 내게 행한 일 곧

이스라엘 군대의 두 사령관 넬의 아들
아브넬과 예델의 아들 아마사에게 행
한 일을 네가 알거니와 그가 그들을 죽
여 태평 시대에 전쟁의 피를 흘리고 전
쟁의 피를 자기의 허리에 띤 띠와 발에
신은 신에 묻혔으니
6 네 지혜대로 행하여 그의 백발이 평안
히 스올에 내려가지 못하게 하라
7 마땅히 길르앗 바르실래의 아들들에게
은총을 베풀어 그들이 네 상에서 먹는
자 중에 참여하게 하라 내가 네 형 압
살롬의 낯을 피하여 도망할 때에 그들
이 내게 나왔느니라
8 바후림 베냐민 사람 게라의 아들 시므
이가 너와 함께 있나니 그는 내가 마하
나임으로 갈 때에 악독한 말로 나를 저
주하였느니라 그러나 그가 요단에 내
려와서 나를 영접하므로 내가 여호와를
두고 맹세하여 이르기를 내가 칼로 너
를 죽이지 아니하리라 하였노라
9 그러나 그를 무죄한 자로 여기지 말지
어다 너는 지혜 있는 사람이므로 그에
게 행할 일을 알지니 그의 백발이 피
가운데 스올에 내려가게 하라

## 다윗이 죽다

10 다윗이 그의 조상들과 함께 누워 다윗
성에 장사되니
11 다윗이 이스라엘 왕이 된 지 사십 년이
라 헤브론에서 칠 년 동안 다스렸고 예
루살렘에서 삼십삼 년 동안 다스렸더라
12 솔로몬이 그의 아버지 다윗의 왕위에
앉으니 그의 나라가 심히 견고하니라

## 아도니야가 죽임을 당하다

13 학깃의 아들 아도니야가 솔로몬의 어머
니 밧세바에게 나아온지라 밧세바가 이
르되 네가 화평한 목적으로 왔느냐 대

답하되 화평한 목적이니이다
14 또 이르되 내가 말씀드릴 일이 있나이
다 밧세바가 이르되 말하라
15 그가 이르되 당신도 아시는 바이거니와
이 왕위는 내 것이었고 온 이스라엘은
다 얼굴을 내게로 향하여 왕으로 삼으
려 하였는데 그 왕권이 돌아가 내 아우
의 것이 되었음은 여호와께로 말미암음
이니이다
16 이제 내가 한 가지 소원을 당신에게 구
하오니 내 청을 거절하지 마옵소서 밧
세바가 이르되 말하라
17 그가 이르되 청하건대 솔로몬 왕에게
말씀하여 그가 수넴 여자 아비삭을 내
게 주어 아내를 삼게 하소서 왕이 당신
의 청을 거절하지 아니하리이다
18 밧세바가 이르되 좋다 내가 너를 위하
여 왕께 말하리라
19 밧세바가 이에 아도니야를 위하여 말하
려고 솔로몬 왕에게 이르니 왕이 일어
나 영접하여 절한 후에 다시 왕좌에 앉
고 그의 어머니를 위하여 자리를 베푸
니 그가 그의 오른쪽에 앉는지라
20 밧세바가 이르되 내가 한 가지 작은 일
로 왕께 구하오니 내 청을 거절하지 마
소서 왕이 대답하되 내 어머니여 구하
소서 내가 어머니의 청을 거절하지 아
니하리이다
21 이르되 청하건대 수넴 여자 아비삭을
왕의 형 아도니야에게 주어 아내로 삼
게 하소서
22 솔로몬 왕이 그의 어머니에게 대답하여
이르되 어찌하여 아도니야를 위하여 수
넴 여자 아비삭을 구하시나이까 그는
나의 형이오니 그를 위하여 왕권도 구
하옵소서 그뿐 아니라 제사장 아비아달

과 스루야의 아들 요압을 위해서도 구
하옵소서 하고
23 여호와를 두고 맹세하여 이르되 아도니
야가 이런 말을 하였은즉 그의 생명을
잃지 아니하면 하나님은 내게 벌 위에
벌을 내리심이 마땅하니이다
24 그러므로 이제 나를 세워 내 아버지 다
윗의 왕위에 오르게 하시고 허락하신
말씀대로 나를 위하여 집을 세우신 여
호와께서 살아 계심을 두고 맹세하노니
아도니야는 오늘 죽임을 당하리라 하고
25 여호야다의 아들 브나야를 보내매 그가
아도니야를 쳐서 죽였더라

## 아비아달의 추방과 요압의 처형

26 왕이 제사장 아비아달에게 이르되 네
고향 아나돗으로 가라 너는 마땅히 죽
을 자이로되 네가 내 아버지 다윗 앞에
서 주 여호와의 궤를 메었고 또 내 아
버지가 모든 환난을 받을 때에 너도 환
난을 받았은즉 내가 오늘 너를 죽이지
아니하노라 하고
27 아비아달을 쫓아내어 여호와의 제사장
직분을 파면하니 여호와께서 실로에서
엘리의 집에 대하여 하신 말씀을 응하
게 함이더라
28 그 소문이 요압에게 들리매 그가 여호
와의 장막으로 도망하여 제단 뿔을 잡
으니 이는 그가 다윗을 떠나 압살롬을
따르지 아니하였으나 아도니야를 따랐
음이더라
29 어떤 사람이 솔로몬 왕에게 아뢰되 요
압이 여호와의 장막으로 도망하여 제단
곁에 있나이다 솔로몬이 여호야다의 아
들 브나야를 보내며 이르되 너는 가서
그를 치라
30 브나야가 여호와의 장막에 이르러 그에

게 이르되 왕께서 나오라 하시느니라
그가 대답하되 아니라 내가 여기서 죽
겠노라 브나야가 돌아가서 왕께 아뢰어
이르되 요압이 이리이리 내게 대답하더
이다
31 왕이 이르되 그의 말과 같이 하여 그를
죽여 묻으라 요압이 까닭 없이 흘린 피
를 나와 내 아버지의 집에서 네가 제하
리라
32 여호와께서 요압의 피를 그의 머리로
돌려보내실 것은 그가 자기보다 의롭고
선한 두 사람을 쳤음이니 곧 이스라엘
군사령관 넬의 아들 아브넬과 유다 군
사령관 예델의 아들 아마사를 칼로 죽
였음이라 이 일을 내 아버지 다윗은 알
지 못하셨나니
33 그들의 피는 영영히 요압의 머리와 그
의 자손의 머리로 돌아갈지라도 다윗과
그의 자손과 그의 집과 그의 왕위에는
여호와께로 말미암는 평강이 영원히 있
으리라
34 여호야다의 아들 브나야가 곧 올라가서
그를 쳐죽이매 그가 광야에 있는 자기
의 집에 매장되니라
35 왕이 이에 여호야다의 아들 브나야를
요압을 대신하여 군사령관으로 삼고 또
제사장 사독으로 아비아달을 대신하게
하니라

## 시므이가 처형되다

36 왕이 사람을 보내어 시므이를 불러서
이르되 너는 예루살렘에서 너를 위하여
집을 짓고 거기서 살고 어디든지 나가
지 말라
37 너는 분명히 알라 네가 나가서 기드론
시내를 건너는 날에는 반드시 죽임을 당
하리니 네 피가 네 머리로 돌아가리라

38 시므이가 왕께 대답하되 이 말씀이 좋
사오니 내 주 왕의 말씀대로 종이 그리
하겠나이다 하고 이에 날이 오래도록
예루살렘에 머무니라
39 삼 년 후에 시므이의 두 종이 가드 왕
마아가의 아들 아기스에게로 도망하여
간지라 어떤 사람이 시므이에게 말하여
이르되 당신의 종이 가드에 있나이다
40 시므이가 그 종을 찾으려고 일어나 그
의 나귀에 안장을 지우고 가드로 가서
아기스에게 나아가 그의 종을 가드에서
데려왔더니
41 시므이가 예루살렘에서부터 가드에 갔
다가 돌아온 일을 어떤 사람이 솔로몬
에게 말한지라
42 왕이 사람을 보내어 시므이를 불러서
이르되 내가 너에게 여호와를 두고 맹
세하게 하고 경고하여 이르기를 너는
분명히 알라 네가 밖으로 나가서 어디
든지 가는 날에는 죽임을 당하리라 하
지 아니하였느냐 너도 내게 말하기를
내가 들은 말씀이 좋으니이다 하였거늘
43 네가 어찌하여 여호와를 두고 한 맹세
와 내가 네게 이른 명령을 지키지 아니
하였느냐
44 왕이 또 시므이에게 이르되 네가 네 마
음으로 아는 모든 악 곧 내 아버지에게
행한 바를 네가 스스로 아나니 여호와께
서 네 악을 네 머리로 돌려보내시리라
45 그러나 솔로몬 왕은 복을 받고 다윗의
왕위는 영원히 여호와 앞에서 견고히
서리라 하고
46 여호야다의 아들 브나야에게 명령하매
그가 나가서 시므이를 치니 그가 죽은
지라 이에 나라가 솔로몬의 손에 견고
하여지니라

## 솔로몬이 지혜를 구하다 (대하 1:3-12)

3 솔로몬이 애굽의 왕 바로와 더불어 혼
인 관계를 맺어 그의 딸을 맞이하고 다
윗 성에 데려다가 두고 자기의 왕궁과
여호와의 성전과 예루살렘 주위의 성의
공사가 끝나기를 기다리니라
2 그 때까지 여호와의 이름을 위하여 성
전을 아직 건축하지 아니하였으므로 백
성들이 산당에서 제사하며
3 솔로몬이 여호와를 사랑하고 그의 아버
지 다윗의 법도를 행하였으나 산당에서
제사하며 분향하더라
4 이에 왕이 제사하러 기브온으로 가니
거기는 산당이 큼이라 솔로몬이 그 제
단에 일천 번제를 드렸더니
5 기브온에서 밤에 여호와께서 솔로몬의
꿈에 나타나시니라 하나님이 이르시되
내가 네게 무엇을 줄꼬 너는 구하라
6 솔로몬이 이르되 주의 종 내 아버지 다
윗이 성실과 공의와 정직한 마음으로
주와 함께 주 앞에서 행하므로 주께서
그에게 큰 은혜를 베푸셨고 주께서 또
그를 위하여 이 큰 은혜를 항상 주사
오늘과 같이 그의 자리에 앉을 아들을
그에게 주셨나이다
7 나의 하나님 여호와여 주께서 종으로
종의 아버지 다윗을 대신하여 왕이 되
게 하셨사오나 종은 작은 아이라 출입
할 줄을 알지 못하고
8 주께서 택하신 백성 가운데 있나이다
그들은 큰 백성이라 수효가 많아서 셀
수도 없고 기록할 수도 없사오니
9 누가 주의 이 많은 백성을 재판할 수
있사오리이까 듣는 마음을 종에게 주사
주의 백성을 재판하여 선악을 분별하게
하옵소서

10 솔로몬이 이것을 구하매 그 말씀이 주
의 마음에 든지라
11 이에 하나님이 그에게 이르시되 네가
이것을 구하도다 자기를 위하여 장수하
기를 구하지 아니하며 부도 구하지 아
니하며 자기 원수의 생명을 멸하기도
구하지 아니하고 오직 송사를 듣고 분
별하는 지혜를 구하였으니
12 내가 네 말대로 하여 네게 지혜롭고 총
명한 마음을 주노니 네 앞에도 너와 같
은 자가 없었거니와 네 뒤에도 너와 같
은 자가 일어남이 없으리라
13 내가 또 네가 구하지 아니한 부귀와 영
광도 네게 주노니 네 평생에 왕들 중에
너와 같은 자가 없을 것이라
14 네가 만일 네 아버지 다윗이 행함 같이
내 길로 행하며 내 법도와 명령을 지키
면 내가 또 네 날을 길게 하리라
15 솔로몬이 깨어 보니 꿈이더라 이에 예
루살렘에 이르러 여호와의 언약궤 앞에
서서 번제와 감사의 제물을 드리고 모
든 신하들을 위하여 잔치하였더라

### 솔로몬의 재판

16 그 때에 창기 두 여자가 왕에게 와서
그 앞에 서며
17 한 여자는 말하되 내 주여 나와 이 여
자가 한집에서 사는데 내가 그와 함께
집에 있으며 해산하였더니
18 내가 해산한 지 사흘 만에 이 여자도
해산하고 우리가 함께 있었고 우리 둘
외에는 집에 다른 사람이 없었나이다
19 그런데 밤에 저 여자가 그의 아들 위에
누우므로 그의 아들이 죽으니
20 그가 밤중에 일어나서 이 여종 내가 잠
든 사이에 내 아들을 내 곁에서 가져다
가 자기의 품에 누이고 자기의 죽은 아

들을 내 품에 뉘었나이다
21 아침에 내가 내 아들을 젖 먹이려고 일
어나 본즉 죽었기로 내가 아침에 자세
히 보니 내가 낳은 아들이 아니더이다
하매
22 다른 여자는 이르되 아니라 산 것은 내
아들이요 죽은 것은 네 아들이라 하고
이 여자는 이르되 아니라 죽은 것이 네
아들이요 산 것이 내 아들이라 하며 왕
앞에서 그와 같이 쟁론하는지라
23 왕이 이르되 이 여자는 말하기를 산 것
은 내 아들이요 죽은 것은 네 아들이라
하고 저 여자는 말하기를 아니라 죽은
것이 네 아들이요 산 것이 내 아들이라
하는도다 하고
24 또 이르되 칼을 내게로 가져오라 하니
칼을 왕 앞으로 가져온지라
25 왕이 이르되 산 아이를 둘로 나누어 반
은 이 여자에게 주고 반은 저 여자에게
주라
26 그 산 아들의 어머니 되는 여자가 그
아들을 위하여 마음이 불붙는 것 같아
서 왕께 아뢰어 청하건대 내 주여 산
아이를 그에게 주시고 아무쪼록 죽이
지 마옵소서 하되 다른 여자는 말하기
를 내 것도 되게 말고 네 것도 되게 말
고 나누게 하라 하는지라
27 왕이 대답하여 이르되 산 아이를 저 여
자에게 주고 결코 죽이지 말라 저가 그
의 어머니이니라 하매
28 온 이스라엘이 왕이 심리하여 판결함을
듣고 왕을 두려워하였으니 이는 하나님
의 지혜가 그의 속에 있어 판결함을 봄
이더라

## 솔로몬이 거느린 신하들

4 솔로몬 왕이 온 이스라엘의 왕이 되었고

2 그의 신하들은 이러하니라 사독의 아들
아사리아는 제사장이요
3 시사의 아들 엘리호렙과 아히야는 서기
관이요 아힐룻의 아들 여호사밧은 사관
이요
4 여호야다의 아들 브나야는 군사령관이
요 사독과 아비아달은 제사장이요
5 나단의 아들 아사리아는 지방 관장의
두령이요 나단의 아들 사붓은 제사장이
니 왕의 벗이요
6 아히살은 궁내대신이요 압다의 아들 아
도니람은 노동 감독관이더라
7 솔로몬이 또 온 이스라엘에 열두 지방
관장을 두매 그 사람들이 왕과 왕실을
위하여 양식을 공급하되 각기 일 년에
한 달씩 양식을 공급하였으니
8 그들의 이름은 이러하니라 에브라임 산
지에는 벤훌이요
9 마가스와 사알빔과 벧세메스와 엘론벧
하난에는 벤데겔이요
10 아룹봇에는 벤헤셋이니 소고와 헤벨 온
땅을 그가 주관하였으며
11 나밧 돌 높은 땅 온 지방에는 벤아비나
답이니 그는 솔로몬의 딸 다밧을 아내
로 삼았으며
12 다아낙과 므깃도와 이스르엘 아래 사르
단 가에 있는 벧스안 온 땅은 아힐룻의
아들 바아나가 맡았으니 벧스안에서부
터 아벨므홀라에 이르고 욕느암 바깥까
지 미쳤으며
13 길르앗 라못에는 벤게벨이니 그는 길
르앗에 있는 므낫세의 아들 야일의 모
든 마을을 주관하였고 또 바산 아르곱
땅의 성벽과 놋빗장 있는 육십 개의 큰
성읍을 주관하였으며
14 마하나임에는 잇도의 아들 아히나답

이요
15 납달리에는 아히마아스이니 그는 솔로
몬의 딸 바스맛을 아내로 삼았으며
16 아셀과 아롯에는 후새의 아들 바아나요
17 잇사갈에는 바루아의 아들 여호사밧
이요
18 베냐민에는 엘라의 아들 시므이요
19 아모리 사람의 왕 시혼과 바산 왕 옥
의 나라 길르앗 땅에는 우리의 아들 게
벨이니 그 땅에서는 그 한 사람만 지방
관장이 되었더라

## 솔로몬의 영화

20 유다와 이스라엘의 인구가 바닷가의 모
래 같이 많게 되매 먹고 마시며 즐거워
하였으며
21 솔로몬이 그 강에서부터 블레셋 사람의
땅에 이르기까지와 애굽 지경에 미치기
까지의 모든 나라를 다스리므로 솔로몬
이 사는 동안에 그 나라들이 조공을 바
쳐 섬겼더라
22 솔로몬의 하루의 음식물은 가는 밀가루
가 삼십 고르요 굵은 밀가루가 육십 고
르요
23 살진 소가 열 마리요 초장의 소가 스무
마리요 양이 백 마리이며 그 외에 수사
슴과 노루와 암사슴과 살진 새들이었더
라
24 솔로몬이 그 강 건너편을 딥사에서부터
가사까지 모두, 그 강 건너편의 왕을
모두 다스리므로 그가 사방에 둘린 민
족과 평화를 누렸으니
25 솔로몬이 사는 동안에 유다와 이스라엘
이 단에서부터 브엘세바에 이르기까지
각기 포도나무 아래와 무화과나무 아래
에서 평안히 살았더라
26 솔로몬의 병거의 말 외양간이 사만이요

마병이 만 이천 명이며
27 그 지방 관장들은 각각 자기가 맡은 달
에 솔로몬 왕과 왕의 상에 참여하는 모
든 자를 위하여 먹을 것을 공급하여 부
족함이 없게 하였으며
28 또 그들이 각기 직무를 따라 말과 준마
에게 먹일 보리와 꼴을 그 말들이 있는
곳으로 가져왔더라
29 하나님이 솔로몬에게 지혜와 총명을 심
히 많이 주시고 또 넓은 마음을 주시되
바닷가의 모래 같이 하시니
30 솔로몬의 지혜가 동쪽 모든 사람의 지
혜와 애굽의 모든 지혜보다 뛰어난지라
31 그는 모든 사람보다 지혜로워서 예스
라 사람 에단과 마홀의 아들 헤만과 갈
골과 다르다보다 나으므로 그의 이름이
사방 모든 나라에 들렸더라
32 그가 잠언 삼천 가지를 말하였고 그의
노래는 천다섯 편이며
33 그가 또 초목에 대하여 말하되 레바논
의 백향목으로부터 담에 나는 우슬초까
지 하고 그가 또 짐승과 새와 기어다니
는 것과 물고기에 대하여 말한지라
34 사람들이 솔로몬의 지혜를 들으러 왔으
니 이는 그의 지혜의 소문을 들은 천하
모든 왕들이 보낸 자들이더라

## 솔로몬이 성전 건축을 준비하다 (대하 2:1-18)

5 솔로몬이 기름 부음을 받고 그의 아버
지를 이어 왕이 되었다 함을 두로 왕
히람이 듣고 그의 신하들을 솔로몬에게
보냈으니 이는 히람이 평생에 다윗을
사랑하였음이라
2 이에 솔로몬이 히람에게 사람을 보내어
이르되
3 당신도 알거니와 내 아버지 다윗이 사
방의 전쟁으로 말미암아 그의 하나님

여호와의 이름을 위하여 성전을 건축
하지 못하고 여호와께서 그의 원수들
을 그의 발바닥 밑에 두시기를 기다렸
나이다
4 이제 내 하나님 여호와께서 내게 사방
의 태평을 주시매 원수도 없고 재앙도
없도다
5 여호와께서 내 아버지 다윗에게 하신
말씀에 내가 너를 이어 네 자리에 오르
게 할 네 아들 그가 내 이름을 위하여
성전을 건축하리라 하신 대로 내가 내
하나님 여호와의 이름을 위하여 성전을
건축하려 하오니
6 당신은 명령을 내려 나를 위하여 레바
논에서 백향목을 베어내게 하소서 내
종과 당신의 종이 함께 할 것이요 또
내가 당신의 모든 말씀대로 당신의 종
의 삯을 당신에게 드리리이다 당신도
알거니와 우리 중에는 시돈 사람처럼
벌목을 잘하는 자가 없나이다
7 히람이 솔로몬의 말을 듣고 크게 기뻐
하여 이르되 오늘 여호와를 찬양할지로
다 그가 다윗에게 지혜로운 아들을 주
사 그 많은 백성을 다스리게 하셨도다
하고
8 이에 솔로몬에게 사람을 보내어 이르되
당신이 사람을 보내어 하신 말씀을 내
가 들었거니와 내 백향목 재목과 잣나
무 재목에 대하여는 당신이 바라시는
대로 할지라
9 내 종이 레바논에서 바다로 운반하겠고
내가 그것을 바다에서 뗏목으로 엮어
당신이 지정하는 곳으로 보내고 거기서
그것을 풀리니 당신은 받으시고 내 원
을 이루어 나의 궁정을 위하여 음식물
을 주소서 하고

10 솔로몬의 모든 원대로 백향목 재목과
잣나무 재목을 주매
11 솔로몬이 히람에게 그의 궁정의 음식물
로 밀 이만 고르와 맑은 기름 이십 고
르를 주고 해마다 그와 같이 주었더라
12 여호와께서 그의 말씀대로 솔로몬에
게 지혜를 주신 고로 히람과 솔로몬
이 친목하여 두 사람이 함께 약조를
맺었더라
13 이에 솔로몬 왕이 온 이스라엘 가운데
서 역군을 불러일으키니 그 역군의 수
가 삼만 명이라
14 솔로몬이 그들을 한 달에 만 명씩 번갈
아 레바논으로 보내매 그들이 한 달은
레바논에 있고 두 달은 집에 있으며 아
도니람은 감독이 되었고
15 솔로몬에게 또 짐꾼이 칠만 명이요 산
에서 돌을 뜨는 자가 팔만 명이며
16 이 외에 그 사역을 감독하는 관리가 삼
천삼백 명이라 그들이 일하는 백성을
거느렸더라
17 이에 왕이 명령을 내려 크고 귀한 돌을
떠다가 다듬어서 성전의 기초석으로 놓
게 하매
18 솔로몬의 건축자와 히람의 건축자와 그
발 사람이 그 돌을 다듬고 성전을 건축
하기 위하여 재목과 돌들을 갖추니라

### 솔로몬이 성전을 건축하다

6 이스라엘 자손이 애굽 땅에서 나온 지
사백팔십 년이요 솔로몬이 이스라엘 왕
이 된 지 사 년 시브월 곧 둘째 달에
솔로몬이 여호와를 위하여 성전 건축하
기를 시작하였더라
2 솔로몬 왕이 여호와를 위하여 건축한
성전은 길이가 육십 규빗이요 너비가
이십 규빗이요 높이가 삼십 규빗이며

3 성전의 성소 앞 주랑의 길이는 성전의
너비와 같이 이십 규빗이요 그 너비는
성전 앞에서부터 십 규빗이며
4 성전을 위하여 창틀 있는 붙박이 창문
을 내고
5 또 성전의 벽 곧 성소와 지성소의 벽
에 연접하여 돌아가며 다락들을 건축하
되 다락마다 돌아가며 골방들을 만들었
으니
6 하층 다락의 너비는 다섯 규빗이요 중
층 다락의 너비는 여섯 규빗이요 셋째
층 다락의 너비는 일곱 규빗이라 성전
의 벽 바깥으로 돌아가며 턱을 내어 골
방 들보들로 성전의 벽에 박히지 아니
하게 하였으며
7 이 성전은 건축할 때에 돌을 그 뜨는
곳에서 다듬고 가져다가 건축하였으므
로 건축하는 동안에 성전 속에서는 방
망이나 도끼나 모든 철 연장 소리가 들
리지 아니하였으며
8 중층 골방의 문은 성전 오른쪽에 있는
데 나사 모양 층계로 말미암아 하층에
서 중층에 오르고 중층에서 셋째 층에
오르게 하였더라
9 성전의 건축을 마치니라 그 성전은 백
향목 서까래와 널판으로 덮었고
10 또 온 성전으로 돌아가며 높이가 다섯
규빗 되는 다락방을 건축하되 백향목
들보로 성전에 연접하게 하였더라
11 여호와의 말씀이 솔로몬에게 임하여 이
르시되
12 네가 지금 이 성전을 건축하니 네가 만
일 내 법도를 따르며 내 율례를 행하며
내 모든 계명을 지켜 그대로 행하면 내
가 네 아버지 다윗에게 한 말을 네게
확실히 이룰 것이요

13 내가 또한 이스라엘 자손 가운데에 거
하며 내 백성 이스라엘을 버리지 아니
하리라 하셨더라

### 성전 내부 장식 (대하 3:8-14)

14 솔로몬이 성전 건축하기를 마치고
15 백향목 널판으로 성전의 안벽 곧 성전
마루에서 천장까지의 벽에 입히고 또
잣나무 널판으로 성전 마루를 놓고
16 또 성전 뒤쪽에서부터 이십 규빗 되는
곳에 마루에서 천장까지 백향목 널판으
로 가로막아 성전의 내소 곧 지성소를
만들었으며
17 내소 앞에 있는 외소 곧 성소의 길이가
사십 규빗이며
18 성전 안에 입힌 백향목에는 박과 핀 꽃
을 아로새겼고 모두 백향목이라 돌이
보이지 아니하며
19 여호와의 언약궤를 두기 위하여 성전
안에 내소를 마련하였는데
20 그 내소의 안은 길이가 이십 규빗이요
너비가 이십 규빗이요 높이가 이십 규
빗이라 정금으로 입혔고 백향목 제단에
도 입혔더라
21 솔로몬이 정금으로 외소 안에 입히고
내소 앞에 금사슬로 건너지르고 내소를
금으로 입히고
22 온 성전을 금으로 입히기를 마치고 내
소에 속한 제단의 전부를 금으로 입혔
더라
23 내소 안에 감람나무로 두 그룹을 만들
었는데 그 높이가 각각 십 규빗이라
24 한 그룹의 이쪽 날개도 다섯 규빗이요
저쪽 날개도 다섯 규빗이니 이쪽 날개
끝으로부터 저쪽 날개 끝까지 십 규빗
이며
25 다른 그룹도 십 규빗이니 그 두 그룹은

같은 크기와 같은 모양이요
26 이 그룹의 높이가 십 규빗이요 저 그룹
도 같았더라
27 솔로몬이 내소 가운데에 그룹을 두었으
니 그룹들의 날개가 펴져 있는데 이쪽
그룹의 날개는 이쪽 벽에 닿았고 저쪽
그룹의 날개는 저쪽 벽에 닿았으며 두
날개는 성전의 중앙에서 서로 닿았더라
28 그가 금으로 그룹을 입혔더라
29 내 외소 사방 벽에는 모두 그룹들과 종
려와 핀 꽃 형상을 아로새겼고
30 내외 성전 마루에는 금으로 입혔으며
31 내소에 들어가는 곳에는 감람나무로 문
을 만들었는데 그 문인방과 문설주는
벽의 오분의 일이요
32 감람나무로 만든 그 두 문짝에 그룹과
종려와 핀 꽃을 아로새기고 금으로 입
히되 곧 그룹들과 종려에 금으로 입혔
더라
33 또 외소의 문을 위하여 감람나무로 문
설주를 만들었으니 곧 벽의 사분의 일
이며
34 그 두 문짝은 잣나무라 이쪽 문짝도 두
짝으로 접게 되었고 저쪽 문짝도 두 짝
으로 접게 되었으며
35 그 문짝에 그룹들과 종려와 핀 꽃을 아
로새기고 금으로 입히되 그 새긴 데에
맞게 하였고
36 또 다듬은 돌 세 켜와 백향목 두꺼운
판자 한 켜로 둘러 안뜰을 만들었더라
37 넷째 해 시브월에 여호와의 성전 기초
를 쌓았고
38 열한째 해 불월 곧 여덟째 달에 그 설
계와 식양대로 성전 건축이 다 끝났으
니 솔로몬이 칠 년 동안 성전을 건축하
였더라

## 솔로몬의 궁

7 솔로몬이 자기의 왕궁을 십삼 년 동안
건축하여 그 전부를 준공하니라
2 그가 레바논 나무로 왕궁을 지었으니
길이가 백 규빗이요 너비가 오십 규빗
이요 높이가 삼십 규빗이라 백향목 기
둥이 네 줄이요 기둥 위에 백향목 들보
가 있으며
3 기둥 위에 있는 들보 사십오 개를 백향
목으로 덮었는데 들보는 한 줄에 열다
섯이요
4 또 창틀이 세 줄로 있는데 창과 창이
세 층으로 서로 마주 대하였고
5 모든 문과 문설주를 다 큰 나무로 네모
지게 만들었는데 창과 창이 세 층으로
서로 마주 대하였으며
6 또 기둥을 세워 주랑을 지었으니 길이
가 오십 규빗이요 너비가 삼십 규빗이
며 또 기둥 앞에 한 주랑이 있고 또 그
앞에 기둥과 섬돌이 있으며
7 또 심판하기 위하여 보좌의 주랑 곧 재
판하는 주랑을 짓고 온 마루를 백향목
으로 덮었고
8 솔로몬이 거처할 왕궁은 그 주랑 뒤 다
른 뜰에 있으니 그 양식이 동일하며 솔
로몬이 또 그가 장가 든 바로의 딸을 위
하여 집을 지었는데 이 주랑과 같더라
9 이 집들은 안팎을 모두 귀하고 다듬은
돌로 지었으니 크기대로 톱으로 켠 것
이라 그 초석에서 처마까지와 외면에서
큰 뜰에 이르기까지 다 그러하니
10 그 초석은 귀하고 큰 돌 곧 십 규빗 되
는 돌과 여덟 규빗 되는 돌이라
11 그 위에는 크기대로 다듬은 귀한 돌도
있고 백향목도 있으며
12 또 큰 뜰 주위에는 다듬은 돌 세 켜와

백향목 두꺼운 판자 한 켜를 놓았으니
마치 여호와의 성전 안뜰과 주랑에 놓
은 것 같더라

### 놋쇠 대장장이 히람과 두 놋기둥 (대하 3:15-17)

13 솔로몬 왕이 사람을 보내어 히람을 두
로에서 데려오니
14 그는 납달리 지파 과부의 아들이요 그
의 아버지는 두로 사람이니 놋쇠 대장
장이라 이 히람은 모든 놋 일에 지혜와
총명과 재능을 구비한 자이더니 솔로몬
왕에게 와서 그 모든 공사를 하니라
15 그가 놋기둥 둘을 만들었으니 그 높이
는 각각 십팔 규빗이라 각각 십이 규빗
되는 줄을 두를 만하며
16 또 놋을 녹여 부어서 기둥 머리를 만들
어 기둥 꼭대기에 두었으니 한쪽 머리
의 높이도 다섯 규빗이요 다른쪽 머리
의 높이도 다섯 규빗이며
17 기둥 꼭대기에 있는 머리를 위하여 바
둑판 모양으로 얽은 그물과 사슬 모양
으로 땋은 것을 만들었으니 이 머리에
일곱이요 저 머리에 일곱이라
18 기둥을 이렇게 만들었고 또 두 줄 석류
를 한 그물 위에 둘러 만들어서 기둥
꼭대기에 있는 머리에 두르게 하였고
다른 기둥 머리에도 그렇게 하였으며
19 주랑 기둥 꼭대기에 있는 머리의 네 규
빗은 백합화 모양으로 만들었으며
20 이 두 기둥 머리에 있는 그물 곁 곧 그
머리의 공 같이 둥근 곳으로 돌아가며
각기 석류 이백 개가 줄을 지었더라
21 이 두 기둥을 성전의 주랑 앞에 세우되
오른쪽 기둥을 세우고 그 이름을 야긴
이라 하고 왼쪽의 기둥을 세우고 그 이
름을 보아스라 하였으며
22 그 두 기둥 꼭대기에는 백합화 형상이

있더라 두 기둥의 공사가 끝나니라

### 놋을 부어 만든 바다 (대하 4:2-5)

23 또 바다를 부어 만들었으니 그 직경이
십 규빗이요 그 모양이 둥글며 그 높이
는 다섯 규빗이요 주위는 삼십 규빗 줄
을 두를 만하며
24 그 가장자리 아래에는 돌아가며 박이
있는데 매 규빗에 열 개씩 있어서 바다
주위에 둘렸으니 그 박은 바다를 부어
만들 때에 두 줄로 부어 만들었으며
25 그 바다를 소 열두 마리가 받쳤으니 셋
은 북쪽을 향하였고 셋은 서쪽을 향하
였고 셋은 남쪽을 향하였고 셋은 동쪽
을 향하였으며 바다를 그 위에 놓았고
소의 뒤는 다 안으로 두었으며
26 바다의 두께는 한 손 너비만 하고 그것
의 가는 백합화의 양식으로 잔 가와 같
이 만들었으니 그 바다에는 이천 밧을
담겠더라

### 놋 받침 수레와 물두멍

27 또 놋으로 받침 수레 열을 만들었으니
매 받침 수레의 길이가 네 규빗이요 너
비가 네 규빗이요 높이가 세 규빗이라
28 그 받침 수레의 구조는 이러하니 사면
옆 가장자리 가운데에는 판이 있고
29 가장자리 가운데 판에는 사자와 소와
그룹들이 있고 또 가장자리 위에는 놓
는 자리가 있고 사자와 소 아래에는 화
환 모양이 있으며
30 그 받침 수레에 각각 네 놋바퀴와 놋축
이 있고 받침 수레 네 발 밑에는 어깨
같은 것이 있으며 그 어깨 같은 것은
물두멍 아래쪽에 부어 만들었고 화환은
각각 그 옆에 있으며
31 그 받침 수레 위로 들이켜 높이가 한
규빗 되게 내민 것이 있고 그 면은 직

경 한 규빗 반 되게 반원형으로 우묵하
며 그 나머지 면에는 아로새긴 것이 있
으며 그 내민 판들은 네모지고 둥글지
아니하며
32 네 바퀴는 옆판 밑에 있고 바퀴 축은
받침 수레에 연결되었는데 바퀴의 높이
는 각각 한 규빗 반이며
33 그 바퀴의 구조는 병거 바퀴의 구조 같
은데 그 축과 테와 살과 통이 다 부어
만든 것이며
34 받침 수레 네 모퉁이에 어깨 같은 것
넷이 있는데 그 어깨는 받침 수레와 연
결되었고
35 받침 수레 위에 둥근 테두리가 있는데
높이가 반 규빗이요 또 받침 수레 위의
버팀대와 옆판들이 받침 수레와 연결되
었고
36 버팀대 판과 옆판에는 각각 빈 곳을 따
라 그룹들과 사자와 종려나무를 아로새
겼고 또 그 둘레에 화환 모양이 있더라
37 이와 같이 받침 수레 열 개를 만들었는
데 그 부어 만든 법과 크기와 양식을
다 동일하게 만들었더라
38 또 물두멍 열 개를 놋으로 만들었는데
물두멍마다 각각 사십 밧을 담게 하였
으며 매 물두멍의 직경은 네 규빗이라
열 받침 수레 위에 각각 물두멍이 하나
씩이더라
39 그 받침 수레 다섯은 성전 오른쪽에 두
었고 다섯은 성전 왼쪽에 두었고 성전
오른쪽 동남쪽에는 그 바다를 두었더라

### 성전 기구들 (대하 4:11-5:1)

40 히람이 또 물두멍과 부삽과 대접들을
만들었더라 이와 같이 히람이 솔로몬
왕을 위하여 여호와의 전의 모든 일을
마쳤으니

41 곧 기둥 둘과 그 기둥 꼭대기의 공 같
은 머리 둘과 또 기둥 꼭대기의 공 같
은 머리를 가리는 그물 둘과
42 또 그 그물들을 위하여 만든 바 매 그
물에 두 줄씩으로 기둥 위의 공 같은
두 머리를 가리게 한 석류 사백 개와
43 또 열 개의 받침 수레와 받침 수레 위
의 열 개의 물두멍과
44 한 바다와 그 바다 아래의 소 열두 마
리와
45 솥과 부삽과 대접들이라 히람이 솔로몬
왕을 위하여 여호와의 성전에 이 모든
그릇을 빛난 놋으로 만드니라
46 왕이 요단 평지에서 숙곳과 사르단 사이
의 차진 흙에 그것들을 부어 내었더라
47 기구가 심히 많으므로 솔로몬이 다 달
아보지 아니하고 두었으니 그 놋 무게
를 능히 측량할 수 없었더라
48 솔로몬이 또 여호와의 성전의 모든 기
구를 만들었으니 곧 금 단과 진설병의
금 상과
49 내소 앞에 좌우로 다섯씩 둘 정금 등잔
대며 또 금 꽃과 등잔과 불집게며
50 또 정금 대접과 불집게와 주발과 숟가
락과 불을 옮기는 그릇이며 또 내소 곧
지성소 문의 금 돌쩌귀와 성전 곧 외소
문의 금 돌쩌귀더라
51 솔로몬 왕이 여호와의 성전을 위하여
만드는 모든 일을 마친지라 이에 솔로
몬이 그의 아버지 다윗이 드린 물건 곧
은과 금과 기구들을 가져다가 여호와의
성전 곳간에 두었더라

### 언약궤를 성전으로 옮기다 (대하 5:2-6:2)

8 이에 솔로몬이 여호와의 언약궤를 다윗
성 곧 시온에서 메어 올리고자 하여 이
스라엘 장로와 모든 지파의 우두머리

곧 이스라엘 자손의 족장들을 예루살렘
에 있는 자기에게로 소집하니
2 이스라엘 모든 사람이 다 에다님월 곧
일곱째 달 절기에 솔로몬 왕에게 모이고
3 이스라엘 장로들이 다 이르매 제사장들
이 궤를 메니라
4 여호와의 궤와 회막과 성막 안의 모든
거룩한 기구들을 메고 올라가되 제사장
과 레위 사람이 그것들을 메고 올라가매
5 솔로몬 왕과 그 앞에 모인 이스라엘 회
중이 그와 함께 그 궤 앞에 있어 양과
소로 제사를 지냈으니 그 수가 많아 기
록할 수도 없고 셀 수도 없었더라
6 제사장들이 여호와의 언약궤를 그 처소
로 메어 들였으니 곧 성전의 내소인 지
성소 그룹들의 날개 아래라
7 그룹들이 그 궤 처소 위에서 날개를 펴
서 궤와 그 채를 덮었는데
8 채가 길므로 채 끝이 내소 앞 성소에서
보이나 밖에서는 보이지 아니하며 그
채는 오늘까지 그 곳에 있으며
9 그 궤 안에는 두 돌판 외에 아무것도
없으니 이것은 이스라엘 자손이 애굽
땅에서 나온 후 여호와께서 저희와 언
약을 맺으실 때에 모세가 호렙에서 그
안에 넣은 것이더라
10 제사장이 성소에서 나올 때에 구름이
여호와의 성전에 가득하매
11 제사장이 그 구름으로 말미암아 능히 서
서 섬기지 못하였으니 이는 여호와의 영
광이 여호와의 성전에 가득함이었더라

### 솔로몬의 연설 (대하 6:3-11)

12 그 때에 솔로몬이 이르되 여호와께서
캄캄한 데 계시겠다 말씀하셨사오나
13 내가 참으로 주를 위하여 계실 성전을
건축하였사오니 주께서 영원히 계실 처

소로소이다 하고
14 얼굴을 돌이켜 이스라엘의 온 회중을
위하여 축복하니 그 때에 이스라엘의
온 회중이 서 있더라
15 왕이 이르되 이스라엘의 하나님 여호
와를 송축할지로다 여호와께서 그의
입으로 내 아버지 다윗에게 말씀하신
것을 이제 그의 손으로 이루셨도다 이
르시기를
16 내가 내 백성 이스라엘을 애굽에서
인도하여 낸 날부터 내 이름을 둘 만
한 집을 건축하기 위하여 이스라엘
모든 지파 가운데에서 아무 성읍도
택하지 아니하고 다만 다윗을 택하여
내 백성 이스라엘을 다스리게 하였노
라 하신지라
17 내 아버지 다윗이 이스라엘의 하나님
여호와의 이름을 위하여 성전을 건축할
마음이 있었더니
18 여호와께서 내 아버지 다윗에게 이르시
되 네가 내 이름을 위하여 성전을 건축
할 마음이 있으니 이 마음이 네게 있는
것이 좋도다
19 그러나 너는 그 성전을 건축하지 못할
것이요 네 몸에서 낳을 네 아들 그가
내 이름을 위하여 성전을 건축하리라
하시더니
20 이제 여호와께서 말씀하신 대로 이루
시도다 내가 여호와께서 말씀하신 대
로 내 아버지 다윗을 이어서 일어나
이스라엘의 왕위에 앉고 이스라엘의
하나님 여호와의 이름을 위하여 성전
을 건축하고
21 내가 또 그 곳에 우리 조상들을 애굽
땅에서 인도하여 내실 때에 그들과 세
우신 바 여호와의 언약을 넣은 궤를 위

하여 한 처소를 설치하였노라

## 솔로몬의 기도 (대하 6:12-42)

22 솔로몬이 여호와의 제단 앞에서 이스라
엘의 온 회중과 마주서서 하늘을 향하
여 손을 펴고
23 이르되 이스라엘의 하나님 여호와여 위
로 하늘과 아래로 땅에 주와 같은 신이
없나이다 주께서는 온 마음으로 주의
앞에서 행하는 종들에게 언약을 지키시
고 은혜를 베푸시나이다
24 주께서 주의 종 내 아버지 다윗에게 하
신 말씀을 지키사 주의 입으로 말씀하
신 것을 손으로 이루심이 오늘과 같으
니이다
25 이스라엘의 하나님 여호와여 주께서 주
의 종 내 아버지 다윗에게 말씀하시기
를 네 자손이 자기 길을 삼가서 네가
내 앞에서 행한 것 같이 내 앞에서 행
하기만 하면 네게서 나서 이스라엘의
왕위에 앉을 사람이 내 앞에서 끊어지
지 아니하리라 하셨사오니 이제 다윗을
위하여 그 하신 말씀을 지키시옵소서
26 그런즉 이스라엘의 하나님이여 원하건
대 주는 주의 종 내 아버지 다윗에게
하신 말씀이 확실하게 하옵소서
27 하나님이 참으로 땅에 거하시리이까 하
늘과 하늘들의 하늘이라도 주를 용납하
지 못하겠거든 하물며 내가 건축한 이
성전이오리이까
28 그러나 내 하나님 여호와여 주의 종의
기도와 간구를 돌아보시며 이 종이 오
늘 주 앞에서 부르짖음과 비는 기도를
들으시옵소서
29 주께서 전에 말씀하시기를 내 이름이
거기 있으리라 하신 곳 이 성전을 향하
여 주의 눈이 주야로 보시오며 주의 종

이 이 곳을 향하여 비는 기도를 들으시
옵소서
30 주의 종과 주의 백성 이스라엘이 이 곳
을 향하여 기도할 때에 주는 그 간구함
을 들으시되 주께서 계신 곳 하늘에서
들으시고 들으시사 사하여 주옵소서
31 만일 어떤 사람이 그 이웃에게 범죄함
으로 맹세시킴을 받고 그가 와서 이
성전에 있는 주의 제단 앞에서 맹세하
거든
32 주는 하늘에서 들으시고 행하시되 주의
종들을 심판하사 악한 자의 죄를 정하
여 그 행위대로 그 머리에 돌리시고 의
로운 자를 의롭다 하사 그의 의로운 바
대로 갚으시옵소서
33 만일 주의 백성 이스라엘이 주께 범죄
하여 적국 앞에 패하게 되므로 주께로
돌아와서 주의 이름을 인정하고 이 성
전에서 주께 기도하며 간구하거든
34 주는 하늘에서 들으시고 주의 백성 이
스라엘의 죄를 사하시고 그들의 조상들
에게 주신 땅으로 돌아오게 하옵소서
35 만일 그들이 주께 범죄함으로 말미암아
하늘이 닫히고 비가 없어서 주께 벌을
받을 때에 이 곳을 향하여 기도하며 주
의 이름을 찬양하고 그들의 죄에서 떠
나거든
36 주는 하늘에서 들으사 주의 종들과 주
의 백성 이스라엘의 죄를 사하시고 그
들이 마땅히 행할 선한 길을 가르쳐 주
시오며 주의 백성에게 기업으로 주신
주의 땅에 비를 내리시옵소서
37 만일 이 땅에 기근이나 전염병이 있거
나 곡식이 시들거나 깜부기가 나거나
메뚜기나 황충이 나거나 적국이 와서
성읍을 에워싸거나 무슨 재앙이나 무슨

질병이 있든지 막론하고
38 한 사람이나 혹 주의 온 백성 이스라엘
이 다 각각 자기의 마음에 재앙을 깨닫
고 이 성전을 향하여 손을 펴고 무슨
기도나 무슨 간구를 하거든
39 주는 계신 곳 하늘에서 들으시고 사하
시며 각 사람의 마음을 아시오니 그들
의 모든 행위대로 행하사 갚으시옵소서
주만 홀로 사람의 마음을 다 아심이니
이다
40 그리하시면 그들이 주께서 우리 조상들
에게 주신 땅에서 사는 동안에 항상 주
를 경외하리이다
41 또 주의 백성 이스라엘에 속하지 아니
한 자 곧 주의 이름을 위하여 먼 지방
에서 온 이방인이라도
42 그들이 주의 크신 이름과 주의 능한 손
과 주의 펴신 팔의 소문을 듣고 와서
이 성전을 향하여 기도하거든
43 주는 계신 곳 하늘에서 들으시고 이방
인이 주께 부르짖는 대로 이루사 땅의
만민이 주의 이름을 알고 주의 백성 이
스라엘처럼 경외하게 하시오며 또 내가
건축한 이 성전을 주의 이름으로 일컫
는 줄을 알게 하옵소서
44 주의 백성이 그들의 적국과 더불어 싸
우고자 하여 주께서 보내신 길로 나갈
때에 그들이 주께서 택하신 성읍과 내
가 주의 이름을 위하여 건축한 성전이
있는 쪽을 향하여 여호와께 기도하거든
45 주는 하늘에서 그들의 기도와 간구를
들으시고 그들의 일을 돌아보옵소서
46 범죄하지 아니하는 사람이 없사오니 그
들이 주께 범죄함으로 주께서 그들에게
진노하사 그들을 적국에게 넘기시매 적
국이 그들을 사로잡아 원근을 막론하고

적국의 땅으로 끌어간 후에
47 그들이 사로잡혀 간 땅에서 스스로 깨
닫고 그 사로잡은 자의 땅에서 돌이켜
주께 간구하기를 우리가 범죄하여 반역
을 행하며 악을 지었나이다 하며
48 자기를 사로잡아 간 적국의 땅에서 온
마음과 온 뜻으로 주께 돌아와서 주께
서 그들의 조상들에게 주신 땅 곧 주께
서 택하신 성읍과 내가 주의 이름을 위
하여 건축한 성전 있는 쪽을 향하여 주
께 기도하거든
49 주는 계신 곳 하늘에서 그들의 기도와
간구를 들으시고 그들의 일을 돌아보시
오며
50 주께 범죄한 백성을 용서하시며 주께
범한 그 모든 허물을 사하시고 그들을
사로잡아 간 자 앞에서 그들로 불쌍히
여김을 얻게 하사 그 사람들로 그들을
불쌍히 여기게 하옵소서
51 그들은 주께서 철 풀무 같은 애굽에서
인도하여 내신 주의 백성, 주의 소유가
됨이니이다
52 원하건대 주는 눈을 들어 종의 간구함
과 주의 백성 이스라엘의 간구함을 보
시고 주께 부르짖는 대로 들으시옵소서
53 주 여호와여 주께서 우리 조상을 애굽
에서 인도하여 내실 때에 주의 종 모세
를 통하여 말씀하심 같이 주께서 세상
만민 가운데에서 그들을 구별하여 주의
기업으로 삼으셨나이다

### 솔로몬의 축복

54 솔로몬이 무릎을 꿇고 손을 펴서 하늘
을 향하여 이 기도와 간구로 여호와께
아뢰기를 마치고 여호와의 제단 앞에서
일어나
55 서서 큰 소리로 이스라엘의 온 회중을

위하여 축복하며 이르되

56 여호와를 찬송할지로다 그가 말씀하신
대로 그의 백성 이스라엘에게 태평을
주셨으니 그 종 모세를 통하여 무릇 말
씀하신 그 모든 좋은 약속이 하나도 이
루어지지 아니함이 없도다

57 우리 하나님 여호와께서 우리 조상들과
함께 계시던 것 같이 우리와 함께 계시
옵고 우리를 떠나지 마시오며 버리지
마시옵고

58 우리의 마음을 주께로 향하여 그의 모
든 길로 행하게 하시오며 우리 조상들
에게 명령하신 계명과 법도와 율례를
지키게 하시기를 원하오며

59 여호와 앞에서 내가 간구한 이 말씀이
주야로 우리 하나님 여호와께 가까이
있게 하시옵고 또 주의 종의 일과 주의
백성 이스라엘의 일을 날마다 필요한
대로 돌아보사

60 이에 세상 만민에게 여호와께서만 하나
님이시고 그 외에는 없는 줄을 알게 하
시기를 원하노라

61 그런즉 너희의 마음을 우리 하나님 여
호와께 온전히 바쳐 완전하게 하여 오
늘과 같이 그의 법도를 행하며 그의 계
명을 지킬지어다

### 성전 봉헌식 (대하 7:4-10)

62 이에 왕과 및 왕과 함께 한 이스라엘이
다 여호와 앞에 희생제물을 드리니라

63 솔로몬이 화목제의 희생제물을 드렸으
니 곧 여호와께 드린 소가 이만 이천
마리요 양이 십이만 마리라 이와 같이
왕과 모든 이스라엘 자손이 여호와의
성전의 봉헌식을 행하였는데

64 그 날에 왕이 여호와의 성전 앞뜰 가운
데를 거룩히 구별하고 거기서 번제와

소제와 감사제물의 기름을 드렸으니 이
는 여호와의 앞 놋 제단이 작으므로 번
제물과 소제물과 화목제의 기름을 다
용납할 수 없음이라
65 그 때에 솔로몬이 칠 일과 칠 일 도합
십사 일간을 우리 하나님 여호와 앞에
서 절기로 지켰는데 하맛 어귀에서부터
애굽 강까지의 온 이스라엘의 큰 회중
이 모여 그와 함께 하였더니
66 여덟째 날에 솔로몬이 백성을 돌려보
내매 백성이 왕을 위하여 축복하고 자
기 장막으로 돌아가는데 여호와께서 그
의 종 다윗과 그의 백성 이스라엘에게
베푸신 모든 은혜로 말미암아 기뻐하며
마음에 즐거워하였더라

### 여호와께서 다시 솔로몬에게 나타나시다

9 솔로몬이 여호와의 성전과 왕궁 건축하
기를 마치며 자기가 이루기를 원하던
모든 것을 마친 때에
2 여호와께서 전에 기브온에서 나타나심
같이 다시 솔로몬에게 나타나사
3 여호와께서 그에게 이르시되 네 기도와
네가 내 앞에서 간구한 바를 내가 들었
은즉 나는 네가 건축한 이 성전을 거룩
하게 구별하여 내 이름을 영원히 그 곳
에 두며 내 눈길과 내 마음이 항상 거
기에 있으리니
4 네가 만일 네 아버지 다윗이 행함 같이
마음을 온전히 하고 바르게 하여 내 앞
에서 행하며 내가 네게 명령한 대로 온
갖 일에 순종하여 내 법도와 율례를 지
키면
5 내가 네 아버지 다윗에게 말하기를 이
스라엘의 왕위에 오를 사람이 네게서
끊어지지 아니하리라 한 대로 네 이스
라엘의 왕위를 영원히 견고하게 하려

니와

6 만일 너희나 너희의 자손이 아주 돌아

서서 나를 따르지 아니하며 내가 너희

앞에 둔 나의 계명과 법도를 지키지 아

니하고 가서 다른 신을 섬겨 그것을 경

배하면

7 내가 이스라엘을 내가 그들에게 준 땅

에서 끊어 버릴 것이요 내 이름을 위하

여 내가 거룩하게 구별한 이 성전이라

도 내 앞에서 던져버리리니 이스라엘은

모든 민족 가운데에서 속담거리와 이야

기거리가 될 것이며

8 이 성전이 높을지라도 지나가는 자마다

놀라며 비웃어 이르되 여호와께서 무슨

까닭으로 이 땅과 이 성전에 이같이 행

하셨는고 하면

9 대답하기를 그들이 그들의 조상들을 애

굽 땅에서 인도하여 내신 그들의 하나

님 여호와를 버리고 다른 신을 따라가

서 그를 경배하여 섬기므로 여호와께서

이 모든 재앙을 그들에게 내리심이라

하리라 하셨더라

### 솔로몬과 히람의 거래 (대하 8:1-2)

10 솔로몬이 두 집 곧 여호와의 성전과 왕

궁을 이십 년 만에 건축하기를 마치고

11 갈릴리 땅의 성읍 스무 곳을 히람에게

주었으니 이는 두로 왕 히람이 솔로몬

에게 그 온갖 소원대로 백향목과 잣나

무와 금을 제공하였음이라

12 히람이 두로에서 와서 솔로몬이 자기

에게 준 성읍들을 보고 눈에 들지 아니

하여

13 이르기를 내 형제여 내게 준 이 성읍들

이 이러한가 하고 이름하여 가불 땅이

라 하였더니 그 이름이 오늘까지 있느

니라

14 히람이 금 일백이십 달란트를 왕에게
보내었더라

### 솔로몬의 나머지 업적 (대하 8:3-18)

15 솔로몬 왕이 역군을 일으킨 까닭은 이
러하니 여호와의 성전과 자기 왕궁과
밀로와 예루살렘 성과 하솔과 므깃도와
게셀을 건축하려 하였음이라
16 전에 애굽 왕 바로가 올라와서 게셀을
탈취하여 불사르고 그 성읍에 사는 가
나안 사람을 죽이고 그 성읍을 자기 딸
솔로몬의 아내에게 예물로 주었더니
17 솔로몬이 게셀과 아래 벧호론을 건축
하고
18 또 바알랏과 그 땅의 들에 있는 다드몰과
19 자기에게 있는 모든 국고성과 병거성들
과 마병의 성들을 건축하고 솔로몬이
또 예루살렘과 레바논과 그가 다스리는
온 땅에 건축하고자 하던 것을 다 건축
하였는데
20 이스라엘 자손이 아닌 아모리 사람과
헷 사람과 브리스 사람과 히위 사람과
여부스 사람 중 남아 있는 모든 사람
21 곧 이스라엘 자손이 다 멸하지 못하므
로 그 땅에 남아 있는 그들의 자손들을
솔로몬이 노예로 역군을 삼아 오늘까지
이르렀으되
22 다만 이스라엘 자손은 솔로몬이 노예를
삼지 아니하였으니 그들은 군사와 그
신하와 고관과 대장이며 병거와 마병의
지휘관이 됨이었더라
23 솔로몬에게 일을 감독하는 우두머리 오
백오십 명이 있어 일하는 백성을 다스
렸더라
24 바로의 딸이 다윗 성에서부터 올라와
솔로몬이 그를 위하여 건축한 궁에 이
를 때에 솔로몬이 밀로를 건축하였더라

25 솔로몬이 여호와를 위하여 쌓은 제단
위에 해마다 세 번씩 번제와 감사의 제
물을 드리고 또 여호와 앞에 있는 제단
에 분향하니라 이에 성전 짓는 일을 마
치니라
26 솔로몬 왕이 에돔 땅 홍해 물 가의 엘롯
근처 에시온게벨에서 배들을 지은지라
27 히람이 자기 종 곧 바다에 익숙한 사공
들을 솔로몬의 종과 함께 그 배로 보
내매
28 그들이 오빌에 이르러 거기서 금 사백
이십 달란트를 얻고 솔로몬 왕에게로
가져왔더라

### 스바의 여왕이 솔로몬을 찾아오다 (대하 9:1-12)

10 스바의 여왕이 여호와의 이름으로 말미
암은 솔로몬의 명성을 듣고 와서 어려
운 문제로 그를 시험하고자 하여
2 예루살렘에 이르니 수행하는 자가 심히
많고 향품과 심히 많은 금과 보석을 낙
타에 실었더라 그가 솔로몬에게 나아와
자기 마음에 있는 것을 다 말하매
3 솔로몬이 그가 묻는 말에 다 대답하였
으니 왕이 알지 못하여 대답하지 못한
것이 하나도 없었더라
4 스바의 여왕이 솔로몬의 모든 지혜와
그 건축한 왕궁과
5 그 상의 식물과 그의 신하들의 좌석과
그의 시종들이 시립한 것과 그들의 관
복과 술 관원들과 여호와의 성전에 올
라가는 층계를 보고 크게 감동되어
6 왕께 말하되 내가 내 나라에서 당신의
행위와 당신의 지혜에 대하여 들은 소
문이 사실이로다
7 내가 그 말들을 믿지 아니하였더니 이
제 와서 친히 본즉 내게 말한 것은 절
반도 못되니 당신의 지혜와 복이 내가

들은 소문보다 더하도다
8 복되도다 당신의 사람들이여 복되도다
당신의 이 신하들이여 항상 당신 앞에
서서 당신의 지혜를 들음이로다
9 당신의 하나님 여호와를 송축할지로다
여호와께서 당신을 기뻐하사 이스라엘
왕위에 올리셨고 여호와께서 영원히 이
스라엘을 사랑하시므로 당신을 세워 왕
으로 삼아 정의와 공의를 행하게 하셨
도다 하고
10 이에 그가 금 일백이십 달란트와 심히
많은 향품과 보석을 왕에게 드렸으니
스바의 여왕이 솔로몬 왕에게 드린 것
처럼 많은 향품이 다시 오지 아니하였
더라
11 오빌에서부터 금을 실어온 히람의 배들
이 오빌에서 많은 백단목과 보석을 운
반하여 오매
12 왕이 백단목으로 여호와의 성전과 왕궁
의 난간을 만들고 또 노래하는 자를 위
하여 수금과 비파를 만들었으니 이같은
백단목은 전에도 온 일이 없었고 오늘
까지도 보지 못하였더라
13 솔로몬 왕이 왕의 규례대로 스바의 여
왕에게 물건을 준 것 외에 또 그의 소
원대로 구하는 것을 주니 이에 그가 그
의 신하들과 함께 본국으로 돌아갔더라

### 솔로몬의 재산과 지혜 (대하 9:13-29)

14 솔로몬의 세입금의 무게가 금 육백육십
육 달란트요
15 그 외에 또 상인들과 무역하는 객상과
아라비아의 모든 왕들과 나라의 고관들
에게서도 가져온지라
16 솔로몬 왕이 쳐서 늘인 금으로 큰 방패
이백 개를 만들었으니 매 방패에 든 금
이 육백 세겔이며

17 또 쳐서 늘인 금으로 작은 방패 삼백
개를 만들었으니 매 방패에 든 금이 삼
마네라 왕이 이것들을 레바논 나무 궁
에 두었더라
18 왕이 또 상아로 큰 보좌를 만들고 정금
으로 입혔으니
19 그 보좌에는 여섯 층계가 있고 보좌 뒤
에 둥근 머리가 있고 앉는 자리 양쪽에
는 팔걸이가 있고 팔걸이 곁에는 사자
가 하나씩 서 있으며
20 또 열두 사자가 있어 그 여섯 층계 좌
우편에 서 있으니 어느 나라에도 이같
이 만든 것이 없었더라
21 솔로몬 왕이 마시는 그릇은 다 금이요
레바논 나무 궁의 그릇들도 다 정금이
라 은 기물이 없으니 솔로몬의 시대에
은을 귀히 여기지 아니함은
22 왕이 바다에 다시스 배들을 두어 히람
의 배와 함께 있게 하고 그 다시스 배
로 삼 년에 한 번씩 금과 은과 상아와
원숭이와 공작을 실어 왔음이더라
23 솔로몬 왕의 재산과 지혜가 세상의 그
어느 왕보다 큰지라
24 온 세상 사람들이 다 하나님께서 솔로
몬의 마음에 주신 지혜를 들으며 그의
얼굴을 보기 원하여
25 그들이 각기 예물을 가지고 왔으니 곧
은 그릇과 금 그릇과 의복과 갑옷과 향
품과 말과 노새라 해마다 그리하였더라
26 솔로몬이 병거와 마병을 모으매 병거가
천사백 대요 마병이 만 이천 명이라 병
거성에도 두고 예루살렘 왕에게도 두었
으며
27 왕이 예루살렘에서 은을 돌 같이 흔하
게 하고 백향목을 평지의 뽕나무 같이
많게 하였더라

28 솔로몬의 말들은 애굽에서 들여왔으니
왕의 상인들이 값주고 산 것이며
29 애굽에서 들여온 병거는 한 대에 은 육
백 세겔이요 말은 한 필에 백오십 세겔
이라 이와 같이 헷 사람의 모든 왕과
아람 왕들에게 그것들을 되팔기도 하였
더라

## 솔로몬의 마음이 여호와를 떠나다

11 솔로몬 왕이 바로의 딸 외에 이방의 많
은 여인을 사랑하였으니 곧 모압과 암
몬과 에돔과 시돈과 헷 여인이라
2 여호와께서 일찍이 이 여러 백성에 대
하여 이스라엘 자손에게 말씀하시기를
너희는 그들과 서로 통혼하지 말며 그
들도 너희와 서로 통혼하게 하지 말라
그들이 반드시 너희의 마음을 돌려 그
들의 신들을 따르게 하리라 하셨으나
솔로몬이 그들을 사랑하였더라
3 왕은 후궁이 칠백 명이요 첩이 삼백 명
이라 그의 여인들이 왕의 마음을 돌아
서게 하였더라
4 솔로몬의 나이가 많을 때에 그의 여인
들이 그의 마음을 돌려 다른 신들을 따
르게 하였으므로 왕의 마음이 그의 아
버지 다윗의 마음과 같지 아니하여 그
의 하나님 여호와 앞에 온전하지 못하
였으니
5 이는 시돈 사람의 여신 아스다롯을 따
르고 암몬 사람의 가증한 밀곰을 따름
이라
6 솔로몬이 여호와의 눈앞에서 악을 행하
여 그의 아버지 다윗이 여호와를 온전
히 따름 같이 따르지 아니하고
7 모압의 가증한 그모스를 위하여 예루살
렘 앞 산에 산당을 지었고 또 암몬 자
손의 가증한 몰록을 위하여 그와 같이

하였으며
8 그가 또 그의 이방 여인들을 위하여 다
그와 같이 한지라 그들이 자기의 신들
에게 분향하며 제사하였더라
9 솔로몬이 마음을 돌려 이스라엘의 하나
님 여호와를 떠나므로 여호와께서 그에
게 진노하시니라 여호와께서 일찍이 두
번이나 그에게 나타나시고
10 이 일에 대하여 명령하사 다른 신을 따
르지 말라 하셨으나 그가 여호와의 명
령을 지키지 않았으므로
11 여호와께서 솔로몬에게 말씀하시되 네
게 이러한 일이 있었고 또 네가 내 언
약과 내가 네게 명령한 법도를 지키지
아니하였으니 내가 반드시 이 나라를
네게서 빼앗아 네 신하에게 주리라
12 그러나 네 아버지 다윗을 위하여 네 세
대에는 이 일을 행하지 아니하고 네 아
들의 손에서 빼앗으려니와
13 오직 내가 이 나라를 다 빼앗지 아니하
고 내 종 다윗과 내가 택한 예루살렘을
위하여 한 지파를 네 아들에게 주리라
하셨더라

## 솔로몬의 대적

14 여호와께서 에돔 사람 하닷을 일으켜
솔로몬의 대적이 되게 하시니 그는 왕
의 자손으로서 에돔에 거하였더라
15 전에 다윗이 에돔에 있을 때에 군대 지
휘관 요압이 가서 죽임을 당한 자들을
장사하고 에돔의 남자를 다 쳐서 죽였
는데
16 요압은 에돔의 남자를 다 없애기까지
이스라엘 무리와 함께 여섯 달 동안 그
곳에 머물렀더라
17 그 때에 하닷은 작은 아이라 그의 아버
지 신하 중 에돔 사람 몇몇과 함께 도

망하여 애굽으로 가려 하여
18 미디안을 떠나 바란에 이르고 거기서
사람을 데리고 애굽으로 가서 애굽 왕
바로에게 나아가매 바로가 그에게 집과
먹을 양식을 주며 또 토지를 주었더라
19 하닷이 바로의 눈 앞에 크게 은총을 얻
었으므로 바로가 자기의 처제 곧 왕비
다브네스의 아우를 그의 아내로 삼으매
20 다브네스의 아우가 그로 말미암아 아들
그누밧을 낳았더니 다브네스가 그 아이
를 바로의 궁중에서 젖을 떼게 하매 그
누밧이 바로의 궁에서 바로의 아들 가
운데 있었더라
21 하닷이 애굽에 있어서 다윗이 그의 조
상들과 함께 잔 것과 군대 지휘관 요압
이 죽은 것을 듣고 바로에게 아뢰되 나
를 보내어 내 고국으로 가게 하옵소서
22 바로가 그에게 이르되 네가 나와 함께
있어 무슨 부족함이 있기에 네 고국으
로 가기를 구하느냐 대답하되 없나이다
그러나 아무쪼록 나를 보내옵소서 하였
더라
23 하나님이 또 엘리아다의 아들 르손을
일으켜 솔로몬의 대적자가 되게 하시니
그는 그의 주인 소바 왕 하닷에셀에게
서 도망한 자라
24 다윗이 소바 사람을 죽일 때에 르손이
사람들을 자기에게 모으고 그 무리의
괴수가 되어 다메섹으로 가서 살다가
거기서 왕이 되었더라
25 솔로몬의 일평생에 하닷이 끼친 환난
외에 르손이 수리아 왕이 되어 이스라
엘을 대적하고 미워하였더라

### 여로보암에게 하신 여호와의 말씀

26 솔로몬의 신하 느밧의 아들 여로보암이
또한 손을 들어 왕을 대적하였으니 그

는 에브라임 족속인 스레다 사람이요
그의 어머니의 이름은 스루아이니 과부
더라
27 그가 손을 들어 왕을 대적하는 까닭은
이러하니라 솔로몬이 밀로를 건축하고
그의 아버지 다윗의 성읍이 무너진 것
을 수축하였는데
28 이 사람 여로보암은 큰 용사라 솔로몬
이 이 청년의 부지런함을 보고 세워 요
셉 족속의 일을 감독하게 하였더니
29 그 즈음에 여로보암이 예루살렘에서 나
갈 때에 실로 사람 선지자 아히야가 길
에서 그를 만나니 아히야가 새 의복을
입었고 그 두 사람만 들에 있었더라
30 아히야가 자기가 입은 새 옷을 잡아 열
두 조각으로 찢고
31 여로보암에게 이르되 너는 열 조각을
가지라 이스라엘의 하나님 여호와의 말
씀이 내가 이 나라를 솔로몬의 손에서
찢어 빼앗아 열 지파를 네게 주고
32 오직 내 종 다윗을 위하고 이스라엘 모
든 지파 중에서 택한 성읍 예루살렘을
위하여 한 지파를 솔로몬에게 주리니
33 이는 그들이 나를 버리고 시돈 사람
의 여신 아스다롯과 모압의 신 그모스
와 암몬 자손의 신 밀곰을 경배하며 그
의 아버지 다윗이 행함 같지 아니하여
내 길로 행하지 아니하며 나 보기에 정
직한 일과 내 법도와 내 율례를 행하지
아니함이니라
34 그러나 내가 택한 내 종 다윗이 내 명
령과 내 법도를 지켰으므로 내가 그를
위하여 솔로몬의 생전에는 온 나라를
그의 손에서 빼앗지 아니하고 주관하게
하려니와
35 내가 그의 아들의 손에서 나라를 빼앗

아 그 열 지파를 네게 줄 것이요
36 그의 아들에게는 내가 한 지파를 주어서
내가 거기에 내 이름을 두고자 하여 택
한 성읍 예루살렘에서 내 종 다윗이 항
상 내 앞에 등불을 가지고 있게 하리라
37 내가 너를 취하리니 너는 네 마음에 원
하는 대로 다스려 이스라엘 위에 왕이
되되
38 네가 만일 내가 명령한 모든 일에 순종
하고 내 길로 행하며 내 눈에 합당한
일을 하며 내 종 다윗이 행함 같이 내
율례와 명령을 지키면 내가 너와 함께
있어 내가 다윗을 위하여 세운 것 같이
너를 위하여 견고한 집을 세우고 이스
라엘을 네게 주리라
39 내가 이로 말미암아 다윗의 자손을 괴
롭게 할 것이나 영원히 하지는 아니하
리라 하셨느니라 한지라
40 이러므로 솔로몬이 여로보암을 죽이려
하매 여로보암이 일어나 애굽으로 도망
하여 애굽 왕 시삭에게 이르러 솔로몬
이 죽기까지 애굽에 있으니라

## 솔로몬이 죽다 (대하 9:29-31)

41 솔로몬의 남은 사적과 그의 행한 모든
일과 그의 지혜는 솔로몬의 실록에 기
록되지 아니하였느냐
42 솔로몬이 예루살렘에서 온 이스라엘을
다스린 날 수가 사십 년이라
43 솔로몬이 그의 조상들과 함께 자매 그
의 아버지 다윗의 성읍에 장사되고 그
의 아들 르호보암이 대신하여 왕이 되
니라

## 북쪽 지파들의 배반 (대하 10:1-19)

12 르호보암이 세겜으로 갔으니 이는 온
이스라엘이 그를 왕으로 삼고자 하여
세겜에 이르렀음이더라

2 느밧의 아들 여로보암이 전에 솔로몬
왕의 얼굴을 피하여 애굽으로 도망하여
있었더니 이제 그 소문을 듣고 여전히
애굽에 있는 중에
3 무리가 사람을 보내 그를 불렀더라 여
로보암과 이스라엘의 온 회중이 와서
르호보암에게 말하여 이르되
4 왕의 아버지가 우리의 멍에를 무겁게
하였으나 왕은 이제 왕의 아버지가 우
리에게 시킨 고역과 메운 무거운 멍에
를 가볍게 하소서 그리하시면 우리가
왕을 섬기겠나이다
5 르호보암이 대답하되 갔다가 삼 일 후에
다시 내게로 오라 하매 백성이 가니라
6 르호보암 왕이 그의 아버지 솔로몬의
생전에 그 앞에 모셨던 노인들과 의논
하여 이르되 너희는 어떻게 충고하여
이 백성에게 대답하게 하겠느냐
7 대답하여 이르되 왕이 만일 오늘 이 백
성을 섬기는 자가 되어 그들을 섬기고
좋은 말로 대답하여 이르시면 그들이
영원히 왕의 종이 되리이다 하나
8 왕이 노인들이 자문하는 것을 버리고
자기 앞에 모셔 있는 자기와 함께 자라
난 어린 사람들과 의논하여
9 이르되 너희는 어떻게 자문하여 이 백
성에게 대답하게 하겠느냐 백성이 내게
말하기를 왕의 아버지가 우리에게 메운
멍에를 가볍게 하라 하였느니라
10 함께 자라난 소년들이 왕께 아뢰어 이
르되 이 백성들이 왕께 아뢰기를 왕의
부친이 우리의 멍에를 무겁게 하였으나
왕은 우리를 위하여 가볍게 하라 하였
은즉 왕은 대답하기를 내 새끼 손가락
이 내 아버지의 허리보다 굵으니
11 내 아버지께서 너희에게 무거운 멍에를

메게 하였으나 이제 나는 너희의 멍에
를 더욱 무겁게 할지라 내 아버지는 채
찍으로 너희를 징계하였으나 나는 전갈
채찍으로 너희를 징계하리라 하소서
12 삼 일 만에 여로보암과 모든 백성이 르
호보암에게 나아왔으니 이는 왕이 명령
하여 이르기를 삼 일 만에 내게로 다시
오라 하였음이라
13 왕이 포학한 말로 백성에게 대답할새
노인의 자문을 버리고
14 어린 사람들의 자문을 따라 그들에게
말하여 이르되 내 아버지는 너희의 멍
에를 무겁게 하였으나 나는 너희의 멍
에를 더욱 무겁게 할지라 내 아버지는
채찍으로 너희를 징계하였으나 나는 전
갈 채찍으로 너희를 징치하리라 하니라
15 왕이 이같이 백성의 말을 듣지 아니하
였으니 이 일은 여호와께로 말미암아
난 것이라 여호와께서 전에 실로 사람
아히야로 느밧의 아들 여로보암에게 하
신 말씀을 이루게 하심이더라
16 온 이스라엘이 자기들의 말을 왕이 듣
지 아니함을 보고 왕에게 대답하여 이
르되 우리가 다윗과 무슨 관계가 있느
냐 이새의 아들에게서 받을 유산이 없
도다 이스라엘아 너희의 장막으로 돌아
가라 다윗이여 이제 너는 네 집이나 돌
아보라 하고 이스라엘이 그 장막으로
돌아가니라
17 그러나 유다 성읍들에 사는 이스라엘
자손에게는 르호보암이 그들의 왕이 되
었더라
18 르호보암 왕이 역군의 감독 아도람을
보냈더니 온 이스라엘이 그를 돌로 쳐
죽인지라 르호보암 왕이 급히 수레에
올라 예루살렘으로 도망하였더라

19 이에 이스라엘이 다윗의 집을 배반하여
오늘까지 이르렀더라
20 온 이스라엘이 여로보암이 돌아왔다 함
을 듣고 사람을 보내 그를 공회로 청하
여 온 이스라엘의 왕으로 삼았으니 유
다 지파 외에는 다윗의 집을 따르는 자
가 없으니라

### 스마야가 여호와의 말씀을 전하다 (대하 11:1-4)

21 르호보암이 예루살렘에 이르러 유다 온
족속과 베냐민 지파를 모으니 택한 용
사가 십팔만 명이라 이스라엘 족속과
싸워 나라를 회복하여 솔로몬의 아들
르호보암에게 돌리려 하더니
22 하나님의 말씀이 하나님의 사람 스마야
에게 임하여 이르시되
23 솔로몬의 아들 유다 왕 르호보암과 유
다와 베냐민 온 족속과 또 그 남은 백
성에게 말하여 이르기를
24 여호와의 말씀이 너희는 올라가지 말라
너희 형제 이스라엘 자손과 싸우지 말
고 각기 집으로 돌아가라 이 일이 나로
말미암아 난 것이라 하셨다 하라 하신
지라 그들이 여호와의 말씀을 듣고 그
말씀을 따라 돌아갔더라

### 여로보암이 금송아지를 만들다

25 여로보암이 에브라임 산지에 세겜을 건
축하고 거기서 살며 또 거기서 나가서
부느엘을 건축하고
26 그의 마음에 스스로 이르기를 나라가
이제 다윗의 집으로 돌아가리로다
27 만일 이 백성이 예루살렘에 있는 여호
와의 성전에 제사를 드리고자 하여 올
라가면 이 백성의 마음이 유다 왕 된
그들의 주 르호보암에게로 돌아가서 나
를 죽이고 유다의 왕 르호보암에게로
돌아가리로다 하고

28 이에 계획하고 두 금송아지를 만들고
무리에게 말하기를 너희가 다시는 예루
살렘에 올라갈 것이 없도다 이스라엘아
이는 너희를 애굽 땅에서 인도하여 올
린 너희의 신들이라 하고
29 하나는 벧엘에 두고 하나는 단에 둔지라
30 이 일이 죄가 되었으니 이는 백성들이
단까지 가서 그 하나에게 경배함이더라
31 그가 또 산당들을 짓고 레위 자손 아닌
보통 백성으로 제사장을 삼고
32 여덟째 달 곧 그 달 열다섯째 날로 절
기를 정하여 유다의 절기와 비슷하게
하고 제단에 올라가되 벧엘에서 그와
같이 행하여 그가 만든 송아지에게 제
사를 드렸으며 그가 지은 산당의 제사
장을 벧엘에서 세웠더라
33 그가 자기 마음대로 정한 달 곧 여덟째
달 열다섯째 날로 이스라엘 자손을 위
하여 절기로 정하고 벧엘에 쌓은 제단
에 올라가서 분향하였더라

### 벧엘 제단 규탄

13 보라 그 때에 하나님의 사람이 여호와
의 말씀으로 말미암아 유다에서부터 벧
엘에 이르니 마침 여로보암이 제단 곁
에 서서 분향하는지라
2 하나님의 사람이 제단을 향하여 여호와
의 말씀으로 외쳐 이르되 제단아 제단
아 여호와께서 이와 같이 말씀하시기를
다윗의 집에 요시야라 이름하는 아들을
낳으리니 그가 네 위에 분향하는 산당
제사장을 네 위에서 제물로 바칠 것이
요 또 사람의 뼈를 네 위에서 사르리라
하셨느니라 하고
3 그 날에 그가 징조를 들어 이르되 이는
여호와께서 말씀하신 징조라 제단이 갈
라지며 그 위에 있는 재가 쏟아지리라

하매
4 여로보암 왕이 하나님의 사람이 벧엘에
있는 제단을 향하여 외쳐 말함을 들을
때에 제단에서 손을 펴며 그를 잡으라
하더라 그를 향하여 편 손이 말라 다시
거두지 못하며
5 하나님의 사람이 여호와의 말씀으로 보
인 징조대로 제단이 갈라지며 재가 제
단에서 쏟아진지라
6 왕이 하나님의 사람에게 말하여 이르되
청하건대 너는 나를 위하여 네 하나님
여호와께 은혜를 구하여 내 손이 다시
성하게 기도하라 하나님의 사람이 여호
와께 은혜를 구하니 왕의 손이 다시 성
하여 전과 같이 되니라
7 왕이 하나님의 사람에게 이르되 나와
함께 집에 가서 쉬라 내가 네게 예물을
주리라
8 하나님의 사람이 왕께 대답하되 왕께서
왕의 집 절반을 내게 준다 할지라도 나
는 왕과 함께 들어가지도 아니하고 이
곳에서는 떡도 먹지 아니하고 물도 마
시지 아니하리니
9 이는 곧 여호와의 말씀이 내게 명령하
여 이르시기를 떡도 먹지 말며 물도 마
시지 말고 왔던 길로 되돌아가지 말라
하셨음이니이다 하고
10 이에 다른 길로 가고 자기가 벧엘에 오
던 길로 되돌아가지도 아니하니라

### 벧엘의 늙은 선지자

11 벧엘에 한 늙은 선지자가 살더니 그의
아들들이 와서 이 날에 하나님의 사람
이 벧엘에서 행한 모든 일을 그에게 말
하고 또 그가 왕에게 드린 말씀도 그들
이 그들의 아버지에게 말한지라
12 그들의 아버지가 그들에게 이르되 그가

어느 길로 가더냐 하니 그의 아들들이
유다에서부터 온 하나님의 사람의 간
길을 보았음이라
13 그가 그의 아들들에게 이르되 나를 위
하여 나귀에 안장을 지우라 그들이 나
귀에 안장을 지우니 그가 타고
14 하나님의 사람을 뒤따라가서 상수리나
무 아래에 앉은 것을 보고 이르되 그대
가 유다에서 온 하나님의 사람이냐 대
답하되 그러하다
15 그가 그 사람에게 이르되 나와 함께 집
으로 가서 떡을 먹으라
16 대답하되 나는 그대와 함께 돌아가지도
못하겠고 그대와 함께 들어가지도 못하
겠으며 내가 이 곳에서 그대와 함께 떡
도 먹지 아니하고 물도 마시지 아니하
리니
17 이는 여호와의 말씀이 내게 이르시기를
네가 거기서 떡도 먹지 말고 물도 마시
지 말며 또 네가 오던 길로 되돌아가지
도 말라 하셨음이로다
18 그가 그 사람에게 이르되 나도 그대와
같은 선지자라 천사가 여호와의 말씀으
로 내게 이르기를 그를 네 집으로 데리
고 돌아가서 그에게 떡을 먹이고 물을
마시게 하라 하였느니라 하니 이는 그
사람을 속임이라
19 이에 그 사람이 그와 함께 돌아가서 그
의 집에서 떡을 먹으며 물을 마시니라
20 그들이 상 앞에 앉아 있을 때에 여호와
의 말씀이 그 사람을 데려온 선지자에
게 임하니
21 그가 유다에서부터 온 하나님의 사람을
향하여 외쳐 이르되 여호와의 말씀에
네가 여호와의 말씀을 어기며 네 하나
님 여호와께서 네게 내리신 명령을 지

키지 아니하고
22 돌아와서 여호와가 너더러 떡도 먹지
말고 물도 마시지 말라 하신 곳에서 떡
을 먹고 물을 마셨으니 네 시체가 네
조상들의 묘실에 들어가지 못하리라 하
셨느니라 하니라
23 그리고 자기가 데리고 온 선지자가 떡
을 먹고 물을 마신 후에 그를 위하여
나귀에 안장을 지우니라
24 이에 그 사람이 가더니 사자가 길에서
그를 만나 물어 죽이매 그의 시체가 길
에 버린 바 되니 나귀는 그 곁에 서 있
고 사자도 그 시체 곁에 서 있더라
25 지나가는 사람들이 길에 버린 시체와
그 시체 곁에 선 사자를 보고 그 늙은
선지자가 사는 성읍에 가서 말한지라
26 그 사람을 길에서 데리고 돌아간 선지
자가 듣고 말하되 이는 여호와의 말씀
을 어긴 하나님의 사람이로다 여호와께
서 그에게 하신 말씀과 같이 여호와께
서 그를 사자에게 넘기시매 사자가 그
를 찢어 죽였도다 하고
27 이에 그의 아들들에게 말하여 이르되
나를 위하여 나귀에 안장을 지우라 그
들이 안장을 지우매
28 그가 가서 본즉 그의 시체가 길에 버린
바 되었고 나귀와 사자는 그 시체 곁에
서 있는데 사자가 시체를 먹지도 아니
하였고 나귀를 찢지도 아니하였더라
29 늙은 선지자가 하나님의 사람의 시체를
들어 나귀에 실어 가지고 돌아와 자기
성읍으로 들어가서 슬피 울며 장사하되
30 곧 그의 시체를 자기의 묘실에 두고 오
호라 내 형제여 하며 그를 위하여 슬피
우니라
31 그 사람을 장사한 후에 그가 그 아들들

에게 말하여 이르되 내가 죽거든 하나
님의 사람을 장사한 묘실에 나를 장사
하되 내 뼈를 그의 뼈 곁에 두라
32 그가 여호와의 말씀으로 벧엘에 있는
제단을 향하고 또 사마리아 성읍들에
있는 모든 산당을 향하여 외쳐 말한 것
이 반드시 이룰 것임이니라

## 여로보암의 죄

33 여로보암이 이 일 후에도 그의 악한 길
에서 떠나 돌이키지 아니하고 다시 일
반 백성을 산당의 제사장으로 삼되 누
구든지 자원하면 그 사람을 산당의 제
사장으로 삼았으므로
34 이 일이 여로보암 집에 죄가 되어 그
집이 땅 위에서 끊어져 멸망하게 되
니라

## 여로보암의 아들의 죽음

14 그 때에 여로보암의 아들 아비야가 병
든지라
2 여로보암이 자기 아내에게 이르되 청하
건대 일어나 변장하여 사람들이 그대가
여로보암의 아내임을 알지 못하게 하고
실로로 가라 거기 선지자 아히야가 있
나니 그는 이전에 내가 이 백성의 왕이
될 것을 내게 말한 사람이니라
3 그대의 손에 떡 열 개와 과자와 꿀 한
병을 가지고 그에게로 가라 그가 그대
에게 이 아이가 어떻게 될지를 알게 하
리라
4 여로보암의 아내가 그대로 하여 일어나
실로로 가서 아히야의 집에 이르니 아
히야는 나이가 많아 눈이 어두워 보지
못하더라
5 여호와께서 아히야에게 이르시되 여로
보암의 아내가 자기 아들이 병 들었으
므로 네게 물으러 오나니 너는 이러이

러하게 대답하라 그가 들어올 때에 다
른 사람인 체함이니라
6 그가 문으로 들어올 때에 아히야가 그
발소리를 듣고 말하되 여로보암의 아내
여 들어오라 네가 어찌하여 다른 사람
인 체하느냐 내가 명령을 받아 흉한 일
을 네게 전하리니
7 가서 여로보암에게 말하라 이스라엘의
하나님 여호와의 말씀이 내가 너를 백
성 중에서 들어 내 백성 이스라엘의 주
권자가 되게 하고
8 나라를 다윗의 집에서 찢어내어 네게
주었거늘 너는 내 종 다윗이 내 명령을
지켜 전심으로 나를 따르며 나 보기에
정직한 일만 행하였음과 같지 아니하고
9 네 이전 사람들보다도 더 악을 행하고
가서 너를 위하여 다른 신을 만들며 우
상을 부어 만들어 나를 노엽게 하고 나
를 네 등 뒤에 버렸도다
10 그러므로 내가 여로보암의 집에 재앙을
내려 여로보암에게 속한 사내는 이스라
엘 가운데 매인 자나 놓인 자나 다 끊
어 버리되 거름 더미를 쓸어 버림 같이
여로보암의 집을 말갛게 쓸어 버릴지라
11 여로보암에게 속한 자가 성읍에서 죽은
즉 개가 먹고 들에서 죽은즉 공중의 새
가 먹으리니 이는 여호와께서 말씀하셨
음이니라 하셨나니
12 너는 일어나 네 집으로 가라 네 발이
성읍에 들어갈 때에 그 아이가 죽을
지라
13 온 이스라엘이 그를 위하여 슬퍼하며
장사하려니와 여로보암에게 속한 자는
오직 이 아이만 묘실에 들어가리니 이
는 여로보암의 집 가운데에서 그가 이
스라엘의 하나님 여호와를 향하여 선한

뜻을 품었음이니라
14 여호와께서 이스라엘 위에 한 왕을 일
으키신즉 그가 그 날에 여로보암의 집
을 끊어 버리리라 언제냐 하니 곧 이
제라
15 여호와께서 이스라엘을 쳐서 물에서 흔
들리는 갈대 같이 되게 하시고 이스라
엘을 그의 조상들에게 주신 이 좋은 땅
에서 뽑아 그들을 강 너머로 흩으시리
니 그들이 아세라 상을 만들어 여호와
를 진노하게 하였음이니라
16 여호와께서 여로보암의 죄로 말미암아
이스라엘을 버리시리니 이는 그도 범죄
하고 이스라엘로 범죄하게 하였음이니
라 하니라
17 여로보암의 아내가 일어나 디르사로 돌
아가서 집 문지방에 이를 때에 그 아이
가 죽은지라
18 온 이스라엘이 그를 장사하고 그를 위
하여 슬퍼하니 여호와께서 그의 종 선
지자 아히야를 통하여 하신 말씀과 같
이 되었더라

### 여로보암의 죽음

19 여로보암의 그 남은 행적 곧 그가 어떻
게 싸웠는지와 어떻게 다스렸는지는 이
스라엘 왕 역대지략에 기록되니라
20 여로보암이 왕이 된 지 이십이 년이라
그가 그의 조상들과 함께 자매 그의 아
들 나답이 대신하여 왕이 되니라

### 유다 왕 르호보암 (대하 11:5-12:15)

21 솔로몬의 아들 르호보암은 유다 왕이
되었으니 르호보암이 왕위에 오를 때
에 나이가 사십일 세라 여호와께서 자
기 이름을 두시려고 이스라엘 모든 지
파 가운데에서 택하신 성읍 예루살렘에
서 십칠 년 동안 다스리니라 그의 어머

니의 이름은 나아마요 암몬 사람이더라
22 유다가 여호와 보시기에 악을 행하되
그의 조상들이 행한 모든 일보다 뛰어
나게 하여 그 범한 죄로 여호와를 노엽
게 하였으니
23 이는 그들도 산 위에와 모든 푸른 나무
아래에 산당과 우상과 아세라 상을 세
웠음이라
24 그 땅에 또 남색하는 자가 있었고 여호
와께서 이스라엘 자손 앞에서 쫓아내신
국민의 모든 가증한 일을 무리가 본받
아 행하였더라
25 르호보암 왕 제오년에 애굽의 왕 시삭
이 올라와서 예루살렘을 치고
26 여호와의 성전의 보물과 왕궁의 보물을
모두 빼앗고 또 솔로몬이 만든 금 방패
를 다 빼앗은지라
27 르호보암 왕이 그 대신 놋으로 방패를
만들어 왕궁 문을 지키는 시위대 대장
의 손에 맡기매
28 왕이 여호와의 성전에 들어갈 때마다
시위하는 자가 그 방패를 들고 갔다가
시위소로 도로 가져갔더라
29 르호보암의 남은 사적과 그가 행한 모
든 일은 유다 왕 역대지략에 기록되지
아니하였느냐
30 르호보암과 여로보암 사이에 항상 전쟁
이 있으니라
31 르호보암이 그의 조상들과 함께 자니
그의 조상들과 함께 다윗 성에 장사되
니라 그의 어머니의 이름은 나아마요
암몬 사람이더라 그의 아들 아비얌이
대신하여 왕이 되니라

### 유다 왕 아비얌 (대하 13:1-14:1)

15 느밧의 아들 여로보암 왕 열여덟째 해
에 아비얌이 유다 왕이 되고

2 예루살렘에서 삼 년 동안 다스리니라
그의 어머니의 이름은 마아가요 아비살
롬의 딸이더라
3 아비얌이 그의 아버지가 이미 행한 모
든 죄를 행하고 그의 마음이 그의 조상
다윗의 마음과 같지 아니하여 그의 하
나님 여호와 앞에 온전하지 못하였으나
4 그의 하나님 여호와께서 다윗을 위하여
예루살렘에서 그에게 등불을 주시되 그
의 아들을 세워 뒤를 잇게 하사 예루살
렘을 견고하게 하셨으니
5 이는 다윗이 헷 사람 우리아의 일 외에
는 평생에 여호와 보시기에 정직하게
행하고 자기에게 명령하신 모든 일을
어기지 아니하였음이라
6 르호보암과 여로보암 사이에 사는 날
동안 전쟁이 있었더니
7 아비얌과 여로보암 사이에도 전쟁이 있
으니라 아비얌의 남은 사적과 그 행한
모든 일은 유다 왕 역대지략에 기록되
지 아니하였느냐
8 아비얌이 그의 조상들과 함께 자니 다
윗 성에 장사되고 그 아들 아사가 대신
하여 왕이 되니라

## 유다 왕 아사 (대하 15:16-16:6)

9 이스라엘의 여로보암 왕 제이십년에 아
사가 유다 왕이 되어
10 예루살렘에서 사십일 년 동안 다스리니
라 그의 어머니의 이름은 마아가라 아
비살롬의 딸이더라
11 아사가 그의 조상 다윗 같이 여호와 보
시기에 정직하게 행하여
12 남색하는 자를 그 땅에서 쫓아내고 그
의 조상들이 지은 모든 우상을 없애고
13 또 그의 어머니 마아가가 혐오스러운
아세라 상을 만들었으므로 태후의 위를

폐하고 그 우상을 찍어 기드론 시냇가
에서 불살랐으나
14 다만 산당은 없애지 아니하니라 그러나
아사의 마음이 일평생 여호와 앞에 온
전하였으며
15 그가 그의 아버지가 성별한 것과 자기
가 성별한 것을 여호와의 성전에 받
들어 드렸으니 곧 은과 금과 그릇들이
더라
16 아사와 이스라엘의 왕 바아사 사이에
일생 동안 전쟁이 있으니라
17 이스라엘의 왕 바아사가 유다를 치러
올라와서 라마를 건축하여 사람을 유
다 왕 아사와 왕래하지 못하게 하려 한
지라
18 아사가 여호와의 성전 곳간과 왕궁 곳
간에 남은 은금을 모두 가져다가 그 신
하의 손에 넘겨 다메섹에 거주하고 있
는 아람의 왕 헤시온의 손자 다브림몬
의 아들 벤하닷에게 보내며 이르되
19 나와 당신 사이에 약조가 있고 내 아버
지와 당신의 아버지 사이에도 있었느니
라 내가 당신에게 은금 예물을 보냈으
니 와서 이스라엘의 왕 바아사와 세운
약조를 깨뜨려서 그가 나를 떠나게 하
라 하매
20 벤하닷이 아사 왕의 말을 듣고 그의 군
대 지휘관들을 보내 이스라엘 성읍들을
치되 이욘과 단과 아벨벧마아가와 긴네
렛 온 땅과 납달리 온 땅을 쳤더니
21 바아사가 듣고 라마를 건축하는 일을
중단하고 디르사에 거주하니라
22 이에 아사 왕이 온 유다에 명령을 내려
한 사람도 모면하지 못하게 하여 바아
사가 라마를 건축하던 돌과 재목을 가
져오게 하고 그것으로 베냐민의 게바와

미스바를 건축하였더라
23 아사의 남은 사적과 모든 권세와 그가
행한 모든 일과 성읍을 건축한 일이 유
다 왕 역대지략에 기록되지 아니하였느
냐 그러나 그는 늘그막에 발에 병이 들
었더라
24 아사가 그의 조상들과 함께 자매 그의
조상들과 함께 그의 조상 다윗의 성읍
에 장사되고 그의 아들 여호사밧이 대
신하여 왕이 되니라

## 이스라엘 왕 나답

25 유다의 아사 왕 둘째 해에 여로보암의
아들 나답이 이스라엘 왕이 되어 이 년
동안 이스라엘을 다스리니라
26 그가 여호와 보시기에 악을 행하되 그
의 아버지의 길로 행하며 그가 이스라
엘에게 범하게 한 그 죄 중에 행한지라
27 이에 잇사갈 족속 아히야의 아들 바아
사가 그를 모반하여 블레셋 사람에게
속한 깁브돈에서 그를 죽였으니 이는
나답과 온 이스라엘이 깁브돈을 에워싸
고 있었음이더라
28 유다의 아사 왕 셋째 해에 바아사가 나
답을 죽이고 대신하여 왕이 되고
29 왕이 될 때에 여로보암의 온 집을 쳐서
생명 있는 자를 한 사람도 남기지 아니
하고 다 멸하였는데 여호와께서 그의
종 실로 사람 아히야를 통하여 하신 말
씀과 같이 되었으니
30 이는 여로보암이 범죄하고 또 이스라엘
에게 범하게 한 죄로 말미암음이며 또
그가 이스라엘의 하나님 여호와를 노엽
게 한 일 때문이었더라
31 나답의 남은 사적과 행한 모든 일은 이
스라엘 왕 역대지략에 기록되지 아니하
였느냐

32 아사와 이스라엘의 바아사 왕 사이에
일생 동안 전쟁이 있으니라

이스라엘 왕 바아사

33 유다의 아사 왕 셋째 해에 아히야의 아
들 바아사가 디르사에서 모든 이스라엘
의 왕이 되어 이십사 년 동안 다스리니라
34 바아사가 여호와 보시기에 악을 행하되
여로보암의 길로 행하며 그가 이스라엘
에게 범하게 한 그 죄 중에 행하였더라
16 여호와의 말씀이 하나니의 아들 예후에
게 임하여 바아사를 꾸짖어 이르시되
2 내가 너를 티끌에서 들어 내 백성 이스
라엘 위에 주권자가 되게 하였거늘 네
가 여로보암의 길로 행하며 내 백성 이
스라엘에게 범죄하게 하여 그들의 죄로
나를 노엽게 하였은즉
3 내가 너 바아사와 네 집을 쓸어버려 네
집이 느밧의 아들 여로보암의 집 같이
되게 하리니
4 바아사에게 속한 자가 성읍에서 죽은즉
개가 먹고 그에게 속한 자가 들에서 죽
은즉 공중의 새가 먹으리라 하셨더라
5 바아사의 남은 사적과 행한 모든 일과
권세는 이스라엘 왕 역대지략에 기록되
지 아니하였느냐
6 바아사가 그의 조상들과 함께 자매 디
르사에 장사되고 그의 아들 엘라가 대
신하여 왕이 되니라
7 여호와의 말씀이 하나니의 아들 선지자
예후에게도 임하사 바아사와 그의 집을
꾸짖으심은 그가 여로보암의 집과 같이
여호와 보시기에 모든 악을 행하며 그
의 손의 행위로 여호와를 노엽게 하였
음이며 또 그의 집을 쳤음이더라

이스라엘 왕 엘라

8 유다의 아사 왕 제이십육년에 바아사의

아들 엘라가 디르사에서 이스라엘의 왕
이 되어 이 년 동안 그 왕위에 있으니라
9 엘라가 디르사에 있어 왕궁 맡은 자 아
르사의 집에서 마시고 취할 때에 그 신
하 곧 병거 절반을 통솔한 지휘관 시므
리가 왕을 모반하여
10 시므리가 들어가서 그를 쳐죽이고 그를
대신하여 왕이 되니 곧 유다의 아사 왕
제이십칠년이라
11 시므리가 왕이 되어 왕위에 오를 때에
바아사의 온 집안 사람들을 죽이되 남
자는 그의 친족이든지 그의 친구든지
한 사람도 남기지 아니하고
12 바아사의 온 집을 멸하였는데 선지자
예후를 통하여 바아사를 꾸짖어 하신
여호와의 말씀 같이 되었으니
13 이는 바아사의 모든 죄와 그의 아들 엘
라의 죄 때문이라 그들이 범죄하고 또
이스라엘에게 범죄하게 하여 그들의 헛
된 것들로 이스라엘의 하나님 여호와를
노하시게 하였더라
14 엘라의 남은 사적과 행한 모든 일은 이
스라엘 왕 역대지략에 기록되지 아니하
였느냐

## 이스라엘 왕 시므리

15 유다의 아사 왕 제이십칠년에 시므리가
디르사에서 칠 일 동안 왕이 되니라 그
때에 백성들이 블레셋 사람에게 속한
깁브돈을 향하여 진을 치고 있더니
16 진중 백성들이 시므리가 모반하여 왕을
죽였다는 말을 들은지라 그 날에 이스
라엘의 무리가 진에서 군대 지휘관 오
므리를 이스라엘의 왕으로 삼으매
17 오므리가 이에 이스라엘의 무리를 거느
리고 깁브돈에서부터 올라와서 디르사
를 에워 쌌더라

18 시므리가 성읍이 함락됨을 보고 왕궁
요새에 들어가서 왕궁에 불을 지르고
그 가운데에서 죽었으니
19 이는 그가 여호와 보시기에 악을 행하
여 범죄하였기 때문이니라 그가 여로보
암의 길로 행하며 그가 이스라엘에게
죄를 범하게 한 그 죄 중에 행하였더라
20 시므리의 남은 행위와 그가 반역한 일
은 이스라엘 왕 역대지략에 기록되지
아니하였느냐

## 이스라엘 왕 오므리

21 그 때에 이스라엘 백성이 둘로 나뉘어
그 절반은 기낫의 아들 디브니를 따라
그를 왕으로 삼으려 하고 그 절반은 오
므리를 따랐더니
22 오므리를 따른 백성이 기낫의 아들 디
브니를 따른 백성을 이긴지라 디브니가
죽으매 오므리가 왕이 되니라
23 유다의 아사 왕 제삼십일년에 오므리가
이스라엘의 왕이 되어 십이 년 동안 왕
위에 있으며 디르사에서 육 년 동안 다
스리니라
24 그가 은 두 달란트로 세멜에게서 사마
리아 산을 사고 그 산 위에 성읍을 건
축하고 그 건축한 성읍 이름을 그 산
주인이었던 세멜의 이름을 따라 사마리
아라 일컬었더라
25 오므리가 여호와 보시기에 악을 행하되
그 전의 모든 사람보다 더욱 악하게 행
하여
26 느밧의 아들 여로보암의 모든 길로 행
하며 그가 이스라엘에게 죄를 범하게
한 그 죄 중에 행하여 그들의 헛된 것
들로 이스라엘의 하나님 여호와를 노하
시게 하였더라
27 오므리가 행한 그 남은 사적과 그가 부

린 권세는 이스라엘 왕 역대지략에 기
록되지 아니하였느냐
28 오므리가 그의 조상들과 함께 자매 사
마리아에 장사되고 그의 아들 아합이
대신하여 왕이 되니라

## 이스라엘 왕 아합

29 유다의 아사 왕 제삼십팔년에 오므리의
아들 아합이 이스라엘의 왕이 되니라
오므리의 아들 아합이 사마리아에서 이
십이 년 동안 이스라엘을 다스리니라
30 오므리의 아들 아합이 그의 이전의 모
든 사람보다 여호와 보시기에 악을 더
욱 행하여
31 느밧의 아들 여로보암의 죄를 따라 행
하는 것을 오히려 가볍게 여기며 시돈
사람의 왕 엣바알의 딸 이세벨을 아내
로 삼고 가서 바알을 섬겨 예배하고
32 사마리아에 건축한 바알의 신전 안에
바알을 위하여 제단을 쌓으며
33 또 아세라 상을 만들었으니 그는 그 이
전의 이스라엘의 모든 왕보다 심히 이
스라엘 하나님 여호와를 노하시게 하였
더라
34 그 시대에 벧엘 사람 히엘이 여리고를
건축하였는데 그가 그 터를 쌓을 때에
맏아들 아비람을 잃었고 그 성문을 세
울 때에 막내 아들 스굽을 잃었으니 여
호와께서 눈의 아들 여호수아를 통하여
하신 말씀과 같이 되었더라

## 엘리야와 가뭄

17 길르앗에 우거하는 자 중에 디셉 사람
엘리야가 아합에게 말하되 내가 섬기는
이스라엘의 하나님 여호와께서 살아 계
심을 두고 맹세하노니 내 말이 없으면
수 년 동안 비도 이슬도 있지 아니하리
라 하니라

2 여호와의 말씀이 엘리야에게 임하여 이
르시되
3 너는 여기서 떠나 동쪽으로 가서 요단
앞 그릿 시냇가에 숨고
4 그 시냇물을 마시라 내가 까마귀들에게
명령하여 거기서 너를 먹이게 하리라
5 그가 여호와의 말씀과 같이 하여 곧 가
서 요단 앞 그릿 시냇가에 머물매
6 까마귀들이 아침에도 떡과 고기를, 저
녁에도 떡과 고기를 가져왔고 그가 시
냇물을 마셨으나
7 땅에 비가 내리지 아니하므로 얼마 후
에 그 시내가 마르니라

### 엘리야와 사르밧 과부

8 여호와의 말씀이 엘리야에게 임하여 이
르시되
9 너는 일어나 시돈에 속한 사르밧으로
가서 거기 머물라 내가 그 곳 과부에게
명령하여 네게 음식을 주게 하였느니라
10 그가 일어나 사르밧으로 가서 성문에
이를 때에 한 과부가 그 곳에서 나뭇가
지를 줍는지라 이에 불러 이르되 청하
건대 그릇에 물을 조금 가져다가 내가
마시게 하라
11 그가 가지러 갈 때에 엘리야가 그를 불
러 이르되 청하건대 네 손의 떡 한 조
각을 내게로 가져오라
12 그가 이르되 당신의 하나님 여호와께서
살아 계심을 두고 맹세하노니 나는 떡
이 없고 다만 통에 가루 한 움큼과 병
에 기름 조금 뿐이라 내가 나뭇가지 둘
을 주워다가 나와 내 아들을 위하여 음
식을 만들어 먹고 그 후에는 죽으리라
13 엘리야가 그에게 이르되 두려워하지 말
고 가서 네 말대로 하려니와 먼저 그것
으로 나를 위하여 작은 떡 한 개를 만

들어 내게로 가져오고 그 후에 너와 네
아들을 위하여 만들라
14 이스라엘의 하나님 여호와의 말씀이 나
여호와가 비를 지면에 내리는 날까지
그 통의 가루가 떨어지지 아니하고 그
병의 기름이 없어지지 아니하리라 하셨
느니라
15 그가 가서 엘리야의 말대로 하였더니
그와 엘리야와 그의 식구가 여러 날 먹
었으나
16 여호와께서 엘리야를 통하여 하신 말씀
같이 통의 가루가 떨어지지 아니하고
병의 기름이 없어지지 아니하니라
17 이 일 후에 그 집 주인 되는 여인의 아
들이 병들어 증세가 심히 위중하다가
숨이 끊어진지라
18 여인이 엘리야에게 이르되 하나님의 사
람이여 당신이 나와 더불어 무슨 상관
이 있기로 내 죄를 생각나게 하고 또 내
아들을 죽게 하려고 내게 오셨나이까
19 엘리야가 그에게 그의 아들을 달라 하
여 그를 그 여인의 품에서 받아 안고
자기가 거처하는 다락에 올라가서 자기
침상에 누이고
20 여호와께 부르짖어 이르되 내 하나님
여호와여 주께서 또 내가 우거하는 집
과부에게 재앙을 내리사 그 아들이 죽
게 하셨나이까 하고
21 그 아이 위에 몸을 세 번 펴서 엎드리
고 여호와께 부르짖어 이르되 내 하나
님 여호와여 원하건대 이 아이의 혼으
로 그의 몸에 돌아오게 하옵소서 하니
22 여호와께서 엘리야의 소리를 들으시므
로 그 아이의 혼이 몸으로 돌아오고 살
아난지라
23 엘리야가 그 아이를 안고 다락에서 방

으로 내려가서 그의 어머니에게 주며
이르되 보라 네 아들이 살아났느니라
24 여인이 엘리야에게 이르되 내가 이제야
당신은 하나님의 사람이시요 당신의 입
에 있는 여호와의 말씀이 진실한 줄 아
노라 하니라

## 엘리야와 바알 선지자들

18 많은 날이 지나고 제삼년에 여호와의
말씀이 엘리야에게 임하여 이르시되 너
는 가서 아합에게 보이라 내가 비를 지
면에 내리리라
2 엘리야가 아합에게 보이려고 가니 그
때에 사마리아에 기근이 심하였더라
3 아합이 왕궁 맡은 자 오바댜를 불렀으
니 이 오바댜는 여호와를 지극히 경외
하는 자라
4 이세벨이 여호와의 선지자들을 멸할
때에 오바댜가 선지자 백 명을 가지고
오십 명씩 굴에 숨기고 떡과 물을 먹였
더라
5 아합이 오바댜에게 이르되 이 땅의 모
든 물 근원과 모든 내로 가자 혹시 꼴
을 얻으리라 그리하면 말과 노새를 살리
리니 짐승을 다 잃지 않게 되리라 하고
6 두 사람이 두루 다닐 땅을 나누어 아합
은 홀로 이 길로 가고 오바댜는 홀로
저 길로 가니라
7 오바댜가 길에 있을 때에 엘리야가 그
를 만난지라 그가 알아보고 엎드려 말
하되 내 주 엘리야여 당신이시니이까
8 그가 그에게 대답하되 그러하다 가서
네 주에게 말하기를 엘리야가 여기 있
다 하라
9 이르되 내가 무슨 죄를 범하였기에 당
신이 당신의 종을 아합의 손에 넘겨 죽
이게 하려 하시나이까

10 당신의 하나님 여호와께서 살아 계심을
두고 맹세하노니 내 주께서 사람을 보
내어 당신을 찾지 아니한 족속이나 나
라가 없었는데 그들이 말하기를 엘리
야가 없다 하면 그 나라와 그 족속으로
당신을 보지 못하였다는 맹세를 하게
하였거늘
11 이제 당신의 말씀이 가서 네 주에게 말
하기를 엘리야가 여기 있다 하라 하시나
12 내가 당신을 떠나간 후에 여호와의 영
이 내가 알지 못하는 곳으로 당신을 이
끌어 가시리니 내가 가서 아합에게 말
하였다가 그가 당신을 찾지 못하면 내
가 죽임을 당하리이다 당신의 종은 어
려서부터 여호와를 경외하는 자라
13 이세벨이 여호와의 선지자들을 죽일 때
에 내가 여호와의 선지자 중에 백 명을
오십 명씩 굴에 숨기고 떡과 물로 먹인
일이 내 주에게 들리지 아니하였나이까
14 이제 당신의 말씀이 가서 네 주에게 말
하기를 엘리야가 여기 있다 하라 하시
니 그리하면 그가 나를 죽이리이다
15 엘리야가 이르되 내가 섬기는 만군의
여호와께서 살아 계심을 두고 맹세하노
니 내가 오늘 아합에게 보이리라
16 오바댜가 가서 아합을 만나 그에게 말
하매 아합이 엘리야를 만나러 가다가
17 엘리야를 볼 때에 아합이 그에게 이르
되 이스라엘을 괴롭게 하는 자여 너냐
18 그가 대답하되 내가 이스라엘을 괴롭게
한 것이 아니라 당신과 당신의 아버지
의 집이 괴롭게 하였으니 이는 여호와
의 명령을 버렸고 당신이 바알들을 따
랐음이라
19 그런즉 사람을 보내 온 이스라엘과 이
세벨의 상에서 먹는 바알의 선지자 사

백오십 명과 아세라의 선지자 사백 명
을 갈멜 산으로 모아 내게로 나아오게
하소서
20 아합이 이에 이스라엘의 모든 자손에게
로 사람을 보내 선지자들을 갈멜 산으
로 모으니라
21 엘리야가 모든 백성에게 가까이 나아
가 이르되 너희가 어느 때까지 둘 사이
에서 머뭇머뭇 하려느냐 여호와가 만일
하나님이면 그를 따르고 바알이 만일
하나님이면 그를 따를지니라 하니 백성
이 말 한마디도 대답하지 아니하는지라
22 엘리야가 백성에게 이르되 여호와의 선
지자는 나만 홀로 남았으나 바알의 선
지자는 사백오십 명이로다
23 그런즉 송아지 둘을 우리에게 가져오게
하고 그들은 송아지 한 마리를 택하여
각을 떠서 나무 위에 놓고 불은 붙이지
말며 나도 송아지 한 마리를 잡아 나무
위에 놓고 불은 붙이지 않고
24 너희는 너희 신의 이름을 부르라 나는
여호와의 이름을 부르리니 이에 불로
응답하는 신 그가 하나님이니라 백성이
다 대답하되 그 말이 옳도다 하니라
25 엘리야가 바알의 선지자들에게 이르되
너희는 많으니 먼저 송아지 한 마리를
택하여 잡고 너희 신의 이름을 부르라
그러나 불을 붙이지 말라
26 그들이 받은 송아지를 가져다가 잡고
아침부터 낮까지 바알의 이름을 불러
이르되 바알이여 우리에게 응답하소서
하나 아무 소리도 없고 아무 응답하는
자도 없으므로 그들이 그 쌓은 제단 주
위에서 뛰놀더라
27 정오에 이르러는 엘리야가 그들을 조롱
하여 이르되 큰 소리로 부르라 그는 신

인즉 묵상하고 있는지 혹은 그가 잠깐
나갔는지 혹은 그가 길을 행하는지 혹
은 그가 잠이 들어서 깨워야 할 것인지
하매
28 이에 그들이 큰 소리로 부르고 그들의
규례를 따라 피가 흐르기까지 칼과 창
으로 그들의 몸을 상하게 하더라
29 이같이 하여 정오가 지났고 그들이 미
친 듯이 떠들어 저녁 소제 드릴 때까지
이르렀으나 아무 소리도 없고 응답하는
자나 돌아보는 자가 아무도 없더라
30 엘리야가 모든 백성을 향하여 이르되
내게로 가까이 오라 백성이 다 그에게
가까이 가매 그가 무너진 여호와의 제
단을 수축하되
31 야곱의 아들들의 지파의 수효를 따라
엘리야가 돌 열두 개를 취하니 이 야곱
은 옛적에 여호와의 말씀이 임하여 이
르시기를 네 이름을 이스라엘이라 하리
라 하신 자더라
32 그가 여호와의 이름을 의지하여 그 돌
로 제단을 쌓고 제단을 돌아가며 곡식
종자 두 스아를 둘 만한 도랑을 만들고
33 또 나무를 벌이고 송아지의 각을 떠서
나무 위에 놓고 이르되 통 넷에 물을
채워다가 번제물과 나무 위에 부으라
하고
34 또 이르되 다시 그리하라 하여 다시 그
리하니 또 이르되 세 번째로 그리하라
하여 세 번째로 그리하니
35 물이 제단으로 두루 흐르고 도랑에도
물이 가득 찼더라
36 저녁 소제 드릴 때에 이르러 선지자 엘
리야가 나아가서 말하되 아브라함과 이
삭과 이스라엘의 하나님 여호와여 주
께서 이스라엘 중에서 하나님이신 것과

내가 주의 종인 것과 내가 주의 말씀대
로 이 모든 일을 행하는 것을 오늘 알
게 하옵소서
37 여호와여 내게 응답하옵소서 내게 응답
하옵소서 이 백성에게 주 여호와는 하
나님이신 것과 주는 그들의 마음을 되
돌이키심을 알게 하옵소서 하매
38 이에 여호와의 불이 내려서 번제물과
나무와 돌과 흙을 태우고 또 도랑의 물
을 핥은지라
39 모든 백성이 보고 엎드려 말하되 여호
와 그는 하나님이시로다 여호와 그는
하나님이시로다 하니
40 엘리야가 그들에게 이르되 바알의 선지
자를 잡되 그들 중 하나도 도망하지 못
하게 하라 하매 곧 잡은지라 엘리야가
그들을 기손 시내로 내려다가 거기서
죽이니라

## 가뭄이 그침

41 엘리야가 아합에게 이르되 올라가서 먹
고 마시소서 큰 비 소리가 있나이다
42 아합이 먹고 마시러 올라가니라 엘리야
가 갈멜 산 꼭대기로 올라가서 땅에 꿇
어 엎드려 그의 얼굴을 무릎 사이에 넣고
43 그의 사환에게 이르되 올라가 바다쪽을
바라보라 그가 올라가 바라보고 말하되
아무것도 없나이다 이르되 일곱 번까지
다시 가라
44 일곱 번째 이르러서는 그가 말하되 바
다에서 사람의 손 만한 작은 구름이 일
어나나이다 이르되 올라가 아합에게 말
하기를 비에 막히지 아니하도록 마차를
갖추고 내려가소서 하라 하니라
45 조금 후에 구름과 바람이 일어나서 하
늘이 캄캄해지며 큰 비가 내리는지라
아합이 마차를 타고 이스르엘로 가니

46 여호와의 능력이 엘리야에게 임하매 그
가 허리를 동이고 이스르엘로 들어가는
곳까지 아합 앞에서 달려갔더라

## 호렙 산의 엘리야

19 아합이 엘리야가 행한 모든 일과 그가
어떻게 모든 선지자를 칼로 죽였는지를
이세벨에게 말하니
2 이세벨이 사신을 엘리야에게 보내어 이
르되 내가 내일 이맘때에는 반드시 네
생명을 저 사람들 중 한 사람의 생명과
같게 하리라 그렇게 하지 아니하면 신
들이 내게 벌 위에 벌을 내림이 마땅하
니라 한지라
3 그가 이 형편을 보고 일어나 자기의 생
명을 위해 도망하여 유다에 속한 브엘
세바에 이르러 자기의 사환을 그 곳에
머물게 하고
4 자기 자신은 광야로 들어가 하룻길쯤
가서 한 로뎀 나무 아래에 앉아서 자기
가 죽기를 원하여 이르되 여호와여 넉
넉하오니 지금 내 생명을 거두시옵소서
나는 내 조상들보다 낫지 못하니이다
하고
5 로뎀 나무 아래에 누워 자더니 천사가
그를 어루만지며 그에게 이르되 일어나
서 먹으라 하는지라
6 본즉 머리맡에 숯불에 구운 떡과 한 병
물이 있더라 이에 먹고 마시고 다시 누
웠더니
7 여호와의 천사가 또 다시 와서 어루만
지며 이르되 일어나 먹으라 네가 갈 길
을 다 가지 못할까 하노라 하는지라
8 이에 일어나 먹고 마시고 그 음식물의
힘을 의지하여 사십 주 사십 야를 가서
하나님의 산 호렙에 이르니라
9 엘리야가 그 곳 굴에 들어가 거기서 머

물더니 여호와의 말씀이 그에게 임하여
이르시되 엘리야야 네가 어찌하여 여기
있느냐
10 그가 대답하되 내가 만군의 하나님 여
호와께 열심이 유별하오니 이는 이스라
엘 자손이 주의 언약을 버리고 주의 제
단을 헐며 칼로 주의 선지자들을 죽였
음이오며 오직 나만 남았거늘 그들이
내 생명을 찾아 빼앗으려 하나이다
11 여호와께서 이르시되 너는 나가서 여
호와 앞에서 산에 서라 하시더니 여호
와께서 지나가시는데 여호와 앞에 크
고 강한 바람이 산을 가르고 바위를 부
수나 바람 가운데에 여호와께서 계시지
아니하며 바람 후에 지진이 있으나 지
진 가운데에도 여호와께서 계시지 아니
하며
12 또 지진 후에 불이 있으나 불 가운데에
도 여호와께서 계시지 아니하더니 불
후에 세미한 소리가 있는지라
13 엘리야가 듣고 겉옷으로 얼굴을 가리고
나가 굴 어귀에 서매 소리가 그에게 임
하여 이르시되 엘리야야 네가 어찌하여
여기 있느냐
14 그가 대답하되 내가 만군의 하나님 여
호와께 열심이 유별하오니 이는 이스라
엘 자손이 주의 언약을 버리고 주의 제
단을 헐며 칼로 주의 선지자들을 죽였
음이오며 오직 나만 남았거늘 그들이
내 생명을 찾아 빼앗으려 하나이다
15 여호와께서 그에게 이르시되 너는 네
길을 돌이켜 광야를 통하여 다메섹에
가서 이르거든 하사엘에게 기름을 부어
아람의 왕이 되게 하고
16 너는 또 님시의 아들 예후에게 기름을
부어 이스라엘의 왕이 되게 하고 또 아

벨므홀라 사밧의 아들 엘리사에게 기름
을 부어 너를 대신하여 선지자가 되게
하라
17 하사엘의 칼을 피하는 자를 예후가 죽
일 것이요 예후의 칼을 피하는 자를 엘
리사가 죽이리라
18 그러나 내가 이스라엘 가운데에 칠천
명을 남기리니 다 바알에게 무릎을 꿇
지 아니하고 다 바알에게 입맞추지 아
니한 자니라

## 엘리야가 엘리사를 부르다

19 엘리야가 거기서 떠나 사밧의 아들 엘
리사를 만나니 그가 열두 겨릿소를 앞
세우고 밭을 가는데 자기는 열두째 겨
릿소와 함께 있더라 엘리야가 그리로
건너가서 겉옷을 그의 위에 던졌더니
20 그가 소를 버리고 엘리야에게로 달려가
서 이르되 청하건대 나를 내 부모와 입
맞추게 하소서 그리한 후에 내가 당신
을 따르리이다 엘리야가 그에게 이르되
돌아가라 내가 네게 어떻게 행하였느냐
하니라
21 엘리사가 그를 떠나 돌아가서 한 겨릿
소를 가져다가 잡고 소의 기구를 불살
라 그 고기를 삶아 백성에게 주어 먹게
하고 일어나 엘리야를 따르며 수종 들
었더라

## 아람과 이스라엘의 싸움

20 아람의 벤하닷 왕이 그의 군대를 다
모으니 왕 삼십이 명이 그와 함께 있
고 또 말과 병거들이 있더라 이에 올라
가서 사마리아를 에워싸고 그 곳을
치며
2 사자들을 성 안에 있는 이스라엘의 아
합 왕에게 보내 이르기를 벤하닷이 그
에게 이르되

3 네 은금은 내 것이요 네 아내들과 네
자녀들의 아름다운 자도 내 것이니라
하매
4 이스라엘의 왕이 대답하여 말하기를 내
주 왕이여 왕의 말씀 같이 나와 내 것
은 다 왕의 것이니이다 하였더니
5 사신들이 다시 와서 이르되 벤하닷이
이르노라 내가 이미 네게 사람을 보내
어 말하기를 너는 네 은금과 아내들과
자녀들을 내게 넘기라 하였거니와
6 내일 이맘때에 내가 내 신하들을 네게
보내리니 그들이 네 집과 네 신하들의
집을 수색하여 네 눈이 기뻐하는 것을
그들의 손으로 잡아 가져가리라 한지라
7 이에 이스라엘 왕이 나라의 장로를 다
불러 이르되 너희는 이 사람이 악을 도
모하고 있는 줄을 자세히 알라 그가 내
아내들과 내 자녀들과 내 은금을 빼앗
으려고 사람을 내게 보냈으나 내가 거
절하지 못하였노라
8 모든 장로와 백성들이 다 왕께 아뢰되
왕은 듣지도 말고 허락하지도 마옵소서
한지라
9 그러므로 왕이 벤하닷의 사신들에게 이
르되 너희는 내 주 왕께 말하기를 왕이
처음에 보내 종에게 구하신 것은 내가
다 그대로 하려니와 이것은 내가 할 수
없나이다 하라 하니 사자들이 돌아가서
보고하니라
10 그 때에 벤하닷이 다시 그에게 사람을
보내어 이르되 사마리아의 부스러진 것
이 나를 따르는 백성의 무리의 손에 채
우기에 족할 것 같으면 신들이 내게 벌
위에 벌을 내림이 마땅하니라 하매
11 이스라엘 왕이 대답하여 이르되 갑옷
입는 자가 갑옷 벗는 자 같이 자랑하지

못할 것이라 하라 하니라
12 그 때에 벤하닷이 왕들과 장막에서 마
시다가 이 말을 듣고 그의 신하들에게
이르되 너희는 진영을 치라 하매 곧 성
읍을 향하여 진영을 치니라
13 한 선지자가 이스라엘의 아합 왕에게
나아가서 이르되 여호와의 말씀이 네가
이 큰 무리를 보느냐 내가 오늘 그들을
네 손에 넘기리니 너는 내가 여호와인
줄을 알리라 하셨나이다
14 아합이 이르되 누구를 통하여 그렇게
하시리이까 대답하되 여호와의 말씀이
각 지방 고관의 청년들로 하리라 하셨
나이다 아합이 이르되 누가 싸움을 시
작하리이까 대답하되 왕이니이다
15 아합이 이에 각 지방 고관의 청년들을
계수하니 이백삼십이 명이요 그 외에
모든 백성 곧 이스라엘의 모든 자손을
계수하니 칠천 명이더라
16 그들이 정오에 나가니 벤하닷은 장막에
서 돕는 왕 삼십이 명과 더불어 마시고
취한 중이라
17 각 지방의 고관의 청년들이 먼저 나갔
더라 벤하닷이 정탐꾼을 보냈더니 그들
이 보고하여 이르되 사마리아에서 사람
들이 나오더이다 하매
18 그가 이르되 화친하러 나올지라도 사로
잡고 싸우러 나올지라도 사로잡으라 하
니라
19 각 지방 고관의 청년들과 그들을 따르
는 군대가 성읍에서 나가서
20 각각 적군을 쳐죽이매 아람 사람이 도
망하는지라 이스라엘이 쫓으니 아람 왕
벤하닷이 말을 타고 마병과 더불어 도
망하여 피하니라
21 이스라엘 왕이 나가서 말과 병거를 치

고 또 아람 사람을 쳐서 크게 이겼더라

### 아람 군대의 두 번째 공격

22 그 선지자가 이스라엘 왕에게 나아와 이
르되 왕은 가서 힘을 기르고 왕께서 행
할 일을 알고 준비하소서 해가 바뀌면
아람 왕이 왕을 치러 오리이다 하니라
23 아람 왕의 신하들이 왕께 아뢰되 그들
의 신은 산의 신이므로 그들이 우리보다
강하였거니와 우리가 만일 평지에서 그
들과 싸우면 반드시 그들보다 강할지라
24 또 왕은 이 일을 행하실지니 곧 왕들을
제하여 각각 그 곳에서 떠나게 하고 그
들 대신에 총독들을 두시고
25 또 왕의 잃어버린 군대와 같은 군대를
왕을 위하여 보충하고 말은 말대로, 병
거는 병거대로 보충하고 우리가 평지에
서 그들과 싸우면 반드시 그들보다 강하
리이다 왕이 그 말을 듣고 그리하니라
26 해가 바뀌니 벤하닷이 아람 사람을 소
집하고 아벡으로 올라와서 이스라엘과
싸우려 하매
27 이스라엘 자손도 소집되어 군량을 받고
마주 나가서 그들 앞에 진영을 치니 이
스라엘 자손은 두 무리의 적은 염소 떼
와 같고 아람 사람은 그 땅에 가득하였
더라
28 그 때에 하나님의 사람이 이스라엘 왕
에게 나아와 말하여 이르되 여호와의
말씀에 아람 사람이 말하기를 여호와는
산의 신이요 골짜기의 신은 아니라 하
는도다 그러므로 내가 이 큰 군대를 다
네 손에 넘기리니 너희는 내가 여호와
인 줄을 알리라 하셨나이다 하니라
29 진영이 서로 대치한 지 칠 일이라 일곱
째 날에 접전하여 이스라엘 자손이 하
루에 아람 보병 십만 명을 죽이매

30 그 남은 자는 아벡으로 도망하여 성읍
으로 들어갔더니 그 성벽이 그 남은 자
이만 칠천 명 위에 무너지고 벤하닷은
도망하여 성읍에 이르러 골방으로 들어
가니라
31 그의 신하들이 그에게 말하되 우리가
들은즉 이스라엘 집의 왕들은 인자한
왕이라 하니 만일 우리가 굵은 베로 허
리를 동이고 테두리를 머리에 쓰고 이
스라엘의 왕에게로 나아가면 그가 혹시
왕의 생명을 살리리이다 하고
32 그들이 굵은 베로 허리를 동이고 테두
리를 머리에 쓰고 이스라엘의 왕에게
이르러 이르되 왕의 종 벤하닷이 청하
기를 내 생명을 살려 주옵소서 하더이
다 아합이 이르되 그가 아직도 살아 있
느냐 그는 내 형제이니라
33 그 사람들이 좋은 징조로 여기고 그 말
을 얼른 받아 대답하여 이르되 벤하닷
은 왕의 형제니이다 왕이 이르되 너희
는 가서 그를 인도하여 오라 벤하닷이
이에 왕에게 나아오니 왕이 그를 병거
에 올린지라
34 벤하닷이 왕께 아뢰되 내 아버지께서
당신의 아버지에게서 빼앗은 모든 성읍
을 내가 돌려보내리이다 또 내 아버지
께서 사마리아에서 만든 것 같이 당신
도 다메섹에서 당신을 위하여 거리를
만드소서 아합이 이르되 내가 이 조약
으로 인해 당신을 놓으리라 하고 이에
더불어 조약을 맺고 그를 놓았더라

## 한 선지자가 아합을 규탄하다

35 선지자의 무리 중 한 사람이 여호와의
말씀을 그의 친구에게 이르되 너는 나
를 치라 하였더니 그 사람이 치기를 싫
어하는지라

36 그가 그 사람에게 이르되 네가 여호와
의 말씀을 듣지 아니하였으니 네가 나
를 떠나갈 때에 사자가 너를 죽이리라
그 사람이 그의 곁을 떠나가더니 사자
가 그를 만나 죽였더라
37 그가 또 다른 사람을 만나 이르되 너는
나를 치라 하매 그 사람이 그를 치되
상하도록 친지라
38 선지자가 가서 수건으로 자기의 눈을
가리어 변장하고 길 가에서 왕을 기다
리다가
39 왕이 지나갈 때에 그가 소리 질러 왕을
불러 이르되 종이 전장 가운데에 나갔
더니 한 사람이 돌이켜 어떤 사람을 끌
고 내게로 와서 말하기를 이 사람을 지
키라 만일 그를 잃어 버리면 네 생명으
로 그의 생명을 대신하거나 그렇지 아
니하면 네가 은 한 달란트를 내어야 하
리라 하였거늘
40 종이 이리 저리 일을 볼 동안에 그가
없어졌나이다 이스라엘 왕이 그에게 이
르되 네가 스스로 결정하였으니 그대로
당하여야 하리라
41 그가 급히 자기의 눈을 가린 수건을 벗
으니 이스라엘 왕이 그는 선지자 중의
한 사람인 줄을 알아본지라
42 그가 왕께 아뢰되 여호와의 말씀이 내
가 멸하기로 작정한 사람을 네 손으로
놓았은즉 네 목숨은 그의 목숨을 대신
하고 네 백성은 그의 백성을 대신하리
라 하셨나이다
43 이스라엘 왕이 근심하고 답답하여 그의
왕궁으로 돌아가려고 사마리아에 이르
니라

## 나봇의 포도원

21 그 후에 이 일이 있으니라 이스르엘 사

람 나봇에게 이스르엘에 포도원이 있어
사마리아의 왕 아합의 왕궁에서 가깝
더니
2 아합이 나봇에게 말하여 이르되 네 포
도원이 내 왕궁 곁에 가까이 있으니 내
게 주어 채소 밭을 삼게 하라 내가 그
대신에 그보다 더 아름다운 포도원을
네게 줄 것이요 만일 네가 좋게 여기면
그 값을 돈으로 네게 주리라
3 나봇이 아합에게 말하되 내 조상의 유
산을 왕에게 주기를 여호와께서 금하실
지로다 하니
4 이스르엘 사람 나봇이 아합에게 대답하
여 이르기를 내 조상의 유산을 왕께 줄
수 없다 하므로 아합이 근심하고 답답
하여 왕궁으로 돌아와 침상에 누워 얼
굴을 돌리고 식사를 아니하니
5 그의 아내 이세벨이 그에게 나아와 이
르되 왕의 마음에 무엇을 근심하여 식
사를 아니하나이까
6 왕이 그에게 이르되 내가 이스르엘 사
람 나봇에게 말하여 이르기를 네 포도
원을 내게 주되 돈으로 바꾸거나 만일
네가 좋아하면 내가 그 대신에 포도원
을 네게 주리라 한즉 그가 대답하기를
내가 내 포도원을 네게 주지 아니하겠
노라 하기 때문이로다
7 그의 아내 이세벨이 그에게 이르되 왕
이 지금 이스라엘 나라를 다스리시나이
까 일어나 식사를 하시고 마음을 즐겁
게 하소서 내가 이스르엘 사람 나봇의
포도원을 왕께 드리리이다 하고
8 아합의 이름으로 편지들을 쓰고 그 인
을 치고 봉하여 그의 성읍에서 나봇과
함께 사는 장로와 귀족들에게 보내니
9 그 편지 사연에 이르기를 금식을 선포

하고 나봇을 백성 가운데에 높이 앉힌
후에
10 불량자 두 사람을 그의 앞에 마주 앉히
고 그에게 대하여 증거하기를 네가 하
나님과 왕을 저주하였다 하게 하고 곧
그를 끌고 나가서 돌로 쳐죽이라 하였
더라
11 그의 성읍 사람 곧 그의 성읍에 사는 장
로와 귀족들이 이세벨의 지시 곧 그가
자기들에게 보낸 편지에 쓴 대로 하여
12 금식을 선포하고 나봇을 백성 가운데
높이 앉히매
13 때에 불량자 두 사람이 들어와 그의 앞
에 앉고 백성 앞에서 나봇에게 대하여
증언을 하여 이르기를 나봇이 하나님과
왕을 저주하였다 하매 무리가 그를 성
읍 밖으로 끌고 나가서 돌로 쳐죽이고
14 이세벨에게 통보하기를 나봇이 돌에 맞
아 죽었나이다 하니
15 이세벨이 나봇이 돌에 맞아 죽었다 함
을 듣고 이세벨이 아합에게 이르되 일
어나 그 이스르엘 사람 나봇이 돈으로
바꾸어 주기를 싫어하던 나봇의 포도원
을 차지하소서 나봇이 살아 있지 아니
하고 죽었나이다
16 아합은 나봇이 죽었다 함을 듣고 곧 일
어나 이스르엘 사람 나봇의 포도원을
차지하러 그리로 내려갔더라
17 여호와의 말씀이 디셉 사람 엘리야에게
임하여 이르시되
18 너는 일어나 내려가서 사마리아에 있는
이스라엘의 아합 왕을 만나라 그가 나
봇의 포도원을 차지하러 그리로 내려갔
나니
19 너는 그에게 말하여 이르기를 여호와
의 말씀이 네가 죽이고 또 빼앗았느냐

고 하셨다 하고 또 그에게 이르기를 여
호와의 말씀이 개들이 나봇의 피를 핥
은 곳에서 개들이 네 피 곧 네 몸의 피
도 핥으리라 하였다 하라
20 아합이 엘리야에게 이르되 내 대적자여
네가 나를 찾았느냐 대답하되 내가 찾
았노라 네가 네 자신을 팔아 여호와 보
시기에 악을 행하였으므로
21 여호와의 말씀이 내가 재앙을 네게 내
려 너를 쓸어 버리되 네게 속한 남자는
이스라엘 가운데에 매인 자나 놓인 자
를 다 멸할 것이요
22 또 네 집이 느밧의 아들 여로보암의 집
처럼 되게 하고 아히야의 아들 바아사
의 집처럼 되게 하리니 이는 네가 나를
노하게 하고 이스라엘이 범죄하게 한
까닭이니라 하셨고
23 이세벨에게 대하여도 여호와께서 말씀
하여 이르시되 개들이 이스르엘 성읍
곁에서 이세벨을 먹을지라
24 아합에게 속한 자로서 성읍에서 죽은
자는 개들이 먹고 들에서 죽은 자는 공
중의 새가 먹으리라고 하셨느니라 하니
25 예로부터 아합과 같이 그 자신을 팔아
여호와 앞에서 악을 행한 자가 없음은
그를 그의 아내 이세벨이 충동하였음
이라
26 그가 여호와께서 이스라엘 자손 앞에서
쫓아내신 아모리 사람의 모든 행함 같
이 우상에게 복종하여 심히 가증하게
행하였더라
27 아합이 이 모든 말씀을 들을 때에 그의
옷을 찢고 굵은 베로 몸을 동이고 금식
하고 굵은 베에 누우며 또 풀이 죽어
다니더라
28 여호와의 말씀이 디셉 사람 엘리야에게

임하여 이르시되
29 아합이 내 앞에서 겸비함을 네가 보느
냐 그가 내 앞에서 겸비하므로 내가 재
앙을 저의 시대에는 내리지 아니하고
그 아들의 시대에야 그의 집에 재앙을
내리리라 하셨더라

### 선지자 미가야가 아합에게 경고하다 (대하 18:2-27)

22 아람과 이스라엘 사이에 전쟁이 없이
삼 년을 지냈더라
2 셋째 해에 유다의 여호사밧 왕이 이스
라엘의 왕에게 내려가매
3 이스라엘의 왕이 그의 신하들에게 이르
되 길르앗 라못은 본래 우리의 것인 줄
을 너희가 알지 못하느냐 우리가 어찌
아람의 왕의 손에서 도로 찾지 아니하
고 잠잠히 있으리요 하고
4 여호사밧에게 이르되 당신은 나와 함께
길르앗 라못으로 가서 싸우시겠느냐 여
호사밧이 이스라엘 왕에게 이르되 나는
당신과 같고 내 백성은 당신의 백성과
같고 내 말들도 당신의 말들과 같으니
이다
5 여호사밧이 또 이스라엘의 왕에게 이르
되 청하건대 먼저 여호와의 말씀이 어
떠하신지 물어 보소서
6 이스라엘의 왕이 이에 선지자 사백 명
쯤 모으고 그들에게 이르되 내가 길르
앗 라못에 가서 싸우랴 말랴 그들이 이
르되 올라가소서 주께서 그 성읍을 왕
의 손에 넘기시리이다
7 여호사밧이 이르되 이 외에 우리가 물
을 만한 여호와의 선지자가 여기 있지
아니하니이까
8 이스라엘의 왕이 여호사밧 왕에게 이르
되 아직도 이믈라의 아들 미가야 한 사
람이 있으니 그로 말미암아 여호와께 물

을 수 있으나 그는 내게 대하여 길한 일
은 예언하지 아니하고 흉한 일만 예언
하기로 내가 그를 미워하나이다 여호사
밧이 이르되 왕은 그런 말씀을 마소서
9 이스라엘의 왕이 한 내시를 불러 이르
되 이믈라의 아들 미가야를 속히 오게
하라 하니라
10 이스라엘의 왕과 유다의 여호사밧 왕
이 왕복을 입고 사마리아 성문 어귀 광
장에서 각기 왕좌에 앉아 있고 모든 선
지자가 그들의 앞에서 예언을 하고 있
는데
11 그나아나의 아들 시드기야는 자기를
위하여 철로 뿔들을 만들어 가지고 말
하되 여호와의 말씀이 왕이 이것들로
아람 사람을 찔러 진멸하리라 하셨다
하고
12 모든 선지자도 그와 같이 예언하여 이
르기를 길르앗 라못으로 올라가 승리를
얻으소서 여호와께서 그 성읍을 왕의
손에 넘기시리이다 하더라
13 미가야를 부르러 간 사신이 일러 이르
되 선지자들의 말이 하나 같이 왕에게
길하게 하니 청하건대 당신의 말도 그
들 중 한 사람의 말처럼 길하게 하소서
14 미가야가 이르되 여호와께서 살아 계심
을 두고 맹세하노니 여호와께서 내게
말씀하시는 것 곧 그것을 내가 말하리
라 하고
15 이에 왕에게 이르니 왕이 그에게 이르
되 미가야야 우리가 길르앗 라못으로
싸우러 가랴 또는 말랴 그가 왕께 이르
되 올라가서 승리를 얻으소서 여호와께
서 그 성읍을 왕의 손에 넘기시리이다
16 왕이 그에게 이르되 내가 몇 번이나 네
게 맹세하게 하여야 네가 여호와의 이

름으로 진실한 것으로만 내게 말하겠
느냐
17 그가 이르되 내가 보니 온 이스라엘이
목자 없는 양 같이 산에 흩어졌는데 여
호와의 말씀이 이 무리에게 주인이 없
으니 각각 평안히 자기의 집으로 돌아
갈 것이니라 하셨나이다
18 이스라엘의 왕이 여호사밧 왕에게 이
르되 저 사람이 내게 대하여 길한 것을
예언하지 아니하고 흉한 것을 예언하
겠다고 당신에게 말씀하지 아니하였나
이까
19 미가야가 이르되 그런즉 왕은 여호와의
말씀을 들으소서 내가 보니 여호와께서
그의 보좌에 앉으셨고 하늘의 만군이
그의 좌우편에 모시고 서 있는데
20 여호와께서 말씀하시기를 누가 아합을
꾀어 그를 길르앗 라못에 올라가서 죽게
할꼬 하시니 하나는 이렇게 하겠다 하
고 또 하나는 저렇게 하겠다 하였는데
21 한 영이 나아와 여호와 앞에 서서 말하
되 내가 그를 꾀겠나이다
22 여호와께서 그에게 이르시되 어떻게 하
겠느냐 이르되 내가 나가서 거짓말하
는 영이 되어 그의 모든 선지자들의 입
에 있겠나이다 여호와께서 이르시되 너
는 꾀겠고 또 이루리라 나가서 그리하
라 하셨은즉
23 이제 여호와께서 거짓말하는 영을 왕의
이 모든 선지자의 입에 넣으셨고 또 여
호와께서 왕에 대하여 화를 말씀하셨나
이다
24 그나아나의 아들 시드기야가 가까이 와
서 미가야의 뺨을 치며 이르되 여호와
의 영이 나를 떠나 어디로 가서 네게
말씀하시더냐

25 미가야가 이르되 네가 골방에 들어가서
숨는 그 날에 보리라
26 이스라엘의 왕이 이르되 미가야를 잡아
성주 아몬과 왕자 요아스에게로 끌고
돌아가서
27 말하기를 왕의 말씀이 이 놈을 옥에 가
두고 내가 평안히 돌아올 때까지 고생의
떡과 고생의 물을 먹이라 하였다 하라
28 미가야가 이르되 왕이 참으로 평안히
돌아오시게 될진대 여호와께서 나를 통
하여 말씀하지 아니하셨으리이다 또 이
르되 너희 백성들아 다 들을지어다 하
니라

### 아합의 죽음 (대하 18:28-34)

29 이스라엘의 왕과 유다의 여호사밧 왕이
길르앗 라못으로 올라가니라
30 이스라엘의 왕이 여호사밧에게 이르되
나는 변장하고 전쟁터로 들어가려 하노
니 당신은 왕복을 입으소서 하고 이스
라엘의 왕이 변장하고 전쟁터로 들어가
니라
31 아람 왕이 그의 병거의 지휘관 삼십이
명에게 명령하여 이르기를 너희는 작은
자나 큰 자와 더불어 싸우지 말고 오직
이스라엘 왕과 싸우라 한지라
32 병거의 지휘관들이 여호사밧을 보고 그
들이 이르되 이가 틀림없이 이스라엘의
왕이라 하고 돌이켜 그와 싸우려 한즉
여호사밧이 소리를 지르는지라
33 병거의 지휘관들이 그가 이스라엘의 왕
이 아님을 보고 쫓기를 그치고 돌이켰
더라
34 한 사람이 무심코 활을 당겨 이스라엘
왕의 갑옷 솔기를 맞힌지라 왕이 그 병
거 모는 자에게 이르되 내가 부상하였
으니 네 손을 돌려 내가 전쟁터에서 나

가게 하라 하였으나
35 이 날에 전쟁이 맹렬하였으므로 왕이
병거 가운데에 붙들려 서서 아람 사람
을 막다가 저녁에 이르러 죽었는데 상
처의 피가 흘러 병거 바닥에 고였더라
36 해가 질 녘에 진중에서 외치는 소리가
있어 이르되 각기 성읍으로 또는 각기
본향으로 가라 하더라
37 왕이 이미 죽으매 그의 시체를 메어 사
마리아에 이르러 왕을 사마리아에 장사
하니라
38 그 병거를 사마리아 못에서 씻으매 개
들이 그의 피를 핥았으니 여호와께서
하신 말씀과 같이 되었더라 거기는 창
기들이 목욕하는 곳이었더라
39 아합의 남은 행적과 그가 행한 모든 일
과 그가 건축한 상아궁과 그가 건축한
모든 성읍은 이스라엘 왕 역대지략에
기록되지 아니하였느냐
40 아합이 그의 조상들과 함께 자매 그의
아들 아하시야가 대신하여 왕이 되니라

### 유다 왕 여호사밧 (대하 20:31-21:1)

41 이스라엘의 아합 왕 제사년에 아사의
아들 여호사밧이 유다의 왕이 되니
42 여호사밧이 왕이 될 때에 나이가 삼십
오 세라 예루살렘에서 이십오 년 동안
다스리니라 그의 어머니의 이름은 아수
바라 실히의 딸이더라
43 여호사밧이 그의 아버지 아사의 모든
길로 행하며 돌이키지 아니하고 여호와
앞에서 정직히 행하였으나 산당은 폐하
지 아니하였으므로 백성이 아직도 산당
에서 제사를 드리며 분향하였더라
44 여호사밧이 이스라엘의 왕과 더불어 화
평하니라
45 여호사밧의 남은 사적과 그가 부린 권

세와 그가 어떻게 전쟁하였는지는 다
유다 왕 역대지략에 기록되지 아니하였
느냐
46 그가 그의 아버지 아사의 시대에 남아
있던 남색하는 자들을 그 땅에서 쫓아
내었더라
47 그 때에 에돔에는 왕이 없고 섭정 왕이
있었더라
48 여호사밧이 다시스의 선박을 제조하고
오빌로 금을 구하러 보내려 하였더니
그 배가 에시온게벨에서 파선하였으므
로 가지 못하게 되매
49 아합의 아들 아하시야가 여호사밧에게
이르되 내 종으로 당신의 종과 함께 배
에 가게 하라 하나 여호사밧이 허락하
지 아니하였더라
50 여호사밧이 그의 조상들과 함께 자매
그의 조상 다윗 성에 그의 조상들과 함
께 장사되고 그의 아들 여호람이 대신
하여 왕이 되니라

### 이스라엘 왕 아하시야

51 유다의 여호사밧 왕 제십칠년에 아합의
아들 아하시야가 사마리아에서 이스라
엘의 왕이 되어 이 년 동안 이스라엘을
다스리니라
52 그가 여호와 앞에서 악을 행하여 그의
아버지의 길과 그의 어머니의 길과 이
스라엘에게 범죄하게 한 느밧의 아들
여로보암의 길로 행하며
53 바알을 섬겨 그에게 예배하여 이스라
엘의 하나님 여호와를 노하시게 하기
를 그의 아버지의 온갖 행위 같이 하
였더라

# 열왕기하

## 엘리야와 아하시야 왕

1 아합이 죽은 후에 모압이 이스라엘을
배반하였더라
2 아하시야가 사마리아에 있는 그의 다락
난간에서 떨어져 병들매 사자를 보내며
그들에게 이르되 가서 에그론의 신 바
알세붑에게 이 병이 낫겠나 물어 보라
하니라
3 여호와의 사자가 디셉 사람 엘리야에게
이르되 너는 일어나 올라가서 사마리아
왕의 사자를 만나 그에게 이르기를 이
스라엘에 하나님이 없어서 너희가 에그
론의 신 바알세붑에게 물으러 가느냐
4 그러므로 여호와의 말씀이 네가 올라간
침상에서 내려오지 못할지라 네가 반드
시 죽으리라 하셨다 하라 엘리야가 이
에 가니라
5 사자들이 왕에게 돌아오니 왕이 그들에
게 이르되 너희는 어찌하여 돌아왔느냐
하니
6 그들이 말하되 한 사람이 올라와서 우
리를 만나 이르되 너희는 너희를 보낸
왕에게로 돌아가서 그에게 고하기를 여
호와의 말씀이 이스라엘에 하나님이 없
어서 네가 에그론의 신 바알세붑에게
물으려고 보내느냐 그러므로 네가 올라
간 침상에서 내려오지 못할지라 네가
반드시 죽으리라 하셨다 하라 하더이다
7 왕이 그들에게 이르되 올라와서 너희를
만나 이 말을 너희에게 한 그 사람은
어떤 사람이더냐
8 그들이 그에게 대답하되 그는 털이 많
은 사람인데 허리에 가죽 띠를 띠었더
이다 하니 왕이 이르되 그는 디셉 사람
엘리야로다
9 이에 오십부장과 그의 군사 오십 명을

엘리야에게로 보내매 그가 엘리야에게
로 올라가 본즉 산 꼭대기에 앉아 있는
지라 그가 엘리야에게 이르되 하나님의
사람이여 왕의 말씀이 내려오라 하셨나
이다
10 엘리야가 오십부장에게 대답하여 이르되
내가 만일 하나님의 사람이면 불이 하
늘에서 내려와 너와 너의 오십 명을 사
를지로다 하매 불이 곧 하늘에서 내려
와 그와 그의 군사 오십 명을 살랐더라
11 왕이 다시 다른 오십부장과 그의 군사
오십 명을 엘리야에게로 보내니 그가
엘리야에게 말하여 이르되 하나님의 사
람이여 왕의 말씀이 속히 내려오라 하
셨나이다 하니
12 엘리야가 그들에게 대답하여 이르되 내
가 만일 하나님의 사람이면 불이 하늘
에서 내려와 너와 너의 오십 명을 사를
지로다 하매 하나님의 불이 곧 하늘에
서 내려와 그와 그의 군사 오십 명을
살랐더라
13 왕이 세 번째 오십부장과 그의 군사 오
십 명을 보낸지라 셋째 오십부장이 올
라가서 엘리야 앞에 이르러 그의 무릎
을 꿇어 엎드려 간구하여 이르되 하나
님의 사람이여 원하건대 나의 생명과
당신의 종인 이 오십 명의 생명을 당신
은 귀히 보소서
14 불이 하늘에서 내려와 전번의 오십부장
둘과 그의 군사 오십 명을 살랐거니와
나의 생명을 당신은 귀히 보소서 하매
15 여호와의 사자가 엘리야에게 이르되 너
는 그를 두려워하지 말고 함께 내려가
라 하신지라 엘리야가 곧 일어나 그와
함께 내려와 왕에게 이르러
16 말하되 여호와의 말씀이 네가 사자를

보내 에그론의 신 바알세붑에게 물으려
하니 이스라엘에 그의 말을 물을 만한
하나님이 안 계심이냐 그러므로 네가
그 올라간 침상에서 내려오지 못할지라
네가 반드시 죽으리라 하셨다 하니라
17 왕이 엘리야가 전한 여호와의 말씀대로
죽고 그가 아들이 없으므로 여호람이
그를 대신하여 왕이 되니 유다 왕 여호
사밧의 아들 여호람의 둘째 해였더라
18 아하시야가 행한 그 남은 사적은 모두
이스라엘 왕 역대지략에 기록되지 아니
하였느냐

## 엘리야가 하늘로 올라가다

2 여호와께서 회오리 바람으로 엘리야를
하늘로 올리고자 하실 때에 엘리야가
엘리사와 더불어 길갈에서 나가더니
2 엘리야가 엘리사에게 이르되 청하건대
너는 여기 머물라 여호와께서 나를 벧
엘로 보내시느니라 하니 엘리사가 이르
되 여호와께서 살아 계심과 당신의 영
혼이 살아 있음을 두고 맹세하노니 내
가 당신을 떠나지 아니하겠나이다 하는
지라 이에 두 사람이 벧엘로 내려가니
3 벧엘에 있는 선지자의 제자들이 엘리사
에게로 나아와 그에게 이르되 여호와께
서 오늘 당신의 선생을 당신의 머리 위
로 데려가실 줄을 아시나이까 하니 이
르되 나도 또한 아노니 너희는 잠잠하
라 하니라
4 엘리야가 그에게 이르되 엘리사야 청하
건대 너는 여기 머물라 여호와께서 나
를 여리고로 보내시느니라 엘리사가 이
르되 여호와께서 살아 계심과 당신의
영혼이 살아 있음을 두고 맹세하노니
내가 당신을 떠나지 아니하겠나이다 하
니라 그들이 여리고에 이르매

5 여리고에 있는 선지자의 제자들이 엘리
사에게 나아와 이르되 여호와께서 오
늘 당신의 선생을 당신의 머리 위로 데
려가실 줄을 아시나이까 하니 엘리사가
이르되 나도 아노니 너희는 잠잠하라
6 엘리야가 또 엘리사에게 이르되 청하건
대 너는 여기 머물라 여호와께서 나를
요단으로 보내시느니라 하니 그가 이르
되 여호와께서 살아 계심과 당신의 영
혼이 살아 있음을 두고 맹세하노니 내
가 당신을 떠나지 아니하겠나이다 하는
지라 이에 두 사람이 가니라
7 선지자의 제자 오십 명이 가서 멀리 서
서 바라보매 그 두 사람이 요단 가에
서 있더니
8 엘리야가 겉옷을 가지고 말아 물을 치
매 물이 이리 저리 갈라지고 두 사람이
마른 땅 위로 건너더라

9 건너매 엘리야가 엘리사에게 이르되 나
를 네게서 데려감을 당하기 전에 내가
네게 어떻게 할지를 구하라 엘리사가
이르되 당신의 성령이 하시는 역사가
갑절이나 내게 있게 하소서 하는지라
10 이르되 네가 어려운 일을 구하는도다
그러나 나를 네게서 데려가시는 것을
네가 보면 그 일이 네게 이루어지려니
와 그렇지 아니하면 이루어지지 아니하
리라 하고
11 두 사람이 길을 가며 말하더니 불수레
와 불말들이 두 사람을 갈라놓고 엘리야
가 회오리 바람으로 하늘로 올라가더라
12 엘리사가 보고 소리 지르되 내 아버지
여 내 아버지여 이스라엘의 병거와 그
마병이여 하더니 다시 보이지 아니하는
지라 이에 엘리사가 자기의 옷을 잡아
둘로 찢고

13 엘리야의 몸에서 떨어진 겉옷을 주워
가지고 돌아와 요단 언덕에 서서
14 엘리야의 몸에서 떨어진 그의 겉옷을
가지고 물을 치며 이르되 엘리야의 하
나님 여호와는 어디 계시니이까 하고
그도 물을 치매 물이 이리 저리 갈라지
고 엘리사가 건너니라
15 맞은편 여리고에 있는 선지자의 제자들
이 그를 보며 말하기를 엘리야의 성령
이 하시는 역사가 엘리사 위에 머물렀
다 하고 가서 그에게로 나아가 땅에 엎
드려 그에게 경배하고
16 그에게 이르되 당신의 종들에게 용감한
사람 오십 명이 있으니 청하건대 그들
이 가서 당신의 주인을 찾게 하소서 염
려하건대 여호와의 성령이 그를 들고
가다가 어느 산에나 어느 골짜기에 던
지셨을까 하나이다 하니라 엘리사가 이
르되 보내지 말라 하나
17 무리가 그로 부끄러워하도록 강청하매
보내라 한지라 그들이 오십 명을 보냈더
니 사흘 동안을 찾되 발견하지 못하고
18 엘리사가 여리고에 머무는 중에 무리가
그에게 돌아오니 엘리사가 그들에게 이
르되 내가 가지 말라고 너희에게 이르
지 아니하였느냐 하였더라

### 엘리사의 기적

19 그 성읍 사람들이 엘리사에게 말하되
우리 주인께서 보시는 바와 같이 이 성
읍의 위치는 좋으나 물이 나쁘므로 토
산이 익지 못하고 떨어지나이다
20 엘리사가 이르되 새 그릇에 소금을 담
아 내게로 가져오라 하매 곧 가져온지라
21 엘리사가 물 근원으로 나아가서 소금을
그 가운데에 던지며 이르되 여호와의
말씀이 내가 이 물을 고쳤으니 이로부

터 다시는 죽음이나 열매 맺지 못함이
없을지니라 하셨느니라 하니
22 그 물이 엘리사가 한 말과 같이 고쳐져
서 오늘에 이르렀더라
23 엘리사가 거기서 벧엘로 올라가더니 그
가 길에서 올라갈 때에 작은 아이들이
성읍에서 나와 그를 조롱하여 이르되
대머리여 올라가라 대머리여 올라가라
하는지라
24 엘리사가 뒤로 돌이켜 그들을 보고 여
호와의 이름으로 저주하매 곧 수풀에서
암곰 둘이 나와서 아이들 중의 사십이
명을 찢었더라
25 엘리사가 거기서부터 갈멜 산으로 가고
거기서 사마리아로 돌아왔더라

## 이스라엘과 모압의 전쟁

3 유다의 여호사밧 왕 열여덟째 해에 아
합의 아들 여호람이 사마리아에서 이스
라엘을 열두 해 동안 다스리니라
2 그가 여호와 보시기에 악을 행하였으나
그의 부모와 같이 하지는 아니하였으니
이는 그가 그의 아버지가 만든 바알의
주상을 없이하였음이라
3 그러나 그가 느밧의 아들 여로보암이
이스라엘에게 범하게 한 그 죄를 따라
행하고 떠나지 아니하였더라
4 모압 왕 메사는 양을 치는 자라 새끼
양 십만 마리의 털과 숫양 십만 마리의
털을 이스라엘 왕에게 바치더니
5 아합이 죽은 후에 모압 왕이 이스라엘
왕을 배반한지라
6 그 때에 여호람 왕이 사마리아에서 나
가 온 이스라엘을 둘러보고
7 또 가서 유다의 왕 여호사밧에게 사신
을 보내 이르되 모압 왕이 나를 배반하
였으니 당신은 나와 함께 가서 모압을

치시겠느냐 하니 그가 이르되 내가 올
라가리이다 나는 당신과 같고 내 백성
은 당신의 백성과 같고 내 말들도 당신
의 말들과 같으니이다 하는지라
8 여호람이 이르되 우리가 어느 길로 올
라가리이까 하니 그가 대답하되 에돔
광야 길로니이다 하니라
9 이스라엘 왕과 유다 왕과 에돔 왕이 가
더니 길을 둘러 간 지 칠 일에 군사와
따라가는 가축을 먹일 물이 없는지라
10 이스라엘 왕이 이르되 슬프다 여호와께
서 이 세 왕을 불러 모아 모압의 손에
넘기려 하시는도다 하니
11 여호사밧이 이르되 우리가 여호와께 물
을 만한 여호와의 선지자가 여기 없느
냐 하는지라 이스라엘 왕의 신하들 중
의 한 사람이 대답하여 이르되 전에 엘
리야의 손에 물을 붓던 사밧의 아들 엘
리사가 여기 있나이다 하니
12 여호사밧이 이르되 여호와의 말씀이 그
에게 있도다 하는지라 이에 이스라엘
왕과 여호사밧과 에돔 왕이 그에게로
내려가니라
13 엘리사가 이스라엘 왕에게 이르되 내가
당신과 무슨 상관이 있나이까 당신의
부친의 선지자들과 당신의 모친의 선지
자들에게로 가소서 하니 이스라엘 왕이
그에게 이르되 그렇지 아니하니이다 여
호와께서 이 세 왕을 불러 모아 모압의
손에 넘기려 하시나이다 하니라
14 엘리사가 이르되 내가 섬기는 만군의
여호와께서 살아 계심을 두고 맹세하노
니 내가 만일 유다의 왕 여호사밧의 얼
굴을 봄이 아니면 그 앞에서 당신을 향
하지도 아니하고 보지도 아니하였으리
이다

15 이제 내게로 거문고 탈 자를 불러오소
서 하니라 거문고 타는 자가 거문고를
탈 때에 여호와의 손이 엘리사 위에 있
더니
16 그가 이르되 여호와의 말씀이 이 골짜
기에 개천을 많이 파라 하셨나이다
17 여호와께서 이르시기를 너희가 바람도
보지 못하고 비도 보지 못하되 이 골짜
기에 물이 가득하여 너희와 너희 가축
과 짐승이 마시리라 하셨나이다
18 이것은 여호와께서 보시기에 작은 일이
라 여호와께서 모압 사람도 당신의 손
에 넘기시리니
19 당신들이 모든 견고한 성읍과 모든 아
름다운 성읍을 치고 모든 좋은 나무를
베고 모든 샘을 메우고 돌로 모든 좋은
밭을 헐리이다 하더니
20 아침이 되어 소제 드릴 때에 물이 에돔
쪽에서부터 흘러와 그 땅에 가득하였
더라
21 모압의 모든 사람은 왕들이 올라와서
자기를 치려 한다 함을 듣고 갑옷 입을
만한 자로부터 그 이상이 다 모여 그
경계에 서 있더라
22 아침에 모압 사람이 일찍이 일어나서
해가 물에 비치므로 맞은편 물이 붉어
피와 같음을 보고
23 이르되 이는 피라 틀림없이 저 왕들이
싸워 서로 죽인 것이로다 모압 사람들
아 이제 노략하러 가자 하고
24 이스라엘 진에 이르니 이스라엘 사람이
일어나 모압 사람을 쳐서 그들 앞에서
도망하게 하고 그 지경에 들어가며 모
압 사람을 치고
25 그 성읍들을 쳐서 헐고 각기 돌을 던져
모든 좋은 밭에 가득하게 하고 모든 샘

을 메우고 모든 좋은 나무를 베고 길하
레셋의 돌들은 남기고 물매꾼이 두루
다니며 치니라
26 모압 왕이 전세가 극렬하여 당하기 어
려움을 보고 칼찬 군사 칠백 명을 거느
리고 돌파하여 지나서 에돔 왕에게로
가고자 하되 가지 못하고
27 이에 자기 왕위를 이어 왕이 될 맏아들
을 데려와 성 위에서 번제를 드린지라
이스라엘에게 크게 격노함이 임하매 그
들이 떠나 각기 고국으로 돌아갔더라

### 과부의 기름 그릇

4 선지자의 제자들의 아내 중의 한 여인
이 엘리사에게 부르짖어 이르되 당신의
종 나의 남편이 이미 죽었는데 당신의
종이 여호와를 경외한 줄은 당신이 아
시는 바니이다 이제 빚 준 사람이 와서
나의 두 아이를 데려가 그의 종을 삼고
자 하나이다 하니
2 엘리사가 그에게 이르되 내가 너를 위
하여 어떻게 하랴 네 집에 무엇이 있는
지 내게 말하라 그가 이르되 계집종의
집에 기름 한 그릇 외에는 아무것도 없
나이다 하니
3 이르되 너는 밖에 나가서 모든 이웃에
게 그릇을 빌리라 빈 그릇을 빌리되 조
금 빌리지 말고
4 너는 네 두 아들과 함께 들어가서 문을
닫고 그 모든 그릇에 기름을 부어서 차
는 대로 옮겨 놓으라 하니라
5 여인이 물러가서 그의 두 아들과 함께
문을 닫은 후에 그들은 그릇을 그에게
로 가져오고 그는 부었더니
6 그릇에 다 찬지라 여인이 아들에게 이
르되 또 그릇을 내게로 가져오라 하니
아들이 이르되 다른 그릇이 없나이다

하니 기름이 곧 그쳤더라
7 그 여인이 하나님의 사람에게 나아가서
말하니 그가 이르되 너는 가서 기름을
팔아 빚을 갚고 남은 것으로 너와 네
두 아들이 생활하라 하였더라

## 엘리사와 수넴 여인

8 하루는 엘리사가 수넴에 이르렀더니 거
기에 한 귀한 여인이 그를 간권하여 음
식을 먹게 하였으므로 엘리사가 그 곳
을 지날 때마다 음식을 먹으러 그리로
들어갔더라
9 여인이 그의 남편에게 이르되 항상 우
리를 지나가는 이 사람은 하나님의 거
룩한 사람인 줄을 내가 아노니
10 청하건대 우리가 그를 위하여 작은 방
을 담 위에 만들고 침상과 책상과 의자
와 촛대를 두사이다 그가 우리에게 이
르면 거기에 머물리이다 하였더라
11 하루는 엘리사가 거기에 이르러 그 방
에 들어가 누웠더니
12 자기 사환 게하시에게 이르되 이 수넴
여인을 불러오라 하니 곧 여인을 부르
매 여인이 그 앞에 선지라
13 엘리사가 자기 사환에게 이르되 너는
그에게 이르라 네가 이같이 우리를 위
하여 세심한 배려를 하는도다 내가 너
를 위하여 무엇을 하랴 왕에게나 사령
관에게 무슨 구할 것이 있느냐 하니 여
인이 이르되 나는 내 백성 중에 거주하
나이다 하니라
14 엘리사가 이르되 그러면 그를 위하여
무엇을 하여야 할까 하니 게하시가 대
답하되 참으로 이 여인은 아들이 없고
그 남편은 늙었나이다 하니
15 이르되 다시 부르라 하여 부르매 여인
이 문에 서니라

16 엘리사가 이르되 한 해가 지나 이 때쯤
에 네가 아들을 안으리라 하니 여인이
이르되 아니로소이다 내 주 하나님의
사람이여 당신의 계집종을 속이지 마옵
소서 하니라
17 여인이 과연 잉태하여 한 해가 지나 이
때쯤에 엘리사가 여인에게 말한 대로
아들을 낳았더라
18 그 아이가 자라매 하루는 추수꾼들에게
나가서 그의 아버지에게 이르렀더니
19 그의 아버지에게 이르되 내 머리야 내
머리야 하는지라 그의 아버지가 사환에
게 말하여 그의 어머니에게로 데려가라
하매
20 곧 어머니에게로 데려갔더니 낮까지 어
머니의 무릎에 앉아 있다가 죽은지라
21 그의 어머니가 올라가서 아들을 하나
님의 사람의 침상 위에 두고 문을 닫고
나와
22 그 남편을 불러 이르되 청하건대 사환
한 명과 나귀 한 마리를 내게로 보내소
서 내가 하나님의 사람에게 달려갔다가
돌아오리이다 하니
23 그 남편이 이르되 초하루도 아니요 안
식일도 아니거늘 그대가 오늘 어찌하여
그에게 나아가고자 하느냐 하는지라 여
인이 이르되 평안을 비나이다 하니라
24 이에 나귀에 안장을 지우고 자기 사환
에게 이르되 몰고 가라 내가 말하지 아
니하거든 나를 위하여 달려가기를 멈추
지 말라 하고
25 드디어 갈멜 산으로 가서 하나님의 사
람에게로 나아가니라 하나님의 사람이
멀리서 그를 보고 자기 사환 게하시에
게 이르되 저기 수넴 여인이 있도다
26 너는 달려가서 그를 맞아 이르기를 너

는 평안하냐 네 남편이 평안하냐 아이
가 평안하냐 하라 하였더니 여인이 대
답하되 평안하다 하고
27 산에 이르러 하나님의 사람에게 나아
가서 그 발을 안은지라 게하시가 가까
이 와서 그를 물리치고자 하매 하나님
의 사람이 이르되 가만 두라 그의 영혼
이 괴로워하지마는 여호와께서 내게 숨
기시고 이르지 아니하셨도다 하니라
28 여인이 이르되 내가 내 주께 아들을 구
하더이까 나를 속이지 말라고 내가 말
하지 아니하더이까 하니
29 엘리사가 게하시에게 이르되 네 허리를
묶고 내 지팡이를 손에 들고 가라 사람
을 만나거든 인사하지 말며 사람이 네
게 인사할지라도 대답하지 말고 내 지팡
이를 그 아이 얼굴에 놓으라 하는지라
30 아이의 어머니가 이르되 여호와께서 살
아 계심과 당신의 영혼이 살아 계심을
두고 맹세하노니 내가 당신을 떠나지
아니하리이다 엘리사가 이에 일어나 여
인을 따라가니라
31 게하시가 그들보다 앞서 가서 지팡이를
그 아이의 얼굴에 놓았으나 소리도 없
고 듣지도 아니하는지라 돌아와서 엘리
사를 맞아 그에게 말하여 아이가 깨지
아니하였나이다 하니라
32 엘리사가 집에 들어가 보니 아이가 죽
었는데 자기의 침상에 눕혔는지라
33 들어가서는 문을 닫으니 두 사람 뿐이
라 엘리사가 여호와께 기도하고
34 아이 위에 올라 엎드려 자기 입을 그의
입에, 자기 눈을 그의 눈에, 자기 손을
그의 손에 대고 그의 몸에 엎드리니 아
이의 살이 차차 따뜻하더라
35 엘리사가 내려서 집 안에서 한 번 이리

저리 다니고 다시 아이 위에 올라 엎드
리니 아이가 일곱 번 재채기 하고 눈을
뜨는지라
36 엘리사가 게하시를 불러 저 수넴 여인
을 불러오라 하니 곧 부르매 여인이 들
어가니 엘리사가 이르되 네 아들을 데
리고 가라 하니라
37 여인이 들어가서 엘리사의 발 앞에서
땅에 엎드려 절하고 아들을 안고 나가
니라

## 두 가지 기적

38 엘리사가 다시 길갈에 이르니 그 땅에
흉년이 들었는데 선지자의 제자들이 엘
리사의 앞에 앉은지라 엘리사가 자기
사환에게 이르되 큰 솥을 걸고 선지자
의 제자들을 위하여 국을 끓이라 하매
39 한 사람이 채소를 캐러 들에 나가 들포
도덩굴을 만나 그것에서 들호박을 따서
옷자락에 채워가지고 돌아와 썰어 국
끓이는 솥에 넣되 그들은 무엇인지 알
지 못한지라
40 이에 퍼다가 무리에게 주어 먹게 하였
더니 무리가 국을 먹다가 그들이 외쳐
이르되 하나님의 사람이여 솥에 죽음의
독이 있나이다 하고 능히 먹지 못하는
지라
41 엘리사가 이르되 그러면 가루를 가져오
라 하여 솥에 던지고 이르되 퍼다가 무
리에게 주어 먹게 하라 하매 이에 솥
가운데 독이 없어지니라
42 한 사람이 바알 살리사에서부터 와서
처음 만든 떡 곧 보리떡 이십 개와 또
자루에 담은 채소를 하나님의 사람에게
드린지라 그가 이르되 무리에게 주어
먹게 하라
43 그 사환이 이르되 내가 어찌 이것을 백

명에게 주겠나이까 하나 엘리사는 또
이르되 무리에게 주어 먹게 하라 여호
와의 말씀이 그들이 먹고 남으리라 하
셨느니라
44 그가 그들 앞에 주었더니 여호와께서
말씀하신 대로 먹고 남았더라

### 나아만이 고침을 받다

5 아람 왕의 군대 장관 나아만은 그의 주
인 앞에서 크고 존귀한 자니 이는 여호
와께서 전에 그에게 아람을 구원하게
하셨음이라 그는 큰 용사이나 나병환자
더라
2 전에 아람 사람이 떼를 지어 나가서 이
스라엘 땅에서 어린 소녀 하나를 사로
잡으매 그가 나아만의 아내에게 수종들
더니
3 그의 여주인에게 이르되 우리 주인이
사마리아에 계신 선지자 앞에 계셨으면
좋겠나이다 그가 그 나병을 고치리이다
하는지라
4 나아만이 들어가서 그의 주인께 아뢰어
이르되 이스라엘 땅에서 온 소녀의 말
이 이러이러하더이다 하니
5 아람 왕이 이르되 갈지어다 이제 내가
이스라엘 왕에게 글을 보내리라 하더라
나아만이 곧 떠날새 은 십 달란트와 금
육천 개와 의복 열 벌을 가지고 가서
6 이스라엘 왕에게 그 글을 전하니 일렀
으되 내가 내 신하 나아만을 당신에게
보내오니 이 글이 당신에게 이르거든
당신은 그의 나병을 고쳐 주소서 하였
더라
7 이스라엘 왕이 그 글을 읽고 자기 옷을
찢으며 이르되 내가 사람을 죽이고 살
리는 하나님이냐 그가 어찌하여 사람을
내게로 보내 그의 나병을 고치라 하느

냐 너희는 깊이 생각하고 저 왕이 틈을
타서 나와 더불어 시비하려 함인줄 알
라 하니라
8 하나님의 사람 엘리사가 이스라엘 왕이
자기의 옷을 찢었다 함을 듣고 왕에게
보내 이르되 왕이 어찌하여 옷을 찢었
나이까 그 사람을 내게로 오게 하소서
그가 이스라엘 중에 선지자가 있는 줄
을 알리이다 하니라
9 나아만이 이에 말들과 병거들을 거느리
고 이르러 엘리사의 집 문에 서니
10 엘리사가 사자를 그에게 보내 이르되
너는 가서 요단 강에 몸을 일곱 번 씻
으라 네 살이 회복되어 깨끗하리라 하
는지라
11 나아만이 노하여 물러가며 이르되 내
생각에는 그가 내게로 나와 서서 그의
하나님 여호와의 이름을 부르고 그의
손을 그 부위 위에 흔들어 나병을 고칠
까 하였도다
12 다메섹 강 아바나와 바르발은 이스라엘
모든 강물보다 낫지 아니하냐 내가 거
기서 몸을 씻으면 깨끗하게 되지 아니
하랴 하고 몸을 돌려 분노하여 떠나니
13 그의 종들이 나아와서 말하여 이르되
내 아버지여 선지자가 당신에게 큰 일
을 행하라 말하였더면 행하지 아니하였
으리이까 하물며 당신에게 이르기를 씻
어 깨끗하게 하라 함이리이까 하니
14 나아만이 이에 내려가서 하나님의 사람
의 말대로 요단 강에 일곱 번 몸을 잠
그니 그의 살이 어린 아이의 살 같이
회복되어 깨끗하게 되었더라
15 나아만이 모든 군대와 함께 하나님의
사람에게로 도로 와서 그의 앞에 서서
이르되 내가 이제 이스라엘 외에는 온

천하에 신이 없는 줄을 아나이다 청하
건대 당신의 종에게서 예물을 받으소서
하니
16 이르되 내가 섬기는 여호와께서 살아
계심을 두고 맹세하노니 내가 그 앞에
서 받지 아니하리라 하였더라 나아만이
받으라고 강권하되 그가 거절하니라
17 나아만이 이르되 그러면 청하건대 노새
두 마리에 실을 흙을 당신의 종에게 주
소서 이제부터는 종이 번제물과 다른
희생제사를 여호와 외 다른 신에게는
드리지 아니하고 다만 여호와께 드리겠
나이다
18 오직 한 가지 일이 있사오니 여호와께
서 당신의 종을 용서하시기를 원하나이
다 곧 내 주인께서 림몬의 신당에 들어
가 거기서 경배하며 그가 내 손을 의지
하시매 내가 림몬의 신당에서 몸을 굽히
오니 내가 림몬의 신당에서 몸을 굽힐
때에 여호와께서 이 일에 대하여 당신
의 종을 용서하시기를 원하나이다 하니
19 엘리사가 이르되 너는 평안히 가라 하
니라 그가 엘리사를 떠나 조금 가니라
20 하나님의 사람 엘리사의 사환 게하시가
스스로 이르되 내 주인이 이 아람 사람
나아만에게 면하여 주고 그가 가지고
온 것을 그의 손에서 받지 아니하였도
다 여호와께서 살아 계심을 두고 맹세
하노니 내가 그를 쫓아가서 무엇이든지
그에게서 받으리라 하고
21 나아만의 뒤를 쫓아가니 나아만이 자기
뒤에 달려옴을 보고 수레에서 내려 맞
이하여 이르되 평안이냐 하니
22 그가 이르되 평안하나이다 우리 주인께
서 나를 보내시며 말씀하시기를 지금
선지자의 제자 중에 두 청년이 에브라

임 산지에서부터 내게로 왔으니 청하건
대 당신은 그들에게 은 한 달란트와 옷
두 벌을 주라 하시더이다
23 나아만이 이르되 바라건대 두 달란트를
받으라 하고 그를 강권하여 은 두 달란
트를 두 전대에 넣어 매고 옷 두 벌을
아울러 두 사환에게 지우매 그들이 게
하시 앞에서 지고 가니라
24 언덕에 이르러서는 게하시가 그 물건을
두 사환의 손에서 받아 집에 감추고 그
들을 보내 가게 한 후
25 들어가 그의 주인 앞에 서니 엘리사가
이르되 게하시야 네가 어디서 오느냐
하니 대답하되 당신의 종이 아무데도
가지 아니하였나이다 하니라
26 엘리사가 이르되 한 사람이 수레에서
내려 너를 맞이할 때에 내 마음이 함께
가지 아니하였느냐 지금이 어찌 은을
받으며 옷을 받으며 감람원이나 포도원
이나 양이나 소나 남종이나 여종을 받
을 때이냐
27 그러므로 나아만의 나병이 네게 들어
네 자손에게 미쳐 영원토록 이르리라
하니 게하시가 그 앞에서 물러나오매
나병이 발하여 눈같이 되었더라

### 쇠도끼를 찾다

6 선지자의 제자들이 엘리사에게 이르되
보소서 우리가 당신과 함께 거주하는
이 곳이 우리에게는 좁으니
2 우리가 요단으로 가서 거기서 각각 한
재목을 가져다가 그 곳에 우리가 거주
할 처소를 세우사이다 하니 엘리사가
이르되 가라 하는지라
3 그 하나가 이르되 청하건대 당신도 종
들과 함께 하소서 하니 엘리사가 이르
되 내가 가리라 하고

4 드디어 그들과 함께 가니라 무리가 요
단에 이르러 나무를 베더니
5 한 사람이 나무를 벨 때에 쇠도끼가 물
에 떨어진지라 이에 외쳐 이르되 아아,
내 주여 이는 빌려온 것이니이다 하니
6 하나님의 사람이 이르되 어디 빠졌느냐
하매 그 곳을 보이는지라 엘리사가 나
뭇가지를 베어 물에 던져 쇠도끼를 떠
오르게 하고
7 이르되 너는 그것을 집으라 하니 그 사
람이 손을 내밀어 그것을 집으니라

### 아람 군대를 물리치다

8 그 때에 아람 왕이 이스라엘과 더불어
싸우며 그의 신복들과 의논하여 이르기
를 우리가 아무데 아무데 진을 치리라
하였더니
9 하나님의 사람이 이스라엘 왕에게 보내
이르되 왕은 삼가 아무 곳으로 지나가
지 마소서 아람 사람이 그 곳으로 나오
나이다 하는지라
10 이스라엘 왕이 하나님의 사람이 자기에
게 말하여 경계한 곳으로 사람을 보내
방비하기가 한두 번이 아닌지라
11 이러므로 아람 왕의 마음이 불안하여
그 신복들을 불러 이르되 우리 중에 누
가 이스라엘 왕과 내통하는 것을 내게
말하지 아니하느냐 하니
12 그 신복 중의 한 사람이 이르되 우리
주 왕이여 아니로소이다 오직 이스라엘
선지자 엘리사가 왕이 침실에서 하신
말씀을 이스라엘의 왕에게 고하나이다
하는지라
13 왕이 이르되 너희는 가서 엘리사가 어
디 있나 보라 내가 사람을 보내어 그를
잡으리라 왕에게 아뢰어 이르되 보라
그가 도단에 있도다 하나이다

14 왕이 이에 말과 병거와 많은 군사를 보
내매 그들이 밤에 가서 그 성읍을 에워
쌌더라
15 하나님의 사람의 사환이 일찍이 일어나
서 나가보니 군사와 말과 병거가 성읍
을 에워쌌는지라 그의 사환이 엘리사에
게 말하되 아아, 내 주여 우리가 어찌
하리이까 하니
16 대답하되 두려워하지 말라 우리와 함께
한 자가 그들과 함께 한 자보다 많으니
라 하고
17 기도하여 이르되 여호와여 원하건대 그
의 눈을 열어서 보게 하옵소서 하니 여
호와께서 그 청년의 눈을 여시매 그가
보니 불말과 불병거가 산에 가득하여
엘리사를 둘렀더라
18 아람 사람이 엘리사에게 내려오매 엘리
사가 여호와께 기도하여 이르되 원하건
대 저 무리의 눈을 어둡게 하옵소서 하
매 엘리사의 말대로 그들의 눈을 어둡
게 하신지라
19 엘리사가 그들에게 이르되 이는 그 길
이 아니요 이는 그 성읍도 아니니 나
를 따라 오라 내가 너희를 인도하여 너
희가 찾는 사람에게로 나아가리라 하고
그들을 인도하여 사마리아에 이르니라
20 사마리아에 들어갈 때에 엘리사가 이르
되 여호와여 이 무리의 눈을 열어서 보
게 하옵소서 하니 여호와께서 그들의
눈을 여시매 그들이 보니 자기들이 사
마리아 가운데에 있더라
21 이스라엘 왕이 그들을 보고 엘리사에게
이르되 내 아버지여 내가 치리이까 내
가 치리이까 하니
22 대답하되 치지 마소서 칼과 활로 사로
잡은 자인들 어찌 치리이까 떡과 물을

그들 앞에 두어 먹고 마시게 하고 그들
의 주인에게로 돌려보내소서 하는지라
23 왕이 위하여 음식을 많이 베풀고 그들
이 먹고 마시매 놓아보내니 그들이 그
들의 주인에게로 돌아가니라 이로부터
아람 군사의 부대가 다시는 이스라엘
땅에 들어오지 못하니라

### 에워싸인 사마리아가 굶주리다

24 이 후에 아람 왕 벤하닷이 그의 온 군대
를 모아 올라와서 사마리아를 에워싸니
25 아람 사람이 사마리아를 에워싸므로 성
중이 크게 주려서 나귀 머리 하나에 은
팔십 세겔이요 비둘기 똥 사분의 일 갑
에 은 다섯 세겔이라 하니
26 이스라엘 왕이 성 위로 지나갈 때에 한
여인이 외쳐 이르되 나의 주 왕이여 도
우소서
27 왕이 이르되 여호와께서 너를 돕지 아
니하시면 내가 무엇으로 너를 도우랴
타작 마당으로 말미암아 하겠느냐 포도
주 틀로 말미암아 하겠느냐 하니라
28 또 이르되 무슨 일이냐 하니 여인이 대
답하되 이 여인이 내게 이르기를 네 아
들을 내놓아라 우리가 오늘 먹고 내일
은 내 아들을 먹자 하매
29 우리가 드디어 내 아들을 삶아 먹었더
니 이튿날에 내가 그 여인에게 이르되
네 아들을 내놓아라 우리가 먹으리라
하나 그가 그의 아들을 숨겼나이다 하
는지라
30 왕이 그 여인의 말을 듣고 자기 옷을
찢으니라 그가 성 위로 지나갈 때에 백
성이 본즉 그의 속살에 굵은 베를 입었
더라
31 왕이 이르되 사밧의 아들 엘리사의 머
리가 오늘 그 몸에 붙어 있으면 하나님

이 내게 벌 위에 벌을 내리실지로다 하
니라
32 그 때에 엘리사가 그의 집에 앉아 있
고 장로들이 그와 함께 앉아 있는데 왕
이 자기 처소에서 사람을 보냈더니 그
사자가 이르기 전에 엘리사가 장로들에
게 이르되 너희는 이 살인한 자의 아들
이 내 머리를 베려고 사람을 보내는 것
을 보느냐 너희는 보다가 사자가 오거
든 문을 닫고 문 안에 들이지 말라 그
의 주인의 발소리가 그의 뒤에서 나지
아니하느냐 하고
33 무리와 말을 할 때에 그 사자가 그에게
이르니라 왕이 이르되 이 재앙이 여호
와께로부터 나왔으니 어찌 더 여호와를
기다리리요
7 엘리사가 이르되 여호와의 말씀을 들을
지어다 여호와께서 이르시되 내일 이맘
때에 사마리아 성문에서 고운 밀가루
한 스아를 한 세겔로 매매하고 보리 두
스아를 한 세겔로 매매하리라 하셨느
니라
2 그 때에 왕이 그의 손에 의지하는 자
곧 한 장관이 하나님의 사람에게 대답
하여 이르되 여호와께서 하늘에 창을
내신들 어찌 이런 일이 있으리요 하더
라 엘리사가 이르되 네가 네 눈으로 보
리라 그러나 그것을 먹지는 못하리라
하니라

### 아람 군대가 도망하다

3 성문 어귀에 나병환자 네 사람이 있더
니 그 친구에게 서로 말하되 우리가 어
찌하여 여기 앉아서 죽기를 기다리랴
4 만일 우리가 성읍으로 가자고 말한다면
성읍에는 굶주림이 있으니 우리가 거기
서 죽을 것이요 만일 우리가 여기서 머

무르면 역시 우리가 죽을 것이라 그런
즉 우리가 가서 아람 군대에게 항복하
자 그들이 우리를 살려 두면 살 것이요
우리를 죽이면 죽을 것이라 하고
5 아람 진으로 가려 하여 해 질 무렵에
일어나 아람 진영 끝에 이르러서 본즉
그 곳에 한 사람도 없으니
6 이는 주께서 아람 군대로 병거 소리와
말 소리와 큰 군대의 소리를 듣게 하셨
으므로 아람 사람이 서로 말하기를 이
스라엘 왕이 우리를 치려 하여 헷 사람
의 왕들과 애굽 왕들에게 값을 주고 그
들을 우리에게 오게 하였다 하고
7 해질 무렵에 일어나서 도망하되 그 장
막과 말과 나귀를 버리고 진영을 그대
로 두고 목숨을 위하여 도망하였음이라
8 그 나병환자들이 진영 끝에 이르자 한
장막에 들어가서 먹고 마시고 거기서
은과 금과 의복을 가지고 가서 감추고
다시 와서 다른 장막에 들어가 거기서
도 가지고 가서 감추니라
9 나병환자들이 그 친구에게 서로 말하되
우리가 이렇게 해서는 아니되겠도다 오
늘은 아름다운 소식이 있는 날이거늘
우리가 침묵하고 있도다 만일 밝은 아
침까지 기다리면 벌이 우리에게 미칠지
니 이제 떠나 왕궁에 가서 알리자 하고
10 가서 성읍 문지기를 불러 그들에게 말
하여 이르되 우리가 아람 진에 이르러
서 보니 거기에 한 사람도 없고 사람의
소리도 없고 오직 말과 나귀만 매여 있
고 장막들이 그대로 있더이다 하는지라
11 그가 문지기들을 부르매 그들이 왕궁에
있는 자에게 말하니
12 왕이 밤에 일어나 그의 신복들에게 이
르되 아람 사람이 우리에게 행한 것을

내가 너희에게 알게 하노니 그들이 우
리가 주린 것을 알고 있으므로 그 진영
을 떠나서 들에 매복하고 스스로 이르
기를 그들이 성읍에서 나오거든 우리가
사로잡고 성읍에 들어가겠다 한 것이니
라 하니
13 그의 신하 중 한 사람이 대답하여 이르
되 청하건대 아직 성중에 남아 있는 말
다섯 마리를 취하고 사람을 보내 정탐
하게 하소서 그것들이 성중에 남아 있
는 이스라엘 온 무리 곧 멸망한 이스라
엘 온 무리와 같으니이다 하고
14 그들이 병거 둘과 그 말들을 취한지라
왕이 아람 군대 뒤로 보내며 가서 정탐
하라 하였더니
15 그들이 그들의 뒤를 따라 요단에 이른
즉 아람 사람이 급히 도망하느라고 버
린 의복과 병기가 길에 가득하였더라
사자가 돌아와서 왕에게 알리니
16 백성들이 나가서 아람 사람의 진영을
노략한지라 이에 고운 밀가루 한 스아
에 한 세겔이 되고 보리 두 스아가 한
세겔이 되니 여호와의 말씀과 같이 되
었고
17 왕이 그의 손에 의지하였던 그의 장관
을 세워 성문을 지키게 하였더니 백성
이 성문에서 그를 밟으매 하나님의 사
람의 말대로 죽었으니 곧 왕이 내려왔
을 때에 그가 말한 대로라
18 하나님의 사람이 왕에게 말한 바와 같
으니 이르기를 내일 이맘 때에 사마리
아 성문에서 보리 두 스아를 한 세겔로
매매하고 고운 밀가루 한 스아를 한 세
겔로 매매하리라 한즉
19 그 때에 이 장관이 하나님의 사람에게
대답하여 이르되 여호와께서 하늘에 창

을 내신들 어찌 이 일이 있으랴 하매
대답하기를 네가 네 눈으로 보리라 그
러나 그것을 먹지는 못하리라 하였더니
20 그의 장관에게 그대로 이루어졌으니 곧
백성이 성문에서 그를 밟으매 죽었더라

### 수넴 여인이 돌아오다

8 엘리사가 이전에 아들을 다시 살려 준
여인에게 이르되 너는 일어나서 네 가
족과 함께 거주할 만한 곳으로 가서 거
주하라 여호와께서 기근을 부르셨으니
그대로 이 땅에 칠 년 동안 임하리라
하니
2 여인이 일어나서 하나님의 사람의 말대
로 행하여 그의 가족과 함께 가서 블레
셋 사람들의 땅에 칠 년을 우거하다가
3 칠 년이 다하매 여인이 블레셋 사람들
의 땅에서 돌아와 자기 집과 전토를 위
하여 호소하려 하여 왕에게 나아갔더라
4 그 때에 왕이 하나님의 사람의 사환 게
하시와 서로 말하며 이르되 너는 엘리
사가 행한 모든 큰 일을 내게 설명하라
하니
5 게하시가 곧 엘리사가 죽은 자를 다시
살린 일을 왕에게 이야기할 때에 그 다
시 살린 아이의 어머니가 자기 집과 전
토를 위하여 왕에게 호소하는지라 게하
시가 이르되 내 주 왕이여 이는 그 여
인이요 저는 그의 아들이니 곧 엘리사
가 다시 살린 자니이다 하니라
6 왕이 그 여인에게 물으매 여인이 설명한
지라 왕이 그를 위하여 한 관리를 임명
하여 이르되 이 여인에게 속한 모든 것
과 이 땅에서 떠날 때부터 이제까지 그
의 밭의 소출을 다 돌려 주라 하였더라

### 엘리사와 아람 왕 벤하닷

7 엘리사가 다메섹에 갔을 때에 아람 왕

벤하닷이 병들었더니 왕에게 들리기를
이르되 하나님의 사람이 여기 이르렀나
이다 하니
8 왕이 하사엘에게 이르되 너는 손에 예
물을 가지고 가서 하나님의 사람을 맞
이하고 내가 이 병에서 살아나겠는지
그를 통하여 여호와께 물으라
9 하사엘이 그를 맞이하러 갈새 다메섹의
모든 좋은 물품으로 예물을 삼아 가지
고 낙타 사십 마리에 싣고 나아가서 그
의 앞에 서서 이르되 당신의 아들 아람
왕 벤하닷이 나를 당신에게 보내 이르
되 나의 이 병이 낫겠나이까 하더이다
하니
10 엘리사가 이르되 너는 가서 그에게 말
하기를 왕이 반드시 나으리라 하라 그
러나 여호와께서 그가 반드시 죽으리라
고 내게 알게 하셨느니라 하고
11 하나님의 사람이 그가 부끄러워하기까
지 그의 얼굴을 쏘아보다가 우니
12 하사엘이 이르되 내 주여 어찌하여 우
시나이까 하는지라 대답하되 네가 이스
라엘 자손에게 행할 모든 악을 내가 앎
이라 네가 그들의 성에 불을 지르며 장
정을 칼로 죽이며 어린 아이를 메치며
아이 밴 부녀를 가르리라 하니
13 하사엘이 이르되 당신의 개 같은 종이
무엇이기에 이런 큰일을 행하오리이까
하더라 엘리사가 대답하되 여호와께서
네가 아람 왕이 될 것을 내게 알게 하
셨느니라 하더라
14 그가 엘리사를 떠나가서 그의 주인에
게 나아가니 왕이 그에게 묻되 엘리사
가 네게 무슨 말을 하더냐 하니 대답하
되 그가 내게 이르기를 왕이 반드시 살
아나시리이다 하더이다 하더라

15 그 이튿날에 하사엘이 이불을 물에 적
시어 왕의 얼굴에 덮으매 왕이 죽은지
라 그가 대신하여 왕이 되니라

## 유다 왕 여호람 (대하 21:1-20)

16 이스라엘의 왕 아합의 아들 요람 제오
년에 여호사밧이 유다의 왕이었을 때에
유다의 왕 여호사밧의 아들 여호람이
왕이 되니라
17 여호람이 왕이 될 때에 나이가 삼십이
세라 예루살렘에서 팔 년 동안 통치하
니라
18 그가 이스라엘 왕들의 길을 가서 아합
의 집과 같이 하였으니 이는 아합의 딸
이 그의 아내가 되었음이라 그가 여호
와 보시기에 악을 행하였으나
19 여호와께서 그의 종 다윗을 위하여 유
다 멸하기를 즐겨하지 아니하셨으니 이
는 그와 그의 자손에게 항상 등불을 주
겠다고 말씀하셨음이더라
20 여호람 때에 에돔이 유다의 손에서 배
반하여 자기 위에 왕을 세운 고로
21 여호람이 모든 병거를 거느리고 사일로
갔더니 밤에 일어나 자기를 에워싼 에
돔 사람과 그 병거의 장관들을 치니 이
에 백성이 도망하여 각각 그들의 장막
들로 돌아갔더라
22 이와 같이 에돔이 유다의 수하에서 배
반하였더니 오늘까지 그러하였으며 그
때에 립나도 배반하였더라
23 여호람의 남은 사적과 그가 행한 모든
일은 유다 왕 역대지략에 기록되지 아
니하였느냐
24 여호람이 그의 조상들과 함께 자매 그
의 조상들과 함께 다윗 성에 장사되고
그의 아들 아하시야가 대신하여 왕이
되니라

### 유다 왕 아하시야 (대하 22:1-6)

25 이스라엘의 왕 아합의 아들 요람 제십
이년에 유다 왕 여호람의 아들 아하시
야가 왕이 되니
26 아하시야가 왕이 될 때에 나이가 이십
이 세라 예루살렘에서 일 년을 통치하
니라 그의 어머니의 이름은 아달랴라
이스라엘 왕 오므리의 손녀이더라
27 아하시야가 아합의 집 길로 행하여 아
합의 집과 같이 여호와 보시기에 악을
행하였으니 그는 아합의 집의 사위가
되었음이러라
28 그가 아합의 아들 요람과 함께 길르앗
라못으로 가서 아람 왕 하사엘과 더불
어 싸우더니 아람 사람들이 요람에게
부상을 입힌지라
29 요람 왕이 아람 왕 하사엘과 싸울 때에
라마에서 아람 사람에게 당한 부상을 치
료하려 하여 이스르엘로 돌아왔더라 유
다의 왕 여호람의 아들 아하시야가 아
합의 아들 요람을 보기 위하여 내려갔
으니 이는 그에게 병이 생겼음이더라

### 예후가 이스라엘 왕이 되다

9 선지자 엘리사가 선지자의 제자 중 하
나를 불러 이르되 너는 허리를 동이고
이 기름병을 손에 가지고 길르앗 라못
으로 가라
2 거기에 이르거든 님시의 손자 여호사밧
의 아들 예후를 찾아 들어가서 그의 형
제 중에서 일어나게 하고 그를 데리고
골방으로 들어가
3 기름병을 가지고 그의 머리에 부으며
이르기를 여호와의 말씀이 내가 네게
기름을 부어 이스라엘 왕으로 삼노라
하셨느니라 하고 곧 문을 열고 도망하
되 지체하지 말지니라 하니

4 그 청년 곧 그 선지자의 청년이 길르앗
라못으로 가니라
5 그가 이르러 보니 군대 장관들이 앉아
있는지라 소년이 이르되 장관이여 내가
당신에게 할 말이 있나이다 예후가 이
르되 우리 모든 사람 중에 누구에게 하
려느냐 하니 이르되 장관이여 당신에게
니이다 하는지라
6 예후가 일어나 집으로 들어가니 청년이
그의 머리에 기름을 부으며 그에게 이
르되 이스라엘 하나님 여호와의 말씀이
내가 네게 기름을 부어 여호와의 백성
곧 이스라엘의 왕으로 삼노니
7 너는 네 주 아합의 집을 치라 내가 나
의 종 곧 선지자들의 피와 여호와의 종
들의 피를 이세벨에게 갚아 주리라
8 아합의 온 집이 멸망하리니 이스라엘
중에 매인자나 놓인 자나 아합에게 속
한 모든 남자는 내가 다 멸절하되
9 아합의 집을 느밧의 아들 여로보암의
집과 같게 하며 또 아히야의 아들 바아
사의 집과 같게 할지라
10 이스르엘 지방에서 개들이 이세벨을 먹
으리니 그를 장사할 사람이 없으리라
하셨느니라 하고 곧 문을 열고 도망하
니라
11 예후가 나와서 그의 주인의 신복들에게
이르니 한 사람이 그에게 묻되 평안하
냐 그 미친 자가 무슨 까닭으로 그대에
게 왔더냐 대답하되 그대들이 그 사람
과 그가 말한 것을 알리라 하더라
12 무리가 이르되 당치 아니한 말이라 청
하건대 그대는 우리에게 이르라 하니
대답하되 그가 이리 이리 내게 말하여
이르기를 여호와의 말씀이 내가 네게
기름을 부어 이스라엘 왕으로 삼는다

하셨다 하더라 하는지라

13 무리가 각각 자기의 옷을 급히 가져다
가 섬돌 위 곧 예후의 밑에 깔고 나팔
을 불며 이르되 예후는 왕이라 하니라

### 이스라엘 왕 요람이 살해되다

14 이에 님시의 손자 여호사밧의 아들 예
후가 요람을 배반하였으니 곧 요람이
온 이스라엘과 더불어 아람의 왕 하사
엘과 맞서서 길르앗 라못을 지키다가
15 아람의 왕 하사엘과 더불어 싸울 때에
아람 사람에게 부상한 것을 치료하려
하여 이스르엘로 돌아왔던 때라 예후가
이르되 너희 뜻에 합당하거든 한 사람
이라도 이 성에서 도망하여 이스르엘에
알리러 가지 못하게 하라 하니라
16 예후가 병거를 타고 이스르엘로 가니
요람 왕이 거기에 누워 있었음이라 유
다의 왕 아하시야는 요람을 보러 내려
왔더라

17 이스르엘 망대에 파수꾼 하나가 서 있
더니 예후의 무리가 오는 것을 보고 이
르되 내가 한 무리를 보나이다 하니 요
람이 이르되 한 사람을 말에 태워 보내
어 맞이하여 평안하냐 묻게 하라 하는
지라
18 한 사람이 말을 타고 가서 만나 이르되
왕의 말씀이 평안하냐 하시더이다 하매
예후가 이르되 평안이 네게 상관이 있
느냐 내 뒤로 물러나라 하니라 파수꾼
이 전하여 이르되 사자가 그들에게 갔
으나 돌아오지 아니하나이다 하는지라
19 다시 한 사람을 말에 태워 보내었더니
그들에게 가서 이르되 왕의 말씀이 평
안하냐 하시더이다 하매 예후가 이르되
평안이 네게 상관이 있느냐 내 뒤를 따
르라 하더라

20 파수꾼이 또 전하여 이르되 그도 그들
에게까지 갔으나 돌아오지 아니하고 그
병거 모는 것이 님시의 손자 예후가 모
는 것 같이 미치게 모나이다 하니
21 요람이 이르되 메우라 하매 그의 병거
를 메운지라 이스라엘 왕 요람과 유다
왕 아하시야가 각각 그의 병거를 타고
가서 예후를 맞을새 이스르엘 사람 나
봇의 토지에서 만나매
22 요람이 예후를 보고 이르되 예후야 평
안하냐 하니 대답하되 네 어머니 이세
벨의 음행과 술수가 이렇게 많으니 어
찌 평안이 있으랴 하더라
23 요람이 곧 손을 돌이켜 도망하며 아하
시야에게 이르되 아하시야여 반역이로
다 하니
24 예후가 힘을 다하여 활을 당겨 요람의
두 팔 사이를 쏘니 화살이 그의 염통을
꿰뚫고 나오매 그가 병거 가운데에 엎
드러진지라
25 예후가 그의 장관 빗갈에게 이르되 그
시체를 가져다가 이스르엘 사람 나봇의
밭에 던지라 네가 기억하려니와 이전에
너와 내가 함께 타고 그의 아버지 아합
을 좇았을 때에 여호와께서 이같이 그
의 일을 예언하셨느니라
26 여호와께서 말씀하시기를 내가 어제 나
봇의 피와 그의 아들들의 피를 분명히
보았노라 여호와께서 또 말씀하시기를
이 토지에서 네게 갚으리라 하셨으니
그런즉 여호와의 말씀대로 그의 시체를
가져다가 이 밭에 던질지니라 하는지라

### 유다 왕 아하시야가 살해되다

27 유다의 왕 아하시야가 이를 보고 정원
의 정자 길로 도망하니 예후가 그 뒤를
좇아가며 이르되 그도 병거 가운데서

죽이라 하매 이블르암 가까운 구르 비
탈에서 치니 그가 므깃도까지 도망하여
거기서 죽은지라
28 그의 신복들이 그를 병거에 싣고 예루
살렘에 이르러 다윗 성에서 그들의 조
상들과 함께 그의 묘실에 장사하니라
29 아합의 아들 요람의 제십일년에 아하시
야가 유다 왕이 되었었더라

## 이세벨 왕후가 살해되다

30 예후가 이스르엘에 오니 이세벨이 듣고
눈을 그리고 머리를 꾸미고 창에서 바
라보다가
31 예후가 문에 들어오매 이르되 주인을
죽인 너 시므리여 평안하냐 하니
32 예후가 얼굴을 들어 창을 향하고 이르
되 내 편이 될 자가 누구냐 누구냐 하
니 두어 내시가 예후를 내다보는지라
33 이르되 그를 내려던지라 하니 내려던지
매 그의 피가 담과 말에게 튀더라 예후
가 그의 시체를 밟으니라
34 예후가 들어가서 먹고 마시고 이르되
가서 이 저주 받은 여자를 찾아 장사하
라 그는 왕의 딸이니라 하매
35 가서 장사하려 한즉 그 두골과 발과 그
의 손 외에는 찾지 못한지라
36 돌아와서 전하니 예후가 이르되 이는
여호와께서 그 종 디셉 사람 엘리야를
통하여 말씀하신 바라 이르시기를 이스
르엘 토지에서 개들이 이세벨의 살을
먹을지라
37 그 시체가 이스르엘 토지에서 거름같이
밭에 있으리니 이것이 이세벨이라고 가
리켜 말하지 못하게 되리라 하셨느니라
하였더라

## 아합의 아들들이 살해되다

10 아합의 아들 칠십 명이 사마리아에 있

는지라 예후가 편지들을 써서 사마리아
에 보내서 이스르엘 귀족들 곧 장로들
과 아합의 여러 아들을 교육하는 자들
에게 전하니 일렀으되
2 너희 주의 아들들이 너희와 함께 있고
또 병거와 말과 견고한 성과 무기가 너
희에게 있으니 이 편지가 너희에게 이
르거든
3 너희 주의 아들들 중에서 가장 어질고
정직한 자를 택하여 그의 아버지의 왕
좌에 두고 너희 주의 집을 위하여 싸우
라 하였더라
4 그들이 심히 두려워하여 이르되 두 왕
이 그를 당하지 못하였거든 우리가 어
찌 당하리요 하고
5 그 왕궁을 책임지는 자와 그 성읍을 책
임지는 자와 장로들과 왕자를 교육하
는 자들이 예후에게 말을 전하여 이르
되 우리는 당신의 종이라 당신이 말하
는 모든 것을 우리가 행하고 어떤 사람
이든지 왕으로 세우지 아니하리니 당신
이 보기에 좋은 대로 행하라 한지라
6 예후가 다시 그들에게 편지를 부치니
일렀으되 만일 너희가 내 편이 되어 내
말을 너희가 들으려거든 너희 주의 아
들된 사람들의 머리를 가지고 내일 이
맘때에 이스르엘에 이르러 내게 나아오
라 하였더라 왕자 칠십 명이 그 성읍의
귀족들, 곧 그들을 양육하는 자들과 함
께 있는 중에
7 편지가 그들에게 이르매 그들이 왕자
칠십 명을 붙잡아 죽이고 그들의 머리
를 광주리에 담아 이스르엘 예후에게로
보내니라
8 사자가 와서 예후에게 전하여 이르되
그 무리가 왕자들의 머리를 가지고 왔

나이다 이르되 두 무더기로 쌓아 내일
아침까지 문 어귀에 두라 하고
9 이튿날 아침에 그가 나가 서서 뭇 백성
에게 이르되 너희는 의롭도다 나는 내
주를 배반하여 죽였거니와 이 여러 사
람을 죽인 자는 누구냐
10 그런즉 이제 너희는 알라 곧 여호와께
서 아합의 집에 대하여 하신 말씀은 하
나도 땅에 떨어지지 아니하리라 여호와
께서 그의 종 엘리야를 통하여 하신 말
씀을 이제 이루셨도다 하니라
11 예후가 아합의 집에 속한 이스르엘에
남아 있는 자를 다 죽이고 또 그의 귀
족들과 신뢰 받는 자들과 제사장들을
죽이되 그에게 속한 자를 하나도 생존
자를 남기지 아니하였더라

### 아하시야 왕의 형제들이 살해되다

12 예후가 일어나서 사마리아로 가더니 도
중에 목자가 양털 깎는 집에 이르러
13 예후가 유다의 왕 아하시야의 형제들을
만나 묻되 너희는 누구냐 하니 대답하
되 우리는 아하시야의 형제라 이제 왕
자들과 태후의 아들들에게 문안하러 내
려가노라 하는지라
14 이르되 사로잡으라 하매 곧 사로잡아
목자가 양털 깎는 집 웅덩이 곁에서 죽
이니 사십이 명이 하나도 남지 아니하
였더라

### 아합의 나머지 사람들이 살해되다

15 예후가 거기에서 떠나가다가 자기를 맞
이하러 오는 레갑의 아들 여호나답을
만난지라 그의 안부를 묻고 그에게 이
르되 내 마음이 네 마음을 향하여 진실
함과 같이 네 마음도 진실하냐 하니 여
호나답이 대답하되 그러하니이다 이르
되 그러면 나와 손을 잡자 손을 잡으니

예후가 끌어 병거에 올리며
16 이르되 나와 함께 가서 여호와를 위한
나의 열심을 보라 하고 이에 자기 병거
에 태우고
17 사마리아에 이르러 거기에 남아 있는
바 아합에게 속한 자들을 죽여 진멸하
였으니 여호와께서 엘리야에게 이르신
말씀과 같이 되었더라

## 바알을 섬기는 자들이 살해되다

18 예후가 뭇 백성을 모으고 그들에게 이
르되 아합은 바알을 조금 섬겼으나 예
후는 많이 섬기리라
19 그러므로 내가 이제 큰 제사를 바알에
게 드리고자 하노니 바알의 모든 선지
자와 모든 섬기는 자와 모든 제사장들
을 한 사람도 빠뜨리지 말고 불러 내게
로 나아오게 하라 모든 오지 아니하는
자는 살려 두지 아니하리라 하니 이는
예후가 바알 섬기는 자를 멸하려 하여
계책을 씀이라
20 예후가 바알을 위하는 대회를 거룩히
열라 하매 드디어 공포되었더라
21 예후가 온 이스라엘에 사람을 두루 보
냈더니 바알을 섬기는 모든 사람이 하
나도 빠진 자가 없이 다 이르렀고 무리
가 바알의 신당에 들어가매 바알의 신
당 이쪽부터 저쪽까지 가득하였더라
22 예후가 예복 맡은 자에게 이르되 예복을
내다가 바알을 섬기는 모든 자에게 주
라 하매 그들에게로 예복을 가져온지라
23 예후가 레갑의 아들 여호나답과 더불어
바알의 신당에 들어가서 바알을 섬기는
자들에게 이르되 너희는 살펴보아 바알
을 섬기는 자들만 여기 있게 하고 여호
와의 종은 하나도 여기 너희 중에 있지
못하게 하라 하고

24 무리가 번제와 다른 제사를 드리려고
들어간 때에 예후가 팔십 명을 밖에 두
며 이르되 내가 너희 손에 넘겨 주는
사람을 한 사람이라도 도망하게 하는
자는 자기의 생명으로 그 사람의 생명
을 대신하리라 하니라
25 번제 드리기를 다하매 예후가 호위병과
지휘관들에게 이르되 들어가서 한 사람
도 나가지 못하게 하고 죽이라 하매 호
위병과 지휘관들이 칼로 그들을 죽여
밖에 던지고
26 바알의 신당 있는 성으로 가서 바알의
신당에서 목상들을 가져다가 불사르고
27 바알의 목상을 헐며 바알의 신당을 헐
어서 변소를 만들었더니 오늘까지 이르
니라
28 예후가 이와 같이 이스라엘 중에서 바
알을 멸하였으나
29 이스라엘에게 범죄하게 한 느밧의 아들
여로보암의 죄 곧 벧엘과 단에 있는 금
송아지를 섬기는 죄에서는 떠나지 아니
하였더라
30 여호와께서 예후에게 이르시되 네가 나
보기에 정직한 일을 행하되 잘 행하여
내 마음에 있는 대로 아합 집에 다 행
하였은즉 네 자손이 이스라엘 왕위를
이어 사대를 지내리라 하시니라
31 그러나 예후가 전심으로 이스라엘 하나
님 여호와의 율법을 지켜 행하지 아니
하며 여로보암이 이스라엘에게 범하게
한 그 죄에서 떠나지 아니하였더라

## 예후가 죽다

32 이 때에 여호와께서 이스라엘에서 땅을
잘라 내기 시작하시매 하사엘이 이스라
엘의 모든 영토에서 공격하되
33 요단 동쪽 길르앗 온 땅 곧 갓 사람과

르우벤 사람과 므낫세 사람의 땅 아르
논 골짜기에 있는 아로엘에서부터 길르
앗과 바산까지 하였더라
34 예후의 남은 사적과 행한 모든 일과 업
적은 이스라엘 왕 역대지략에 기록되지
아니하였느냐
35 예후가 그의 조상들과 함께 자매 사마
리아에 장사되고 그의 아들 여호아하스
가 그를 대신하여 왕이 되니라
36 예후가 사마리아에서 이스라엘을 다스
린 햇수는 스물여덟 해이더라

### 유다 여왕 아달랴 (대하 22:10-23:15)

11 아하시야의 어머니 아달랴가 그의 아들
이 죽은 것을 보고 일어나 왕의 자손을
모두 멸절하였으나
2 요람 왕의 딸 아하시야의 누이 여호세
바가 아하시야의 아들 요아스를 왕자들
이 죽임을 당하는 중에서 빼내어 그와
그의 유모를 침실에 숨겨 아달랴를 피
하여 죽임을 당하지 아니하게 한지라
3 요아스가 그와 함께 여호와의 성전에
육 년을 숨어 있는 동안에 아달랴가 나
라를 다스렸더라
4 일곱째 해에 여호야다가 사람을 보내
가리 사람의 백부장들과 호위병의 백부
장들을 불러 데리고 여호와의 성전으로
들어가서 그들과 언약을 맺고 그들에게
여호와의 성전에서 맹세하게 한 후에
왕자를 그들에게 보이고
5 명령하여 이르되 너희가 행할 것이 이
러하니 안식일에 들어온 너희 중 삼분
의 일은 왕궁을 주의하여 지키고
6 삼분의 일은 수르 문에 있고 삼분의 일
은 호위대 뒤에 있는 문에 있어서 이와
같이 왕궁을 주의하여 지키고
7 안식일에 나가는 너희 중 두 대는 여호

와의 성전을 주의하여 지켜 왕을 호위
하되
8 너희는 각각 손에 무기를 잡고 왕을 호
위하며 너희 대열을 침범하는 모든 자
는 죽이고 왕이 출입할 때에 시위할지
니라 하니
9 백부장들이 이에 제사장 여호야다의 모
든 명령대로 행하여 각기 관할하는 바
안식일에 들어오는 자와 안식일에 나가
는 자를 거느리고 제사장 여호야다에게
나아오매
10 제사장이 여호와의 성전에 있는 다윗
왕의 창과 방패를 백부장들에게 주니
11 호위병이 각각 손에 무기를 잡고 왕을
호위하되 성전 오른쪽에서부터 왼쪽까
지 제단과 성전 곁에 서고
12 여호야다가 왕자를 인도하여 내어 왕관
을 씌우며 율법책을 주고 기름을 부어
왕으로 삼으매 무리가 박수하며 왕의
만세를 부르니라
13 아달랴가 호위병과 백성의 소리를 듣
고 여호와의 성전에 들어가 백성에게
이르러
14 보매 왕이 규례대로 단 위에 섰고 장관
들과 나팔수가 왕의 곁에 모셔 섰으며
온 백성이 즐거워하여 나팔을 부는지라
아달랴가 옷을 찢으며 외치되 반역이로
다 반역이로다 하매
15 제사장 여호야다가 군대를 거느린 백부
장들에게 명령하여 이르되 그를 대열
밖으로 몰아내라 그를 따르는 자는 모
두 칼로 죽이라 하니 제사장의 이 말은
여호와의 성전에서는 그를 죽이지 말라
함이라
16 이에 그의 길을 열어 주매 그가 왕궁의
말이 다니는 길로 가다가 거기서 죽임

을 당하였더라

## 여호야다의 개혁 (대하 23:16-21)

17 여호야다가 왕과 백성에게 여호와와 언
약을 맺어 여호와의 백성이 되게 하고
왕과 백성 사이에도 언약을 세우게 하매
18 온 백성이 바알의 신당으로 가서 그 신
당을 허물고 그 제단들과 우상들을 철
저히 깨뜨리고 그 제단 앞에서 바알의
제사장 맛단을 죽이니라 제사장이 관
리들을 세워 여호와의 성전을 수직하게
하고
19 또 백부장들과 가리 사람과 호위병과
온 백성을 거느리고 왕을 인도하여 여
호와의 성전에서 내려와 호위병의 문
길을 통하여 왕궁에 이르매 그가 왕의
왕좌에 앉으니
20 온 백성이 즐거워하고 온 성이 평온하
더라 아달랴를 무리가 왕궁에서 칼로
죽였더라
21 요아스가 왕이 될 때에 나이가 칠 세였
더라

## 유다 왕 요아스 (대하 24:1-16)

12 예후의 제칠년에 요아스가 왕이 되어
예루살렘에서 사십 년간 통치하니라 그
의 어머니의 이름은 시비아라 브엘세바
사람이더라
2 요아스는 제사장 여호야다가 그를 교훈
하는 모든 날 동안에는 여호와 보시기
에 정직히 행하였으되
3 다만 산당들을 제거하지 아니하였으므
로 백성이 여전히 산당에서 제사하며
분향하였더라
4 요아스가 제사장들에게 이르되 여호와
의 성전에 거룩하게 하여 드리는 모든
은 곧 사람이 통용하는 은이나 각 사람
의 몸값으로 드리는 은이나 자원하여

여호와의 성전에 드리는 모든 은을
5 제사장들이 각각 아는 자에게서 받아들
여 성전의 어느 곳이든지 파손된 것을
보거든 그것으로 수리하라 하였으나
6 요아스 왕 제이십삼년에 이르도록 제사
장들이 성전의 파손한 데를 수리하지
아니하였는지라
7 요아스 왕이 대제사장 여호야다와 제사
장들을 불러 이르되 너희가 어찌하여
성전의 파손한 데를 수리하지 아니하였
느냐 이제부터는 너희가 아는 사람에게
서 은을 받지 말고 그들이 성전의 파손
한 데를 위하여 드리게 하라
8 제사장들이 다시는 백성에게 은을 받지
도 아니하고 성전 파손한 것을 수리하
지도 아니하기로 동의하니라
9 제사장 여호야다가 한 궤를 가져다가
그것의 뚜껑에 구멍을 뚫어 여호와의
전문 어귀 오른쪽 곧 제단 옆에 두매
여호와의 성전에 가져 오는 모든 은을
다 문을 지키는 제사장들이 그 궤에 넣
더라
10 이에 그 궤 가운데 은이 많은 것을 보
면 왕의 서기와 대제사장이 올라와서
여호와의 성전에 있는 대로 그 은을 계
산하여 봉하고
11 그 달아본 은을 일하는 자 곧 여호와의
성전을 맡은 자의 손에 넘기면 그들은
또 여호와의 성전을 수리하는 목수와
건축하는 자들에게 주고
12 또 미장이와 석수에게 주고 또 여호와
의 성전 파손한 데를 수리할 재목과 다
듬은 돌을 사게 하며 그 성전을 수리할
모든 물건을 위하여 쓰게 하였으되
13 여호와의 성전에 드린 그 은으로 그 성
전의 은 대접이나 불집게나 주발이나

나팔이나 아무 금 그릇이나 은 그릇도
만들지 아니하고
14 그 은을 일하는 자에게 주어 그것으로
여호와의 성전을 수리하게 하였으며
15 또 그 은을 받아 일꾼에게 주는 사람들
과 회계하지 아니하였으니 이는 그들이
성실히 일을 하였음이라
16 속건제의 은과 속죄제의 은은 여호와의
성전에 드리지 아니하고 제사장에게 돌
렸더라
17 그 때에 아람 왕 하사엘이 올라와서 가
드를 쳐서 점령하고 예루살렘을 향하여
올라오고자 하므로
18 유다의 왕 요아스가 그의 조상들 유다
왕 여호사밧과 여호람과 아하시야가 구
별하여 드린 모든 성물과 자기가 구별
하여 드린 성물과 여호와의 성전 곳간
과 왕궁에 있는 금을 다 가져다가 아람
왕 하사엘에게 보냈더니 하사엘이 예루
살렘에서 떠나갔더라
19 요아스의 남은 사적과 그가 행한 모든
일은 유다 왕 역대지략에 기록되지 아
니하였느냐
20 요아스의 신복들이 일어나 반역하여 실
라로 내려가는 길 가의 밀로 궁에서 그
를 죽였고
21 그를 쳐서 죽인 신복은 시므앗의 아들
요사갈과 소멜의 아들 여호사바드였더
라 그는 다윗 성에 그의 조상들과 함께
장사되고 그의 아들 아마샤가 그를 대
신하여 왕이 되니라

### 이스라엘 왕 여호아하스

13 유다의 왕 아하시야의 아들 요아스의
제이십삼 년에 예후의 아들 여호아하스
가 사마리아에서 이스라엘 왕이 되어
십칠 년간 다스리며

2 여호와 보시기에 악을 행하여 이스라엘
에게 범죄하게 한 느밧의 아들 여로보
암의 죄를 따라가고 거기서 떠나지 아
니하였으므로
3 여호와께서 이스라엘에게 노하사 늘 아
람 왕 하사엘의 손과 그의 아들 벤하닷
의 손에 넘기셨더니
4 아람 왕이 이스라엘을 학대하므로 여호
아하스가 여호와께 간구하매 여호와께
서 들으셨으니 이는 그들이 학대받음을
보셨음이라
5 여호와께서 이에 구원자를 이스라엘에
게 주시매 이스라엘 자손이 아람 사람
의 손에서 벗어나 전과 같이 자기 장막
에 거하였으나
6 그들이 이스라엘에게 범죄하게 한 여로
보암 집의 죄에서 떠나지 아니하고 그
안에서 따라 행하며 또 사마리아에 아
세라 목상을 그냥 두었더라
7 아람 왕이 여호아하스의 백성을 멸절
하여 타작 마당의 티끌 같이 되게 하고
마병 오십 명과 병거 열 대와 보병 만
명 외에는 여호아하스에게 남겨 두지
아니하였더라
8 여호아하스의 남은 사적과 행한 모든
일과 그의 업적은 이스라엘 왕 역대지
략에 기록되지 아니하였느냐
9 여호아하스가 그의 조상들과 함께 자매
사마리아에 장사되고 그 아들 요아스가
대신하여 왕이 되니라

## 이스라엘 왕 요아스

10 유다의 왕 요아스의 제삼십칠 년에 여
호아하스의 아들 요아스가 사마리아에
서 이스라엘 왕이 되어 십육 년간 다스
리며
11 여호와께서 보시기에 악을 행하여 이스

라엘에게 범죄하게 한 느밧의 아들 여
로보암의 모든 죄에서 떠나지 아니하고
그 가운데 행하였더라
12 요아스의 남은 사적과 행한 모든 일과
유다 왕 아마샤와 싸운 그의 업적은 이
스라엘 왕 역대지략에 기록되지 아니하
였느냐
13 요아스가 그의 조상들과 함께 자매 이
스라엘 왕들과 함께 사마리아에 장사되
고 여로보암이 그 자리에 앉으니라

### 엘리사가 죽다

14 엘리사가 죽을 병이 들매 이스라엘의
왕 요아스가 그에게로 내려와 자기의
얼굴에 눈물을 흘리며 이르되 내 아버
지여 내 아버지여 이스라엘의 병거와
마병이여 하매
15 엘리사가 그에게 이르되 활과 화살들을
가져오소서 하는지라 활과 화살들을 그
에게 가져오매
16 또 이스라엘 왕에게 이르되 왕의 손으
로 활을 잡으소서 하매 그가 손으로 잡
으니 엘리사가 자기 손을 왕의 손 위에
얹고
17 이르되 동쪽 창을 여소서 하여 곧 열매
엘리사가 이르되 쏘소서 하는지라 곧
쏘매 엘리사가 이르되 이는 여호와를
위한 구원의 화살 곧 아람에 대한 구원
의 화살이니 왕이 아람 사람을 멸절하
도록 아벡에서 치리이다 하니라
18 또 이르되 화살들을 집으소서 곧 집으
매 엘리사가 또 이스라엘 왕에게 이르
되 땅을 치소서 하는지라 이에 세 번
치고 그친지라
19 하나님의 사람이 노하여 이르되 왕이
대여섯 번을 칠 것이니이다 그리하였더
면 왕이 아람을 진멸하기까지 쳤으리이

다 그런즉 이제는 왕이 아람을 세 번만
치리이다 하니라
20 엘리사가 죽으니 그를 장사하였고 해
가 바뀌매 모압 도적 떼들이 그 땅에
온지라
21 마침 사람을 장사하는 자들이 그 도적
떼를 보고 그의 시체를 엘리사의 묘실
에 들이던지매 시체가 엘리사의 뼈에
닿자 곧 회생하여 일어섰더라

### 이스라엘과 아람의 전쟁

22 여호아하스 왕의 시대에 아람 왕 하사
엘이 항상 이스라엘을 학대하였으나
23 여호와께서 아브라함과 이삭과 야곱과
더불어 세우신 언약 때문에 이스라엘에
게 은혜를 베풀며 그들을 불쌍히 여기
시며 돌보사 멸하기를 즐겨하지 아니하
시고 이 때까지 자기 앞에서 쫓아내지
아니하셨더라
24 아람의 왕 하사엘이 죽고 그의 아들 벤
하닷이 대신하여 왕이 되매
25 여호아하스의 아들 요아스가 하사엘의
아들 벤하닷의 손에서 성읍을 다시 빼
앗으니 이 성읍들은 자기 부친 여호아
하스가 전쟁 중에 빼앗겼던 것이라 요
아스가 벤하닷을 세 번 쳐서 무찌르고
이스라엘 성읍들을 회복하였더라

### 유다 왕 아마샤 (대하 25:1-24)

14 이스라엘의 왕 여호아하스의 아들 요아
스 제이년에 유다의 왕 요아스의 아들
아마샤가 왕이 되니
2 그가 왕이 된 때에 나이 이십오 세라
예루살렘에서 이십구 년간 다스리니라
그의 어머니의 이름은 여호앗단이요 예
루살렘 사람이더라
3 아마샤가 여호와 보시기에 정직히 행
하였으나 그의 조상 다윗과는 같지 아

니하였으며 그의 아버지 요아스가 행한
대로 다 행하였어도
4 오직 산당들을 제거하지 아니하였으므
로 백성이 여전히 산당에서 제사를 드
리며 분향하였더라
5 나라가 그의 손에 굳게 서매 그의 부왕
을 죽인 신복들을 죽였으나
6 왕을 죽인 자의 자녀들은 죽이지 아니
하였으니 이는 모세의 율법책에 기록
된 대로 함이라 곧 여호와께서 명령하
여 이르시기를 자녀로 말미암아 아버지
를 죽이지 말 것이요 아버지로 말미암
아 자녀를 죽이지 말 것이라 오직 사람
마다 자기의 죄로 말미암아 죽을 것이
니라 하셨더라
7 아마샤가 소금 골짜기에서 에돔 사람
만 명을 죽이고 또 전쟁을 하여 셀라를
취하고 이름을 욕드엘이라 하였더니 오
늘까지 그러하니라
8 아마샤가 예후의 손자 여호아하스의 아
들 이스라엘의 왕 요아스에게 사자를
보내 이르되 오라 우리가 서로 대면하
자 한지라
9 이스라엘의 왕 요아스가 유다의 왕 아
마샤에게 사람을 보내 이르되 레바논
가시나무가 레바논 백향목에게 전갈을
보내어 이르기를 네 딸을 내 아들에게
주어 아내로 삼게 하라 하였더니 레바
논 들짐승이 지나가다가 그 가시나무를
짓밟았느니라
10 네가 에돔을 쳐서 파하였으므로 마음이
교만하였으니 스스로 영광을 삼아 왕궁
에나 네 집으로 돌아가라 어찌하여 화
를 자취하여 너와 유다가 함께 망하고
자 하느냐 하나
11 아마샤가 듣지 아니하므로 이스라엘의

왕 요아스가 올라와서 그와 유다의 왕
아마샤가 유다의 벧세메스에서 대면하
였더니
12 유다가 이스라엘 앞에서 패하여 각기
장막으로 도망한지라
13 이스라엘 왕 요아스가 벧세메스에서 아
하시야의 손자 요아스의 아들 유다 왕
아마샤를 사로잡고 예루살렘에 이르러
예루살렘 성벽을 에브라임 문에서부터
성 모퉁이 문까지 사백 규빗을 헐고
14 또 여호와의 성전과 왕궁 곳간에 있는
금 은과 모든 기명을 탈취하고 또 사
람을 볼모로 잡고서 사마리아로 돌아
갔더라
15 요아스의 남은 사적과 그의 업적과 또
유다의 왕 아마샤와 싸운 일은 이스라
엘 왕 역대지략에 기록되지 아니하였
느냐
16 요아스가 그의 조상들과 함께 자매 이
스라엘 왕들과 사마리아에 함께 장사되
고 그의 아들 여로보암이 대신하여 왕
이 되니라

### 유다 왕 아마샤가 죽다 (대하 25:25-28)

17 이스라엘의 왕 여호아하스의 아들 요
아스가 죽은 후에도 유다의 왕 요아스
의 아들 아마샤가 십오 년간을 생존하
였더라
18 아마샤의 남은 행적은 유다 왕 역대지
략에 기록되지 아니하였느냐
19 예루살렘에서 무리가 그를 반역한 고로
그가 라기스로 도망하였더니 반역한 무
리가 사람을 라기스로 따라 보내 그를
거기서 죽이게 하고
20 그 시체를 말에 실어다가 예루살렘에서
그의 조상들과 함께 다윗 성에 장사하
니라

21 유다 온 백성이 아사랴를 그의 아버지
아마샤를 대신하여 왕으로 삼으니 그
때에 그의 나이가 십육 세라
22 아마샤가 그의 조상들과 함께 잔 후에
아사랴가 엘랏을 건축하여 유다에 복귀
시켰더라

### 이스라엘 왕 여로보암 2세

23 유다의 왕 요아스의 아들 아마샤 제십
오년에 이스라엘의 왕 요아스의 아들
여로보암이 사마리아에서 왕이 되어 사
십일 년간 다스렸으며
24 여호와 보시기에 악을 행하여 이스라엘
에게 범죄하게 한 느밧의 아들 여로보
암의 모든 죄에서 떠나지 아니하였더라
25 이스라엘의 하나님 여호와께서 그의 종
가드헤벨 아밋대의 아들 선지자 요나를
통하여 하신 말씀과 같이 여로보암이
이스라엘 영토를 회복하되 하맛 어귀에
서부터 아라바 바다까지 하였으니
26 이는 여호와께서 이스라엘의 고난이 심
하여 매인 자도 없고 놓인 자도 없고
이스라엘을 도울 자도 없음을 보셨고
27 여호와께서 또 이스라엘의 이름을 천하
에서 없이 하겠다고도 아니하셨으므로
요아스의 아들 여로보암의 손으로 구원
하심이었더라
28 여로보암의 남은 사적과 모든 행한 일
과 싸운 업적과 다메섹을 회복한 일과
이전에 유다에 속하였던 하맛을 이스라
엘에 돌린 일은 이스라엘 왕 역대지략
에 기록되지 아니하였느냐
29 여로보암이 그의 조상 이스라엘 왕들과
함께 자고 그의 아들 스가랴가 대신하
여 왕이 되니라

### 유다 왕 아사랴 (대하 26:1-23)

15 이스라엘 왕 여로보암 제이십칠년에

유다 왕 아마샤의 아들 아사랴가 왕이
되니
2 그가 왕이 될 때에 나이가 십육 세라
예루살렘에서 오십이 년간 다스리니라
그의 어머니의 이름은 여골리야라 예루
살렘 사람이더라
3 아사랴가 그의 아버지 아마샤의 모든
행위대로 여호와 보시기에 정직히 행하
였으나
4 오직 산당은 제거하지 아니하였으므로
백성이 여전히 그 산당에서 제사를 드
리며 분향하였고
5 여호와께서 왕을 치셨으므로 그가 죽는
날까지 나병환자가 되어 별궁에 거하고
왕자 요담이 왕궁을 다스리며 그 땅의
백성을 치리하였더라
6 아사랴의 남은 사적과 행한 모든 일은
유다 왕 역대지략에 기록되지 아니하였
느냐
7 아사랴가 그의 조상들과 함께 자매 다윗
성에 그의 조상들과 함께 장사되고 그
의 아들 요담이 대신하여 왕이 되니라

## 이스라엘 왕 스가랴

8 유다의 왕 아사랴의 제삼십팔년에 여로
보암의 아들 스가랴가 사마리아에서 여
섯 달 동안 이스라엘을 다스리며
9 그의 조상들의 행위대로 여호와 보시기
에 악을 행하여 이스라엘로 범죄하게
한 느밧의 아들 여로보암의 죄에서 떠
나지 아니한지라
10 야베스의 아들 살룸이 그를 반역하여
백성 앞에서 쳐죽이고 대신하여 왕이
되니라
11 스가랴의 남은 사적은 이스라엘 왕 역
대지략에 기록되니라
12 여호와께서 예후에게 말씀하여 이르시

기를 네 자손이 사 대 동안 이스라엘
왕위에 있으리라 하신 그 말씀대로 과
연 그렇게 되니라

## 이스라엘 왕 살룸

13 유다 왕 웃시야 제삼십구년에 야베스의
아들 살룸이 사마리아에서 왕이 되어
한 달 동안 다스리니라
14 가디의 아들 므나헴이 디르사에서부터
사마리아로 올라가서 야베스의 아들 살
룸을 거기에서 쳐죽이고 대신하여 왕이
되니라
15 살룸의 남은 사적과 그가 반역한 일은
이스라엘 왕 역대지략에 기록되니라
16 그 때에 므나헴이 디르사에서 와서 딥
사와 그 가운데에 있는 모든 사람과 그
사방을 쳤으니 이는 그들이 성문을 열
지 아니하였음이라 그러므로 그들이 그
곳을 치고 그 가운데에 아이 밴 부녀를
갈랐더라

## 이스라엘 왕 므나헴

17 유다 왕 아사랴 제삼십구년에 가디의
아들 므나헴이 이스라엘 왕이 되어 사
마리아에서 십 년간 다스리며
18 여호와 보시기에 악을 행하여 이스라엘
로 범죄하게 한 느밧의 아들 여로보암
의 죄에서 평생 떠나지 아니하였더라
19 앗수르 왕 불이 와서 그 땅을 치려 하
매 므나헴이 은 천 달란트를 불에게 주
어서 그로 자기를 도와 주게 함으로 나
라를 자기 손에 굳게 세우고자 하여
20 그 은을 이스라엘 모든 큰 부자에게서
강탈하여 각 사람에게 은 오십 세겔씩
내게 하여 앗수르 왕에게 주었더니 이
에 앗수르 왕이 되돌아가 그 땅에 머물
지 아니하였더라
21 므나헴의 남은 사적과 그가 행한 모든

일은 이스라엘 왕 역대지략에 기록되지
아니하였느냐
22 므나헴이 그의 조상들과 함께 자고 그
의 아들 브가히야가 대신하여 왕이 되
니라

## 이스라엘 왕 브가히야

23 유다의 왕 아사랴 제오십년에 므나헴의
아들 브가히야가 사마리아에서 이스라
엘 왕이 되어 이 년간 다스리며
24 여호와께서 보시기에 악을 행하여 이스
라엘로 범죄하게 한 느밧의 아들 여로
보암의 죄에서 떠나지 아니한지라
25 그 장관 르말랴의 아들 베가가 반역하
여 사마리아 왕궁 호위소에서 왕과 아
르곱과 아리에를 죽이되 길르앗 사람
오십 명과 더불어 죽이고 대신하여 왕
이 되었더라
26 브가히야의 남은 사적과 그가 행한 모
든 일은 이스라엘 왕 역대지략에 기록
되니라

## 이스라엘 왕 베가

27 유다의 왕 아사랴 제오십이년에 르말랴
의 아들 베가가 이스라엘 왕이 되어 사
마리아에서 이십 년간 다스리며
28 여호와께서 보시기에 악을 행하여 이스
라엘로 범죄하게 한 느밧의 아들 여로
보암의 죄에서 떠나지 아니하였더라
29 이스라엘 왕 베가 때에 앗수르 왕 디글
랏 빌레셀이 와서 이욘과 아벨벳 마아
가와 야노아와 게데스와 하솔과 길르앗
과 갈릴리와 납달리 온 땅을 점령하고
그 백성을 사로잡아 앗수르로 옮겼더라
30 웃시야의 아들 요담 제이십년에 엘라의
아들 호세아가 반역하여 르말랴의 아들
베가를 쳐서 죽이고 대신하여 왕이 되
니라

31 베가의 남은 사적과 그가 행한 모든 일
은 이스라엘 왕 역대지략에 기록되니라

### 유다 왕 요담 (대하 27:1-9)

32 이스라엘의 왕 르말랴의 아들 베가 제
이년에 유다 왕 웃시야의 아들 요담이
왕이 되니
33 나이가 이십오 세라 예루살렘에서 십육
년간 다스리니라 그의 어머니의 이름은
여루사라 사독의 딸이더라
34 요담이 그의 아버지 웃시야의 모든 행
위대로 여호와께서 보시기에 정직히 행
하였으나
35 오직 산당을 제거하지 아니하였으므로
백성이 여전히 그 산당에서 제사를 드
리며 분향하였더라 요담이 여호와의 성
전의 윗문을 건축하니라
36 요담의 남은 사적과 그가 행한 모든 일
은 유다 왕 역대지략에 기록되지 아니
하였느냐
37 그 때에 여호와께서 비로소 아람 왕 르
신과 르말랴의 아들 베가를 보내어 유
다를 치게 하셨더라
38 요담이 그의 조상들과 함께 자매 그의
조상 다윗 성에 조상들과 함께 장사되
고 그 아들 아하스가 대신하여 왕이 되
니라

### 유다 왕 아하스 (대하 28:1-27)

16 르말랴의 아들 베가 제십칠년에 유다의
왕 요담의 아들 아하스가 왕이 되니
2 아하스가 왕이 될 때에 나이가 이십 세
라 예루살렘에서 십육 년간 다스렸으나
그의 조상 다윗과 같지 아니하여 그의
하나님 여호와께서 보시기에 정직히 행
하지 아니하고
3 이스라엘의 여러 왕의 길로 행하며 또
여호와께서 이스라엘 자손 앞에서 쫓아

내신 이방 사람의 가증한 일을 따라 자
기 아들을 불 가운데로 지나가게 하며
4 또 산당들과 작은 산 위와 모든 푸른
나무 아래에서 제사를 드리며 분향하였
더라
5 이 때에 아람의 왕 르신과 이스라엘의
왕 르말랴의 아들 베가가 예루살렘에
올라와서 싸우려 하여 아하스를 에워쌌
으나 능히 이기지 못하니라
6 당시에 아람의 왕 르신이 엘랏을 회복
하여 아람에 돌리고 유다 사람을 엘랏
에서 쫓아내었고 아람 사람이 엘랏에
이르러 거기에 거주하여 오늘까지 이르
렀더라
7 아하스가 앗수르 왕 디글랏 빌레셀에게
사자를 보내 이르되 나는 왕의 신복이
요 왕의 아들이라 이제 아람 왕과 이스
라엘 왕이 나를 치니 청하건대 올라와
그 손에서 나를 구원하소서 하고
8 아하스가 여호와의 성전과 왕궁 곳간에
있는 은금을 내어다가 앗수르 왕에게
예물로 보냈더니
9 앗수르 왕이 그 청을 듣고 곧 올라와서
다메섹을 쳐서 점령하여 그 백성을 사
로잡아 기르로 옮기고 또 르신을 죽였
더라
10 아하스 왕이 앗수르의 왕 디글랏 빌레
셀을 만나러 다메섹에 갔다가 거기 있
는 제단을 보고 아하스 왕이 그 제단의
모든 구조와 제도의 양식을 그려 제사
장 우리야에게 보냈더니
11 아하스 왕이 다메섹에서 돌아오기 전에
제사장 우리야가 아하스 왕이 다메섹에
서 보낸 대로 모두 행하여 제사장 우리
야가 제단을 만든지라
12 왕이 다메섹에서 돌아와 제단을 보고

제단 앞에 나아가 그 위에 제사를 드
리되
13 자기의 번제물과 소제물을 불사르고 또
전제물을 붓고 수은제 짐승의 피를 제
단에 뿌리고
14 또 여호와의 앞 곧 성전 앞에 있던 놋
제단을 새 제단과 여호와의 성전 사이
에서 옮겨다가 그 제단 북쪽에 그것을
두니라
15 아하스 왕이 제사장 우리야에게 명령하
여 이르되 아침 번제물과 저녁 소제물
과 왕의 번제물과 그 소제물과 모든 국
민의 번제물과 그 소제물과 전제물을
다 이 큰 제단 위에 불사르고 또 번제
물의 피와 다른 제물의 피를 다 그 위
에 뿌리라 오직 놋 제단은 내가 주께
여쭐 일에만 쓰게 하라 하매
16 제사장 우리야가 아하스 왕의 모든 명
령대로 행하였더라
17 아하스 왕이 물두멍 받침의 옆판을 떼
내고 물두멍을 그 자리에서 옮기고 또
놋바다를 놋소 위에서 내려다가 돌판
위에 그것을 두며
18 또 안식일에 쓰기 위하여 성전에 건축
한 낭실과 왕이 밖에서 들어가는 낭실
을 앗수르 왕을 두려워하여 여호와의
성전에 옮겨 세웠더라
19 아하스가 행한 그 남은 사적은 유다 왕
역대지략에 기록되지 아니하였느냐
20 아하스가 그의 조상들과 함께 자매 다
윗 성에 그 열조와 함께 장사되고 그의
아들 히스기야가 대신하여 왕이 되니라

### 이스라엘 왕 호세아

17 유다의 왕 아하스 제십이년에 엘라의
아들 호세아가 사마리아에서 이스라엘
왕이 되어 구 년간 다스리며

2 여호와께서 보시기에 악을 행하였으나
다만 그 전 이스라엘 여러 왕들과 같이
하지는 아니하였더라
3 앗수르의 왕 살만에셀이 올라오니 호
세아가 그에게 종이 되어 조공을 드리
더니
4 그가 애굽의 왕 소에게 사자들을 보내
고 해마다 하던 대로 앗수르 왕에게 조
공을 드리지 아니하매 앗수르 왕이 호
세아가 배반함을 보고 그를 옥에 감금
하여 두고
5 앗수르 왕이 올라와 그 온 땅에 두루다
니고 사마리아로 올라와 그 곳을 삼 년
간 에워쌌더라
6 호세아 제구년에 앗수르 왕이 사마리아
를 점령하고 이스라엘 사람을 사로잡아
앗수르로 끌어다가 고산 강 가에 있는
할라와 하볼과 메대 사람의 여러 고을
에 두었더라

### 앗수르 왕이 사마리아를 차지하다

7 이 일은 이스라엘 자손이 자기를 애굽
땅에서 인도하여 내사 애굽의 왕 바로
의 손에서 벗어나게 하신 그 하나님 여
호와께 죄를 범하고 또 다른 신들을 경
외하며
8 여호와께서 이스라엘 자손 앞에서 쫓아
내신 이방 사람의 규례와 이스라엘 여
러 왕이 세운 율례를 행하였음이라
9 이스라엘의 자손이 점차로 불의를 행하
여 그 하나님 여호와를 배역하여 모든
성읍에 망대로부터 견고한 성에 이르도
록 산당을 세우고
10 모든 산 위에와 모든 푸른 나무 아래에
목상과 아세라 상을 세우고
11 또 여호와께서 그들 앞에서 물리치신
이방 사람 같이 그 곳 모든 산당에서

분향하며 또 악을 행하여 여호와를 격
노하게 하였으며
12 또 우상을 섬겼으니 이는 여호와께서
그들에게 행하지 말라고 말씀하신 일
이라
13 여호와께서 각 선지자와 각 선견자를
통하여 이스라엘과 유다에게 지정하여
이르시기를 너희는 돌이켜 너희 악한
길에서 떠나 나의 명령과 율례를 지키
되 내가 너희 조상들에게 명령하고 또
내 종 선지자들을 통하여 너희에게 전
한 모든 율법대로 행하라 하셨으나
14 그들이 듣지 아니하고 그들의 목을 곧
게 하기를 그들의 하나님 여호와를 믿
지 아니하던 그들 조상들의 목 같이
하여
15 여호와의 율례와 여호와께서 그들의 조
상들과 더불어 세우신 언약과 경계하신
말씀을 버리고 허무한 것을 뒤따라 허
망하며 또 여호와께서 명령하사 따르지
말라 하신 사방 이방 사람을 따라
16 그들의 하나님 여호와의 모든 명령을
버리고 자기들을 위하여 두 송아지 형
상을 부어 만들고 또 아세라 목상을 만
들고 하늘의 일월 성신을 경배하며 또
바알을 섬기고
17 또 자기 자녀를 불 가운데로 지나가게
하며 복술과 사술을 행하고 스스로 팔
려 여호와 보시기에 악을 행하여 그를
격노하게 하였으므로
18 여호와께서 이스라엘에게 심히 노하사
그들을 그의 앞에서 제거하시니 오직
유다 지파 외에는 남은 자가 없으니라
19 유다도 그들의 하나님 여호와의 명령을
지키지 아니하고 이스라엘 사람들이 만
든 관습을 행하였으므로

20 여호와께서 이스라엘의 온 족속을 버리
사 괴롭게 하시며 노략꾼의 손에 넘기
시고 마침내 그의 앞에서 쫓아내시니라
21 이스라엘을 다윗의 집에서 찢어 나누시
매 그들이 느밧의 아들 여로보암을 왕
으로 삼았더니 여로보암이 이스라엘을
몰아 여호와를 떠나고 큰 죄를 범하게
하매
22 이스라엘 자손이 여로보암이 행한 모든
죄를 따라 행하여 거기서 떠나지 아니
하므로
23 여호와께서 그의 종 모든 선지자를 통
하여 하신 말씀대로 드디어 이스라엘을
그 앞에서 내쫓으신지라 이스라엘이 고
향에서 앗수르에 사로잡혀 가서 오늘까
지 이르렀더라

### 앗수르 사람들이 사마리아에 거주하다

24 앗수르 왕이 바벨론과 구다와 아와와
하맛과 스발와임에서 사람을 옮겨다가
이스라엘 자손을 대신하여 사마리아 여
러 성읍에 두매 그들이 사마리아를 차
지하고 그 여러 성읍에 거주하니라
25 그들이 처음으로 거기 거주할 때에 여
호와를 경외하지 아니하므로 여호와께
서 사자들을 그들 가운데에 보내시매
몇 사람을 죽인지라
26 그러므로 어떤 사람이 앗수르 왕에게
말하여 이르되 왕께서 사마리아 여러
성읍에 옮겨 거주하게 하신 민족들이
그 땅 신의 법을 알지 못하므로 그들의
신이 사자들을 그들 가운데에 보내매
그들을 죽였사오니 이는 그들이 그 땅
신의 법을 알지 못함이니이다 하니라
27 앗수르 왕이 명령하여 이르되 너희는
그 곳에서 사로잡아 온 제사장 한 사람
을 그 곳으로 데려가되 그가 그 곳에

가서 거주하며 그 땅 신의 법을 무리에
게 가르치게 하라 하니
28 이에 사마리아에서 사로잡혀 간 제사
장 중 한 사람이 와서 벧엘에 살며 백
성에게 어떻게 여호와 경외할지를 가
르쳤더라
29 그러나 각 민족이 각기 자기의 신상들
을 만들어 사마리아 사람이 지은 여러
산당들에 두되 각 민족이 자기들이 거
주한 성읍에서 그렇게 하여
30 바벨론 사람들은 숙곳브놋을 만들었고
굿 사람들은 네르갈을 만들었고 하맛
사람들은 아시마를 만들었고
31 아와 사람들은 닙하스와 다르닥을 만들
었고 스발와임 사람들은 그 자녀를 불
살라 그들의 신 아드람멜렉과 아남멜렉
에게 드렸으며
32 그들이 또 여호와를 경외하여 자기 중
에서 사람을 산당의 제사장으로 택하여
그 산당들에서 자기를 위하여 제사를
드리게 하니라
33 이와 같이 그들이 여호와도 경외하고
또한 어디서부터 옮겨왔든지 그 민족의
풍속대로 자기의 신들도 섬겼더라
34 그들이 오늘까지 이전 풍속대로 행하여
여호와를 경외하지 아니하며 또 여호와
께서 이스라엘이라 이름을 주신 야곱의
자손에게 명령하신 율례와 법도와 율법
과 계명을 준행하지 아니하는도다
35 옛적에 여호와께서 야곱의 자손에게 언
약을 세우시고 그들에게 명령하여 이르
시되 너희는 다른 신을 경외하지 말며
그를 경배하지 말며 그를 섬기지 말며
그에게 제사하지 말고
36 오직 큰 능력과 편 팔로 너희를 애굽에
서 인도하여 내신 여호와만 경외하여

그를 예배하며 그에게 제사를 드릴 것
이며
37 또 여호와가 너희를 위하여 기록한 율
례와 법도와 율법과 계명을 지켜 영원
히 행하고 다른 신들을 경외하지 말며
38 또 내가 너희와 세운 언약을 잊지 말며
다른 신들을 경외하지 말고
39 오직 너희 하나님 여호와만을 경외하라
그가 너희를 모든 원수의 손에서 건져
내리라 하셨으나
40 그러나 그들이 듣지 아니하고 오히려
이전 풍속대로 행하였느니라
41 이 여러 민족이 여호와를 경외하고 또
그 아로새긴 우상을 섬기니 그들의 자
자 손손이 그들의 조상들이 행하던 대
로 그들도 오늘까지 행하니라

### 유다 왕 히스기야 (대하 29:1-2; 31:1)

18 이스라엘의 왕 엘라의 아들 호세아 제
삼년에 유다 왕 아하스의 아들 히스기
야가 왕이 되니
2 그가 왕이 될 때에 나이가 이십오 세라
예루살렘에서 이십구 년간 다스리니라
그의 어머니의 이름은 아비요 스가리야
의 딸이더라
3 히스기야가 그의 조상 다윗의 모든 행
위와 같이 여호와께서 보시기에 정직하
게 행하여
4 그가 여러 산당들을 제거하며 주상을
깨뜨리며 아세라 목상을 찍으며 모세가
만들었던 놋뱀을 이스라엘 자손이 이때
까지 향하여 분향하므로 그것을 부수고
느후스단이라 일컬었더라
5 히스기야가 이스라엘 하나님 여호와를
의지하였는데 그의 전후 유다 여러 왕
중에 그러한 자가 없었으니
6 곧 그가 여호와께 연합하여 그에게서 떠

나지 아니하고 여호와께서 모세에게 명
령하신 계명을 지켰더라
7 여호와께서 그와 함께 하시매 그가 어
디로 가든지 형통하였더라 저가 앗수르
왕을 배반하고 섬기지 아니하였고
8 그가 블레셋 사람들을 쳐서 가사와 그
사방에 이르고 망대에서부터 견고한 성
까지 이르렀더라
9 히스기야 왕 제사년 곧 이스라엘의 왕
엘라의 아들 호세아 제칠년에 앗수르의
왕 살만에셀이 사마리아로 올라와서 에
워쌌더라
10 삼 년 후에 그 성읍이 함락되니 곧 히스
기야 왕의 제육년이요 이스라엘 왕 호
세아의 제구년에 사마리아가 함락되매
11 앗수르 왕이 이스라엘을 사로잡아 앗수
르에 이르러 고산 강 가에 있는 할라와
하볼과 메대 사람의 여러 성읍에 두었
으니
12 이는 그들이 하나님 여호와의 말씀을
듣지 아니하고 그의 언약과 여호와의
종 모세가 명령한 모든 것을 따르지 아
니하였음이더라

### 앗수르 사람들이 예루살렘을 위협하다 (대하 32:1-19; 사 36:1-22)

13 히스기야 왕 제십사년에 앗수르의 왕
산헤립이 올라와서 유다 모든 견고한
성읍들을 쳐서 점령하매
14 유다의 왕 히스기야가 라기스로 사람을
보내어 앗수르 왕에게 이르되 내가 범
죄하였나이다 나를 떠나 돌아가소서 왕
이 내게 지우시는 것을 내가 당하리이
다 하였더니 앗수르 왕이 곧 은 삼백
달란트와 금 삼십 달란트를 정하여 유
다 왕 히스기야에게 내게 한지라
15 히스기야가 이에 여호와의 성전과 왕궁
곳간에 있는 은을 다 주었고

16 또 그 때에 유다 왕 히스기야가 여호와
의 성전 문의 금과 자기가 모든 기둥에
입힌 금을 벗겨 모두 앗수르 왕에게 주
었더라
17 앗수르 왕이 다르단과 랍사리스와 랍사
게로 하여금 대군을 거느리고 라기스에
서부터 예루살렘으로 가서 히스기야 왕
을 치게 하매 그들이 예루살렘으로 올
라가니라 그들이 올라가서 윗못 수도
곁 곧 세탁자의 밭에 있는 큰 길에 이
르러 서니라
18 그들이 왕을 부르매 힐기야의 아들로서
왕궁의 책임자인 엘리야김과 서기관 셉
나와 아삽의 아들 사관 요아가 그에게
나가니
19 랍사게가 그들에게 이르되 너희는 히스
기야에게 말하라 대왕 앗수르 왕의 말씀
이 네가 의뢰하는 이 의뢰가 무엇이냐
20 네가 싸울 만한 계교와 용력이 있다고
한다마는 이는 입에 붙은 말 뿐이라 네
가 이제 누구를 의뢰하고 나를 반역하
였느냐
21 이제 네가 너를 위하여 저 상한 갈대
지팡이 애굽을 의뢰하도다 사람이 그것
을 의지하면 그의 손에 찔려 들어갈지
라 애굽의 왕 바로는 그에게 의뢰하는
모든 자에게 이와 같으니라
22 너희가 내게 이르기를 우리는 우리 하
나님 여호와를 의뢰하노라 하리라마는
히스기야가 그들의 산당들과 제단을 제
거하고 유다와 예루살렘 사람에게 명령
하기를 예루살렘 이 제단 앞에서만 예
배하라 하지 아니하였느냐 하셨나니
23 청하건대 이제 너는 내 주 앗수르 왕과
내기하라 네가 만일 말을 탈 사람을 낼
수 있다면 나는 네게 말 이천 마리를

주리라
24 네가 어찌 내 주의 신하 중 지극히 작
은 지휘관 한 사람인들 물리치며 애굽
을 의뢰하고 그 병거와 기병을 얻을 듯
하냐
25 내가 어찌 여호와의 뜻이 아니고야 이
제 이 곳을 멸하러 올라왔겠느냐 여호
와께서 전에 내게 이르시기를 이 땅으
로 올라와서 쳐서 멸하라 하셨느니라
하는지라
26 힐기야의 아들 엘리야김과 셉나와 요아
가 랍사게에게 이르되 우리가 알아듣겠
사오니 청하건대 아람 말로 당신의 종
들에게 말씀하시고 성 위에 있는 백성
이 듣는 데서 유다 말로 우리에게 말씀
하지 마옵소서
27 랍사게가 그에게 이르되 내 주께서 네
주와 네게만 이 말을 하라고 나를 보
내신 것이냐 성 위에 앉은 사람들도 너
희와 함께 자기의 대변을 먹게 하고 자
기의 소변을 마시게 하신 것이 아니냐
하고
28 랍사게가 드디어 일어서서 유다 말로
크게 소리 질러 불러 이르되 너희는 대
왕 앗수르 왕의 말씀을 들으라
29 왕의 말씀이 너희는 히스기야에게 속지
말라 그가 너희를 내 손에서 건져내지
못하리라
30 또한 히스기야가 너희에게 여호와를 의
뢰하라 함을 듣지 말라 그가 이르기를
여호와께서 반드시 우리를 건지실지라
이 성읍이 앗수르 왕의 손에 함락되지
아니하게 하시리라 할지라도
31 너희는 히스기야의 말을 듣지 말라 앗
수르 왕의 말씀이 너희는 내게 항복하
고 내게로 나아오라 그리하고 너희는

각각 그의 포도와 무화과를 먹고 또한
각각 자기의 우물의 물을 마시라
32 내가 장차 와서 너희를 한 지방으로 옮
기리니 그 곳은 너희 본토와 같은 지방
곧 곡식과 포도주가 있는 지방이요 떡
과 포도원이 있는 지방이요 기름 나는
감람과 꿀이 있는 지방이라 너희가 살
고 죽지 아니하리라 히스기야가 너희를
설득하여 이르기를 여호와께서 우리를
건지시리라 하여도 히스기야에게 듣지
말라
33 민족의 신들 중에 어느 한 신이 그의
땅을 앗수르 왕의 손에서 건진 자가 있
느냐
34 하맛과 아르밧의 신들이 어디 있으며
스발와임과 헤나와 아와의 신들이 어디
있느냐 그들이 사마리아를 내 손에서
건졌느냐
35 민족의 모든 신들 중에 누가 그의 땅을
내 손에서 건졌기에 여호와가 예루살렘
을 내 손에서 건지겠느냐 하셨느니라
36 그러나 백성이 잠잠하고 한 마디도 그
에게 대답하지 아니하니 이는 왕이 명
령하여 대답하지 말라 하였음이라
37 이에 힐기야의 아들로서 왕궁 내의 책
임자인 엘리야김과 서기관 셉나와 아삽
의 아들 사관 요아가 옷을 찢고 히스기
야에게 나아가서 랍사게의 말을 전하
니라

### 왕이 이사야의 충고를 듣고자 하다 (사 37:1-7)

19 히스기야 왕이 듣고 그 옷을 찢고 굵은
베를 두르고 여호와의 전에 들어가서
2 왕궁의 책임자인 엘리야김과 서기관 셉
나와 제사장 중 장로들에게 굵은 베를
둘려서 아모스의 아들 선지자 이사야에
게로 보내매

3 그들이 이사야에게 이르되 히스기야의
말씀이 오늘은 환난과 징벌과 모욕의
날이라 아이를 낳을 때가 되었으나 해
산할 힘이 없도다
4 랍사게가 그의 주 앗수르 왕의 보냄을
받고 와서 살아 계신 하나님을 비방하
였으니 당신의 하나님 여호와께서 혹시
그의 말을 들으셨을지라 당신의 하나님
여호와께서 그 들으신 말 때문에 꾸짖
으실 듯하니 당신은 이 남아 있는 자들
을 위하여 기도하소서 하더이다 하니라
5 이와 같이 히스기야 왕의 신복이 이사
야에게 나아가니
6 이사야가 그들에게 이르되 너희는 너희
주에게 이렇게 말하라 여호와의 말씀
이 너는 앗수르 왕의 신복에게 들은 바
나를 모욕하는 말 때문에 두려워하지
말라
7 내가 한 영을 그의 속에 두어 그로 소
문을 듣고 그의 본국으로 돌아가게 하
고 또 그의 본국에서 그에게 칼에 죽게
하리라 하셨느니라 하더라

### 앗수르가 또 위협하다 (사 37:8-20)

8 랍사게가 돌아가다가 앗수르 왕이 이미
라기스에서 떠났다 함을 듣고 립나로
가서 앗수르 왕을 만났으니 왕이 거기
서 립나와 싸우는 중이더라
9 앗수르 왕은 구스 왕 디르하가가 당신
과 싸우고자 나왔다 함을 듣고 다시 히
스기야에게 사자를 보내며 이르되
10 너희는 유다의 왕 히스기야에게 이같이
말하여 이르기를 네가 믿는 네 하나님
이 예루살렘을 앗수르 왕의 손에 넘기
지 아니하겠다 하는 말에 속지 말라
11 앗수르의 여러 왕이 여러 나라에 행한
바 진멸한 일을 네가 들었나니 네가 어

찌 구원을 얻겠느냐
12 내 조상들이 멸하신 여러 민족 곧 고산
과 하란과 레셉과 들라살에 있는 에덴
족속을 그 나라들의 신들이 건졌느냐
13 하맛 왕과 아르밧 왕과 스발와임 성의
왕과 헤나와 아와의 왕들이 다 어디 있
느냐 하라 하니라
14 히스기야가 사자의 손에서 편지를 받아
보고 여호와의 성전에 올라가서 히스기
야가 그 편지를 여호와 앞에 펴 놓고
15 그 앞에서 히스기야가 기도하여 이르되
그룹들 위에 계신 이스라엘의 하나님
여호와여 주는 천하 만국에 홀로 하나
님이시라 주께서 천지를 만드셨나이다
16 여호와여 귀를 기울여 들으소서 여호와
여 눈을 떠서 보시옵소서 산헤립이 살
아 계신 하나님을 비방하러 보낸 말을
들으시옵소서
17 여호와여 앗수르 여러 왕이 과연 여러
민족과 그들의 땅을 황폐하게 하고
18 또 그들의 신들을 불에 던졌사오니 이
는 그들이 신이 아니요 사람의 손으로
만든 것 곧 나무와 돌 뿐이므로 멸하였
나이다
19 우리 하나님 여호와여 원하건대 이제
우리를 그의 손에서 구원하옵소서 그리
하시면 천하 만국이 주 여호와가 홀로
하나님이신 줄 알리이다 하니라

### 이사야가 왕에게 보낸 여호와의 말씀 (사 37:21-38)

20 아모스의 아들 이사야가 히스기야에게
보내 이르되 이스라엘 하나님 여호와의
말씀이 네가 앗수르 왕 산헤립 때문에
내게 기도하는 것을 내가 들었노라 하
셨나이다
21 여호와께서 앗수르 왕에게 대하여 이같
이 말씀하시기를 처녀 딸 시온이 너를

멸시하며 너를 비웃었으며 딸 예루살렘
이 너를 향하여 머리를 흔들었느니라
22 네가 누구를 꾸짖었으며 비방하였느냐
누구를 향하여 소리를 높였으며 눈을
높이 떴느냐 이스라엘의 거룩한 자에게
그리하였도다
23 네가 사자들을 통하여 주를 비방하여
이르기를 내가 많은 병거를 거느리고
여러 산 꼭대기에 올라가며 레바논 깊
은 곳에 이르러 높은 백향목과 아름다
운 잣나무를 베고 내가 그 가장 먼 곳
에 들어가며 그의 동산의 무성한 수풀
에 이르리라
24 내가 땅을 파서 이방의 물을 마셨고 나
의 발바닥으로 애굽의 모든 강들을 말
렸노라 하였도다
25 네가 듣지 못하였느냐 이 일은 내가 태
초부터 행하였고 옛날부터 정한 바라
이제 내가 이루어 너로 견고한 성들을
멸하여 무너진 돌무더기가 되게 함이
니라
26 그러므로 거기에 거주하는 백성의 힘이
약하여 두려워하며 놀랐나니 그들은 들
의 채소와 푸른 풀과 지붕의 잡초와 자
라기 전에 시든 곡초 같이 되었느니라
27 네 거처와 네 출입과 네가 내게 향한
분노를 내가 다 아노니
28 네가 내게 향한 분노와 네 교만한 말이
내 귀에 들렸도다 그러므로 내가 갈고
리를 네 코에 꿰고 재갈을 네 입에 물
려 너를 오던 길로 끌어 돌이키리라 하
셨나이다
29 또 네게 보일 징조가 이러하니 너희가
금년에는 스스로 자라난 것을 먹고 내
년에는 그것에서 난 것을 먹되 제삼년
에는 심고 거두며 포도원을 심고 그 열

매를 먹으리라

30 유다 족속 중에서 피하고 남은 자는 다
시 아래로 뿌리를 내리고 위로 열매를
맺을지라

31 남은 자는 예루살렘에서부터 나올 것이
요 피하는 자는 시온 산에서부터 나오
리니 여호와의 열심이 이 일을 이루리
라 하셨나이다 하니라

32 그러므로 여호와께서 앗수르 왕을 가리
켜 이르시기를 그가 이 성에 이르지 못
하며 이리로 화살을 쏘지 못하며 방패
를 성을 향하여 세우지 못하며 치려고
토성을 쌓지도 못하고

33 오던 길로 돌아가고 이 성에 이르지 못
하리라 하셨으니 이는 여호와의 말씀이
시라

34 내가 나와 나의 종 다윗을 위하여 이
성을 보호하여 구원하리라 하셨나이다
하였더라

### 산헤립이 죽다

35 이 밤에 여호와의 사자가 나와서 앗수
르 진영에서 군사 십팔만 오천 명을 친
지라 아침에 일찍이 일어나 보니 다 송
장이 되었더라

36 앗수르 왕 산헤립이 떠나 돌아가서 니
느웨에 거주하더니

37 그가 그의 신 니스록의 신전에서 경배
할 때에 아드람멜렉과 사레셀이 그를
칼로 쳐죽이고 아라랏 땅으로 그들이
도망하매 그 아들 에살핫돈이 대신하여
왕이 되니라

### 히스기야의 발병과 회복
(대하 32:24-26; 사 38:1-8, 21-22)

20 그 때에 히스기야가 병들어 죽게 되매
아모스의 아들 선지자 이사야가 그에게
나아와서 그에게 이르되 여호와의 말씀
이 너는 집을 정리하라 네가 죽고 살지

못하리라 하셨나이다
2 히스기야가 낯을 벽으로 향하고 여호와
께 기도하여 이르되
3 여호와여 구하오니 내가 진실과 전심으
로 주 앞에 행하며 주께서 보시기에 선
하게 행한 것을 기억하옵소서 하고 히
스기야가 심히 통곡하더라
4 이사야가 성읍 가운데까지도 이르기 전
에 여호와의 말씀이 그에게 임하여 이
르시되
5 너는 돌아가서 내 백성의 주권자 히스
기야에게 이르기를 왕의 조상 다윗의
하나님 여호와의 말씀이 내가 네 기도
를 들었고 네 눈물을 보았노라 내가 너
를 낫게 하리니 네가 삼 일 만에 여호
와의 성전에 올라가겠고
6 내가 네 날에 십오 년을 더할 것이며
내가 너와 이 성을 앗수르 왕의 손에서
구원하고 내가 나를 위하고 또 내 종
다윗을 위하므로 이 성을 보호하리라
하셨다 하라 하셨더라
7 이사야가 이르되 무화과 반죽을 가져오
라 하매 무리가 가져다가 그 상처에 놓
으니 나으니라
8 히스기야가 이사야에게 이르되 여호와
께서 나를 낫게 하시고 삼 일 만에 여
호와의 성전에 올라가게 하실 무슨 징
표가 있나이까 하니
9 이사야가 이르되 여호와께서 하신 말씀
을 응하게 하실 일에 대하여 여호와께
로부터 왕에게 한 징표가 임하리이다
해 그림자가 십도를 나아갈 것이니이까
혹 십도를 물러갈 것이니이까 하니
10 히스기야가 대답하되 그림자가 십도를
나아가기는 쉬우니 그리할 것이 아니라
십도가 뒤로 물러갈 것이니이다 하니라

11 선지자 이사야가 여호와께 간구하매 아
하스의 해시계 위에 나아갔던 해 그림
자를 십도 뒤로 물러가게 하셨더라

### 바벨론에서 온 사자들 (사 39:1-8)

12 그 때에 발라단의 아들 바벨론의 왕 브
로닥발라단이 히스기야가 병 들었다 함
을 듣고 편지와 예물을 그에게 보낸
지라
13 히스기야가 사자들의 말을 듣고 자기
보물고의 금은과 향품과 보배로운 기름
과 그의 군기고와 창고의 모든 것을 다
사자들에게 보였는데 왕궁과 그의 나라
안에 있는 모든 것 중에서 히스기야가
그에게 보이지 아니한 것이 없더라
14 선지자 이사야가 히스기야 왕에게 나아
와 그에게 이르되 이 사람들이 무슨 말
을 하였으며 어디서부터 왕에게 왔나이
까 히스기야가 이르되 먼 지방 바벨론
에서 왔나이다 하니
15 이사야가 이르되 그들이 왕궁에서 무엇
을 보았나이까 하니 히스기야가 대답하
되 내 궁에 있는 것을 그들이 다 보았
나니 나의 창고에서 하나도 보이지 아
니한 것이 없나이다 하더라

### 히스기야가 죽다 (대하 32:32-33)

16 이사야가 히스기야에게 이르되 여호와
의 말씀을 들으소서
17 여호와의 말씀이 날이 이르리니 왕궁의
모든 것과 왕의 조상들이 오늘까지 쌓
아 두었던 것이 바벨론으로 옮긴 바 되
고 하나도 남지 아니할 것이요
18 또 왕의 몸에서 날 아들 중에서 사로잡
혀 바벨론 왕궁의 환관이 되리라 하셨
나이다 하니
19 히스기야가 이사야에게 이르되 당신
이 전한 바 여호와의 말씀이 선하니이

다 하고 또 이르되 만일 내가 사는 날
에 태평과 진실이 있을진대 어찌 선하
지 아니하리요 하니라
20 히스기야의 남은 사적과 그의 모든 업
적과 저수지와 수도를 만들어 물을 성
안으로 끌어들인 일은 유다 왕 역대지
략에 기록되지 아니하였느냐
21 히스기야가 그의 조상들과 함께 자고
그의 아들 므낫세가 대신하여 왕이 되
니라

## 유다 왕 므낫세 (대하 33:1-20)

21 므낫세가 왕이 될 때에 나이가 십이 세
라 예루살렘에서 오십오 년간 다스리니
라 그의 어머니의 이름은 헵시바더라
2 므낫세가 여호와 보시기에 악을 행하여
여호와께서 이스라엘 자손 앞에서 쫓아
내신 이방 사람의 가증한 일을 따라서
3 그의 아버지 히스기야가 헐어 버린 산
당들을 다시 세우며 이스라엘의 왕 아
합의 행위를 따라 바알을 위하여 제단
을 쌓으며 아세라 목상을 만들며 하늘
의 일월 성신을 경배하여 섬기며
4 여호와께서 전에 이르시기를 내가 내
이름을 예루살렘에 두리라 하신 여호와
의 성전에 제단들을 쌓고
5 또 여호와의 성전 두 마당에 하늘의 일
월 성신을 위하여 제단들을 쌓고
6 또 자기의 아들을 불 가운데로 지나게
하며 점치며 사술을 행하며 신접한 자
와 박수를 신임하여 여호와께서 보시기
에 악을 많이 행하여 그 진노를 일으켰
으며
7 또 자기가 만든 아로새긴 아세라 목상
을 성전에 세웠더라 옛적에 여호와께서
이 성전에 대하여 다윗과 그의 아들 솔
로몬에게 이르시기를 내가 이스라엘의

모든 지파 중에서 택한 이 성전과 예루
살렘에 내 이름을 영원히 둘지라
8 만일 이스라엘이 나의 모든 명령과 나
의 종 모세가 명령한 모든 율법을 지켜
행하면 내가 그들의 발로 다시는 그의
조상들에게 준 땅에서 떠나 유리하지
아니하게 하리라 하셨으나
9 이 백성이 듣지 아니하였고 므낫세의
꾐을 받고 악을 행한 것이 여호와께서
이스라엘 자손 앞에서 멸하신 여러 민
족보다 더 심하였더라
10 여호와께서 그의 종 모든 선지자들을
통하여 말씀하여 이르시되
11 유다 왕 므낫세가 이 가증한 일과 악을
행함이 그 전에 있던 아모리 사람들의
행위보다 더욱 심하였고 또 그들의 우
상으로 유다를 범죄하게 하였도다
12 그러므로 이스라엘의 하나님 여호와가
말하노니 내가 이제 예루살렘과 유다에
재앙을 내리리니 듣는 자마다 두 귀가
울리리라
13 내가 사마리아를 잰 줄과 아합의 집을
다림 보던 추를 예루살렘에 베풀고 또
사람이 그릇을 씻어 엎음 같이 예루살
렘을 씻어 버릴지라
14 내가 나의 기업에서 남은 자들을 버려
그들의 원수의 손에 넘긴즉 그들이 모
든 원수에게 노략거리와 겁탈거리가 되
리니
15 이는 애굽에서 나온 그의 조상 때부터
오늘까지 내가 보기에 악을 행하여 나
의 진노를 일으켰음이니라 하셨더라
16 므낫세가 유다에게 범죄하게 하여 여
호와께서 보시기에 악을 행한 것 외에
도 또 무죄한 자의 피를 심히 많이 흘
려 예루살렘 이 끝에서 저 끝까지 가득

하게 하였더라

17 므낫세의 남은 사적과 그가 행한 모든
일과 범한 죄는 유다 왕 역대지략에 기
록되지 아니하였느냐

18 므낫세가 그의 조상들과 함께 자매 그
의 궁궐 동산 곧 웃사의 동산에 장사되
고 그의 아들 아몬이 대신하여 왕이 되
니라

### 유다 왕 아몬 (대하 33:21-25)

19 아몬이 왕이 될 때에 나이가 이십이 세
라 예루살렘에서 이 년간 다스리니라
그의 어머니의 이름은 므술레멧이요 욧
바 하루스의 딸이더라

20 아몬이 그의 아버지 므낫세의 행함 같
이 여호와 보시기에 악을 행하되

21 그의 아버지가 행한 모든 길로 행하여
그의 아버지가 섬기던 우상을 섬겨 그
것들에게 경배하고

22 그의 조상들의 하나님 여호와를 버리고
그 길로 행하지 아니하더니

23 그의 신복들이 그에게 반역하여 왕을
궁중에서 죽이매

24 그 국민이 아몬 왕을 반역한 사람들을
다 죽이고 그의 아들 요시야를 대신하
게 하여 왕을 삼았더라

25 아몬이 행한 바 남은 사적은 유다 왕
역대지략에 기록되지 아니하였느냐

26 아몬이 웃사의 동산 자기 묘실에 장사
되고 그의 아들 요시야가 대신하여 왕
이 되니라

### 유다 왕 요시야 (대하 34:1-2)

22 요시야가 왕위에 오를 때에 나이가 팔
세라 예루살렘에서 삼십일 년간 다스리
니라 그의 어머니의 이름은 여디다요
보스갓 아다야의 딸이더라

2 요시야가 여호와 보시기에 정직히 행하

여 그의 조상 다윗의 모든 길로 행하고
좌우로 치우치지 아니하였더라

### 율법책을 발견하다 (대하 34:8-28)

3 요시야 왕 열여덟째 해에 왕이 므술람
의 손자 아살리야의 아들 서기관 사반
을 여호와의 성전에 보내며 이르되
4 너는 대제사장 힐기야에게 올라가서 백
성이 여호와의 성전에 드린 은 곧 문
지킨 자가 수납한 은을 계산하여
5 여호와의 성전을 맡은 감독자의 손에
넘겨 그들이 여호와의 성전에 있는 작
업자에게 주어 성전에 부서진 것을 수
리하게 하되
6 곧 목수와 건축자와 미장이에게 주게
하고 또 재목과 다듬은 돌을 사서 그
성전을 수리하게 하라
7 그러나 그들의 손에 맡긴 은을 회계하
지 말지니 이는 그들이 진실하게 행함
이니라
8 대제사장 힐기야가 서기관 사반에게 이
르되 내가 여호와의 성전에서 율법책을
발견하였노라 하고 힐기야가 그 책을
사반에게 주니 사반이 읽으니라
9 서기관 사반이 왕에게 돌아가서 보고하
여 이르되 왕의 신복들이 성전에서 찾
아낸 돈을 쏟아 여호와의 성전을 맡은
감독자의 손에 맡겼나이다 하고
10 또 서기관 사반이 왕에게 말하여 이르
되 제사장 힐기야가 내게 책을 주더이
다 하고 사반이 왕의 앞에서 읽으매
11 왕이 율법책의 말을 듣자 곧 그의 옷을
찢으니라
12 왕이 제사장 힐기야와 사반의 아들 아
히감과 미가야의 아들 악볼과 서기관
사반과 왕의 시종 아사야에게 명령하여
이르되

13 너희는 가서 나와 백성과 온 유다를 위
하여 이 발견한 책의 말씀에 대하여 여
호와께 물으라 우리 조상들이 이 책의
말씀을 듣지 아니하며 이 책에 우리를
위하여 기록된 모든 것을 행하지 아니
하였으므로 여호와께서 우리에게 내리
신 진노가 크도다
14 이에 제사장 힐기야와 또 아히감과 악
볼과 사반과 아사야가 여선지 훌다에게
로 나아가니 그는 할하스의 손자 디과
의 아들로서 예복을 주관하는 살룸의
아내라 예루살렘 둘째 구역에 거주하였
더라 그들이 그와 더불어 말하매
15 훌다가 그들에게 이르되 이스라엘 하나
님 여호와의 말씀이 너희는 너희를 내
게 보낸 사람에게 말하기를
16 여호와의 말씀이 내가 이 곳과 그 주민
에게 재앙을 내리되 곧 유다 왕이 읽은
책의 모든 말대로 하리니
17 이는 이 백성이 나를 버리고 다른 신에
게 분향하며 그들의 손의 모든 행위로
나를 격노하게 하였음이라 그러므로 내
가 이 곳을 향하여 내린 진노가 꺼지지
아니하리라 하라 하셨느니라
18 너희를 보내 여호와께 묻게 한 유다 왕
에게는 너희가 이렇게 말하라 이스라엘
의 하나님 여호와가 이같이 말씀하셨느
니라 네가 들은 말들에 대하여는
19 내가 이 곳과 그 주민에게 대하여 빈
터가 되고 저주가 되리라 한 말을 네가
듣고 마음이 부드러워져서 여호와 앞
곧 내 앞에서 겸비하여 옷을 찢고 통곡
하였으므로 나도 네 말을 들었노라 여
호와가 말하였느니라
20 그러므로 보라 내가 너로 너의 조상들
에게 돌아가서 평안히 묘실로 들어가게

하리니 내가 이 곳에 내리는 모든 재앙
을 네 눈이 보지 못하리라 하셨느니라
하니 사자들이 왕에게 보고하니라

### 요시야가 이방 예배를 없애다 (대하 34:3-7, 29-33)

23 왕이 보내 유다와 예루살렘의 모든 장
로를 자기에게로 모으고
2 이에 왕이 여호와의 성전에 올라가매
유다 모든 사람과 예루살렘 주민과 제
사장들과 선지자들과 모든 백성이 노소
를 막론하고 다 왕과 함께 한지라 왕이
여호와의 성전 안에서 발견한 언약책의
모든 말씀을 읽어 무리의 귀에 들리고
3 왕이 단 위에 서서 여호와 앞에서 언약
을 세우되 마음을 다하고 뜻을 다하여
여호와께 순종하고 그의 계명과 법도와
율례를 지켜 이 책에 기록된 이 언약의
말씀을 이루게 하리라 하매 백성이 다
그 언약을 따르기로 하니라
4 왕이 대제사장 힐기야와 모든 부제사장
들과 문을 지킨 자들에게 명령하여 바
알과 아세라와 하늘의 일월 성신을 위
하여 만든 모든 그릇들을 여호와의 성
전에서 내다가 예루살렘 바깥 기드론
밭에서 불사르고 그것들의 재를 벧엘로
가져가게 하고
5 옛적에 유다 왕들이 세워서 유다 모든
성읍과 예루살렘 주위의 산당들에서 분
향하며 우상을 섬기게 한 제사장들을
폐하며 또 바알과 해와 달과 별 떼와
하늘의 모든 별에게 분향하는 자들을
폐하고
6 또 여호와의 성전에서 아세라 상을 내
다가 예루살렘 바깥 기드론 시내로 가
져다 거기에서 불사르고 빻아서 가루
를 만들어 그 가루를 평민의 묘지에 뿌
리고

7 또 여호와의 성전 가운데 남창의 집을
헐었으니 그 곳은 여인이 아세라를 위
하여 휘장을 짜는 처소였더라
8 또 유다 각 성읍에서 모든 제사장을 불
러오고 또 제사장이 분향하던 산당을
게바에서부터 브엘세바까지 더럽게 하
고 또 성문의 산당들을 헐어 버렸으니
이 산당들은 그 성읍의 지도자 여호수
아의 대문 어귀 곧 성문 왼쪽에 있었
더라
9 산당들의 제사장들은 예루살렘 여호와
의 제단에 올라가지 못하고 다만 그의
형제 중에서 무교병을 먹을 뿐이었더라
10 왕이 또 힌놈의 아들 골짜기의 도벳을
더럽게 하여 어떤 사람도 몰록에게 드
리기 위하여 자기의 자녀를 불로 지나
가지 못하게 하고
11 또 유다 여러 왕이 태양을 위하여 드린
말들을 제하여 버렸으니 이 말들은 여
호와의 성전으로 들어가는 곳의 근처
내시 나단멜렉의 집 곁에 있던 것이며
또 태양 수레를 불사르고
12 유다 여러 왕이 아하스의 다락 지붕에
세운 제단들과 므낫세가 여호와의 성전
두 마당에 세운 제단들을 왕이 다 헐고
거기서 빻아내려서 그것들의 가루를 기
드론 시내에 쏟아 버리고
13 또 예루살렘 앞 멸망의 산 오른쪽에 세
운 산당들을 왕이 더럽게 하였으니 이
는 옛적에 이스라엘 왕 솔로몬이 시돈
사람의 가증한 아스다롯과 모압 사람의
가증한 그모스와 암몬 자손의 가증한
밀곰을 위하여 세웠던 것이며
14 왕이 또 석상들을 깨뜨리며 아세라 목
상들을 찍고 사람의 해골로 그 곳에 채
웠더라

15 또한 이스라엘에게 범죄하게 한 느밧의
아들 여로보암이 벧엘에 세운 제단과
산당을 왕이 헐고 또 그 산당을 불사르
고 빻아서 가루를 만들며 또 아세라 목
상을 불살랐더라
16 요시야가 몸을 돌이켜 산에 있는 무덤
들을 보고 보내어 그 무덤에서 해골을
가져다가 제단 위에서 불살라 그 제단
을 더럽게 하니라 이 일을 하나님의 사
람이 전하였더니 그 전한 여호와의 말
씀대로 되었더라
17 요시야가 이르되 내게 보이는 저것은
무슨 비석이냐 하니 성읍 사람들이 그
에게 말하되 왕께서 벧엘의 제단에 대
하여 행하신 이 일을 전하러 유다에서
왔던 하나님의 사람의 묘실이니이다 하
니라
18 이르되 그대로 두고 그의 뼈를 옮기
지 말라 하매 무리가 그의 뼈와 사마리
아에서 온 선지자의 뼈는 그대로 두었
더라
19 전에 이스라엘 여러 왕이 사마리아 각
성읍에 지어서 여호와를 격노하게 한
산당을 요시야가 다 제거하되 벧엘에서
행한 모든 일대로 행하고
20 또 거기 있는 산당의 제사장들을 다 제
단 위에서 죽이고 사람의 해골을 제단
위에서 불사르고 예루살렘으로 돌아왔
더라

### 요시야 왕이 유월절을 지키다 (대하 35:1-19)

21 왕이 뭇 백성에게 명령하여 이르되 이
언약책에 기록된 대로 너희의 하나님
여호와를 위하여 유월절을 지키라 하매
22 사사가 이스라엘을 다스리던 시대부터
이스라엘 여러 왕의 시대와 유다 여러
왕의 시대에 이렇게 유월절을 지킨 일

이 없었더니
23 요시야 왕 열여덟째 해에 예루살렘에서
여호와 앞에 이 유월절을 지켰더라

## 요시야의 나머지 개혁

24 요시야가 또 유다 땅과 예루살렘에 보
이는 신접한 자와 점쟁이와 드라빔과
우상과 모든 가증한 것을 다 제거하였
으니 이는 대제사장 힐기야가 여호와의
성전에서 발견한 책에 기록된 율법의
말씀을 이루려 함이라
25 요시야와 같이 마음을 다하며 뜻을 다
하며 힘을 다하여 모세의 모든 율법을
따라 여호와께로 돌이킨 왕은 요시야
전에도 없었고 후에도 그와 같은 자가
없었더라
26 그러나 여호와께서 유다를 향하여 내리
신 그 크게 타오르는 진노를 돌이키지
아니하셨으니 이는 므낫세가 여호와를
격노하게 한 그 모든 격노 때문이라
27 여호와께서 이르시되 내가 이스라엘을
물리친 것 같이 유다도 내 앞에서 물리
치며 내가 택한 이 성 예루살렘과 내
이름을 거기에 두리라 한 이 성전을 버
리리라 하셨더라

## 요시야가 죽다 (대하 35:20-36:1)

28 요시야의 남은 사적과 행한 모든 일은
유다 왕 역대지략에 기록되지 아니하였
느냐
29 요시야 당시에 애굽의 왕 바로 느고가
앗수르 왕을 치고자 하여 유브라데 강
으로 올라가므로 요시야 왕이 맞서 나
갔더니 애굽 왕이 요시야를 므깃도에서
만났을 때에 죽인지라
30 신복들이 그의 시체를 병거에 싣고 므
깃도에서 예루살렘으로 돌아와 그의 무
덤에 장사하니 백성들이 요시야의 아들

여호아하스를 데려다가 그에게 기름을
붓고 그의 아버지를 대신하여 왕으로
삼았더라

### 유다 왕 여호아하스 (대하 36:2-4)

31 여호아하스가 왕이 될 때에 나이가 이
십삼 세라 예루살렘에서 석 달간 다스
리니라 그의 어머니의 이름은 하무달이
라 립나 예레미야의 딸이더라
32 여호아하스가 그의 조상들의 모든 행위
대로 여호와 보시기에 악을 행하였더니
33 바로 느고가 그를 하맛 땅 리블라에 가
두어 예루살렘에서 왕이 되지 못하게
하고 또 그 나라로 은 백 달란트와 금
한 달란트를 벌금으로 내게 하고
34 바로 느고가 요시야의 아들 엘리아김을
그의 아버지 요시야를 대신하여 왕으로
삼고 그의 이름을 고쳐 여호야김이라
하고 여호아하스는 애굽으로 잡아갔더
니 그가 거기서 죽으니라
35 여호야김이 은과 금을 바로에게 주니라
그가 바로 느고의 명령대로 그에게 그
돈을 주기 위하여 나라에 부과하되 백
성들 각 사람의 힘대로 액수를 정하고
은금을 징수하였더라

### 유다 왕 여호야김 (대하 36:5-8)

36 여호야김이 왕이 될 때에 나이가 이십
오 세라 예루살렘에서 십일 년간 다스
리니라 그의 어머니의 이름은 스비다라
루마 브다야의 딸이더라
37 여호야김이 그의 조상들이 행한 모든
일을 따라서 여호와 보시기에 악을 행
하였더라
24 여호야김 시대에 바벨론의 왕 느부갓
네살이 올라오매 여호야김이 삼 년간
섬기다가 돌아서 그를 배반하였더니
2 여호와께서 그의 종 선지자들을 통하여

하신 말씀과 같이 갈대아의 부대와 아
람의 부대와 모압의 부대와 암몬 자손
의 부대를 여호야김에게로 보내 유다를
쳐 멸하려 하시니
3 이 일이 유다에 임함은 곧 여호와의 말
씀대로 그들을 자기 앞에서 물리치고자
하심이니 이는 므낫세의 지은 모든 죄
때문이며
4 또 그가 무죄한 자의 피를 흘려 그의
피가 예루살렘에 가득하게 하였음이라
여호와께서 사하시기를 즐겨하지 아니
하시니라
5 여호야김의 남은 사적과 행한 모든 일
은 유다 왕 역대지략에 기록되지 아니
하였느냐
6 여호야김이 그의 조상들과 함께 자매
그의 아들 여호야긴이 대신하여 왕이
되니라
7 애굽 왕이 다시는 그 나라에서 나오지
못하였으니 이는 바벨론 왕이 애굽 강
에서부터 유브라데 강까지 애굽 왕에게
속한 땅을 다 점령하였음이더라

### 유다 왕 여호야긴 (대하 36:9-10)

8 여호야긴이 왕이 될 때에 나이가 십팔
세라 예루살렘에서 석 달간 다스리니라
그의 어머니의 이름은 느후스다요 예루
살렘 엘라단의 딸이더라
9 여호야긴이 그의 아버지의 모든 행위를
따라서 여호와께서 보시기에 악을 행하
였더라
10 그 때에 바벨론의 왕 느부갓네살의 신
복들이 예루살렘에 올라와서 그 성을
에워싸니라
11 그의 신복들이 에워쌀 때에 바벨론의
왕 느부갓네살도 그 성에 이르니
12 유다의 왕 여호야긴이 그의 어머니와

신복과 지도자들과 내시들과 함께 바벨
론 왕에게 나아가매 왕이 잡으니 때는
바벨론의 왕 여덟째 해이라
13 그가 여호와의 성전의 모든 보물과 왕
궁 보물을 집어내고 또 이스라엘의 왕
솔로몬이 만든 것 곧 여호와의 성전의
금 그릇을 다 파괴하였으니 여호와의
말씀과 같이 되었더라
14 그가 또 예루살렘의 모든 백성과 모든
지도자와 모든 용사 만 명과 모든 장인
과 대장장이를 사로잡아 가매 비천한
자 외에는 그 땅에 남은 자가 없었더라
15 그가 여호야긴을 바벨론으로 사로잡아
가고 왕의 어머니와 왕의 아내들과 내
시들과 나라에 권세 있는 자도 예루살
렘에서 바벨론으로 사로잡아 가고
16 또 용사 칠천 명과 장인과 대장장이 천
명 곧 용감하여 싸움을 할 만한 모든
자들을 바벨론 왕이 바벨론으로 사로잡
아 가고
17 바벨론 왕이 또 여호야긴의 숙부 맛다
니야를 대신하여 왕으로 삼고 그의 이
름을 고쳐 시드기야라 하였더라

## 유다 왕 시드기야 (대하 36:11-12; 렘 52:1-3상)

18 시드기야가 왕이 될 때에 나이가 이십
일 세라 예루살렘에서 십일 년간 다스
리니라 그의 어머니의 이름은 하무달이
요 립나인 예레미야의 딸이더라
19 그가 여호야김의 모든 행위를 따라 여
호와 보시기에 악을 행한지라
20 여호와께서 예루살렘과 유다를 진노하
심이 그들을 그 앞에서 쫓아내실 때까
지 이르렀더라 시드기야가 바벨론 왕을
배반하니라

## 예루살렘의 멸망 (대하 36:13-21; 렘 52:3하-11)

25 시드기야 제구년 열째 달 십일에 바벨

론의 왕 느부갓네살이 그의 모든 군대
를 거느리고 예루살렘을 치러 올라와서
그 성에 대하여 진을 치고 주위에 토성
을 쌓으매
2 그 성이 시드기야 왕 제십일년까지 포
위되었더라
3 그 해 넷째 달 구일에 성 중에 기근이
심하여 그 땅 백성의 양식이 떨어졌더라
4 그 성벽이 파괴되매 모든 군사가 밤중
에 두 성벽 사이 왕의 동산 곁문 길로
도망하여 갈대아인들이 그 성읍을 에워
쌌으므로 그가 아라바 길로 가더니
5 갈대아 군대가 그 왕을 뒤쫓아가서 여
리고 평지에서 그를 따라 잡으매 왕의
모든 군대가 그를 떠나 흩어진지라
6 그들이 왕을 사로잡아 그를 리블라에
있는 바벨론 왕에게로 끌고 가매 그들
이 그를 심문하니라
7 그들이 시드기야의 아들들을 그의 눈앞
에서 죽이고 시드기야의 두 눈을 빼고
놋 사슬로 그를 결박하여 바벨론으로
끌고 갔더라

### 성전 붕괴 (렘 52:12-33)

8 바벨론 왕 느부갓네살의 열아홉째 해
오월 칠일에 바벨론 왕의 신복 시위대
장 느부사라단이 예루살렘에 이르러
9 여호와의 성전과 왕궁을 불사르고 예루
살렘의 모든 집을 귀인의 집까지 불살
랐으며
10 시위대장에게 속한 갈대아 온 군대가
예루살렘 주위의 성벽을 헐었으며
11 성 중에 남아 있는 백성과 바벨론 왕에
게 항복한 자들과 무리 중 남은 자는
시위대장 느부사라단이 모두 사로잡아
가고
12 시위대장이 그 땅의 비천한 자를 남겨

두어 포도원을 다스리는 자와 농부가
되게 하였더라
13 갈대아 사람이 또 여호와의 성전의 두
놋 기둥과 받침들과 여호와의 성전의
놋 바다를 깨뜨려 그 놋을 바벨론으로
가져가고
14 또 가마들과 부삽들과 부집게들과 숟가
락들과 섬길 때에 쓰는 모든 놋그릇을
다 가져갔으며
15 시위대장이 또 불 옮기는 그릇들과 주
발들 곧 금으로 만든 것이나 은으로 만
든 것이나 모두 가져갔으며
16 또 솔로몬이 여호와의 성전을 위하여
만든 두 기둥과 한 바다와 받침들을 가
져갔는데 이 모든 기구의 놋 무게를 헤
아릴 수 없었으니
17 그 한 기둥은 높이가 열여덟 규빗이요
그 꼭대기에 놋 머리가 있어 높이가 세
규빗이요 그 머리에 둘린 그물과 석류
가 다 놋이라 다른 기둥의 장식과 그물
도 이와 같았더라

### 유다 백성이 바벨론으로 사로잡혀 가다
(렘 52:24-27)

18 시위대장이 대제사장 스라야와 부제사
장 스바냐와 성전 문지기 세 사람을 사
로잡고
19 또 성 중에서 사람을 사로잡았으니 곧
군사를 거느린 내시 한 사람과 또 성
중에서 만난 바 왕의 시종 다섯 사람과
백성을 징집하는 장관의 서기관 한 사
람과 성 중에서 만난 바 백성 육십 명
이라
20 시위대장 느부사라단이 그들을 사로잡
아 가지고 리블라 바벨론 왕에게 나아
가매
21 바벨론 왕이 하맛 땅 리블라에서 다 쳐
죽였더라 이와 같이 유다가 사로잡혀

본토에서 떠났더라

## 유다 지도자 그달리야 (렘 40:7-9; 41:1-3)

22 유다 땅에 머물러 있는 백성은 곧 바벨
론 왕 느부갓네살이 남긴 자라 왕이 사
반의 손자 아히감의 아들 그달리야가
관할하게 하였더라
23 모든 군대 지휘관과 그를 따르는 자가
바벨론 왕이 그달리야를 지도자로 삼았
다 함을 듣고 이에 느다니야의 아들 이
스마엘과 가레아의 아들 요하난과 느도
바 사람 단후멧의 아들 스라야와 마아
가 사람의 아들 야아사니야와 그를 따
르는 사람이 모두 미스바로 가서 그달
리야에게 나아가매
24 그달리야가 그들과 그를 따르는 군사들
에게 맹세하여 이르되 너희는 갈대아
인을 섬기기를 두려워하지 말고 이 땅
에 살며 바벨론 왕을 섬기라 그리하면
너희가 평안하리라 하니라
25 칠월에 왕족 엘리사마의 손자 느다니야
의 아들 이스마엘이 부하 열 명을 거느
리고 와서 그달리야를 쳐서 죽이고 또
그와 함께 미스바에 있는 유다 사람과
갈대아 사람을 죽인지라
26 노소를 막론하고 백성과 군대 장관들이
다 일어나서 애굽으로 갔으니 이는 갈
대아 사람을 두려워함이었더라

## 여호야긴이 석방되다 (렘 52:31-34)

27 유다의 왕 여호야긴이 사로잡혀 간 지
삼십칠 년 곧 바벨론의 왕 에윌므로닥
이 즉위한 원년 십이월 그 달 이십칠일
에 유다의 왕 여호야긴을 옥에서 내놓
아 그 머리를 들게 하고
28 그에게 좋게 말하고 그의 지위를 바벨
론에 그와 함께 있는 모든 왕의 지위보
다 높이고

29 그 죄수의 의복을 벗게 하고 그의 일평
생에 항상 왕의 앞에서 양식을 먹게 하
였고
30 그가 쓸 것은 날마다 왕에게서 받는 양
이 있어서 종신토록 끊이지 아니하였
더라

# 역대상

## 아담에서 아브라함까지 (창 5:1-32; 10:1-32; 11:10-26)

1 아담, 셋, 에노스,
2 게난, 마할랄렐, 야렛,
3 에녹, 므두셀라, 라멕,
4 노아, 셈, 함과 야벳은 조상들이라
5 야벳의 자손은 고멜과 마곡과 마대와
야완과 두발과 메섹과 디라스요
6 고멜의 자손은 아스그나스와 디밧과 도
갈마요
7 야완의 자손은 엘리사와 다시스와 깃딤
과 도다님이더라
8 함의 자손은 구스와 미스라임과 붓과
가나안이요
9 구스의 자손은 스바와 하윌라와 삽다와
라아마와 삽드가요 라아마의 자손은 스
바와 드단이요
10 구스가 또 니므롯을 낳았으니 세상에서
첫 영걸이며
11 미스라임은 루딤과 아나밈과 르하빔과
납두힘과
12 바드루심과 가슬루힘과 갑도림을 낳았
으니 블레셋 종족은 가슬루힘에게서 나
왔으며
13 가나안은 맏아들 시돈과 헷을 낳고
14 또 여부스 종족과 아모리 종족과 기르
가스 종족과
15 히위 종족과 알가 종족과 신 종족과
16 아르왓 종족과 스말 종족과 하맛 종족
을 낳았더라
17 셈의 자손은 엘람과 앗수르와 아르박삿
과 룻과 아람과 우스와 훌과 게델과 메
섹이라
18 아르박삿은 셀라를 낳고 셀라는 에벨을
낳고
19 에벨은 두 아들을 낳아 하나의 이름을
벨렉이라 하였으니 이는 그 때에 땅이

나뉘었음이요 그의 아우의 이름은 욕단
이며
20 욕단이 알모닷과 셀렙과 하살마웻과 예
라와
21 하도람과 우살과 디글라와
22 에발과 아비마엘과 스바와
23 오빌과 하윌라와 요밥을 낳았으니 욕단
의 자손은 이상과 같으니라
24 셈, 아르박삿, 셀라,
25 에벨, 벨렉, 르우,
26 스룩, 나홀, 데라,
27 아브람 곧 아브라함은 조상들이요

### 이스마엘의 세계 (창 25:12-16)

28 아브라함의 자손은 이삭과 이스마엘
이라
29 이스마엘의 족보는 이러하니 그의 맏아
들은 느바욧이요 다음은 게달과 앗브엘
과 밉삼과
30 미스마와 두마와 맛사와 하닷과 데마와
31 여둘과 나비스와 게드마라 이들은 이스
마엘의 자손들이라
32 아브라함의 소실 그두라가 낳은 자손은
시므란과 욕산과 므단과 미디안과 이스
박과 수아요 욕산의 자손은 스바와 드
단이요
33 미디안의 자손은 에바와 에벨과 하녹과
아비다와 엘다아니 이들은 모두 그두라
의 자손들이라

### 에서의 자손 (창 36:1-19, 20-30)

34 아브라함이 이삭을 낳았으니 이삭의 아
들은 에서와 이스라엘이더라
35 에서의 아들은 엘리바스와 르우엘과 여
우스와 얄람과 고라요
36 엘리바스의 아들은 데만과 오말과 스비
와 가담과 그나스와 딤나와 아말렉이요
37 르우엘의 아들은 나핫과 세라와 삼마와

밋사요
38 세일의 아들은 로단과 소발과 시브온과
아나와 디손과 에셀과 디산이요
39 로단의 아들은 호리와 호맘이요 로단의
누이는 딤나요
40 소발의 아들은 알랸과 마나핫과 에발과
스비와 오남이요 시브온의 아들은 아야
와 아나요
41 아나의 아들은 디손이요 디손의 아들은
하므란과 에스반과 이드란과 그란이요
42 에셀의 아들은 빌한과 사아완과 야아간
이요 디산의 아들은 우스와 아란이더라

### 에돔 땅을 다스린 왕들 (창 36:31-43)

43 이스라엘 자손을 다스리는 왕이 있기
전에 에돔 땅을 다스린 왕은 이러 하니
라 브올의 아들 벨라니 그의 도성 이름
은 딘하바이며
44 벨라가 죽으매 보스라 세라의 아들 요
밥이 대신하여 왕이 되고
45 요밥이 죽으매 데만 종족의 땅의 사람
후삼이 대신하여 왕이 되고
46 후삼이 죽으매 브닷의 아들 하닷이 대
신하여 왕이 되었으니 하닷은 모압 들
에서 미디안을 친 자요 그 도성 이름은
아윗이며
47 하닷이 죽으매 마스레가의 사믈라가 대
신하여 왕이 되고
48 사믈라가 죽으매 강 가의 르호봇 사울
이 대신하여 왕이 되고
49 사울이 죽으매 악볼의 아들 바알하난이
대신하여 왕이 되고
50 바알하난이 죽으매 하닷이 대신하여 왕
이 되었으니 그의 도성 이름은 바이요
그의 아내의 이름은 므헤다벨이라 메사
합의 손녀요 마드렛의 딸이더라
51 하닷이 죽으니라 그리고 에돔의 족장은

이러하니 딤나 족장과 알랴 족장과 여
덧 족장과
52 오홀리바마 족장과 엘라 족장과 비논
족장과
53 그나스 족장과 데만 족장과 밉살 족
장과
54 막디엘 족장과 이람 족장이라 에돔의
족장이 이러하였더라
2 이스라엘의 아들은 이러하니 르우벤과
시므온과 레위와 유다와 잇사갈과 스불
론과
2 단과 요셉과 베냐민과 납달리와 갓과
아셀이더라

### 유다의 자손

3 유다의 아들은 에르와 오난과 셀라니
이 세 사람은 가나안 사람 수아의 딸이
유다에게 낳아 준 자요 유다의 맏아들
에르는 여호와 보시기에 악하였으므로
여호와께서 죽이셨고
4 유다의 며느리 다말이 유다에게 베레스
와 세라를 낳아 주었으니 유다의 아들
이 모두 다섯이더라
5 베레스의 아들은 헤스론과 하물이요
6 세라의 아들은 시므리와 에단과 헤만과
갈골과 다라니 모두 다섯 사람이요
7 갈미의 아들은 아갈이니 그는 진멸시킬
물건을 범하여 이스라엘을 괴롭힌 자
이며
8 에단의 아들은 아사랴더라

### 다윗의 가계

9 헤스론이 낳은 아들은 여라므엘과 람과
글루배라
10 람은 암미나답을 낳고 암미나답은 나손
을 낳았으니 나손은 유다 자손의 방백
이며
11 나손은 살마를 낳고 살마는 보아스를

낳고

12 보아스는 오벳을 낳고 오벳은 이새를

낳고

13 이새는 맏아들 엘리압과 둘째로 아비나

답과 셋째로 시므아와

14 넷째로 느다넬과 다섯째로 랏대와

15 여섯째로 오셈과 일곱째로 다윗을 낳았

으며

16 그들의 자매는 스루야와 아비가일이라

스루야의 아들은 아비새와 요압과 아사

헬 삼형제요

17 아비가일은 아마사를 낳았으니 아마사

의 아버지는 이스마엘 사람 예델이었

더라

## 헤스론의 자손

18 헤스론의 아들 갈렙이 그의 아내 아수

바와 여리옷에게서 아들을 낳았으니 그

가 낳은 아들들은 예셀과 소밥과 아르

돈이며

19 아수바가 죽은 후에 갈렙이 또 에브랏

에게 장가 들었더니 에브랏이 그에게

훌을 낳아 주었고

20 훌은 우리를 낳고 우리는 브살렐을 낳

았더라

21 그 후에 헤스론이 육십 세에 길르앗의

아버지 마길의 딸에게 장가 들어 동침

하였더니 그가 스굽을 헤스론에게 낳아

주었으며

22 스굽은 야일을 낳았고 야일은 길르앗

땅에서 스물세 성읍을 가졌더니

23 그술과 아람이 야일의 성읍들과 그낫

과 그에 딸린 성읍들 모두 육십을 그들

에게서 빼앗았으며 이들은 다 길르앗의

아버지 마길의 자손이었더라

24 헤스론이 갈렙 에브라다에서 죽은 후에

그의 아내 아비야가 그로 말미암아 아

스훌을 낳았으니 아스훌은 드고아의 아
버지더라

## 여라므엘의 자손

25 헤스론의 맏아들 여라므엘의 아들은 맏
아들 람과 그 다음 브나와 오렌과 오셈
과 아히야이며
26 여라므엘이 다른 아내가 있었으니 이름
은 아다라라 그는 오남의 어머니더라
27 여라므엘의 맏아들 람의 아들은 마아스
와 야민과 에겔이요
28 오남의 아들들은 삼매와 야다요 삼매의
아들은 나답과 아비술이며
29 아비술의 아내의 이름은 아비하일이라
아비하일이 아반과 몰릿을 그에게 낳아
주었으며
30 나답의 아들들은 셀렛과 압바임이라 셀
렛은 아들이 없이 죽었고
31 압바임의 아들은 이시요 이시의 아들은
세산이요 세산의 아들은 알래요
32 삼매의 아우 야다의 아들들은 예델과
요나단이라 예델은 아들이 없이 죽었고
33 요나단의 아들들은 벨렛과 사사라 여라
므엘의 자손은 이러하며
34 세산은 아들이 없고 딸뿐이라 그에게
야르하라 하는 애굽 종이 있으므로
35 세산이 딸을 그 종 야르하에게 주어 아
내를 삼게 하였더니 그가 그로 말미암
아 앗대를 낳고
36 앗대는 나단을 낳고 나단은 사밧을
낳고
37 사밧은 에블랄을 낳고 에블랄은 오벳을
낳고
38 오벳은 예후를 낳고 예후는 아사랴를
낳고
39 아사랴는 헬레스를 낳고 헬레스는 엘르
아사를 낳고

40 엘르아사는 시스매를 낳고 시스매는 살
룸을 낳고
41 살룸은 여가먀를 낳고 여가먀는 엘리사
마를 낳았더라

## 갈렙의 자손

42 여라므엘의 아우 갈렙의 아들 곧 맏아
들은 메사이니 십의 아버지요 그 아들
은 마레사니 헤브론의 아버지이며
43 헤브론의 아들들은 고라와 답부아와 레
겜과 세마라
44 세마는 라함을 낳았으니 라함은 요르그
암의 아버지이며 레겜은 삼매를 낳았고
45 삼매의 아들은 마온이라 마온은 벧술의
아버지이며
46 갈렙의 소실 에바는 하란과 모사와 가
세스를 낳고 하란은 가세스를 낳았으며
47 야대의 아들은 레겜과 요단과 게산과
벨렛과 에바와 사압이며
48 갈렙의 소실 마아가는 세벨과 디르하나
를 낳았고
49 또 맛만나의 아버지 사압을 낳았고 또
막베나와 기브아의 아버지 스와를 낳았
으며 갈렙의 딸은 악사더라
50 갈렙의 자손 곧 에브라다의 맏아들 훌
의 아들은 이러하니 기럇여아림의 아버
지 소발과
51 베들레헴의 아버지 살마와 벧가델의 아
버지 하렙이라
52 기럇여아림의 아버지 소발의 자손은 하
로에와 므누훗 사람의 절반이니
53 기럇여아림 족속들은 이델 종족과 붓
종족과 수맛 종족과 미스라 종족이라
이로 말미암아 소라와 에스다올 두 종
족이 나왔으며
54 살마의 자손들은 베들레헴과 느도바 종
족과 아다롯벳요압과 마나핫 종족의 절

반과 소라 종족과
55 야베스에 살던 서기관 종족 곧 디랏 종
족과 시므앗 종족과 수갓 종족이니 이
는 다 레갑 가문의 조상 함맛에게서 나
온 겐 종족이더라

### 다윗 왕의 아들과 딸

3 다윗이 헤브론에서 낳은 아들들은 이러
하니 맏아들은 암논이라 이스르엘 여인
아히노암의 소생이요 둘째는 다니엘이
라 갈멜 여인 아비가일의 소생이요
2 셋째는 압살롬이라 그술 왕 달매의 딸
마아가의 아들이요 넷째는 아도니야라
학깃의 아들이요
3 다섯째는 스바댜라 아비달의 소생이요
여섯째는 이드르암이라 다윗의 아내 에
글라의 소생이니
4 이 여섯은 헤브론에서 낳았더라 다윗이
거기서 칠 년 육 개월 다스렸고 또 예
루살렘에서 삼십삼 년 다스렸으며
5 예루살렘에서 그가 낳은 아들들은 이러
하니 시므아와 소밥과 나단과 솔로몬
네 사람은 다 암미엘의 딸 밧수아의 소
생이요
6 또 입할과 엘리사마와 엘리벨렛과
7 노가와 네벡과 야비아와
8 엘리사마와 엘랴다와 엘리벨렛 아홉 사
람은
9 다 다윗의 아들이요 그들의 누이는 다
말이며 이 외에 또 소실의 아들이 있었
더라

### 솔로몬 왕의 자손

10 솔로몬의 아들은 르호보암이요 그의 아
들은 아비야요 그의 아들은 아사요 그
의 아들은 여호사밧이요
11 그의 아들은 요람이요 그의 아들은 아
하시야요 그의 아들은 요아스요

12 그의 아들은 아마샤요 그의 아들은 아
사랴요 그의 아들은 요담이요
13 그의 아들은 아하스요 그의 아들은 히
스기야요 그의 아들은 므낫세요
14 그의 아들은 아몬이요 그의 아들은 요
시야이며
15 요시야의 아들들은 맏아들 요하난과 둘
째 여호야김과 셋째 시드기야와 넷째
살룸이요
16 여호야김의 아들들은 그의 아들 여고
냐, 그의 아들 시드기야요
17 사로잡혀 간 여고냐의 아들들은 그의
아들 스알디엘과
18 말기람과 브다야와 세낫살과 여가먀와
호사마와 느다뱌요
19 브다야의 아들들은 스룹바벨과 시므이
요 스룹바벨의 아들은 므술람과 하나냐
와 그의 매제 슬로밋과
20 또 하수바와 오헬과 베레갸와 하사댜와
유삽헤셋 다섯 사람이요
21 하나냐의 아들은 블라댜와 여사야요 또
르바야의 아들 아르난의 아들들, 오바
댜의 아들들, 스가냐의 아들들이니
22 스가냐의 아들은 스마야요 스마야의 아
들들은 핫두스와 이갈과 바리야와 느아
랴와 사밧 여섯 사람이요
23 느아랴의 아들은 에료에내와 히스기야
와 아스리감 세 사람이요
24 에료에내의 아들들은 호다위야와 엘리
아십과 블라야와 악굽과 요하난과 들라
야와 아나니 일곱 사람이더라

### 유다의 자손

4 유다의 아들들은 베레스와 헤스론과 갈
미와 훌과 소발이라
2 소발의 아들 르아야는 야핫을 낳고 야
핫은 아후매와 라핫을 낳았으니 이는

소라 사람의 종족이며
3 에담 조상의 자손들은 이스르엘과 이스
마와 잇바스와 그들의 매제 하술렐보
니와
4 그돌의 아버지 브누엘과 후사의 아버지
에셀이니 이는 다 베들레헴의 아버지
에브라다의 맏아들 훌의 소생이며
5 드고아의 아버지 아스훌의 두 아내는
헬라와 나아라라
6 나아라는 그에게 아훗삼과 헤벨과 데므
니와 하아하스다리를 낳아 주었으니 이
는 나아라의 소생이요
7 헬라의 아들들은 세렛과 이소할과 에드
난이며
8 고스는 아눕과 소베바와 하룸의 아들
아하헬 종족들을 낳았으며
9 야베스는 그의 형제보다 귀중한 자라
그의 어머니가 이름하여 이르되 야베스
라 하였으니 이는 내가 수고로이 낳았
다 함이었더라
10 야베스가 이스라엘 하나님께 아뢰어 이
르되 주께서 내게 복을 주시려거든 나
의 지역을 넓히시고 주의 손으로 나를
도우사 나로 환난을 벗어나 내게 근심
이 없게 하옵소서 하였더니 하나님이
그가 구하는 것을 허락하셨더라

## 다른 족보

11 수하의 형 글룹이 므힐을 낳았으니 므
힐은 에스돈의 아버지요
12 에스돈은 베드라바와 바세아와 이르나
하스의 아버지 드힌나를 낳았으니 이는
다 레가 사람이며
13 그나스의 아들들은 옷니엘과 스라야요
옷니엘의 아들은 하닷이며
14 므오노대는 오브라를 낳고 스라야는 요
압을 낳았으니 요압은 게하라심의 조상

이라 그들은 공장이었더라
15 여분네의 아들 갈렙의 자손은 이루와
엘라와 나암과 엘라의 자손과 그나스요
16 여할렐렐의 아들은 십과 시바와 디리아
와 아사렐이요
17 에스라의 아들들은 예델과 메렛과 에벨
과 얄론이며 메렛은 미리암과 삼매와
에스드모아의 조상 이스바를 낳았으니
18 이는 메렛이 아내로 맞은 바로의 딸 비
디아의 아들들이며 또 그의 아내 여후
디야는 그돌의 조상 예렛과 소고의 조
상 헤벨과 사노아의 조상 여구디엘을
낳았으며
19 나함의 누이인 호디야의 아내의 아들들
은 가미 사람 그일라의 아버지와 마아
가 사람 에스드모아며
20 시몬의 아들들은 암논과 린나와 벤하난
과 딜론이요 이시의 아들들은 소헷과
벤소헷이더라
21 유다의 아들 셀라의 자손은 레가의 아
버지 에르와 마레사의 아버지 라아다와
세마포 짜는 자의 집 곧 아스베야의 집
종족과
22 또 요김과 고세바 사람들과 요아스와
모압을 다스리던 사랍과 야수비네헴이
니 이는 다 옛 기록에 의존한 것이라
23 이 모든 사람은 토기장이가 되어 수풀
과 산울 가운데에 거주하는 자로서 거
기서 왕과 함께 거주하면서 왕의 일을
하였더라

### 시므온의 자손

24 시므온의 아들들은 느무엘과 야민과 야
립과 세라와 사울이요
25 사울의 아들은 살룸이요 그의 아들은
밉삼이요 그의 아들은 미스마요
26 미스마의 아들은 함무엘이요 그의 아들

은 삭굴이요 그의 아들은 시므이라
27 시므이에게는 아들 열여섯과 딸 여섯이
있으나 그의 형제에게는 자녀가 몇이
못되니 그들의 온 종족이 유다 자손처
럼 번성하지 못하였더라
28 시므온 자손이 거주한 곳은 브엘세바와
몰라다와 하살수알과
29 빌하와 에셈과 돌랏과
30 브두엘과 호르마와 시글락과
31 벧말가봇과 하살수심과 벧비리와 사아
라임이니 다윗 왕 때까지 이 모든 성읍
이 그들에게 속하였으며
32 그들이 사는 곳은 에담과 아인과 림몬
과 도겐과 아산 다섯 성읍이요
33 또 모든 성읍 주위에 살던 주민들의 경
계가 바알까지 다다랐으니 시므온 자손
의 거주지가 이러하고 각기 계보가 있
더라

34 또 메소밥과 야믈렉과 아마시야의 아들
요사와
35 요엘과 아시엘의 증손 스라야의 손자
요시비야의 아들 예후와
36 또 엘료에내와 야아고바와 여소하야
와 아사야와 아디엘과 여시미엘과 브나
야와
37 또 스마야의 오대 손 시므리의 현손 여
다야의 증손 알론의 손자 시비의 아들
은 시사이니
38 여기 기록된 것들은 그들의 종족과 그
들의 가문의 지도자들의 이름이라 그들
이 매우 번성한지라
39 그들이 그들의 양 떼를 위하여 목장을
구하고자 하여 골짜기 동쪽 그돌 지경
에 이르러
40 기름지고 아름다운 목장을 발견하였는
데 그 땅이 넓고 안정 되고 평안하니

이는 옛적부터 거기에 거주해 온 사람
은 함의 자손인 까닭이라
41 이 명단에 기록된 사람들이 유다 왕 히
스기야 때에 가서 그들의 장막을 쳐서
무찌르고 거기에 있는 모우님 사람을
쳐서 진멸하고 대신하여 오늘까지 거
기에 살고 있으니 이는 그들의 양 떼를
먹일 목장이 거기에 있음이며
42 또 시므온 자손 중에 오백 명이 이시의
아들 블라댜와 느아랴와 르바야와 웃시
엘을 두목으로 삼고 세일 산으로 가서
43 피신하여 살아남은 아말렉 사람을 치고
오늘까지 거기에 거주하고 있더라

## 르우벤의 자손

5 이스라엘의 장자 르우벤의 아들들은 이
러하니라 (르우벤은 장자라도 그의 아
버지의 침상을 더럽혔으므로 장자의 명
분이 이스라엘의 아들 요셉의 자손에게
로 돌아가서 족보에 장자의 명분대로
기록되지 못하였느니라
2 유다는 형제보다 뛰어나고 주권자가 유
다에게서 났으나 장자의 명분은 요셉에
게 있으니라)
3 이스라엘의 장자 르우벤의 아들들은 하
녹과 발루와 헤스론과 갈미요
4 요엘의 아들은 스마야요 그의 아들은
곡이요 그의 아들은 시므이요
5 그의 아들은 미가요 그의 아들은 르아
야요 그의 아들은 바알이요
6 그의 아들은 브에라이니 그는 르우벤
자손의 지도자로서 앗수르 왕 디글랏빌
레셀에게 사로잡힌 자라
7 그의 형제가 종족과 계보대로 우두머리
된 자는 여이엘과 스가랴와
8 벨라니 벨라는 아사스의 아들이요 세마
의 손자요 요엘의 증손이라 그가 아로

엘에 살면서 느보와 바알므온까지 다다
랐고
9 또 동으로 가서 거주하면서 유브라데
강에서부터 광야 지경까지 다다랐으니
이는 길르앗 땅에서 그 가축이 번식함
이라
10 사울 왕 때에 그들이 하갈 사람과 더불
어 싸워 손으로 쳐죽이고 길르앗 동쪽
온 땅에서 장막에 거주하였더라

## 갓의 자손

11 갓 자손은 르우벤 사람을 마주 대하여
바산 땅에 거주하면서 살르가까지 다다
랐으니
12 우두머리는 요엘이요 다음은 사밤이요
또 야내와 바산에 산 사밧이요
13 그 조상의 가문의 형제들은 미가엘과
므술람과 세바와 요래와 야간과 시아와
에벨 일곱 명이니
14 이는 다 아비하일의 아들들이라 아비하
일은 후리의 아들이요 야로아의 손자요
길르앗의 증손이요 미가엘의 현손이요
여시새의 오대 손이요 야도의 육대 손
이요 부스의 칠대 손이며
15 또 구니의 손자 압디엘의 아들 아히가
우두머리가 되었고
16 그들이 바산 길르앗과 그 마을과 사론
의 모든 들에 거주하여 그 사방 변두리
에 다다랐더라
17 이상은 유다 왕 요담 때와 이스라엘 왕
여로보암 때에 족보에 기록되었더라

## 므낫세 반 지파의 용사

18 르우벤 자손과 갓 사람과 므낫세 반 지
파에서 나가 싸울 만한 용사 곧 능히
방패와 칼을 들며 활을 당겨 싸움에 익
숙한 자는 사만 사천칠백육십 명이라
19 그들이 하갈 사람과 여두르와 나비스와

노답과 싸우는 중에
20 도우심을 입었으므로 하갈 사람과 그
들과 함께 있는 자들이 다 그들의 손에
패하였으니 이는 그들이 싸울 때에 하
나님께 의뢰하고 부르짖으므로 하나님
이 그들에게 응답하셨음이라
21 그들이 대적의 짐승 곧 낙타 오만 마리
와 양 이십오만 마리와 나귀 이천 마
리를 빼앗으며 사람 십만 명을 사로잡
았고
22 죽임을 당한 자가 많았으니 이 싸움이
하나님께로 말미암았음이라 그들이 그
들의 땅에 거주하여 사로잡힐 때까지
이르렀더라

### 므낫세 반 지파의 자손들

23 므낫세 반 지파 자손들이 그 땅에 거주
하면서 그들이 번성하여 바산에서부터
바알헤르몬과 스닐과 헤르몬 산까지 다
다랐으며
24 그들의 족장은 에벨과 이시와 엘리엘과
아스리엘과 예레미야와 호다위야와 야
디엘이며 다 용감하고 유명한 족장이었
더라

### 므낫세 반 지파의 추방

25 그들이 그들의 조상들의 하나님께 범죄
하여 하나님이 그들 앞에서 멸하신 그
땅 백성의 신들을 간음하듯 섬긴지라
26 그러므로 이스라엘 하나님이 앗수르 왕
불의 마음을 일으키시며 앗수르 왕 디
글랏빌레셀의 마음을 일으키시매 곧 르
우벤과 갓과 므낫세 반 지파를 사로잡
아 할라와 하볼과 하라와 고산 강 가에
옮긴지라 그들이 오늘까지 거기에 있으
니라

### 레위의 가계

6 레위의 아들들은 게르손과 그핫과 므라

리요
2 그핫의 아들들은 아므람과 이스할과 헤
브론과 웃시엘이요
3 아므람의 자녀는 아론과 모세와 미리암
이요 아론의 자녀는 나답과 아비후와
엘르아살과 이다말이며
4 엘르아살은 비느하스를 낳고 비느하스
는 아비수아를 낳고
5 아비수아는 북기를 낳고 북기는 웃시를
낳고
6 웃시는 스라히야를 낳고 스라히야는 므
라욧을 낳고
7 므라욧은 아마랴를 낳고 아마랴는 아히
둡을 낳고
8 아히둡은 사독을 낳고 사독은 아히마아
스를 낳고
9 아히마아스는 아사랴를 낳고 아사랴는
요하난을 낳고
10 요하난은 아사랴를 낳았으니 이 아사랴
는 솔로몬이 예루살렘에 세운 성전에서
제사장의 직분을 행한 자이며
11 아사랴는 아마랴를 낳고 아마랴는 아히
둡을 낳고
12 아히둡은 사독을 낳고 사독은 살룸을
낳고
13 살룸은 힐기야를 낳고 힐기야는 아사랴
를 낳고
14 아사랴는 스라야를 낳고 스라야는 여호
사닥을 낳았으며
15 여호와께서 느부갓네살의 손으로 유다
와 예루살렘 백성을 옮기실 때에 여호
사닥도 가니라

### 레위의 자손

16 레위의 아들들은 게르손과 그핫과 므라
리이며
17 게르손의 아들들의 이름은 이러하니 립

니와 시므이요
18 그핫의 아들들은 아므람과 이스할과 헤
브론과 웃시엘이요
19 므라리의 아들들은 말리와 무시라 그
조상에 따라 레위의 종족은 이러하니
20 게르손에게서 난 자는 곧 그의 아들 립
니요 그의 아들은 야핫이요 그의 아들
은 심마요
21 그의 아들은 요아요 그의 아들은 잇도
요 그의 아들은 세라요 그의 아들은 여
아드래이며
22 그핫에게서 난 자는 곧 그 아들은 암미
나답이요 그의 아들은 고라요 그의 아
들은 앗실이요
23 그의 아들은 엘가나요 그의 아들은 에
비아삽이요 그의 아들은 앗실이요
24 그의 아들은 다핫이요 그의 아들은 우
리엘이요 그의 아들은 웃시야요 그의
아들은 사울이라
25 엘가나의 아들들은 아마새와 아히못
이라
26 엘가나로 말하면 그의 자손은 이러하니
그의 아들은 소배요 그의 아들은 나핫
이요
27 그의 아들은 엘리압이요 그의 아들은
여로함이요 그의 아들은 엘가나라
28 사무엘의 아들들은 맏아들 요엘이요 다
음은 아비야라
29 므라리에게서 난 자는 말리요 그의 아
들은 립니요 그의 아들은 시므이요 그
의 아들은 웃사요
30 그의 아들은 시므아요 그의 아들은 학
기야요 그의 아들은 아사야더라

### 회막 앞에서 찬송하는 사람들

31 언약궤가 평안을 얻었을 때에 다윗이
여호와의 성전에서 찬송하는 직분을 맡

긴 자들은 아래와 같았더라
32 솔로몬이 예루살렘에서 여호와의 성전
을 세울 때까지 그들이 회막 앞에서 찬
송하는 일을 행하되 그 계열대로 직무
를 행하였더라
33 직무를 행하는 자와 그의 아들들은 이
러하니 그핫의 자손 중에 헤만은 찬송
하는 자라 그는 요엘의 아들이요 요엘
은 사무엘의 아들이요
34 사무엘은 엘가나의 아들이요 엘가나는
여로함의 아들이요 여로함은 엘리엘의
아들이요 엘리엘은 도아의 아들이요
35 도아는 숩의 아들이요 숩은 엘가나의
아들이요 엘가나는 마핫의 아들이요 마
핫은 아마새의 아들이요
36 아마새는 엘가나의 아들이요 엘가나는
요엘의 아들이요 요엘은 아사랴의 아들
이요 아사랴는 스바냐의 아들이요
37 스바냐는 다핫의 아들이요 다핫은 앗실
의 아들이요 앗실은 에비아삽의 아들이
요 에비아삽은 고라의 아들이요
38 고라는 이스할의 아들이요 이스할은 그
핫의 아들이요 그핫은 레위의 아들이요
레위는 이스라엘의 아들이라
39 헤만의 형제 아삽은 헤만의 오른쪽에서
직무를 행하였으니 그는 베레갸의 아들
이요 베레갸는 시므아의 아들이요
40 시므아는 미가엘의 아들이요 미가엘은
바아세야의 아들이요 바아세야는 말기
야의 아들이요
41 말기야는 에드니의 아들이요 에드니는
세라의 아들이요 세라는 아다야의 아들
이요
42 아다야는 에단의 아들이요 에단은 심마
의 아들이요 심마는 시므이의 아들이요
43 시므이는 야핫의 아들이요 야핫은 게

르손의 아들이요 게르손은 레위의 아들
이며
44 그들의 형제 므라리의 자손 중 그의 왼
쪽에서 직무를 행하는 자는 에단이라
에단은 기시의 아들이요 기시는 압디의
아들이요 압디는 말룩의 아들이요
45 말룩은 하사뱌의 아들이요 하사뱌는 아
마시야의 아들이요 아마시야는 힐기야
의 아들이요
46 힐기야는 암시의 아들이요 암시는 바니
의 아들이요 바니는 세멜의 아들이요
47 세멜은 말리의 아들이요 말리는 무시의
아들이요 무시는 므라리의 아들이요 므
라리는 레위의 아들이며
48 그들의 형제 레위 사람들은 하나님의
집 장막의 모든 일을 맡았더라

### 아론의 자손

49 아론과 그의 자손들은 번제단과 향단
위에 분향하며 제사를 드리며 지성소의
모든 일을 하여 하나님의 종 모세의 모
든 명령대로 이스라엘을 위하여 속죄
하니
50 아론의 자손들은 이러하니라 그의 아들
은 엘르아살이요 그의 아들은 비느하스
요 그의 아들은 아비수아요
51 그의 아들은 북기요 그의 아들은 웃시
요 그의 아들은 스라히야요
52 그의 아들은 므라욧이요 그의 아들은
아마랴요 그의 아들은 아히둡이요
53 그의 아들은 사독이요 그의 아들은 아
히마아스이더라

### 레위 사람의 정착지

54 그들의 거주한 곳은 사방 지계 안에 있
으니 그들의 마을은 아래와 같으니라
아론 자손 곧 그핫 종족이 먼저 제비
뽑았으므로

55 그들에게 유다 땅의 헤브론과 그 사방
초원을 주었고
56 그러나 그 성의 밭과 마을은 여분네의
아들 갈렙에게 주었으며
57 아론 자손에게 도피성을 주었으니 헤브
론과 립나와 그 초원과 얏딜과 에스드
모아와 그 초원과
58 힐렌과 그 초원과 드빌과 그 초원과
59 아산과 그 초원과 벧세메스와 그 초원
이며
60 또 베냐민 지파 중에서는 게바와 그 초
원과 알레멧과 그 초원과 아나돗과 그
초원을 주었으니 그들의 종족이 얻은
성이 모두 열셋이었더라
61 그핫 자손의 남은 자에게는 절반 지파
즉 므낫세 반 지파 종족 중에서 제비
뽑아 열 성읍을 주었고
62 게르손 자손에게는 그들의 종족대로 잇
사갈 지파와 아셀 지파와 납달리 지파
와 바산에 있는 므낫세 지파 중에서 열
세 성읍을 주었고
63 므라리 자손에게는 그 종족대로 르우벤
지파와 갓 지파와 스불론 지파 중에서
제비 뽑아 열두 성읍을 주었더라
64 이스라엘 자손이 이 모든 성읍과 그 목
초지를 레위 자손에게 주되
65 유다 자손의 지파와 시므온 자손의 지
파와 베냐민 자손의 지파 중에서 이 위
에 기록한 여러 성읍을 제비 뽑아 주었
더라
66 그핫 자손의 몇 종족은 에브라임 지파
중에서 성읍을 얻어 영토를 삼았으며
67 또 그들에게 도피성을 주었으니 에브
라임 산중 세겜과 그 초원과 게셀과 그
초원과
68 욕므암과 그 초원과 벧호론과 그 초원과

69 아얄론과 그 초원과 가드림몬과 그 초
원이며
70 또 그핫 자손의 남은 종족에게는 므낫
세 반 지파 중에서 아넬과 그 초원과
빌르암과 그 초원을 주었더라
71 게르손 자손에게는 므낫세 반 지파 종
족 중에서 바산의 골란과 그 초원과 아
스다롯과 그 초원을 주고
72 또 잇사갈 지파 중에서 게데스와 그 초
원과 다브랏과 그 초원과
73 라못과 그 초원과 아넴과 그 초원을 주고
74 아셀 지파 중에서 마살과 그 초원과 압
돈과 그 초원과
75 후곡과 그 초원과 르홉과 그 초원을 주고
76 납달리 지파 중에서 갈릴리의 게데스와
그 초원과 함몬과 그 초원과 기랴다임
과 그 초원을 주니라
77 므라리 자손의 남은 자에게는 스불론
지파 중에서 림모노와 그 초원과 다볼
과 그 초원을 주었고
78 또 요단 건너 동쪽 곧 여리고 맞은편
르우벤 지파 중에서 광야의 베셀과 그
초원과 야사와 그 초원과
79 그데못과 그 초원과 메바앗과 그 초원
을 주었고
80 또 갓 지파 중에서 길르앗의 라못과 그
초원과 마하나임과 그 초원과
81 헤스본과 그 초원과 야셀과 그 초원을
주었더라

### 잇사갈의 자손

7 잇사갈의 아들들은 돌라와 부아와 야숩
과 시므론 네 사람이며
2 돌라의 아들들은 웃시와 르바야와 여리
엘과 야매와 입삼과 스므엘이니 다 그
의 아버지 돌라의 집 우두머리라 대대
로 용사이더니 다윗 때에 이르러는 그

수효가 이만 이천육백 명이었더라
3 웃시의 아들은 이스라히야요 이스라히
야의 아들들은 미가엘과 오바댜와 요엘
과 잇시야 다섯 사람이 모두 우두머리며
4 그들과 함께 있는 자는 그 계보와 종족
대로 능히 출전할 만한 군대가 삼만 육
천 명이니 이는 그 처자가 많기 때문
이며
5 그의 형제 잇사갈의 모든 종족은 다 용
감한 장사라 그 전체를 계수하면 팔만
칠천 명이었더라

## 베냐민의 자손

6 베냐민의 아들들은 벨라와 베겔과 여디
아엘 세 사람이며
7 벨라의 아들들은 에스본과 우시와 웃시
엘과 여리못과 이리 다섯 사람이니 다
그 집의 우두머리요 큰 용사라 그 계보
대로 계수하면 이만 이천삼십사 명이며
8 베겔의 아들들은 스미라와 요아스와 엘
리에셀과 엘료에내와 오므리와 여레못
과 아비야와 아나돗과 알레멧이니 베겔
의 아들들은 모두 이러하며
9 그들은 다 그 집의 우두머리요 용감한
장사라 그 자손을 계보에 의해 계수하
면 이만 이백 명이며
10 여디아엘의 아들은 빌한이요 빌한의 아
들들은 여우스와 베냐민과 에훗과 그나
아나와 세단과 다시스와 아히사할이니
11 이 여디아엘의 아들들은 모두 그 집의
우두머리요 큰 용사라 그들의 자손 중
에 능히 출전할 만한 자가 만 칠천이백
명이며
12 일의 아들은 숩빔과 훕빔이요 아헬의
아들은 후심이더라

## 납달리의 자손

13 납달리의 아들들은 야시엘과 구니와 예

셀과 살룸이니 이는 빌하의 손자더라

## 므낫세의 자손

14 므낫세의 아들들은 그의 아내가 낳아
준 아스리엘과 그의 소실 아람 여인이
낳아 준 길르앗의 아버지 마길이니
15 마길은 훕빔과 숩빔의 누이 마아가라
하는 이에게 장가 들었더라 므낫세의
둘째 아들의 이름은 슬로브핫이니 슬로
브핫은 딸들만 낳았으며
16 마길의 아내 마아가는 아들을 낳아 그
의 이름을 베레스라 하였으며 그의 아
우의 이름은 세레스이며 세레스의 아들
들은 울람과 라겜이요
17 울람의 아들들은 브단이니 이는 다 길
르앗의 자손이라 길르앗은 마길의 아들
이요 므낫세의 손자이며
18 그의 누이 함몰레겟은 이스홋과 아비에
셀과 말라를 낳았고
19 스미다의 아들들은 아히안과 세겜과 릭
히와 아니암이더라

## 에브라임의 자손

20 에브라임의 아들은 수델라요 그의 아들
은 베렛이요 그의 아들은 다핫이요 그
의 아들은 엘르아다요 그의 아들은 다
핫이요
21 그의 아들은 사밧이요 그의 아들은 수
델라며 그가 또 에셀과 엘르앗을 낳았
으나 그들이 가드 원주민에게 죽임을
당하였으니 이는 그들이 내려가서 가드
사람의 짐승을 빼앗고자 하였음이라
22 그의 아버지 에브라임이 여러 날 슬퍼
하므로 그의 형제가 가서 위로하였더라
23 그리고 에브라임이 그의 아내와 동침하
매 임신하여 아들을 낳으니 그 집이 재
앙을 받았으므로 그의 이름을 브리아라
하였더라

24 에브라임의 딸은 세에라이니 그가 아래
윗 성 벧호론과 우센세에라를 건설하였
더라
25 브리아의 아들들은 레바와 레셉이요 레
셉의 아들은 델라요 그의 아들은 다한
이요
26 그의 아들은 라단이요 그의 아들은 암
미훗이요 그의 아들은 엘리사마요
27 그의 아들은 눈이요 그의 아들은 여호
수아더라
28 에브라임 자손의 토지와 거주지는 벧엘
과 그 주변 마을이요 동쪽으로는 나아
란이요 서쪽에는 게셀과 그 주변 마을
이며 또 세겜과 그 주변 마을이니 아사
와 그 주변 마을까지이며
29 또 므낫세 자손의 지계에 가까운 벧스
안과 그 주변 마을과 다아낙과 그 주변
마을과 므깃도와 그 주변 마을과 돌과
그 주변 마을이라 이스라엘의 아들 요
셉의 자손이 이 여러 곳에 거하였더라

## 아셀의 자손

30 아셀의 아들들은 임나와 이스와와 이스
위와 브리아요 그들의 매제는 세라이며
31 브리아의 아들들은 헤벨과 말기엘이니
말기엘은 비르사잇의 아버지이며
32 헤벨은 야블렛과 소멜과 호담과 그들의
매제 수아를 낳았으며
33 야블렛의 아들들은 바삭과 빔할과 아스
왓이니 야블렛의 아들은 이러하며
34 소멜의 아들들은 아히와 로가와 호바와
아람이요
35 그의 아우 헬렘의 아들들은 소바와 임
나와 셀레스와 아말이요
36 소바의 아들들은 수아와 하르네벨과 수
알과 베리와 이므라와
37 베셀과 홋과 사마와 실사와 이드란과

브에라요
38 예델의 아들들은 여분네와 비스바와 아
라요
39 울라의 아들들은 아라와 한니엘과 리시
아이니
40 이는 다 아셀의 자손으로 우두머리요
정선된 용감한 장사요 방백의 우두머리
라 출전할 만한 자를 그들의 계보대로
계수하면 이만 육천 명이었더라

## 베냐민의 자손

8 베냐민이 낳은 자는 맏아들 벨라와 둘
째 아스벨과 셋째 아하라와
2 넷째 노하와 다섯째 라바이며
3 벨라에게 아들들이 있으니 곧 앗달과
게라와 아비훗과
4 아비수아와 나아만과 아호아와
5 게라와 스부반과 후람이라
6 에훗의 아들들은 이러하니라 그들은 게
바 주민의 우두머리로서, 사로잡혀 마
나핫으로 갔으니
7 곧 나아만과 아히야와 게라이며 게라는
또 웃사와 아히훗을 낳았으며
8 사하라임은 두 아내 후심과 바아라를
내 보낸 후에 모압 땅에서 자녀를 낳았
으니
9 그의 아내 호데스에게서 낳은 자는 요
밥과 시비야와 메사와 말감과
10 여우스와 사갸와 미르마이니 이 아들들
은 우두머리이며
11 또 그의 아내 후심에게서 아비둡과 엘
바알을 낳았으며
12 엘바알의 아들들은 에벨과 미삼과 세멧
이니 그는 오노와 롯과 그 주변 마을들
을 세웠고
13 또 브리아와 세마이니 그들은 아얄론
주민의 우두머리가 되어 그들이 가드

주민을 쫓아냈더라
14 아히요와 사삭과 여레못과
15 스바댜와 아랏과 에델과
16 미가엘과 이스바와 요하는 다 브리아의
아들들이요
17 스바댜와 므술람과 히스기와 헤벨과
18 이스므래와 이슬리아와 요밥은 다 엘바
알의 아들들이요
19 야김과 시그리와 삽디와
20 엘리에내와 실르대와 엘리엘과
21 아다야와 브라야와 시므랏은 다 시므이
의 아들들이요
22 이스반과 에벨과 엘리엘과
23 압돈과 시그리와 하난과
24 하나냐와 엘람과 안도디야와
25 이브드야와 브누엘은 다 사삭의 아들들
이요
26 삼스래와 스하랴와 아달랴와
27 야아레시야와 엘리야와 시그리는 다 여
로함의 아들들이니
28 그들은 다 가문의 우두머리이며 그들의
족보의 우두머리로서 예루살렘에 거주
하였더라

### 기브온과 예루살렘의 베냐민 사람들

29 기브온의 조상 여이엘은 기브온에 거주
하였으니 그 아내의 이름은 마아가며
30 장자는 압돈이요 다음은 술과 기스와
바알과 나답과
31 그돌과 아히오와 세겔이며
32 미글롯은 시므아를 낳았으며 그들은 친
족들과 더불어 마주하고 예루살렘에 거
주하였더라
33 넬은 기스를 낳고 기스는 사울을 낳고
사울은 요나단과 말기수아와 아비나답
과 에스바알을 낳았으며
34 요나단의 아들은 므립바알이라 므립바

알은 미가를 낳았고
35 미가의 아들들은 비돈과 멜렉과 다레아
와 아하스이며
36 아하스는 여호앗다를 낳고 여호앗다는
알레멧과 아스마웻과 시므리를 낳고 시
므리는 모사를 낳고
37 모사는 비느아를 낳았으며 비느아의 아
들은 라바요 그의 아들은 엘르아사요
그의 아들은 아셀이며
38 아셀에게 여섯 아들이 있어 그들의 이
름은 이러하니 아스리감과 보그루와 이
스마엘과 스아랴와 오바댜와 하난이라
아셀의 모든 아들이 이러하며
39 그의 아우 에섹의 아들은 이러하니 그
의 맏아들은 울람이요 둘째는 여우스요
셋째는 엘리벨렛이며
40 울람의 아들은 다 용감한 장사요 활을
잘 쏘는 자라 아들과 손자가 많아 모두
백오십 명이었더라 베냐민의 자손들은
이러하였더라

### 포로 생활에서 돌아온 백성

9 온 이스라엘이 그 계보대로 계수되어
그들은 이스라엘 왕조실록에 기록되니
라 유다가 범죄함으로 말미암아 바벨론
으로 사로잡혀 갔더니
2 그들의 땅 안에 있는 성읍에 처음으로
거주한 이스라엘 사람들은 제사장들과
레위 사람들과 느디님 사람들이라
3 유다 자손과 베냐민 자손과 에브라임과
므낫세 자손 중에서 예루살렘에 거주한
자는
4 유다의 아들 베레스 자손 중에 우대이
니 그는 암미훗의 아들이요 오므리의
손자요 이므리의 증손이요 바니의 현손
이며
5 실로 사람 중에서는 맏아들 아사야와

그의 아들들이요
6 세라 자손 중에서는 여우엘과 그 형제
육백구십 명이요
7 베냐민 자손 중에서는 핫스누아의 증손
호다위아의 손자 므술람의 아들 살루요
8 여로함의 아들 이브느야와 미그리의 손
자 웃시의 아들 엘라요 이브니야의 증
손 르우엘의 손자 스바댜의 아들 무술
람이요
9 또 그의 형제들이라 그들의 계보대로
계수하면 구백오십육 명이니 다 종족의
가문의 우두머리들이더라

### 예루살렘에 정착한 제사장들

10 제사장 중에서는 여다야와 여호야립과
야긴과
11 하나님의 성전을 맡은 자 아사랴이니
그는 힐기야의 아들이요 므술람의 손자
요 사독의 증손이요 므라욧의 현손이요
아히둡의 오대손이며
12 또 아다야이니 그는 여로함의 아들이요
바스훌의 손자요 말기야의 증손이며 또
마아새니 그는 아디엘의 아들이요 야세
라의 손자요 므술람의 증손이요 므실레
밋의 현손이요 임멜의 오대손이며
13 또 그의 형제들이니 종족의 가문의 우
두머리라 하나님의 성전의 임무를 수행
할 힘있는 자는 모두 천칠백육십 명이
더라

### 예루살렘에 정착한 레위 사람들

14 레위 사람 중에서는 므라리 자손 스마
야이니 그는 핫숩의 아들이요 아스리감
의 손자요 하사뱌의 증손이며
15 또 박박갈과 헤레스와 갈랄과 맛다냐이
니 그는 미가의 아들이요 시그리의 손
자요 아삽의 증손이며
16 또 오바댜이니 그는 스마야의 아들이요

갈랄의 손자요 여두둔의 증손이며 또
베레갸이니 그는 아사의 아들이요 엘가
나의 손자라 느도바 사람의 마을에 거
주하였더라

### 예루살렘에 정착한 회막 문지기

17 문지기는 살룸과 악굽과 달몬과 아히만
과 그의 형제들이니 살룸은 그 우두머
리라
18 이 사람들은 전에 왕의 문 동쪽 곧 레
위 자손의 진영의 문지기이며
19 고라의 증손 에비아삽의 손자 고레의
아들 살룸과 그의 종족 형제 곧 고라의
자손이 수종 드는 일을 맡아 성막 문들
을 지켰으니 그들의 조상들도 여호와의
진영을 맡고 출입문을 지켰으며
20 여호와께서 함께 하신 엘르아살의 아
들 비느하스가 옛적에 그의 무리를 거
느렸고
21 므셀레먀의 아들 스가랴는 회막 문지기
가 되었더라
22 택함을 입어 문지기 된 자가 모두 이백
열두 명이니 이는 그들의 마을에서 그
들의 계보대로 계수된 자요 다윗과 선
견자 사무엘이 전에 세워서 이 직분을
맡긴 자라
23 그들과 그들의 자손이 그 순차를 좇아
여호와의 성전 곧 성막 문을 지켰는데
24 이 문지기가 동, 서, 남, 북 사방에 섰고
25 그들의 마을에 있는 형제들은 이레마다
와서 그들과 함께 있으니
26 이는 문지기의 우두머리 된 레위 사람
넷이 중요한 직분을 맡아 하나님의 성
전 모든 방과 곳간을 지켰음이라
27 그들은 하나님의 성전을 맡은 직분이
있으므로 성전 주위에서 밤을 지내며
아침마다 문을 여는 책임이 그들에게

있었더라

## 나머지 레위 사람들

28 그 중에 어떤 자는 섬기는 데 쓰는 기
구를 맡아서 그 수효대로 들여가고 수
효대로 내오며
29 또 어떤 자는 성소의 기구와 모든 그릇
과 고운 가루와 포도주와 기름과 유향
과 향품을 맡았으며
30 또 제사장의 아들 중의 어떤 자는 향품
으로 향기름을 만들었으며
31 고라 자손 살룸의 맏아들 맛디댜라 하
는 레위 사람은 전병을 굽는 일을 맡았
으며
32 또 그의 형제 그핫 자손 중에 어떤 자
는 진설하는 떡을 맡아 안식일마다 준
비하였더라
33 또 찬송하는 자가 있으니 곧 레위 우두
머리라 그들은 골방에 거주하면서 주야
로 자기 직분에 전념하므로 다른 일은
하지 아니하였더라
34 그들은 다 레위 가문의 우두머리이며
그들의 족보의 우두머리로서 예루살렘
에 거주하였더라

## 사울의 족보 (대상 8:29-38)

35 기브온의 조상 여이엘은 기브온에 거주
하였으니 그의 아내의 이름은 마아가라
36 그의 맏아들은 압돈이요 다음은 술과
기스와 바알과 넬과 나답과
37 그돌과 아히오와 스가랴와 미글롯이며
38 미글롯은 시므암을 낳았으니 그들은 그
들의 친족들과 더불어 마주하고 예루살
렘에 거주하였더라
39 넬은 기스를 낳고 기스는 사울을 낳고
사울은 요나단과 말기수아와 아비나답
과 에스바알을 낳았으며
40 요나단의 아들은 므립바알이라 므립바

알은 미가를 낳았고
41 미가의 아들들은 비돈과 멜렉과 다레아
와 아하스이며
42 아하스는 야라를 낳고 야라는 알레멧과
아스마웻과 시므리를 낳고 시므리는 모
사를 낳고
43 모사는 비느아를 낳았으며 비느아의 아
들은 르바야요 그의 아들은 엘르아사요
그의 아들은 아셀이며
44 아셀이 여섯 아들이 있으니 그들의 이
름은 아스리감과 보그루와 이스마엘과
스아랴와 오바댜와 하난이라 아셀의 아
들들이 이러하였더라

## 사울 왕이 죽다 (삼상 31:1-13)

10 블레셋 사람들과 이스라엘이 싸우더니
이스라엘 사람들이 블레셋 사람들 앞에
서 도망하다가 길보아 산에서 죽임을
당하여 엎드러지니라
2 블레셋 사람들이 사울과 그 아들들을 추
격하여 블레셋 사람들이 사울의 아들 요
나단과 아비나답과 말기수아를 죽이고
3 사울을 맹렬히 치며 활 쏘는 자가 사울
에게 따라 미치매 사울이 그 쏘는 자로
말미암아 심히 다급하여
4 사울이 자기의 무기를 가진 자에게 이
르되 너는 칼을 빼어 그것으로 나를 찌
르라 할례 받지 못한 자들이 와서 나를
욕되게 할까 두려워하노라 그러나 그
의 무기를 가진 자가 심히 두려워하여
행하기를 원하지 아니하매 사울이 자기
칼을 뽑아서 그 위에 엎드러지니
5 무기 가진 자가 사울이 죽는 것을 보고
자기도 칼에 엎드러져 죽으니라
6 이와 같이 사울과 그의 세 아들과 그
온 집안이 함께 죽으니라
7 골짜기에 있는 모든 이스라엘 사람이

그들의 도망한 것과 사울과 그의 아들
들이 다 죽은 것을 보고 그 성읍들을
버리고 도망하매 블레셋 사람들이 와서
거기에 거주하니라
8 이튿날에 블레셋 사람들이 와서 죽임
을 당한 자의 옷을 벗기다가 사울과 그
의 아들들이 길보아 산에 엎드러졌음을
보고
9 곧 사울의 옷을 벗기고 그의 머리와 갑
옷을 가져다가 사람을 블레셋 땅 사방
에 보내 모든 이방 신전과 그 백성에게
소식을 전하고
10 사울의 갑옷을 그들의 신전에 두고 그
의 머리를 다곤의 신전에 단지라
11 길르앗야베스 모든 사람이 블레셋 사람
들이 사울에게 행한 모든 일을 듣고
12 용사들이 다 일어나서 사울의 시체와
그의 아들들의 시체를 거두어 야베스로
가져다가 그 곳 상수리나무 아래에 그
해골을 장사하고 칠 일간 금식하였더라
13 사울이 죽은 것은 여호와께 범죄하였기
때문이라 그가 여호와의 말씀을 지키지
아니하고 또 신접한 자에게 가르치기를
청하고
14 여호와께 묻지 아니하였으므로 여호와
께서 그를 죽이시고 그 나라를 이새의
아들 다윗에게 넘겨 주셨더라

### 다윗이 이스라엘과 유다의 왕이 되다 (삼하 5:1-10)

11 온 이스라엘이 헤브론에 모여 다윗을
보고 이르되 우리는 왕의 가까운 혈족
이니이다
2 전에 곧 사울이 왕이 되었을 때에도 이
스라엘을 거느리고 출입하게 한 자가
왕이시었고 왕의 하나님 여호와께서도
왕에게 말씀하시기를 네가 내 백성 이
스라엘의 목자가 되며 내 백성 이스라

엘의 주권자가 되리라 하셨나이다 하
니라
3 이에 이스라엘의 모든 장로가 헤브론에
있는 왕에게로 나아가니 헤브론에서 다
윗이 그들과 여호와 앞에 언약을 맺으
매 그들이 다윗에게 기름을 부어 이스
라엘의 왕으로 삼으니 여호와께서 사무
엘을 통하여 전하신 말씀대로 되었더라
4 다윗이 온 이스라엘과 더불어 예루살렘
곧 여부스에 이르니 여부스 땅의 주민
들이 거기에 거주하였더라
5 여부스 원주민이 다윗에게 이르기를 네
가 이리로 들어오지 못하리라 하나 다
윗이 시온 산 성을 빼앗았으니 이는 다
윗 성이더라
6 다윗이 이르되 먼저 여부스 사람을 치
는 자는 우두머리와 지휘관으로 삼으리
라 하였더니 스루야의 아들 요압이 먼
저 올라갔으므로 우두머리가 되었고
7 다윗이 그 산성에 살았으므로 무리가
다윗 성이라 불렀으며
8 다윗이 밀로에서부터 두루 성을 쌓았고
그 성의 나머지는 요압이 중수하였더라
9 만군의 여호와께서 함께 계시니 다윗이
점점 강성하여 가니라

### 다윗의 용사들 (삼하 23:8-39)

10 다윗에게 있는 용사의 우두머리는 이러
하니라 이 사람들이 온 이스라엘과 더
불어 다윗을 힘껏 도와 나라를 얻게 하
고 그를 세워 왕으로 삼았으니 이는 여
호와께서 이스라엘에 대하여 이르신 말
씀대로 함이었더라
11 다윗에게 있는 용사의 수효가 이러하니
라 학몬 사람의 아들 야소브암은 삼십
명의 우두머리라 그가 창을 들어 한꺼
번에 삼백 명을 죽였고

12 그 다음은 아호아 사람 도도의 아들 엘
르아살이니 세 용사 중 하나이라
13 그가 바스담밈에서 다윗과 함께 있었더
니 블레셋 사람들이 그 곳에 모여와서
치니 거기에 보리가 많이 난 밭이 있더
라 백성들이 블레셋 사람들 앞에서 도
망하되
14 그가 그 밭 가운데에 서서 그 밭을 보
호하여 블레셋 사람들을 죽였으니 여호
와께서 큰 구원으로 구원하심이었더라
15 삼십 우두머리 중 세 사람이 바위로 내
려가서 아둘람 굴 다윗에게 이를 때에
블레셋 군대가 르바임 골짜기에 진 쳤
더라
16 그 때에 다윗은 산성에 있고 블레셋 사
람들의 진영은 베들레헴에 있는지라
17 다윗이 갈망하여 이르되 베들레헴 성문
곁 우물 물을 누가 내게 마시게 할꼬
하매
18 이 세 사람이 블레셋 사람들의 군대를
돌파하고 지나가서 베들레헴 성문 곁
우물 물을 길어가지고 다윗에게로 왔으
나 다윗이 마시기를 기뻐하지 아니하고
그 물을 여호와께 부어드리고
19 이르되 내 하나님이여 내가 결단코 이
런 일을 하지 아니하리이다 생명을 돌
아보지 아니하고 갔던 이 사람들의 피
를 어찌 마시리이까 하고 그들이 자기
생명도 돌보지 아니하고 이것을 가져왔
으므로 그것을 마시기를 원하지 아니하
니라 세 용사가 이런 일을 행하였더라
20 요압의 아우 아비새는 그 세 명 중 우
두머리라 그가 창을 휘둘러 삼백 명을
죽이고 그 세 명 가운데에 이름을 얻었
으니
21 그는 둘째 세 명 가운데에 가장 뛰어나

그들의 우두머리가 되었으나 첫째 세
명에게는 미치지 못하니라
22 갑스엘 용사의 손자 여호야다의 아들
브나야는 용감한 사람이라 그가 모압
아리엘의 아들 둘을 죽였고 또 눈 올
때에 함정에 내려가서 사자 한 마리를
죽였으며
23 또 키가 큰 애굽 사람을 죽였는데 그
사람의 키가 다섯 규빗이요 그 손에 든
창이 베틀채 같으나 그가 막대기를 가
지고 내려가서 그 애굽 사람의 손에서
창을 빼앗아 그 창으로 죽였더라
24 여호야다의 아들 브나야가 이런 일을
행하였으므로 세 용사 중에 이름을
얻고
25 삼십 명 중에서는 뛰어나나 첫째 세 사
람에게는 미치지 못하니라 다윗이 그를
세워 시위대장을 삼았더라

26 또 군사 중의 큰 용사는 요압의 아우
아사헬과 베들레헴 사람 도도의 아들
엘하난과
27 하롤 사람 삼훗과 블론 사람 헬레스와
28 드고아 사람 익게스의 아들 이라와 아
나돗 사람 아비에셀과
29 후사 사람 십브개와 아호아 사람 일래와
30 느도바 사람 마하래와 느도바 사람 바
아나의 아들 헬렛과
31 베냐민 자손에 속한 기브아 사람 리배
의 아들 이대와 비라돈 사람 브나야와
32 가아스 시냇가에 사는 후래와 아르바
사람 아비엘과
33 바하룸 사람 아스마웻과 사알본 사람
엘리아바와
34 기손 사람 하셈의 아들들과 하랄 사람
사게의 아들 요나단과
35 하랄 사람 사갈의 아들 아히암과 울의

아들 엘리발과
36 므게랏 사람 헤벨과 블론 사람 아히야와
37 갈멜 사람 헤스로와 에스배의 아들 나
아래와
38 나단의 아우 요엘과 하그리의 아들 밉
할과
39 암몬 사람 셀렉과 스루야의 아들 요압
의 무기 잡은 자 베롯 사람 나하래와
40 이델 사람 이라와 이델 사람 가렙과
41 헷 사람 우리아와 알래의 아들 사밧과
42 르우벤 자손 시사의 아들 곧 르우벤 자
손의 우두머리 아디나와 그 추종자 삼
십 명과
43 마아가의 아들 하난과 미덴 사람 요사
밧과
44 아스드랏 사람 웃시야와 아로엘 사람
호담의 아들 사마와 여이엘과
45 시므리의 아들 여디아엘과 그의 아우
디스 사람 요하와
46 마하위 사람 엘리엘과 엘라암의 아들 여
리배와 요사위야와 모압 사람 이드마와
47 엘리엘과 오벳과 므소바 사람 야아시엘
이더라

## 베냐민 지파에서 다윗을 도운 용사들

12 다윗이 기스의 아들 사울로 말미암아
시글락에 숨어 있을 때에 그에게 와서 싸
움을 도운 용사 중에 든 자가 있었으니
2 그들은 활을 가지며 좌우 손을 놀려 물
매도 던지며 화살도 쏘는 자요 베냐민
지파 사울의 동족인데 그 이름은 이러
하니라
3 그 우두머리는 아히에셀이요 다음은 요
아스이니 기브아 사람 스마아의 두 아들
이요 또 아스마웻의 아들 여시엘과 벨
렛과 또 브라가와 아나돗 사람 예후와
4 기브온 사람 곧 삼십 명 중에 용사요

삼십 명의 우두머리가 된 이스마야이며
또 예레미야와 야하시엘과 요하난과 그
데라 사람 요사밧과
5 엘루새와 여리못과 브아랴와 스마랴와
하룹 사람 스바댜와
6 고라 사람들 엘가나와 잇시야와 아사렐
과 요에셀과 야소브암이며
7 그돌 사람 여로함의 아들 요엘라와 스
바댜더라

## 갓 지파에서 다윗을 도운 용사들

8 갓 사람 중에서 광야에 있는 요새에 이
르러 다윗에게 돌아온 자가 있었으니
다 용사요 싸움에 익숙하여 방패와 창
을 능히 쓰는 자라 그의 얼굴은 사자
같고 빠르기는 산의 사슴 같으니
9 그 우두머리는 에셀이요 둘째는 오바댜
요 셋째는 엘리압이요
10 넷째는 미스만나요 다섯째는 예레미
야요
11 여섯째는 앗대요 일곱째는 엘리엘이요
12 여덟째는 요하난이요 아홉째는 엘사밧
이요
13 열째는 예레미야요 열한째는 막반내라
14 이 갓 자손이 군대 지휘관이 되어 그
작은 자는 백부장이요, 그 큰 자는 천부
장이더니
15 정월에 요단 강 물이 모든 언덕에 넘칠
때에 이 무리가 강물을 건너서 골짜기
에 있는 모든 자에게 동서로 도망하게
하였더라

## 베냐민과 유다에서 다윗을 도운 용사들

16 베냐민과 유다 자손 중에서 요새에 이
르러 다윗에게 나오매
17 다윗이 나가서 맞아 그들에게 말하여
이르되 만일 너희가 평화로이 내게 와
서 나를 돕고자 하면 내 마음이 너희

마음과 하나가 되려니와 만일 너희가
나를 속여 내 대적에게 넘기고자 하면
내 손에 불의함이 없으니 우리 조상들
의 하나님이 감찰하시고 책망하시기를
원하노라 하매
18 그 때에 성령이 삼십 명의 우두머리 아
마새를 감싸시니 이르되 다윗이여 우리
가 당신에게 속하겠고 이새의 아들이여
우리가 당신과 함께 있으리니 원하건대
평안하소서 당신도 평안하고 당신을 돕
는 자에게도 평안이 있을지니 이는 당
신의 하나님이 당신을 도우심이니이다
한지라 다윗이 그들을 받아들여 군대
지휘관을 삼았더라

### 므낫세 지파에서 다윗을 도운 용사들

19 다윗이 전에 블레셋 사람들과 함께 가
서 사울을 치려 할 때에 므낫세 지파
에서 두어 사람이 다윗에게 돌아왔으
나 다윗 등이 블레셋 사람들을 돕지 못
하였음은 블레셋 사람들의 방백이 서로
의논하고 보내며 이르기를 그가 그의
왕 사울에게로 돌아가리니 우리 머리가
위태할까 하노라 함이라
20 다윗이 시글락으로 갈 때에 므낫세 지
파에서 그에게로 돌아온 자는 아드나
와 요사밧과 여디아엘과 미가엘과 요사
밧과 엘리후와 실르대이니 다 므낫세의
천부장이라
21 이 무리가 다윗을 도와 도둑 떼를 쳤으
니 그들은 다 큰 용사요 군대 지휘관이
됨이었더라
22 그 때에 사람이 날마다 다윗에게로 돌
아와서 돕고자 하매 큰 군대를 이루어
하나님의 군대와 같았더라

### 다윗의 군사들

23 싸움을 준비한 군대 지휘관들이 헤브론

에 이르러 다윗에게로 나아와서 여호와
의 말씀대로 사울의 나라를 그에게 돌
리고자 하였으니 그 수효가 이러하였
더라
24 유다 자손 중에서 방패와 창을 들고 싸
움을 준비한 자가 육천팔백 명이요
25 시므온 자손 중에서 싸움하는 큰 용사
가 칠천백 명이요
26 레위 자손 중에서 사천육백 명이요
27 아론의 집 우두머리 여호야다와 그와
함께 있는 자가 삼천칠백 명이요
28 또 젊은 용사 사독과 그의 가문의 지휘
관이 이십이 명이요
29 베냐민 자손 곧 사울의 동족은 아직도
태반이나 사울의 집을 따르나 그 중에
서 나온 자가 삼천 명이요
30 에브라임 자손 중에서 가족으로서 유명
한 큰 용사가 이만 팔백 명이요
31 므낫세 반 지파 중에 이름이 기록된 자
로서 와서 다윗을 세워 왕으로 삼으려
하는 자가 만 팔천 명이요
32 잇사갈 자손 중에서 시세를 알고 이스
라엘이 마땅히 행할 것을 아는 우두머
리가 이백 명이니 그들은 그 모든 형제
를 통솔하는 자이며
33 스불론 중에서 모든 무기를 가지고 전
열을 갖추고 두 마음을 품지 아니하고
능히 진영에 나아가서 싸움을 잘하는
자가 오만 명이요
34 납달리 중에서 지휘관 천 명과 방패와
창을 가지고 따르는 자가 삼만 칠천 명
이요
35 단 자손 중에서 싸움을 잘하는 자가 이
만 팔천육백 명이요
36 아셀 중에서 능히 진영에 나가서 싸움
을 잘하는 자가 사만 명이요

37 요단 저편 르우벤 자손과 갓 자손과 므
낫세 반 지파 중에서 모든 무기를 가
지고 능히 싸우는 자가 십이만 명이었
더라
38 이 모든 군사가 전열을 갖추고 다 성심
으로 헤브론에 이르러 다윗을 온 이스
라엘 왕으로 삼고자 하고 또 이스라엘
의 남은 자도 다 한 마음으로 다윗을
왕으로 삼고자 하여
39 무리가 거기서 다윗과 함께 사흘을 지
내며 먹고 마셨으니 이는 그들의 형제
가 이미 식물을 준비하였음이며
40 또 그들의 근처에 있는 자로부터 잇사
갈과 스불론과 납달리까지도 나귀와 낙
타와 노새와 소에다 음식을 많이 실어
왔으니 곧 밀가루 과자와 무화과 과자
와 건포도와 포도주와 기름이요 소와
양도 많이 가져왔으니 이는 이스라엘
가운데에 기쁨이 있음이었더라

### 하나님의 궤를 옮기다 (삼하 6:1-11)

13 다윗이 천부장과 백부장 곧 모든 지휘
관과 더불어 의논하고
2 다윗이 이스라엘의 온 회중에게 이르되
만일 너희가 좋게 여기고 또 우리의 하
나님 여호와께로 말미암았으면 우리가
이스라엘 온 땅에 남아 있는 우리 형제
와 또 초원이 딸린 성읍에 사는 제사장
과 레위 사람에게 전령을 보내 그들을
우리에게로 모이게 하고
3 우리가 우리 하나님의 궤를 우리에게로
옮겨오자 사울 때에는 우리가 궤 앞에
서 묻지 아니하였느니라 하매
4 뭇 백성의 눈이 이 일을 좋게 여기므로
온 회중이 그대로 행하겠다 한지라
5 이에 다윗이 애굽의 시홀 시내에서부터
하맛 어귀까지 온 이스라엘을 불러모으

고 기럇여아림에서부터 하나님의 궤를
메어오고자 할새
6 다윗이 온 이스라엘을 거느리고 바알라
곧 유다에 속한 기럇여아림에 올라가
서 여호와 하나님의 궤를 메어오려 하
니 이는 여호와께서 두 그룹 사이에 계
시므로 그러한 이름으로 일컬음을 받았
더라
7 하나님의 궤를 새 수레에 싣고 아비나
답의 집에서 나오는데 웃사와 아히오는
수레를 몰며
8 다윗과 이스라엘 온 무리는 하나님 앞
에서 힘을 다하여 뛰놀며 노래하며 수
금과 비파와 소고와 제금과 나팔로 연
주하니라
9 기돈의 타작 마당에 이르러서는 소들이
뛰므로 웃사가 손을 펴서 궤를 붙들었
더니
10 웃사가 손을 펴서 궤를 붙듦으로 말미
암아 여호와께서 진노하사 치시매 그가
거기 하나님 앞에서 죽으니라
11 여호와께서 웃사의 몸을 찢으셨으므로
다윗이 노하여 그 곳을 베레스 웃사라
부르니 그 이름이 오늘까지 이르니라
12 그 날에 다윗이 하나님을 두려워하여
이르되 내가 어떻게 하나님의 궤를 내
곳으로 오게 하리요 하고
13 다윗이 궤를 옮겨 자기가 있는 다윗 성
으로 메어들이지 못하고 그 대신 가드
사람 오벧에돔의 집으로 메어가니라
14 하나님의 궤가 오벧에돔의 집에서 그의
가족과 함께 석 달을 있으니라 여호와
께서 오벧에돔의 집과 그의 모든 소유
에 복을 내리셨더라

### 예루살렘에서 다윗이 활동하다 (삼하 5:11-16)

14 두로 왕 히람이 다윗에게 사신들과 백

향목과 석수와 목수를 보내 그의 궁전
을 건축하게 하였더라
2 다윗이 여호와께서 자기를 이스라엘의
왕으로 삼으신 줄을 깨달았으니 이는
그의 백성 이스라엘을 위하여 그의 나
라가 높이 들림을 받았음을 앎이었더라
3 다윗이 예루살렘에서 또 아내들을 맞아
다윗이 다시 아들들과 딸들을 낳았으니
4 예루살렘에서 낳은 아들들의 이름은 삼
무아와 소밥과 나단과 솔로몬과
5 입할과 엘리수아와 엘벨렛과
6 노가와 네벡과 야비아와
7 엘리사마와 브엘랴다와 엘리벨렛이었
더라

### 다윗이 블레셋을 이기다 (삼하 5:17-25)

8 다윗이 기름 부음을 받아 온 이스라엘
의 왕이 되었다 함을 블레셋 사람들이
듣고 모든 블레셋 사람들이 다윗을 찾
으러 올라오매 다윗이 듣고 대항하러
나갔으나
9 블레셋 사람들이 이미 이르러 르바임
골짜기로 쳐들어온지라
10 다윗이 하나님께 물어 이르되 내가 블
레셋 사람들을 치러 올라가리이까 주께
서 그들을 내 손에 넘기시겠나이까 하
니 여호와께서 그에게 이르시되 올라가
라 내가 그들을 네 손에 넘기리라 하신
지라
11 이에 무리가 바알브라심으로 올라갔더
니 다윗이 거기서 그들을 치고 다윗이
이르되 하나님이 물을 쪼갬 같이 내 손
으로 내 대적을 흩으셨다 하므로 그 곳
이름을 바알브라심이라 부르니라
12 블레셋 사람이 그들의 우상을 그 곳에
버렸으므로 다윗이 명령하여 불에 사르
니라

13 블레셋 사람들이 다시 골짜기를 침범한
지라
14 다윗이 또 하나님께 묻자온대 하나님이
이르시되 마주 올라가지 말고 그들 뒤
로 돌아 뽕나무 수풀 맞은편에서 그들
을 기습하되
15 뽕나무 꼭대기에서 걸음 걷는 소리가
들리거든 곧 나가서 싸우라 너보다 하
나님이 앞서 나아가서 블레셋 사람들의
군대를 치리라 하신지라
16 이에 다윗이 하나님의 명령대로 행하여
블레셋 사람들의 군대를 쳐서 기브온에
서부터 게셀까지 이르렀더니
17 다윗의 명성이 온 세상에 퍼졌고 여호
와께서 모든 이방 민족으로 그를 두려
워하게 하셨더라

### 하나님의 궤를 옮길 준비

15 다윗이 다윗 성에서 자기를 위하여 궁
전을 세우고 또 하나님의 궤를 둘 곳을
마련하고 그것을 위하여 장막을 치고
2 다윗이 이르되 레위 사람 외에는 하나
님의 궤를 멜 수 없나니 이는 여호와께
서 그들을 택하사 여호와의 궤를 메고
영원히 그를 섬기게 하셨음이라 하고
3 다윗이 이스라엘 온 무리를 예루살렘으
로 모으고 여호와의 궤를 그 마련한 곳
으로 메어 올리고자 하여
4 다윗이 아론 자손과 레위 사람을 모으니
5 그핫 자손 중에 지도자 우리엘과 그의
형제가 백이십 명이요
6 므라리 자손 중에 지도자 아사야와 그
의 형제가 이백이십 명이요
7 게르솜 자손 중에 지도자 요엘과 그의
형제가 백삼십 명이요
8 엘리사반 자손 중에 지도자 스마야와
그의 형제가 이백 명이요

9 헤브론 자손 중에 지도자 엘리엘과 그
의 형제가 팔십 명이요
10 웃시엘 자손 중에 지도자 암미나답과
그의 형제가 백십이 명이라
11 다윗이 제사장 사독과 아비아달을 부르
고 또 레위 사람 우리엘과 아사야와 요엘
과 스마야와 엘리엘과 암미나답을 불러
12 그들에게 이르되 너희는 레위 사람의
지도자이니 너희와 너희 형제는 몸을
성결하게 하고 내가 마련한 곳으로 이
스라엘의 하나님 여호와의 궤를 메어
올리라
13 전에는 너희가 메지 아니하였으므로 우
리 하나님 여호와께서 우리를 찢으셨으
니 이는 우리가 규례대로 그에게 구하
지 아니하였음이라 하니
14 이에 제사장들과 레위 사람들이 이스라
엘 하나님 여호와의 궤를 메고 올라가
려 하여 몸을 성결하게 하고
15 모세가 여호와의 말씀을 따라 명령한
대로 레위 자손이 채에 하나님의 궤를
꿰어 어깨에 메니라
16 다윗이 레위 사람의 어른들에게 명령하
여 그의 형제들을 노래하는 자들로 세
우고 비파와 수금과 제금 등의 악기를
울려서 즐거운 소리를 크게 내라 하매
17 레위 사람이 요엘의 아들 헤만과 그의
형제 중 베레갸의 아들 아삽과 그의 형
제 므라리 자손 중에 구사야의 아들 에
단을 세우고
18 그 다음으로 그들의 형제 스가랴와 벤
과 야아시엘과 스미라못과 여히엘과 운
니와 엘리압과 브나야와 마아세야와 맛
디디야와 엘리블레후와 믹네야와 문지
기 오벧에돔과 여이엘을 세우니
19 노래하는 자 헤만과 아삽과 에단은 놋

제금을 크게 치는 자요
20 스가랴와 아시엘과 스미라못과 여히엘
과 운니와 엘리압과 마아세야와 브나야
는 비파를 타서 알라못에 맞추는 자요
21 맛디디야와 엘리블레후와 믹네야와 오벧
에돔과 여이엘과 아사시야는 수금을 타
서 여덟째 음에 맞추어 인도하는 자요
22 레위 사람의 지도자 그나냐는 노래에
익숙하므로 노래를 인도하는 자요
23 베레갸와 엘가나는 궤 앞에서 문을 지
키는 자요
24 제사장 스바냐와 요사밧과 느다넬과 아
미새와 스가랴와 브나야와 엘리에셀은
하나님의 궤 앞에서 나팔을 부는 자요
오벧에돔과 여히야는 궤 앞에서 문을
지키는 자이더라

### 하나님의 궤를 예루살렘으로 옮기다 (삼하 6:12-22)

25 이에 다윗과 이스라엘 장로들과 천부장
들이 가서 여호와의 언약궤를 즐거이
메고 오벧에돔의 집에서 올라왔는데
26 하나님이 여호와의 언약궤를 멘 레위
사람을 도우셨으므로 무리가 수송아지
일곱 마리와 숫양 일곱 마리로 제사를
드렸더라
27 다윗과 및 궤를 멘 레위 사람과 노래하
는 자와 그의 우두머리 그나냐와 모든
노래하는 자도 다 세마포 겉옷을 입었
으며 다윗은 또 베 에봇을 입었고
28 이스라엘 무리는 크게 부르며 뿔나팔과
나팔을 불며 제금을 치며 비파와 수금
을 힘있게 타며 여호와의 언약궤를 메
어 올렸더라
29 여호와의 언약궤가 다윗 성으로 들어올
때에 사울의 딸 미갈이 창으로 내다보
다가 다윗 왕이 춤추며 뛰노는 것을 보
고 그 마음에 업신여겼더라

16 하나님의 궤를 메고 들어가서 다윗이
그것을 위하여 친 장막 가운데에 두고
번제와 화목제를 하나님께 드리니라
2 다윗이 번제와 화목제 드리기를 마치고
여호와의 이름으로 백성에게 축복하고
3 이스라엘 무리 중 남녀를 막론하고 각
사람에게 떡 한 덩이와 야자열매로 만
든 과자와 건포도로 만든 과자 하나씩
을 나누어 주었더라
4 또 레위 사람을 세워 여호와의 궤 앞에
서 섬기며 이스라엘 하나님 여호와를
칭송하고 감사하며 찬양하게 하였으니
5 아삽은 우두머리요 그 다음은 스가랴와
여이엘과 스미라못과 여히엘과 맛디디
아와 엘리압과 브나야와 오벧에돔과 여
이엘이라 비파와 수금을 타고 아삽은
제금을 힘있게 치고
6 제사장 브나야와 야하시엘은 항상 하나
님의 언약궤 앞에서 나팔을 부니라

### 감사 찬양 (시 105:1-15; 96:1-13; 106:47-48)

7 그 날에 다윗이 아삽과 그의 형제를 세
워 먼저 여호와께 감사하게 하여 이르
기를
8 너희는 여호와께 감사하며 그의 이름을
불러 아뢰며 그가 행하신 일을 만민 중
에 알릴지어다
9 그에게 노래하며 그를 찬양하고 그의
모든 기사를 전할지어다
10 그의 성호를 자랑하라 여호와를 구하는
자마다 마음이 즐거울지로다
11 여호와와 그의 능력을 구할지어다 항상
그의 얼굴을 찾을지어다
12-13 그의 종 이스라엘의 후손 곧 택하신
야곱의 자손 너희는 그의 행하신 기사
와 그의 이적과 그의 입의 법도를 기억
할지어다

14 그는 여호와 우리 하나님이시라 그의
법도가 온 땅에 있도다
15 너희는 그의 언약 곧 천 대에 명령하신
말씀을 영원히 기억할지어다
16 이것은 아브라함에게 하신 언약이며 이
삭에게 하신 맹세이며
17 이는 야곱에게 세우신 율례 곧 이스라
엘에게 하신 영원한 언약이라
18 이르시기를 내가 가나안 땅을 네게 주
어 너희 기업의 지경이 되게 하리라 하
셨도다
19 그 때에 너희 사람 수가 적어서 보잘것
없으며 그 땅에 객이 되어
20 이 민족에게서 저 민족에게로, 이 나라
에서 다른 백성에게로 유랑하였도다
21 여호와께서는 사람이 그들을 해하기를
용납하지 아니하시고 그들 때문에 왕들
을 꾸짖어
22 이르시기를 나의 기름 부은 자에게 손
을 대지 말며 나의 선지자를 해하지 말
라 하셨도다
23 온 땅이여 여호와께 노래하며 그의 구
원을 날마다 선포할지어다
24 그의 영광을 모든 민족 중에, 그의 기이
한 행적을 만민 중에 선포할지어다
25 여호와는 위대하시니 극진히 찬양할 것
이요 모든 신보다 경외할 것임이여
26 만국의 모든 신은 헛것이나 여호와께서
는 하늘을 지으셨도다
27 존귀와 위엄이 그의 앞에 있으며 능력
과 즐거움이 그의 처소에 있도다
28 여러 나라의 종족들아 영광과 권능을
여호와께 돌릴지어다 여호와께 돌릴지
어다
29 여호와의 이름에 합당한 영광을 그에게
돌릴지어다 제물을 들고 그 앞에 들어

갈지어다 아름답고 거룩한 것으로 여호
와께 경배할지어다
30 온 땅이여 그 앞에서 떨지어다 세계가
굳게 서고 흔들리지 아니하는도다
31 하늘은 기뻐하고 땅은 즐거워하며 모든
나라 중에서는 이르기를 여호와께서 통
치하신다 할지로다
32 바다와 거기 충만한 것이 외치며 밭과
그 가운데 모든 것은 즐거워할지로다
33 그리 할 때에 숲 속의 나무들이 여호와
앞에서 즐거이 노래하리니 주께서 땅을
심판하러 오실 것임이로다
34 여호와께 감사하라 그는 선하시며 그의
인자하심이 영원함이로다
35 너희는 이르기를 우리 구원의 하나님이
여 우리를 구원하여 만국 가운데에서
건져내시고 모으사 우리로 주의 거룩한
이름을 감사하며 주의 영광을 드높이게
하소서 할지어다
36 여호와 이스라엘의 하나님을 영원부터
영원까지 송축할지로다 하매 모든 백성
이 아멘 하고 여호와를 찬양하였더라

### 기브온에서 번제를 드리다

37 다윗이 아삽과 그의 형제를 여호와의
언약궤 앞에 있게 하며 항상 그 궤 앞
에서 섬기게 하되 날마다 그 일대로 하
게 하였고
38 오벧에돔과 그의 형제 육십팔 명과 여
두둔의 아들 오벧에돔과 호사를 문지기
로 삼았고
39 제사장 사독과 그의 형제 제사장들에게
기브온 산당에서 여호와의 성막 앞에
모시게 하여
40 항상 아침 저녁으로 번제단 위에 여호
와께 번제를 드리되 여호와의 율법에
기록하여 이스라엘에게 명령하신 대로

다 준행하게 하였고
41 또 여호와의 인자하심이 영원하시므로
그들과 함께 헤만과 여두둔과 그리고
택함을 받아 지명된 나머지 사람을 세
워 감사하게 하였고
42 또 그들과 함께 헤만과 여두둔을 세워
나팔과 제금들과 하나님을 찬송하는 악
기로 소리를 크게 내게 하였고 또 여두
둔의 아들에게 문을 지키게 하였더라
43 이에 뭇 백성은 각각 그 집으로 돌아가
고 다윗도 자기 집을 위하여 축복하려
고 돌아갔더라

### 다윗에 대한 여호와의 말씀과 계시 (삼하 7:1-17)

17 다윗이 그의 궁전에 거주할 때에 다윗
이 선지자 나단에게 이르되 나는 백향
목 궁에 거주하거늘 여호와의 언약궤는
휘장 아래에 있도다
2 나단이 다윗에게 아뢰되 하나님이 왕과
함께 계시니 마음에 있는 바를 모두 행
하소서
3 그 밤에 하나님의 말씀이 나단에게 임
하여 이르시되
4 가서 내 종 다윗에게 말하기를 여호와
의 말씀이 너는 내가 거할 집을 건축하
지 말라
5 내가 이스라엘을 애굽에서 올라오게 한
날부터 오늘까지 집에 있지 아니하고
오직 이 장막과 저 장막에 있으며 이
성막과 저 성막에 있었나니
6 이스라엘 무리와 더불어 가는 모든 곳
에서 내가 내 백성을 먹이라고 명령한
이스라엘 어느 사사에게 내가 말하기를
너희가 어찌하여 내 백향목 집을 건축
하지 아니하였느냐고 말하였느냐 하고
7 또한 내 종 다윗에게 이처럼 말하라 만
군의 여호와께서 이처럼 말씀하시기를

내가 너를 목장 곧 양 떼를 따라다니던
데에서 데려다가 내 백성 이스라엘의
주권자로 삼고
8 네가 어디로 가든지 내가 너와 함께 있
어 네 모든 대적을 네 앞에서 멸하였은
즉 세상에서 존귀한 자들의 이름 같은
이름을 네게 만들어 주리라
9 내가 또 내 백성 이스라엘을 위하여 한
곳을 정하여 그들을 심고 그들이 그 곳
에 거주하면서 다시는 옮겨가지 아니하
게 하며 악한 사람들에게 전과 같이 그
들을 해치지 못하게 하여
10 전에 내가 사사에게 명령하여 내 백성
이스라엘을 다스리던 때와 같지 아니하
게 하고 또 네 모든 대적으로 네게 복
종하게 하리라 또 네게 이르노니 여호
와가 너를 위하여 한 왕조를 세울지라
11 네 생명의 연한이 차서 네가 조상들에
게로 돌아가면 내가 네 뒤에 네 씨 곧
네 아들 중 하나를 세우고 그 나라를
견고하게 하리니
12 그는 나를 위하여 집을 건축할 것이요
나는 그의 왕위를 영원히 견고하게 하
리라
13 나는 그의 아버지가 되고 그는 나의 아
들이 되리니 나의 인자를 그에게서 빼
앗지 아니하기를 내가 네 전에 있던 자
에게서 빼앗음과 같이 하지 아니할 것
이며
14 내가 영원히 그를 내 집과 내 나라에
세우리니 그의 왕위가 영원히 견고하리
라 하셨다 하라
15 나단이 이 모든 말씀과 이 모든 계시대
로 다윗에게 전하니라

### 다윗의 감사 기도 (삼하 7:18-29)

16 다윗 왕이 여호와 앞에 들어가 앉아서

이르되 여호와 하나님이여 나는 누구이
오며 내 집은 무엇이기에 나에게 이에
이르게 하셨나이까
17 하나님이여 주께서 이것을 오히려 작
게 여기시고 또 종의 집에 대하여 먼 장
래까지 말씀하셨사오니 여호와 하나님
이여 나를 존귀한 자들 같이 여기셨나
이다
18 주께서 주의 종에게 베푸신 영예에 대
하여 이 다윗이 다시 주께 무슨 말을
하오리이까 주께서는 주의 종을 아시나
이다
19 여호와여 주께서 주의 종을 위하여 주
의 뜻대로 이 모든 큰 일을 행하사 이
모든 큰 일을 알게 하셨나이다
20 여호와여 우리 귀로 들은 대로는 주와
같은 이가 없고 주 외에는 하나님이 없
나이다
21 땅의 어느 한 나라가 주의 백성 이스라
엘과 같으리이까 하나님이 자기 백성을
구속하시려고 나가사 크고 두려운 일로
말미암아 이름을 얻으시고 애굽에서 구
속하신 자기 백성 앞에서 모든 민족을
쫓아내셨사오며
22 주께서 주의 백성 이스라엘을 영원히
주의 백성으로 삼으셨사오니 여호와여
주께서 그들의 하나님이 되셨나이다
23 여호와여 이제 주의 종과 그의 집에 대
하여 말씀하신 것을 영원히 견고하게
하시며 말씀하신 대로 행하사
24 견고하게 하시고 사람에게 영원히 주의
이름을 높여 이르기를 만군의 여호와는
이스라엘의 하나님 곧 이스라엘에게 하
나님이시라 하게 하시며 주의 종 다윗
의 왕조가 주 앞에서 견고히 서게 하옵
소서

25 나의 하나님이여 주께서 종을 위하여
왕조를 세우실 것을 이미 듣게 하셨으
므로 주의 종이 주 앞에서 이 기도로
간구할 마음이 생겼나이다
26 여호와여 오직 주는 하나님이시라 주께
서 이 좋은 것으로 주의 종에게 허락하
시고
27 이제 주께서 종의 왕조에 복을 주사 주
앞에 영원히 두시기를 기뻐하시나이다
여호와여 주께서 복을 주셨사오니 이
복을 영원히 누리리이다 하니라

## 다윗의 승전 기록 (삼하 8:1-18)

18 그 후에 다윗이 블레셋 사람들을 쳐서
항복을 받고 블레셋 사람들의 손에서
가드와 그 동네를 빼앗고
2 또 모압을 치매 모압 사람이 다윗의 종
이 되어 조공을 바치니라
3 소바 왕 하닷에셀이 유브라데 강 가에
서 자기 세력을 펴고자 하매 다윗이 그
를 쳐서 하맛까지 이르고
4 다윗이 그에게서 병거 천 대와 기병 칠
천 명과 보병 이만 명을 빼앗고 다윗이
그 병거 백 대의 말들만 남기고 그 외
의 병거의 말은 다 발의 힘줄을 끊었
더니
5 다메섹 아람 사람이 소바 왕 하닷에셀
을 도우러 온지라 다윗이 아람 사람 이
만 이천 명을 죽이고
6 다윗이 다메섹 아람에 수비대를 두매
아람 사람이 다윗의 종이 되어 조공을
바치니라 다윗이 어디로 가든지 여호와
께서 이기게 하시니라
7 다윗이 하닷에셀의 신하들이 가진 금
방패를 빼앗아 예루살렘으로 가져오고
8 또 하닷에셀의 성읍 디브핫과 군에서
심히 많은 놋을 빼앗았더니 솔로몬이

그것으로 놋대야와 기둥과 놋그릇들을
만들었더라
9 하맛 왕 도우가 다윗이 소바 왕 하닷
에셀의 온 군대를 쳐서 무찔렀다 함을
듣고
10 그의 아들 하도람을 보내서 다윗 왕에
게 문안하고 축복하게 하니 이는 하닷
에셀이 벌써 도우와 맞서 여러 번 전쟁
이 있던 터에 다윗이 하닷에셀을 쳐서
무찔렀음이라 하도람이 금과 은과 놋의
여러 가지 그릇을 가져온지라
11 다윗 왕이 그것도 여호와께 드리되 에
돔과 모압과 암몬 자손과 블레셋 사람
들과 아말렉 등 모든 이방 민족에게서
빼앗아 온 은금과 함께 하여 드리니라
12 스루야의 아들 아비새가 소금 골짜기에
서 에돔 사람 만 팔천 명을 쳐죽인지라
13 다윗이 에돔에 수비대를 두매 에돔 사
람이 다 다윗의 종이 되니라 다윗이 어
디로 가든지 여호와께서 이기게 하셨
더라
14 다윗이 온 이스라엘을 다스려 모든 백
성에게 정의와 공의를 행할새
15 스루야의 아들 요압은 군대사령관이 되
고 아힐룻의 아들 여호사밧은 행정장관
이 되고
16 아히둡의 아들 사독과 아비아달의 아들
아비멜렉은 제사장이 되고 사워사는 서
기관이 되고
17 여호야다의 아들 브나야는 그렛 사람과
블렛 사람을 다스리고 다윗의 아들들은
왕을 모시는 사람들의 우두머리가 되
니라

### 다윗이 암몬과 아람을 치다 (삼하 10:1-19)

19 그 후에 암몬 자손의 왕 나하스가 죽고
그의 아들이 대신하여 왕이 되니

2 다윗이 이르되 하눈의 아버지 나하스가
전에 내게 호의를 베풀었으니 이제 내
가 그의 아들 하눈에게 호의를 베풀리
라 하고 사절들을 보내서 그의 아버지
죽음을 문상하게 하니라 다윗의 신하들
이 암몬 자손의 땅에 이르러 하눈에게
나아가 문상하매
3 암몬 자손의 방백들이 하눈에게 말하되
왕은 다윗이 조문사절을 보낸 것이 왕
의 부친을 존경함인 줄로 여기시나이까
그의 신하들이 왕에게 나아온 것이 이
땅을 엿보고 정탐하여 전복시키고자 함
이 아니니이까 하는지라
4 하눈이 이에 다윗의 신하들을 잡아 그
들의 수염을 깎고 그 의복을 볼기 중간
까지 자르고 돌려보내매
5 어떤 사람이 다윗에게 가서 그 사람들
이 당한 일을 말하니라 그 사람들이 심
히 부끄러워하므로 다윗이 그들을 맞으
러 보내 왕이 이르기를 너희는 수염이
자라기까지 여리고에 머물다가 돌아오
라 하니라
6 암몬 자손이 자기가 다윗에게 밉게 한
줄 안지라 하눈과 암몬 자손은 더불어
은 천 달란트를 아람 나하라임과 아람
마아가와 소바에 보내 병거와 마병을
삯 내되
7 곧 병거 삼만 이천 대와 마아가 왕과
그의 군대를 고용하였더니 그들이 와서
메드바 앞에 진 치매 암몬 자손이 그
모든 성읍으로부터 모여 와서 싸우려
한지라
8 다윗이 듣고 요압과 용사의 온 무리를
보냈더니
9 암몬 자손은 나가서 성문 앞에 진을 치
고 도우러 온 여러 왕은 따로 들에 있

더라
10 요압이 앞 뒤에 친 적진을 보고 이스라
엘에서 뽑은 자 중에서 또 뽑아 아람
사람을 대하여 진을 치고
11 그 남은 무리는 그의 아우 아비새의 수
하에 맡겨 암몬 자손을 대하여 진을 치
게 하고
12 이르되 만일 아람 사람이 나보다 강하
면 네가 나를 돕고 만일 암몬 자손이
너보다 강하면 내가 너를 도우리라
13 너는 힘을 내라 우리가 우리 백성과 우
리 하나님의 성읍들을 위하여 힘을 내
자 여호와께서 선히 여기시는 대로 행
하시기를 원하노라 하고
14 요압과 그 추종자가 싸우려고 아람 사
람 앞에 나아가니 그들이 그 앞에서 도
망하고
15 암몬 자손은 아람 사람이 도망함을 보
고 그들도 요압의 아우 아비새 앞에서
도망하여 성읍으로 들어간지라 이에 요
압이 예루살렘으로 돌아오니라
16 아람 사람이 자기가 이스라엘 앞에서
패하였음을 보고 사신을 보내 강 건너
편에 있는 아람 사람을 불러내니 하닷
에셀의 군대사령관 소박이 그들을 거느
린지라
17 어떤 사람이 다윗에게 전하매 다윗이
온 이스라엘을 모으고 요단을 건너 아
람 사람에게 이르러 그들을 향하여 진
을 치니라 다윗이 아람 사람을 향하
여 진을 치매 그들이 다윗과 맞서 싸우
더니
18 아람 사람이 이스라엘 앞에서 도망한지
라 다윗이 아람 병거 칠천 대의 군사와
보병 사만 명을 죽이고 또 군대 지휘관
소박을 죽이매

19 하닷에셀의 부하들이 자기가 이스라엘
앞에서 패하였음을 보고 다윗과 더불어
화친하여 섬기고 그 후로는 아람 사람
이 암몬 자손 돕기를 원하지 아니하였
더라

### 다윗이 랍바를 함락시키다 (삼하 12:26-31)

20 해가 바뀌어 왕들이 출전할 때가 되매
요압이 그 군대를 거느리고 나가서 암
몬 자손의 땅을 격파하고 들어가 랍바
를 에워싸고 다윗은 예루살렘에 그대
로 있더니 요압이 랍바를 쳐서 함락시
키매
2 다윗이 그 왕의 머리에서 보석 있는 왕
관을 빼앗아 중량을 달아보니 금 한 달
란트라 그들의 왕관을 자기 머리에 쓰
니라 다윗이 또 그 성에서 노략한 물건
을 무수히 내오고
3 그 가운데 백성을 끌어내어 톱과 쇠도
끼와 돌써래로 일하게 하니라 다윗이
암몬 자손의 모든 성읍을 이같이 하고
다윗이 모든 백성과 함께 예루살렘으로
돌아오니라

### 블레셋 사람들과 싸우다 (삼하 21:15-22)

4 이 후에 블레셋 사람들과 게셀에서 전
쟁할 때에 후사 사람 십브개가 키가 큰
자의 아들 중에 십배를 쳐죽이매 그들
이 항복하였더라
5 다시 블레셋 사람들과 전쟁할 때에 야
일의 아들 엘하난이 가드 사람 골리앗
의 아우 라흐미를 죽였는데 이 사람의
창자루는 베틀채 같았더라
6 또 가드에서 전쟁할 때에 그 곳에 키
큰 자 하나는 손과 발에 가락이 여섯씩
모두 스물넷이 있는데 그도 키가 큰 자
의 소생이라
7 그가 이스라엘을 능욕하므로 다윗의 형

시므아의 아들 요나단이 그를 죽이니라
8 가드의 키 큰 자의 소생이라도 다윗의
손과 그 신하의 손에 다 죽었더라

### 다윗의 인구 조사 (삼하 24:1-25)

21 사탄이 일어나 이스라엘을 대적하고 다
윗을 충동하여 이스라엘을 계수하게 하
니라
2 다윗이 요압과 백성의 지도자들에게 이
르되 너희는 가서 브엘세바에서부터 단
까지 이스라엘을 계수하고 돌아와 내게
보고하여 그 수효를 알게 하라 하니
3 요압이 아뢰되 여호와께서 그 백성을
지금보다 백 배나 더하시기를 원하나이
다 내 주 왕이여 이 백성이 다 내 주의
종이 아니니이까 내 주께서 어찌하여
이 일을 명령하시나이까 어찌하여 이스
라엘이 범죄하게 하시나이까 하나
4 왕의 명령이 요압을 재촉한지라 드디어
요압이 떠나 이스라엘 땅에 두루 다닌
후에 예루살렘으로 돌아와
5 요압이 백성의 수효를 다윗에게 보고
하니 이스라엘 중에 칼을 뺄 만한 자가
백십만 명이요 유다 중에 칼을 뺄 만한
자가 사십칠만 명이라
6 요압이 왕의 명령을 마땅치 않게 여겨
레위와 베냐민 사람은 계수하지 아니하
였더라
7 하나님이 이 일을 악하게 여기사 이스
라엘을 치시매
8 다윗이 하나님께 아뢰되 내가 이 일을
행함으로 큰 죄를 범하였나이다 이제
간구하옵나니 종의 죄를 용서하여 주옵
소서 내가 심히 미련하게 행하였나이다
하니라
9 여호와께서 다윗의 선견자 갓에게 말씀
하여 이르시되

10 가서 다윗에게 말하여 이르기를 여호
와의 말씀이 내가 네게 세 가지를 내어
놓으리니 그 중에서 하나를 네가 택하
라 내가 그것을 네게 행하리라 하셨다
하라 하신지라
11 갓이 다윗에게 나아가 그에게 말하되
여호와의 말씀이 너는 마음대로 택하라
12 혹 삼년 기근이든지 혹 네가 석 달을
적군에게 패하여 적군의 칼에 쫓길 일
이든지 혹 여호와의 칼 곧 전염병이 사
흘 동안 이 땅에 유행하며 여호와의 천
사가 이스라엘 온 지경을 멸할 일이든
지라고 하셨나니 내가 무슨 말로 나를
보내신 이에게 대답할지를 결정하소서
하니
13 다윗이 갓에게 이르되 내가 곤경에 빠
졌도다 여호와께서는 긍휼이 심히 크
시니 내가 그의 손에 빠지고 사람의 손
에 빠지지 아니하기를 원하나이다 하는
지라
14 이에 여호와께서 이스라엘 백성에게 전
염병을 내리시매 이스라엘 백성 중에서
죽은 자가 칠만 명이었더라
15 하나님이 예루살렘을 멸하러 천사를 보
내셨더니 천사가 멸하려 할 때에 여호
와께서 보시고 이 재앙 내림을 뉘우치
사 멸하는 천사에게 이르시되 족하다
이제는 네 손을 거두라 하시니 그 때에
여호와의 천사가 여부스 사람 오르난의
타작 마당 곁에 선지라
16 다윗이 눈을 들어 보매 여호와의 천사
가 천지 사이에 섰고 칼을 빼어 손에
들고 예루살렘 하늘을 향하여 편지라
다윗이 장로들과 더불어 굵은 베를 입
고 얼굴을 땅에 대고 엎드려
17 하나님께 아뢰되 명령하여 백성을 계

수하게 한 자가 내가 아니니이까 범죄
하고 악을 행한 자는 곧 나이니이다 이
양 떼는 무엇을 행하였나이까 청하건대
나의 하나님 여호와여 주의 손으로 나
와 내 아버지의 집을 치시고 주의 백성
에게 재앙을 내리지 마옵소서 하니라
18 여호와의 천사가 갓에게 명령하여 다윗
에게 이르시기를 다윗은 올라가서 여부
스 사람 오르난의 타작 마당에서 여호
와를 위하여 제단을 쌓으라 하신지라
19 이에 갓이 여호와의 이름으로 이른 말
씀대로 다윗이 올라가니라
20 그 때에 오르난이 밀을 타작하다가 돌
이켜 천사를 보고 오르난이 네 명의 아
들과 함께 숨었더니
21 다윗이 오르난에게 나아가매 오르난이
내다보다가 다윗을 보고 타작 마당에
서 나와 얼굴을 땅에 대고 다윗에게 절
하매
22 다윗이 오르난에게 이르되 이 타작하는
곳을 내게 넘기라 너는 상당한 값으로
내게 넘기라 내가 여호와를 위하여 여
기 한 제단을 쌓으리니 그리하면 전염
병이 백성 중에서 그치리라 하니
23 오르난이 다윗에게 말하되 왕은 취하
소서 내 주 왕께서 좋게 여기시는 대로
행하소서 보소서 내가 이것들을 드리나
이다 소들은 번제물로, 곡식 떠는 기계
는 화목으로, 밀은 소제물로 삼으시기
위하여 다 드리나이다 하는지라
24 다윗 왕이 오르난에게 이르되 그렇지
아니하다 내가 반드시 상당한 값으로
사리라 내가 여호와께 드리려고 네 물
건을 빼앗지 아니하겠고 값 없이는 번
제를 드리지도 아니하리라 하니라
25 그리하여 다윗은 그 터 값으로 금 육백

세겔을 달아 오르난에게 주고
26 다윗이 거기서 여호와를 위하여 제단
을 쌓고 번제와 화목제를 드려 여호와
께 아뢰었더니 여호와께서 하늘에서부
터 번제단 위에 불을 내려 응답하시고
27 여호와께서 천사를 명령하시매 그가 칼
을 칼집에 꽂았더라
28 이 때에 다윗이 여호와께서 여부스 사
람 오르난의 타작 마당에서 응답하심을
보고 거기서 제사를 드렸으니
29 옛적에 모세가 광야에서 지은 여호와의
성막과 번제단이 그 때에 기브온 산당
에 있었으나
30 다윗이 여호와의 천사의 칼을 두려워
하여 감히 그 앞에 가서 하나님께 묻지
못하더라
22 다윗이 이르되 이는 여호와 하나님의
성전이요 이는 이스라엘의 번제단이라
하였더라

### 성전 건축 준비

2 다윗이 명령하여 이스라엘 땅에 거류
하는 이방 사람을 모으고 석수를 시켜
하나님의 성전을 건축할 돌을 다듬게
하고
3 다윗이 또 문짝 못과 거멀 못에 쓸 철
을 많이 준비하고 또 무게를 달 수 없
을 만큼 심히 많은 놋을 준비하고
4 또 백향목을 무수히 준비하였으니 이는
시돈 사람과 두로 사람이 백향목을 다
윗에게로 많이 수운하여 왔음이라
5 다윗이 이르되 내 아들 솔로몬은 어
리고 미숙하고 여호와를 위하여 건축
할 성전은 극히 웅장하여 만국에 명성
과 영광이 있게 하여야 할지라 그러므
로 내가 이제 그것을 위하여 준비하리
라 하고 다윗이 죽기 전에 많이 준비하

였더라
6 다윗이 그의 아들 솔로몬을 불러 이스
라엘 하나님 여호와를 위하여 성전 건
축하기를 부탁하여
7 다윗이 솔로몬에게 이르되 내 아들아
나는 내 하나님 여호와의 이름을 위하
여 성전을 건축할 마음이 있었으나
8 여호와의 말씀이 내게 임하여 이르시되
너는 피를 심히 많이 흘렸고 크게 전쟁
하였느니라 네가 내 앞에서 땅에 피를
많이 흘렸은즉 내 이름을 위하여 성전
을 건축하지 못하리라
9 보라 한 아들이 네게서 나리니 그는 온
순한 사람이라 내가 그로 주변 모든 대
적에게서 평온을 얻게 하리라 그의 이
름을 솔로몬이라 하리니 이는 내가 그
의 생전에 평안과 안일함을 이스라엘에
게 줄 것임이니라
10 그가 내 이름을 위하여 성전을 건축할
지라 그는 내 아들이 되고 나는 그의
아버지가 되어 그 나라 왕위를 이스라
엘 위에 굳게 세워 영원까지 이르게 하
리라 하셨나니
11 이제 내 아들아 여호와께서 너와 함께
계시기를 원하며 네가 형통하여 여호와
께서 네게 대하여 말씀하신 대로 네 하
나님 여호와의 성전을 건축하며
12 여호와께서 네게 지혜와 총명을 주사
네게 이스라엘을 다스리게 하시고 네
하나님 여호와의 율법을 지키게 하시기
를 더욱 원하노라
13 그 때에 네가 만일 여호와께서 모세를
통하여 이스라엘에게 명령하신 모든 규
례와 법도를 삼가 행하면 형통하리니
강하고 담대하여 두려워하지 말고 놀라
지 말지어다

14 내가 환난 중에 여호와의 성전을 위하
여 금 십만 달란트와 은 백만 달란트와
놋과 철을 그 무게를 달 수 없을 만큼
심히 많이 준비하였고 또 재목과 돌을
준비하였으나 너는 더할 것이며
15 또 장인이 네게 많이 있나니 곧 석수와
목수와 온갖 일에 익숙한 모든 사람이
니라
16 금과 은과 놋과 철이 무수하니 너는 일
어나 일하라 여호와께서 너와 함께 계
실지로다 하니라
17 다윗이 또 이스라엘 모든 방백에게 명
령하여 그의 아들 솔로몬을 도우라 하
여 이르되
18 너희 하나님 여호와께서 너희와 함께
계시지 아니하시느냐 사면으로 너희에
게 평온함을 주지 아니하셨느냐 이 땅
주민을 내 손에 넘기사 이 땅으로 여
호와와 그의 백성 앞에 복종하게 하셨
나니
19 이제 너희는 마음과 뜻을 바쳐서 너희
하나님 여호와를 구하라 그리고 일어나
서 여호와 하나님의 성전을 건축하고
여호와의 언약궤와 하나님 성전의 기
물을 가져다가 여호와의 이름을 위하여
건축한 성전에 들이게 하라 하였더라

### 레위 사람의 일

23 다윗이 나이가 많아 늙으매 아들 솔로
몬을 이스라엘 왕으로 삼고
2 이스라엘 모든 방백과 제사장과 레위
사람을 모았더라
3 레위 사람은 삼십 세 이상으로 계수하
니 모든 남자의 수가 삼만 팔천 명인데
4 그 중의 이만 사천 명은 여호와의 성전
의 일을 보살피는 자요 육천 명은 관원
과 재판관이요

5 사천 명은 문지기요 사천 명은 그가 여
호와께 찬송을 드리기 위하여 만든 악
기로 찬송하는 자들이라
6 다윗이 레위의 아들들을 게르손과 그
핫과 므라리에 따라 각 반으로 나누었
더라
7 게르손 자손은 라단과 시므이라
8 라단의 아들들은 우두머리 여히엘과 또
세담과 요엘 세 사람이요
9 시므이의 아들들은 슬로밋과 하시엘과
하란 세 사람이니 이는 라단의 우두머
리들이며
10 또 시므이의 아들들은 야핫과 시나와
여우스와 브리아이니 이 네 사람도 시
므이의 아들이라
11 그 우두머리는 야핫이요 그 다음은 시
사며 여우스와 브리아는 아들이 많지
아니하므로 그들과 한 조상의 가문으로
계수되었더라
12 그핫의 아들들은 아므람과 이스할과 헤
브론과 웃시엘 네 사람이라
13 아므람의 아들들은 아론과 모세이니 아
론은 그 자손들과 함께 구별되어 몸을
성결하게 하여 영원토록 심히 거룩한
자가 되어 여호와 앞에 분향하고 섬기
며 영원토록 그 이름으로 축복하게 되
었느니라
14 하나님의 사람 모세의 아들들은 레위
지파 중에 기록되었으니
15 모세의 아들은 게르솜과 엘리에셀이라
16 게르솜의 아들중에 스브엘이 우두머리
가 되었고
17 엘리에셀의 아들들은 우두머리 르하뱌
라 엘리에셀에게 이 외에는 다른 아들
이 없고 르하뱌의 아들들은 심히 많았
으며

18 이스할의 아들들은 우두머리 슬로밋
이요
19 헤브론의 아들들은 우두머리 여리야와
둘째 아마랴와 셋째 야하시엘과 넷째
여가므암이며
20 웃시엘의 아들들은 우두머리 미가와 그
다음 잇시야더라
21 므라리의 아들들은 마흘리와 무시요 마
흘리의 아들들은 엘르아살과 기스라
22 엘르아살이 아들이 없이 죽고 딸만 있
더니 그의 형제 기스의 아들이 그에게
장가 들었으며
23 무시의 아들들은 마흘리와 에델과 여레
못 세 사람이더라
24 이는 다 레위 자손이니 그 조상의 가문
을 따라 계수된 이름이 기록되고 여호
와의 성전에서 섬기는 일을 하는 이십
세 이상 된 우두머리들이라
25 다윗이 이르기를 이스라엘 하나님 여호
와께서 평강을 그의 백성에게 주시고
예루살렘에 영원히 거하시나니
26 레위 사람이 다시는 성막과 그 가운데
에서 쓰는 모든 기구를 멜 필요가 없다
한지라
27 다윗의 유언대로 레위 자손이 이십 세
이상으로 계수되었으니
28 그 직분은 아론의 자손을 도와 여호와
의 성전과 뜰과 골방에서 섬기고 또 모
든 성물을 정결하게 하는 일 곧 하나님
의 성전에서 섬기는 일과
29 또 진설병과 고운 가루의 소제물 곧 무
교전병이나 과자를 굽는 것이나 반죽하
는 것이나 또 모든 저울과 자를 맡고
30 아침과 저녁마다 서서 여호와께 감사하
고 찬송하며
31 또 안식일과 초하루와 절기에 모든 번

제를 여호와께 드리되 그가 명령하신
규례의 정한 수효대로 항상 여호와 앞
에 드리며
32 또 회막의 직무와 성소의 직무와 그들
의 형제 아론 자손의 직무를 지켜 여호
와의 성전에서 수종드는 것이더라

## 제사장 직분을 맡은 사람들

24 아론 자손의 계열들이 이러하니라 아
론의 아들들은 나답과 아비후와 엘르아
살과 이다말이라
2 나답과 아비후가 그들의 아버지보다 먼
저 죽고 그들에게 아들이 없으므로 엘
르아살과 이다말이 제사장의 직분을 행
하였더라
3 다윗이 엘르아살의 자손 사독과 이다말
의 자손 아히멜렉과 더불어 그들을 나
누어 각각 그 섬기는 직무를 맡겼는데
4 엘르아살의 자손 중에 우두머리가 이다
말의 자손보다 많으므로 나눈 것이 이
러하니 엘르아살 자손의 우두머리가 열
여섯 명이요 이다말 자손은 그 조상들
의 가문을 따라 여덟 명이라
5 이에 제비 뽑아 피차에 차등이 없이 나
누었으니 이는 성전의 일을 다스리는
자와 하나님의 일을 다스리는 자가 엘
르아살의 자손 중에도 있고 이다말의
자손 중에도 있음이라
6 레위 사람 느다넬의 아들 서기관 스마
야가 왕과 방백과 제사장 사독과 아비
아달의 아들 아히멜렉과 및 제사장과
레위 사람의 우두머리 앞에서 그 이름
을 기록하여 엘르아살의 자손 중에서
한 집을 뽑고 이다말의 자손 중에서 한
집을 뽑았으니
7 첫째로 제비 뽑힌 자는 여호야립이요
둘째는 여다야요

8 셋째는 하림이요 넷째는 스오림이요
9 다섯째는 말기야요 여섯째는 미야민
이요
10 일곱째는 학고스요 여덟째는 아비야요
11 아홉째는 예수아요 열째는 스가냐요
12 열한째는 엘리아십이요 열두째는 야김
이요
13 열셋째는 훕바요 열넷째는 예세브압
이요
14 열다섯째는 빌가요 열여섯째는 임멜
이요
15 열일곱째는 헤실이요 열여덟째는 합비
세스요
16 열아홉째는 브다히야요 스무째는 여헤
스겔이요
17 스물한째는 야긴이요 스물두째는 가물
이요
18 스물셋째는 들라야요 스물넷째는 마아
시야라
19 이와 같은 직무에 따라 여호와의 성전
에 들어가서 그의 아버지 아론을 도왔
으니 이는 이스라엘의 하나님 여호와께
서 명하신 규례더라

### 레위 자손 중에 남은 자들

20 레위 자손 중에 남은 자는 이러하니 아
므람의 아들들 중에는 수바엘이요 수바
엘의 아들들 중에는 예드야며
21 르하뱌에게 이르러는 그의 아들들 중에
우두머리 잇시야요
22 이스할의 아들들 중에는 슬로못이요 슬
로못의 아들들 중에는 야핫이요
23 헤브론의 아들들은 장자 여리야와 둘째
아마랴와 셋째 야하시엘과 넷째 여가므
암이요
24 웃시엘의 아들들은 미가요 미가의 아들
들 중에는 사밀이요

25 미가의 아우는 잇시야라 잇시야의 아들
들 중에는 스가랴이며
26 므라리의 아들들은 마흘리와 무시요 야
아시야의 아들들은 브노이니
27 므라리의 자손 야아시야에게서 난 자는
브노와 소함과 삭굴과 이브리요
28 마흘리의 아들 중에는 엘르아살이니 엘
르아살은 아들이 없으며
29 기스에게 이르러는 그의 아들 여라므엘
이요
30 무시의 아들들은 마흘리와 에델과 여리
못이니 이는 다 그 조상의 가문에 따라
기록한 레위 자손이라
31 이 여러 사람도 다윗 왕과 사독과 아히
멜렉과 제사장과 레위 우두머리 앞에서
그들의 형제 아론 자손처럼 제비 뽑혔
으니 장자의 가문과 막내 동생의 가문
이 다름이 없더라

## 찬송을 맡은 사람들

25 다윗이 군대 지휘관들과 더불어 아삽
과 헤만과 여두둔의 자손 중에서 구별
하여 섬기게 하되 수금과 비파와 제금
을 잡아 신령한 노래를 하게 하였으니
그 직무대로 일하는 자의 수효는 이러
하니라
2 아삽의 아들들은 삭굴과 요셉과 느다냐
와 아사렐라니 이 아삽의 아들들이 아
삽의 지휘 아래 왕의 명령을 따라 신령
한 노래를 하며
3 여두둔에게 이르러서는 그의 아들들 그
달리야와 스리와 여사야와 시므이와 하
사뱌와 맛디디야 여섯 사람이니 그의
아버지 여두둔의 지휘 아래 수금을 잡
아 신령한 노래를 하며 여호와께 감사
하며 찬양하며
4 헤만에게 이르러는 그의 아들들 북기야

와 맛다냐와 웃시엘과 스브엘과 여리못
과 하나냐와 하나니와 엘리아다와 깃달
디와 로맘디에셀과 요스브가사와 말로
디와 호딜과 마하시옷이라
5 이는 다 헤만의 아들들이니 나팔을 부
는 자들이며 헤만은 하나님의 말씀을
가진 왕의 선견자라 하나님이 헤만에게
열네 아들과 세 딸을 주셨더라
6 이들이 다 그들의 아버지의 지휘 아래
제금과 비파와 수금을 잡아 여호와의
전에서 노래하여 하나님의 전을 섬겼으
며 아삽과 여두둔과 헤만은 왕의 지휘
아래 있었으니
7 그들과 모든 형제 곧 여호와 찬송하기
를 배워 익숙한 자의 수효가 이백팔십
팔 명이라
8 이 무리의 큰 자나 작은 자나 스승이나
제자를 막론하고 다같이 제비 뽑아 직
임을 얻었으니
9 첫째로 제비 뽑힌 자는 아삽의 아들 중
요셉이요 둘째는 그달리야이니 그와 그
의 형제들과 아들들 십이 명이요
10 셋째는 삭굴이니 그의 아들들과 형제들
과 십이 명이요
11 넷째는 이스리이니 그의 아들들과 형제
들과 십이 명이요
12 다섯째는 느다냐니 그의 아들들과 형제
들과 십이 명이요
13 여섯째는 북기야니 그의 아들들과 형제
들과 십이 명이요
14 일곱째는 여사렐라니 그의 아들들과 형
제들과 십이 명이요
15 여덟째는 여사야니 그의 아들들과 형제
들과 십이 명이요
16 아홉째는 맛다냐니 그의 아들들과 형제
들과 십이 명이요

17 열째는 시므이니 그의 아들들과 형제들
과 십이 명이요
18 열한째는 아사렐이니 그의 아들들과 형
제들과 십이 명이요
19 열두째는 하사뱌니 그의 아들들과 형제
들과 십이 명이요
20 열셋째는 수바엘이니 그의 아들들과 형
제들과 십이 명이요
21 열넷째는 맛디디야니 그의 아들들과 형
제들과 십이 명이요
22 열다섯째는 여레못이니 그의 아들들과
형제들과 십이 명이요
23 열여섯째는 하나냐니 그의 아들들과 형
제들과 십이 명이요
24 열일곱째는 요스브가사니 그의 아들들
과 형제들과 십이 명이요
25 열여덟째는 하나니니 그의 아들들과 형
제들과 십이 명이요
26 열아홉째는 말로디니 그의 아들들과 형
제들과 십이 명이요
27 스무째는 엘리아다니 그의 아들들과 형
제들과 십이 명이요
28 스물한째는 호딜이니 그의 아들들과 형
제들과 십이 명이요
29 스물두째는 깃달디니 그의 아들들과 형
제들과 십이 명이요
30 스물셋째는 마하시옷이니 그의 아들들
과 형제들과 십이 명이요
31 스물넷째는 로맘디에셀이니 그의 아들
들과 형제들과 십이 명이었더라

## 성전 문지기

26 고라 사람들의 문지기 반들은 이러하
니라 아삽의 가문 중 고레의 아들 므셀
레먀라
2 므셀레먀의 아들들인 맏아들 스가랴와
둘째 여디야엘과 셋째 스바댜와 넷째

야드니엘과
3 다섯째 엘람과 여섯째 여호하난과 일곱
째 엘여호에내이며
4 오벧에돔의 아들들은 맏아들 스마야와
둘째 여호사밧과 셋째 요아와 넷째 사
갈과 다섯째 느다넬과
5 여섯째 암미엘과 일곱째 잇사갈과 여덟
째 브울래대이니 이는 하나님이 오벧에
돔에게 복을 주셨음이라
6 그의 아들 스마야도 두어 아들을 낳았
으니 그들의 조상의 가문을 다스리는
자요 큰 용사라
7 스마야의 아들들은 오드니와 르바엘과
오벳과 엘사밧이며 엘사밧의 형제 엘리
후와 스마갸는 능력이 있는 자이니
8 이는 다 오벧에돔의 자손이라 그들과
그의 아들들과 그의 형제들은 다 능력
이 있어 그 직무를 잘하는 자이니 오벧
에돔에게서 난 자가 육십이 명이며
9 또 므셀레먀의 아들과 형제 열여덟 명
은 능력이 있는 자라
10 므라리 자손 중 호사에게도 아들들이
있으니 그의 장자는 시므리라 시므리는
본래 맏아들이 아니나 그의 아버지가
장자로 삼았고
11 둘째는 힐기야요 셋째는 드발리야요 넷
째는 스가랴이니 호사의 아들들과 형제
들이 열세 명이더라
12 이상은 다 문지기의 반장으로서 그 형
제처럼 직임을 얻어 여호와의 성전에서
섬기는 자들이라
13 각 문을 지키기 위하여 그의 조상의 가
문을 따라 대소를 막론하고 다 제비 뽑
혔으니
14 셀레먀는 동쪽을 뽑았고 그의 아들 스
가랴는 명철한 모사라 모사를 위하여

제비 뽑으니 북쪽을 뽑았고
15 오벧에돔은 남쪽을 뽑았고 그의 아들들
은 곳간에 뽑혔으며
16 숩빔과 호사는 서쪽을 뽑아 큰 길로 통
한 살래겟 문 곁에 있어 서로 대하여
파수하였으니
17 동쪽 문에 레위 사람이 여섯이요 북쪽
문에 매일 네 사람이요 남쪽 문에 매일
네 사람이요 곳간에는 둘씩이며
18 서쪽 뜰에 있는 큰 길에 네 사람 그리
고 뜰에 두 사람이라
19 고라와 므라리 자손의 문지기의 직책은
이러하였더라

### 성전 곳간을 맡은 사람들

20 레위 사람 중에 아히야는 하나님의 전
곳간과 성물 곳간을 맡았으며
21 라단의 자손은 곧 라단에게 속한 게르
손 사람의 자손이니 게르손 사람 라단
에게 속한 가문의 우두머리는 여히엘
리라
22 여히엘리의 아들들은 스담과 그의 아우
요엘이니 여호와의 성전 곳간을 맡았고
23 아므람 자손과 이스할 자손과 헤브론
자손과 웃시엘 자손 중에
24 모세의 아들 게르솜의 자손 스브엘은
곳간을 맡았고
25 그의 형제 곧 엘리에셀에게서 난 자는
그의 아들 르하뱌와 그의 아들 여사야
와 그의 아들 요람과 그의 아들 시그리
와 그의 아들 슬로못이라
26 이 슬로못과 그의 형제는 성물의 모든
곳간을 맡았으니 곧 다윗 왕과 가문의
우두머리와 천부장과 백부장과 군대의
모든 지휘관이 구별하여 드린 성물이라
27 그들이 싸울 때에 노략하여 얻은 물건
중에서 구별하여 드려 여호와의 성전을

개수한 일과
28 선견자 사무엘과 기스의 아들 사울과
넬의 아들 아브넬과 스루야의 아들 요
압이 무엇이든지 구별하여 드린 성물은
다 슬로못과 그의 형제의 지휘를 받았
더라

### 다른 레위 사람들의 직임

29 이스할 자손 중에 그나냐와 그의 아들
들은 성전 밖에서 이스라엘의 일을 다
스리는 관원과 재판관이 되었고
30 헤브론 자손 중에 하사뱌와 그의 동족
용사 천칠백 명은 요단 서쪽에서 이스
라엘을 주관하여 여호와의 모든 일과
왕을 섬기는 직임을 맡았으며
31 헤브론 자손 중에서는 여리야가 그의
족보와 종족대로 헤브론 자손의 우두머
리가 되었더라 다윗이 왕 위에 있은 지
사십 년에 길르앗 야셀에서 그들 중에
구하여 큰 용사를 얻었으니
32 그의 형제 중 이천칠백 명이 다 용사요
가문의 우두머리라 다윗 왕이 그들로
르우벤과 갓과 므낫세 반 지파를 주관
하여 하나님의 모든 일과 왕의 일을 다
스리게 하였더라

### 모든 가문의 우두머리와 관원들

27 이스라엘 자손의 모든 가문의 우두머
리와 천부장과 백부장과 왕을 섬기는
관원들이 그들의 숫자대로 반이 나누
이니 각 반열이 이만 사천 명씩이라 일
년 동안 달마다 들어가며 나왔으니
2 첫째 달 반의 반장은 삽디엘의 아들 야
소브암이요 그의 반에 이만 사천 명
이라
3 그는 베레스의 자손으로서 첫째 달 반
의 모든 지휘관의 우두머리가 되었고
4 둘째 달 반의 반장은 아호아 사람 도대

요 또 미글롯이 그의 반의 주장이 되었
으니 그의 반에 이만 사천 명이요
5 셋째 달 군대의 셋째 지휘관은 대제사
장 여호야다의 아들 브나야요 그의 반
에 이만 사천 명이라
6 이 브나야는 삼십 명 중에 용사요 삼십
명 위에 있으며 그의 반 중에 그의 아
들 암미사밧이 있으며
7 넷째 달 넷째 지휘관은 요압의 아우 아
사헬이요 그 다음은 그의 아들 스바댜
이니 그의 반에 이만 사천 명이요
8 다섯째 달 다섯째 지휘관은 이스라 사람
삼훗이니 그의 반에 이만 사천 명이요
9 여섯째 달 여섯째 지휘관은 드고아 사
람 익게스의 아들 이라이니 그의 반에
이만 사천 명이요
10 일곱째 달 일곱째 지휘관은 에브라임
자손에 속한 발론 사람 헬레스이니 그
의 반에 이만 사천 명이요
11 여덟째 달 여덟째 지휘관은 세라 족속
후사 사람 십브개이니 그의 반에 이만
사천 명이요
12 아홉째 달 아홉째 지휘관은 베냐민 자
손 아나돗 사람 아비에셀이니 그의 반
에 이만 사천 명이요
13 열째 달 열째 지휘관은 세라 족속 느도
바 사람 마하래이니 그의 반에 이만 사
천 명이요
14 열한째 달 열한째 지휘관은 에브라임
자손에 속한 비라돈 사람 브나야이니
그의 반에 이만 사천 명이요
15 열두째 달 열두째 지휘관은 옷니엘 자
손에 속한 느도바 사람 헬대니 그 반에
이만 사천 명이었더라

### 각 지파를 관할하는 자들

16 이스라엘 지파를 관할하는 자는 이러하

니라 르우벤 사람의 지도자는 시그리의
아들 엘리에셀이요 시므온 사람의 지도
자는 마아가의 아들 스바댜요
17 레위 사람의 지도자는 그무엘의 아들 하
사뱌요 아론 자손의 지도자는 사독이요
18 유다의 지도자는 다윗의 형 엘리후요
잇사갈의 지도자는 미가엘의 아들 오므
리요
19 스불론의 지도자는 오바댜의 아들 이스
마야요 납달리의 지도자는 아스리엘의
아들 여레못이요
20 에브라임 자손의 지도자는 아사시야의
아들 호세아요 므낫세 반 지파의 지도
자는 브다야의 아들 요엘이요
21 길르앗에 있는 므낫세 반 지파의 지도
자는 스가랴의 아들 잇도요 베냐민의
지도자는 아브넬의 아들 야아시엘이요
22 단은 여로함의 아들 아사렐이니 이들은
이스라엘 지파의 지휘관이었더라
23 이스라엘 사람의 이십 세 이하의 수효
는 다윗이 조사하지 아니하였으니 이는
여호와께서 전에 말씀하시기를 이스라
엘 사람을 하늘의 별 같이 많게 하리라
하셨음이라
24 스루야의 아들 요압이 조사하기를 시작
하고 끝내지도 못해서 그 일로 말미암
아 진노가 이스라엘에게 임한지라 그
수효를 다윗 왕의 역대지략에 기록하지
아니하였더라

### 왕의 재산을 맡은 자들

25 아디엘의 아들 아스마웻은 왕의 곳간을
맡았고 웃시야의 아들 요나단은 밭과
성읍과 마을과 망대의 곳간을 맡았고
26 글룹의 아들 에스리는 밭 가는 농민을
거느렸고
27 라마 사람 시므이는 포도원을 맡았고

스밤 사람 삽디는 포도원의 소산 포도
주 곳간을 맡았고
28 게델 사람 바알하난은 평야의 감람나무
와 뽕나무를 맡았고 요아스는 기름 곳
간을 맡았고
29 사론 사람 시드래는 사론에서 먹이는
소 떼를 맡았고 아들래의 아들 사밧은
골짜기에 있는 소 떼를 맡았고
30 이스마엘 사람 오빌은 낙타를 맡았고
메로놋 사람 예드야는 나귀를 맡았고
하갈 사람 야시스는 양 떼를 맡았으니
31 다윗 왕의 재산을 맡은 자들이 이러하
였더라

## 다윗을 섬기는 사람들

32 다윗의 숙부 요나단은 지혜가 있어서 모
사가 되며 서기관도 되었고 학모니의 아
들 여히엘은 왕자들의 수종자가 되었고
33 아히도벨은 왕의 모사가 되었고 아렉
사람 후새는 왕의 벗이 되었고
34 브나야의 아들 여호야다와 아비아달은
아히도벨의 뒤를 이었고 요압은 왕의
군대 지휘관이 되었더라

## 다윗이 성전 건축을 지시하다

28 다윗이 이스라엘 모든 고관들 곧 각
지파의 어른과 왕을 섬기는 반장들과
천부장들과 백부장들과 및 왕과 왕자의
모든 소유와 가축의 감독과 내시와 장
사와 모든 용사를 예루살렘으로 소집
하고
2 이에 다윗 왕이 일어서서 이르되 나의
형제들, 나의 백성들아 내 말을 들으라
나는 여호와의 언약궤 곧 우리 하나님
의 발판을 봉안할 성전을 건축할 마음
이 있어서 건축할 재료를 준비하였으나
3 하나님이 내게 이르시되 너는 전쟁을
많이 한 사람이라 피를 많이 흘렸으니

내 이름을 위하여 성전을 건축하지 못
하리라 하셨느니라
4 그러나 이스라엘 하나님 여호와께서 전
에 나를 내 부친의 온 집에서 택하여
영원히 이스라엘 왕이 되게 하셨나니
곧 하나님이 유다 지파를 택하사 머리
를 삼으시고 유다의 가문에서 내 부친
의 집을 택하시고 내 부친의 아들들 중
에서 나를 기뻐하사 온 이스라엘의 왕
을 삼으셨느니라
5 여호와께서 내게 여러 아들을 주시고
그 모든 아들 중에서 내 아들 솔로몬을
택하사 여호와의 나라 왕위에 앉혀 이
스라엘을 다스리게 하려 하실새
6 내게 이르시기를 네 아들 솔로몬 그가
내 성전을 건축하고 내 여러 뜰을 만들
리니 이는 내가 그를 택하여 내 아들로
삼고 나는 그의 아버지가 될 것임이라
7 그가 만일 나의 계명과 법도를 힘써 준
행하기를 오늘과 같이 하면 내가 그의
나라를 영원히 견고하게 하리라 하셨느
니라
8 이제 너희는 온 이스라엘 곧 여호와의
회중이 보는 데에서와 우리 하나님이
들으시는 데에서 너희 하나님 여호와의
모든 계명을 구하여 지키기로 하라 그
리하면 너희가 이 아름다운 땅을 누리
고 너희 후손에게 끼쳐 영원한 기업이
되게 하리라
9 내 아들 솔로몬아 너는 네 아버지의 하
나님을 알고 온전한 마음과 기쁜 뜻으
로 섬길지어다 여호와께서는 모든 마음
을 감찰하사 모든 의도를 아시나니 네
가 만일 그를 찾으면 만날 것이요 만일
네가 그를 버리면 그가 너를 영원히 버
리시리라

10 그런즉 이제 너는 삼갈지어다 여호와께
서 너를 택하여 성전의 건물을 건축하
게 하셨으니 힘써 행할지니라 하니라
11 다윗이 성전의 복도와 그 집들과 그 곳
간과 다락과 골방과 속죄소의 설계도를
그의 아들 솔로몬에게 주고
12 또 그가 영감으로 받은 모든 것 곧 여
호와의 성전의 뜰과 사면의 모든 방과
하나님의 성전 곳간과 성물 곳간의 설
계도를 주고
13 또 제사장과 레위 사람의 반열과 여호
와의 성전에서 섬기는 모든 일과 여호
와의 성전을 섬기는 데에 쓰는 모든 그
릇의 양식을 설명하고
14 또 모든 섬기는 데에 쓰는 금 기구를
만들 금의 무게와 모든 섬기는 데에 쓰
는 은 기구를 만들 은의 무게를 정하고
15 또 금 등잔대들과 그 등잔 곧 각 등잔
대와 그 등잔을 만들 금의 무게와 은
등잔대와 그 등잔을 만들 은의 무게를
각기 그 기구에 알맞게 하고
16 또 진설병의 각 상을 만들 금의 무게를
정하고 은상을 만들 은도 그렇게 하고
17 갈고리와 대접과 종지를 만들 순금과
금 잔 곧 각 잔을 만들 금의 무게와 또
은 잔 곧 각 잔을 만들 은의 무게를 정
하고
18 또 향단에 쓸 순금과 또 수레 곧 금 그
룹들의 설계도대로 만들 금의 무게를
정해 주니 이 그룹들은 날개를 펴서 여
호와의 언약궤를 덮는 것이더라
19 다윗이 이르되 여호와의 손이 내게 임
하여 이 모든 일의 설계를 그려 나에게
알려 주셨느니라
20 또 그의 아들 솔로몬에게 이르되 너는
강하고 담대하게 이 일을 행하라 두려

위하지 말며 놀라지 말라 네가 여호와
의 성전 공사의 모든 일을 마치기까지
여호와 하나님 나의 하나님이 너와 함
께 계시사 네게서 떠나지 아니하시고
너를 버리지 아니하시리라
21 제사장과 레위 사람의 반이 있으니 하
나님의 성전의 모든 공사를 도울 것이
요 또 모든 공사에 유능한 기술자가 기
쁜 마음으로 너와 함께 할 것이요 또
모든 지휘관과 백성이 온전히 네 명령
아래에 있으리라

## 성전 건축에 쓸 예물

29 다윗 왕이 온 회중에게 이르되 내 아
들 솔로몬이 유일하게 하나님께서 택하
신 바 되었으나 아직 어리고 미숙하며
이 공사는 크도다 이 성전은 사람을 위
한 것이 아니요 여호와 하나님을 위한
것이라
2 내가 이미 내 하나님의 성전을 위하여
힘을 다하여 준비하였나니 곧 기구를
만들 금과 은과 놋과 철과 나무와 또
마노와 가공할 검은 보석과 채석과 다
른 모든 보석과 옥돌이 매우 많으며
3 성전을 위하여 준비한 이 모든 것 외에
도 내 마음이 내 하나님의 성전을 사모
하므로 내가 사유한 금, 은으로 내 하
나님의 성전을 위하여 드렸노니
4 곧 오빌의 금 삼천 달란트와 순은 칠천
달란트라 모든 성전 벽에 입히며
5 금, 은 그릇을 만들며 장인의 손으로
하는 모든 일에 쓰게 하였노니 오늘 누
가 즐거이 손에 채워 여호와께 드리겠
느냐 하는지라
6 이에 모든 가문의 지도자들과 이스라엘
모든 지파의 지도자들과 천부장과 백부
장과 왕의 사무관이 다 즐거이 드리되

7 하나님의 성전 공사를 위하여 금 오천
달란트와 금 만 다릭 은 만 달란트와
놋 만 팔천 달란트와 철 십만 달란트를
드리고
8 보석을 가진 모든 사람은 게르손 사람
여히엘의 손에 맡겨 여호와의 성전 곳
간에 드렸더라
9 백성들은 자원하여 드렸으므로 기뻐하
였으니 곧 그들이 성심으로 여호와께
자원하여 드렸으므로 다윗 왕도 심히
기뻐하니라

## 다윗의 감사 기도

10 다윗이 온 회중 앞에서 여호와를 송축
하여 이르되 우리 조상 이스라엘의 하
나님 여호와여 주는 영원부터 영원까지
송축을 받으시옵소서
11 여호와여 위대하심과 권능과 영광과 승
리와 위엄이 다 주께 속하였사오니 천
지에 있는 것이 다 주의 것이로소이다
여호와여 주권도 주께 속하였사오니 주
는 높으사 만물의 머리이심이니이다
12 부와 귀가 주께로 말미암고 또 주는 만
물의 주재가 되사 손에 권세와 능력이
있사오니 모든 사람을 크게 하심과 강
하게 하심이 주의 손에 있나이다
13 우리 하나님이여 이제 우리가 주께 감
사하오며 주의 영화로운 이름을 찬양하
나이다
14 나와 내 백성이 무엇이기에 이처럼 즐
거운 마음으로 드릴 힘이 있었나이까
모든 것이 주께로 말미암았사오니 우리
가 주의 손에서 받은 것으로 주께 드렸
을 뿐이니이다
15 우리는 우리 조상들과 같이 주님 앞에
서 이방 나그네와 거류민들이라 세상에
있는 날이 그림자 같아서 희망이 없나

이다

16 우리 하나님 여호와여 우리가 주의 거
룩한 이름을 위하여 성전을 건축하려고
미리 저축한 이 모든 물건이 다 주의
손에서 왔사오니 다 주의 것이니이다
17 나의 하나님이여 주께서 마음을 감찰하
시고 정직을 기뻐하시는 줄을 내가 아
나이다 내가 정직한 마음으로 이 모든
것을 즐거이 드렸사오며 이제 내가 또
여기 있는 주의 백성이 주께 자원하여
드리는 것을 보오니 심히 기쁘도소이다
18 우리 조상들 아브라함과 이삭과 이스라
엘의 하나님 여호와여 주께서 이것을
주의 백성의 심중에 영원히 두어 생각
하게 하시고 그 마음을 준비하여 주께
로 돌아오게 하시오며
19 또 내 아들 솔로몬에게 정성된 마음을
주사 주의 계명과 권면과 율례를 지켜
이 모든 일을 행하게 하시고 내가 위하
여 준비한 것으로 성전을 건축하게 하
옵소서 하였더라
20 다윗이 온 회중에게 이르되 너희는 너
희 하나님 여호와를 송축하라 하매 회
중이 그의 조상들의 하나님 여호와를
송축하고 머리를 숙여 여호와와 왕에게
절하고
21 이튿날 여호와께 제사를 드리고 또 여
호와께 번제를 드리니 수송아지가 천
마리요 숫양이 천 마리요 어린 양이 천
마리요 또 그 전제라 온 이스라엘을 위
하여 풍성한 제물을 드리고
22 이 날에 무리가 크게 기뻐하여 여호와
앞에서 먹으며 마셨더라 무리가 다윗의
아들 솔로몬을 다시 왕으로 삼아 기름
을 부어 여호와께 돌려 주권자가 되게
하고 사독에게도 기름을 부어 제사장이

되게 하니라

23 솔로몬이 여호와께서 주신 왕위에 앉아
아버지 다윗을 이어 왕이 되어 형통하
니 온 이스라엘이 그의 명령에 순종하며
24 모든 방백과 용사와 다윗 왕의 여러 아
들들이 솔로몬 왕에게 복종하니
25 여호와께서 솔로몬을 모든 이스라엘의
목전에서 심히 크게 하시고 또 왕의 위
엄을 그에게 주사 그전 이스라엘 모든
왕보다 뛰어나게 하셨더라

## 다윗의 행적

26 이새의 아들 다윗이 온 이스라엘의 왕
이 되어
27 이스라엘을 다스린 기간은 사십 년이라
헤브론에서 칠 년간 다스렸고 예루살렘
에서 삼십삼 년을 다스렸더라
28 그가 나이 많아 늙도록 부하고 존귀를
누리다가 죽으매 그의 아들 솔로몬이
대신하여 왕이 되니라

29 다윗 왕의 행적은 처음부터 끝까지 선
견자 사무엘의 글과 선지자 나단의 글
과 선견자 갓의 글에 다 기록되고
30 또 그의 왕 된 일과 그의 권세와 그와
이스라엘과 온 세상 모든 나라의 지난
날의 역사가 다 기록되어 있느니라

# 역대하

## 솔로몬 왕이 지혜를 구하다 (왕상 3:1-15)

1 다윗의 아들 솔로몬의 왕위가 견고하여
가며 그의 하나님 여호와께서 그와 함
께 하사 심히 창대하게 하시니라
2 솔로몬이 온 이스라엘의 천부장들과 백
부장들과 재판관들과 온 이스라엘의 방
백들과 족장들에게 명령하여
3 솔로몬이 온 회중과 함께 기브온 산당
으로 갔으니 하나님의 회막 곧 여호와
의 종 모세가 광야에서 지은 것이 거기
에 있음이라
4 다윗이 전에 예루살렘에서 하나님의 궤
를 위하여 장막을 쳐 두었으므로 그 궤
는 다윗이 이미 기랴여아림에서부터 그
것을 위하여 준비한 곳으로 메어 올렸고
5 옛적에 훌의 손자 우리의 아들 브살렐이
지은 놋 제단은 여호와의 장막 앞에 있
더라 솔로몬이 회중과 더불어 나아가서
6 여호와 앞 곧 회막 앞에 있는 놋 제단
에 솔로몬이 이르러 그 위에 천 마리
희생으로 번제를 드렸더라
7 그 날 밤에 하나님이 솔로몬에게 나타
나 그에게 이르시되 내가 네게 무엇을
주랴 너는 구하라 하시니
8 솔로몬이 하나님께 말하되 주께서 전에
큰 은혜를 내 아버지 다윗에게 베푸시
고 내가 그를 대신하여 왕이 되게 하셨
사오니
9 여호와 하나님이여 원하건대 주는 내
아버지 다윗에게 허락하신 것을 이제
굳게 하옵소서 주께서 나를 땅의 티끌
같이 많은 백성의 왕으로 삼으셨사오니
10 주는 이제 내게 지혜와 지식을 주사 이
백성 앞에서 출입하게 하옵소서 이렇게
많은 주의 백성을 누가 능히 재판하리
이까 하니

11 하나님이 솔로몬에게 이르시되 이런 마
음이 네게 있어서 부나 재물이나 영광
이나 원수의 생명 멸하기를 구하지 아
니하며 장수도 구하지 아니하고 오직
내가 네게 다스리게 한 내 백성을 재판
하기 위하여 지혜와 지식을 구하였으니
12 그러므로 내가 네게 지혜와 지식을 주
고 부와 재물과 영광도 주리니 네 전의
왕들도 이런 일이 없었거니와 네 후에
도 이런 일이 없으리라 하시니라
13 이에 솔로몬이 기브온 산당 회막 앞에
서부터 예루살렘으로 돌아와서 이스라
엘을 다스렸더라

### 솔로몬의 부귀영화 (왕상 10:26-29)

14 솔로몬이 병거와 마병을 모으매 병거가
천사백 대요 마병이 만 이천 명이라 병
거성에도 두고 예루살렘 왕에게도 두었
으며
15 왕이 예루살렘에서 은금을 돌 같이 흔
하게 하고 백향목을 평지의 뽕나무 같
이 많게 하였더라
16 솔로몬의 말들은 애굽과 구에에서 사들
였으니 왕의 무역상들이 떼로 값을 정
하여 산 것이며
17 애굽에서 사들인 병거는 한 대에 은 육
백 세겔이요 말은 백오십 세겔이라 이
와 같이 헷 사람들의 모든 왕들과 아람
왕들을 위하여 그들의 손으로 되팔기도
하였더라

### 성전 건축을 준비하다 (왕상 5:1-18)

2 솔로몬이 여호와의 이름을 위하여 성전
을 건축하고 자기 왕위를 위하여 궁궐
건축하기를 결심하니라
2 솔로몬이 이에 짐꾼 칠만 명과 산에서
돌을 떠낼 자 팔만 명과 일을 감독할
자 삼천육백 명을 뽑고

3 솔로몬이 사절을 두로 왕 후람에게 보
내어 이르되 당신이 전에 내 아버지 다
윗에게 백향목을 보내어 그가 거주하실
궁궐을 건축하게 한 것 같이 내게도 그
리 하소서
4 이제 내가 나의 하나님 여호와의 이름
을 위하여 성전을 건축하여 구별하여
드리고 주 앞에서 향 재료를 사르며 항
상 떡을 차려 놓으며 안식일과 초하루
와 우리 하나님 여호와의 절기에 아침
저녁으로 번제를 드리려 하오니 이는
이스라엘의 영원한 규례니이다
5 내가 건축하고자 하는 성전은 크니 우
리 하나님은 모든 신들보다 크심이라
6 누가 능히 하나님을 위하여 성전을 건
축하리요 하늘과 하늘들의 하늘이라도
주를 용납하지 못하겠거든 내가 누구이
기에 어찌 능히 그를 위하여 성전을 건
축하리요 그 앞에 분향하려 할 따름이
니이다
7 이제 청하건대 당신은 금, 은, 동, 철로
제조하며 자색 홍색 청색 실로 직조하
며 또 아로새길 줄 아는 재주 있는 사
람 하나를 내게 보내어 내 아버지 다윗
이 유다와 예루살렘에서 준비한 나의
재주 있는 사람들과 함께 일하게 하고
8 또 레바논에서 백향목과 잣나무와 백단
목을 내게로 보내소서 내가 알거니와 당
신의 종은 레바논에서 벌목을 잘 하나
니 내 종들이 당신의 종들을 도울지라
9 이와 같이 나를 위하여 재목을 많이 준
비하게 하소서 내가 건축하려 하는 성
전은 크고 화려할 것이니이다
10 내가 당신의 벌목하는 종들에게 찧은
밀 이만 고르와 보리 이만 고르와 포도
주 이만 밧과 기름 이만 밧을 주리이다

하였더라
11 두로 왕 후람이 솔로몬에게 답장하여
이르되 여호와께서 자기 백성을 사랑하
시므로 당신을 세워 그들의 왕을 삼으
셨도다
12 후람이 또 이르되 천지를 지으신 이스라
엘의 하나님 여호와는 송축을 받으실지
로다 다윗 왕에게 지혜로운 아들을 주
시고 명철과 총명을 주시사 능히 여호
와를 위하여 성전을 건축하고 자기 왕
위를 위하여 궁궐을 건축하게 하시도다
13 내가 이제 재주 있고 총명한 사람을 보
내오니 전에 내 아버지 후람에게 속하
였던 자라
14 이 사람은 단의 여자들 중 한 여인의
아들이요 그의 아버지는 두로 사람이라
능히 금, 은, 동, 철과 돌과 나무와 자
색 청색 홍색 실과 가는 베로 일을 잘
하며 또 모든 아로새기는 일에 익숙하
고 모든 기묘한 양식에 능한 자이니 그
에게 당신의 재주 있는 사람들과 당신
의 아버지 내 주 다윗의 재주 있는 사
람들과 함께 일하게 하소서
15 내 주께서 말씀하신 밀과 보리와 기름
과 포도주는 주의 종들에게 보내소서
16 우리가 레바논에서 당신이 쓰실 만큼
벌목하여 떼를 엮어 바다에 띄워 욥바
로 보내리니 당신은 재목들을 예루살렘
으로 올리소서 하였더라

### 성전 건축 시작 (왕상 6:1-38)

17 전에 솔로몬의 아버지 다윗이 이스라엘
땅에 사는 이방 사람들을 조사하였더니
이제 솔로몬이 다시 조사하매 모두 십
오만 삼천육백 명이라
18 그 중에서 칠만 명은 짐꾼이 되게 하였
고 팔만 명은 산에서 벌목하게 하였고

삼천육백 명은 감독으로 삼아 백성들에
게 일을 시키게 하였더라
3 솔로몬이 예루살렘 모리아 산에 여호와
의 전 건축하기를 시작하니 그 곳은 전
에 여호와께서 그의 아버지 다윗에게
나타나신 곳이요 여부스 사람 오르난의
타작 마당에 다윗이 정한 곳이라
2 솔로몬이 왕위에 오른 지 넷째 해 둘째
달 둘째 날 건축을 시작하였더라
3 솔로몬이 하나님의 전을 위하여 놓은
지대는 이러하니 옛날에 쓰던 자로 길
이가 육십 규빗이요 너비가 이십 규빗
이며
4 그 성전 앞에 있는 낭실의 길이가 성전
의 너비와 같이 이십 규빗이요 높이가
백이십 규빗이니 안에는 순금으로 입혔
으며
5 그 대전 천장은 잣나무로 만들고 또 순
금으로 입히고 그 위에 종려나무와 사
슬 형상을 새겼고
6 또 보석으로 성전을 꾸며 화려하게 하
였으니 그 금은 바르와임 금이며
7 또 금으로 성전과 그 들보와 문지방과
벽과 문짝에 입히고 벽에 그룹들을 아
로새겼더라
8 또 지성소를 지었으니 성전 넓이대로
길이가 이십 규빗이요 너비도 이십 규
빗이라 순금 육백 달란트로 입혔으니
9 못 무게가 금 오십 세겔이요 다락들도
금으로 입혔더라
10 지성소 안에 두 그룹의 형상을 새겨 만
들어 금으로 입혔으니
11 두 그룹의 날개 길이가 모두 이십 규빗
이라 왼쪽 그룹의 한 날개는 다섯 규빗
이니 성전 벽에 닿았고 그 다른 날개도
다섯 규빗이니 오른쪽 그룹의 날개에

닿았으며
12 오른쪽 그룹의 한 날개도 다섯 규빗이
니 성전 벽에 닿았고 그 다른 날개도
다섯 규빗이니 왼쪽 그룹의 날개에 닿
았으며
13 이 두 그룹이 편 날개가 모두 이십 규
빗이라 그 얼굴을 내전으로 향하여 서
있으며
14 청색 자색 홍색 실과 고운 베로 휘장문
을 짓고 그 위에 그룹의 형상을 수놓았
더라

### 두 기둥 (왕상 7:15-22)

15 성전 앞에 기둥 둘을 만들었으니 높이
가 삼십오 규빗이요 각 기둥 꼭대기의
머리가 다섯 규빗이라
16 성소 같이 사슬을 만들어 그 기둥 머리
에 두르고 석류 백 개를 만들어 사슬에
달았으며
17 그 두 기둥을 성전 앞에 세웠으니 왼쪽
에 하나요 오른쪽에 하나라 오른쪽 것
은 야긴이라 부르고 왼쪽 것은 보아스
라 불렀더라

### 성전 안에 있는 물건들 (왕상 7:23-51)

4 솔로몬이 또 놋으로 제단을 만들었으니
길이가 이십 규빗이요 너비가 이십 규
빗이요 높이가 십 규빗이며
2 또 놋을 부어 바다를 만들었으니 지름
이 십 규빗이요 그 모양이 둥글며 그
높이는 다섯 규빗이요 주위는 삼십 규
빗 길이의 줄을 두를 만하며
3 그 가장자리 아래에는 돌아가며 소 형
상이 있는데 각 규빗에 소가 열 마리씩
있어서 바다 주위에 둘렸으니 그 소는
바다를 부어 만들 때에 두 줄로 부어
만들었으며
4 그 바다를 놋쇠 황소 열두 마리가 받쳤

으니 세 마리는 북쪽을 향하였고 세 마
리는 서쪽을 향하였고 세 마리는 남쪽
을 향하였고 세 마리는 동쪽을 향하였
으며 바다를 그 위에 놓았고 소의 엉덩
이는 다 안으로 향하였으며
5 바다의 두께는 한 손 너비만 하고 그
둘레는 잔 둘레와 같이 백합화의 모양
으로 만들었으니 그 바다에는 삼천 밧
을 담겠으며
6 또 물두멍 열 개를 만들어 다섯 개는
오른쪽에 두고 다섯 개는 왼쪽에 두어
씻게 하되 번제에 속한 물건을 거기서
씻게 하였으며 그 바다는 제사장들이
씻기 위한 것이더라
7 또 규례대로 금으로 등잔대 열 개를 만
들어 내전 안에 두었으니 왼쪽에 다섯
개요 오른쪽에 다섯 개이며
8 또 상 열 개를 만들어 내전 안에 두었으
니 왼쪽에 다섯 개요 오른쪽에 다섯 개
이며 또 금으로 대접 백 개를 만들었고
9 또 제사장의 뜰과 큰 뜰과 뜰 문을 만
들고 그 문짝에 놋을 입혔고
10 그 바다는 성전 오른쪽 동남방에 두었
더라
11 후람이 또 솥과 부삽과 대접을 만들었
더라 이와 같이 후람이 솔로몬 왕을 위
하여 하나님의 성전에서 할 일을 마쳤
으니
12 곧 기둥 둘과 그 기둥 꼭대기의 공 같
은 머리 둘과 또 기둥 꼭대기의 공 같
은 기둥 머리를 가리는 그물 둘과
13 또 그 그물들을 위하여 만든 각 그물에
두 줄씩으로 기둥 위의 공 같은 두 머
리를 가리는 석류 사백 개와
14 또 받침과 받침 위의 물두멍과
15 한 바다와 그 바다 아래에 소 열두 마

리와
16 솥과 부삽과 고기 갈고리와 여호와의
전의 모든 그릇들이라 후람의 아버지가
솔로몬 왕을 위하여 빛나는 놋으로 만
들 때에
17 왕이 요단 평지에서 숙곳과 스레다 사
이의 진흙에 그것들을 부어 내었더라
18 이와 같이 솔로몬이 이 모든 기구를 매
우 많이 만들었으므로 그 놋 무게를 능
히 측량할 수 없었더라
19 솔로몬이 또 하나님의 전의 모든 기구
를 만들었으니 곧 금 제단과 진설병 상
들과
20 지성소 앞에서 규례대로 불을 켤 순금
등잔대와 그 등잔이며
21 또 순수한 금으로 만든 꽃과 등잔과 부
젓가락이며
22 또 순금으로 만든 불집게와 주발과 숟
가락과 불 옮기는 그릇이며 또 성전 문
곧 지성소의 문과 내전의 문을 금으로
입혔더라
5 솔로몬이 여호와의 전을 위하여 만드는
모든 일을 마친지라 이에 솔로몬이 그
의 아버지 다윗이 드린 은과 금과 모든
기구를 가져다가 하나님의 전 곳간에
두었더라

### 언약궤를 성전으로 옮기다 (왕상 8:1-9)

2 이에 솔로몬이 여호와의 언약궤를 다윗
성 곧 시온에서부터 메어 올리고자 하
여 이스라엘 장로들과 모든 지파의 우
두머리 곧 이스라엘 자손의 족장들을
다 예루살렘으로 소집하니
3 일곱째 달 절기에 이스라엘 모든 사람
이 다 왕에게로 모이고
4 이스라엘 장로들이 이르매 레위 사람들
이 궤를 메니라

5 궤와 회막과 장막 안에 모든 거룩한 기
구를 메고 올라가되 레위인 제사장들이
그것들을 메고 올라가매
6 솔로몬 왕과 그 앞에 모인 모든 이스라
엘 회중이 궤 앞에서 양과 소로 제사를
드렸으니 그 수가 많아 기록할 수도 없
고 셀 수도 없었더라
7 제사장들이 여호와의 언약궤를 그 처소
로 메어 들였으니 곧 본전 지성소 그룹
들의 날개 아래라
8 그룹들이 궤 처소 위에서 날개를 펴서
궤와 그 채를 덮었는데
9 그 채가 길어서 궤에서 나오므로 그 끝
이 본전 앞에서 보이나 밖에서는 보이
지 아니하며 그 궤가 오늘까지 그 곳에
있으며
10 궤 안에는 두 돌판 외에 아무것도 없으
니 이것은 이스라엘 자손이 애굽에서
나온 후 여호와께서 그들과 언약을 세
우실 때에 모세가 호렙에서 그 안에 넣
은 것이더라

### 여호와의 영광

11 이 때에는 제사장들이 그 반열대로 하
지 아니하고 스스로 정결하게 하고 성
소에 있다가 나오매
12 노래하는 레위 사람 아삽과 헤만과 여
두둔과 그의 아들들과 형제들이 다 세
마포를 입고 제단 동쪽에 서서 제금과
비파와 수금을 잡고 또 나팔 부는 제사
장 백이십 명이 함께 서 있다가
13 나팔 부는 자와 노래하는 자들이 일제
히 소리를 내어 여호와를 찬송하며 감
사하는데 나팔 불고 제금 치고 모든 악
기를 울리며 소리를 높여 여호와를 찬
송하여 이르되 선하시도다 그의 자비하
심이 영원히 있도다 하매 그 때에 여호

와의 전에 구름이 가득한지라
14 제사장들이 그 구름으로 말미암아 능히
서서 섬기지 못하였으니 이는 여호와의
영광이 하나님의 전에 가득함이었더라

### 솔로몬의 축복 (왕상 8:12-21)

6 그 때에 솔로몬이 이르되 여호와께서
캄캄한 데 계시겠다 말씀하셨사오나
2 내가 주를 위하여 거하실 성전을 건축
하였사오니 주께서 영원히 계실 처소로
소이다 하고
3 얼굴을 돌려 이스라엘 온 회중을 위하
여 축복하니 그 때에 이스라엘의 온 회
중이 서 있더라
4 왕이 이르되 이스라엘 하나님 여호와를
송축할지로다 여호와께서 그의 입으로
내 아버지 다윗에게 말씀하신 것을 이
제 그의 손으로 이루셨도다 이르시기를
5 내가 내 백성을 애굽 땅에서 인도하여
낸 날부터 내 이름을 둘 만한 집을 건
축하기 위하여 이스라엘 모든 지파 가
운데서 아무 성읍도 택하지 아니하였으
며 내 백성 이스라엘의 주권자가 될 사
람을 아무도 택하지 아니하였더니
6 예루살렘을 택하여 내 이름을 거기 두
고 또 다윗을 택하여 내 백성 이스라엘
을 다스리게 하였노라 하신지라
7 내 아버지 다윗이 이스라엘의 하나님
여호와의 이름을 위하여 성전을 건축할
마음이 있었더니
8 여호와께서 내 아버지 다윗에게 이르시
되 네가 내 이름을 위하여 성전을 건축
할 마음이 있으니 이 마음이 네게 있는
것이 좋도다
9 그러나 너는 그 성전을 건축하지 못할
것이요 네 허리에서 나올 네 아들 그가
내 이름을 위하여 성전을 건축하리라

하시더니

10 이제 여호와께서 말씀하신 대로 이루셨
도다 내가 여호와께서 말씀하신 대로 내
아버지 다윗을 대신하여 일어나 이스라
엘 왕위에 앉고 이스라엘의 하나님 여
호와의 이름을 위하여 성전을 건축하고

11 내가 또 그 곳에 여호와께서 이스라엘
자손과 더불어 세우신 언약을 넣은 궤
를 두었노라 하니라

### 솔로몬의 기도 (왕상 8:22-53)

12 솔로몬이 여호와의 제단 앞에서 이스라
엘의 모든 회중과 마주 서서 그의 손을
펴니라

13 솔로몬이 일찍이 놋으로 대를 만들었으
니 길이가 다섯 규빗이요 너비가 다섯
규빗이요 높이가 세 규빗이라 뜰 가운
데에 두었더니 그가 그 위에 서서 이스
라엘의 모든 회중 앞에서 무릎을 꿇고
하늘을 향하여 손을 펴고

14 이르되 이스라엘의 하나님 여호와여 천
지에 주와 같은 신이 없나이다 주께서
는 온 마음으로 주의 앞에서 행하는 주
의 종들에게 언약을 지키시고 은혜를
베푸시나이다

15 주께서 주의 종 내 아버지 다윗에게 허
락하신 말씀을 지키시되 주의 입으로
말씀하신 것을 손으로 이루심이 오늘과
같으니이다

16 이스라엘의 하나님 여호와여 주께서 주
의 종 내 아버지 다윗에게 말씀하시기
를 네 자손이 그들의 행위를 삼가서 네
가 내 앞에서 행한 것 같이 내 율법대
로 행하기만 하면 네게로부터 나서 이
스라엘 왕위에 앉을 사람이 내 앞에서
끊어지지 아니하리라 하셨사오니 이제
다윗을 위하여 그 허락하신 말씀을 지

키시옵소서
17 그런즉 이스라엘 하나님 여호와여 원하
건대 주는 주의 종 다윗에게 하신 말씀
이 확실하게 하옵소서
18 하나님이 참으로 사람과 함께 땅에 계
시리이까 보소서 하늘과 하늘들의 하늘
이라도 주를 용납하지 못하겠거든 하물
며 내가 건축한 이 성전이오리이까
19 그러나 나의 하나님 여호와여 주의 종
의 기도와 간구를 돌아보시며 주의 종
이 주 앞에서 부르짖는 것과 비는 기도
를 들으시옵소서
20 주께서 전에 말씀하시기를 내 이름을
거기에 두리라 하신 곳 이 성전을 향하
여 주의 눈이 주야로 보시오며 종이 이
곳을 향하여 비는 기도를 들으시옵소서
21 주의 종과 주의 백성 이스라엘이 이 곳
을 향하여 기도할 때에 주는 그 간구함
을 들으시되 주께서 계신 곳 하늘에서
들으시고 들으시사 사하여 주옵소서
22 만일 어떤 사람이 그의 이웃에게 범죄
하므로 맹세시킴을 받고 그가 와서 이
성전에 있는 주의 제단 앞에서 맹세하
거든
23 주는 하늘에서 들으시고 행하시되 주의
종들을 심판하사 악한 자의 죄를 정하
여 그의 행위대로 그의 머리에 돌리시
고 공의로운 자를 의롭다 하사 그 의로
운 대로 갚으시옵소서
24 만일 주의 백성 이스라엘이 주께 범죄
하여 적국 앞에 패하게 되므로 주의 이
름을 인정하고 주께로 돌아와서 이 성
전에서 주께 빌며 간구하거든
25 주는 하늘에서 들으시고 주의 백성 이
스라엘의 죄를 사하시고 그들과 그들의
조상들에게 주신 땅으로 돌아오게 하옵

소서
26 만일 그들이 주께 범죄함으로 말미암
아 하늘이 닫히고 비가 내리지 않는 주
의 벌을 받을 때에 이 곳을 향하여 빌
며 주의 이름을 인정하고 그들의 죄에
서 떠나거든
27 주께서는 하늘에서 들으사 주의 종들과
주의 백성 이스라엘의 죄를 사하시고
그 마땅히 행할 선한 길을 가르쳐 주시
오며 주의 백성에게 기업으로 주신 주
의 땅에 비를 내리시옵소서
28 만일 이 땅에 기근이나 전염병이 있거
나 곡식이 시들거나 깜부기가 나거나
메뚜기나 황충이 나거나 적국이 와서
성읍들을 에워싸거나 무슨 재앙이나 무
슨 질병이 있거나를 막론하고
29 한 사람이나 혹 주의 온 백성 이스라엘
이 다 각각 자기의 마음에 재앙과 고통
을 깨닫고 이 성전을 향하여 손을 펴고
무슨 기도나 무슨 간구를 하거든
30 주는 계신 곳 하늘에서 들으시며 사유
하시되 각 사람의 마음을 아시오니 그
의 모든 행위대로 갚으시옵소서 주만
홀로 사람의 마음을 아심이니이다
31 그리하시면 그들이 주께서 우리 조상들
에게 주신 땅에서 사는 동안에 항상 주
를 경외하며 주의 길로 걸어가리이다
32 주의 백성 이스라엘에 속하지 않은 이
방인에게 대하여도 그들이 주의 큰 이
름과 능한 손과 펴신 팔을 위하여 먼
지방에서 와서 이 성전을 향하여 기도
하거든
33 주는 계신 곳 하늘에서 들으시고 모든
이방인이 주께 부르짖는 대로 이루사
땅의 만민이 주의 이름을 알고 주의 백
성 이스라엘처럼 경외하게 하시오며 또

내가 건축한 이 성전을 주의 이름으로
일컫는 줄을 알게 하옵소서
34 주의 백성이 그 적국과 더불어 싸우고
자 하여 주께서 보내신 길로 나갈 때에
그들이 주께서 택하신 이 성과 내가 주
의 이름을 위하여 건축한 성전 있는 쪽
을 향하여 주께 기도하거든
35 주는 하늘에서 그들의 기도와 간구를
들으시고 그들의 일을 돌보시옵소서
36 주께 범죄하지 아니하는 사람이 없사오
니 그들이 주께 범죄하므로 주께서 그
들에게 진노하사 그들을 적국에게 넘기
시매 적국이 그들을 사로잡아 땅의 원
근을 막론하고 끌고 간 후에
37 그들이 사로잡혀 간 땅에서 스스로 깨
닫고 그들을 사로잡은 자들의 땅에서
돌이켜 주께 간구하기를 우리가 범죄하
여 패역을 행하며 악을 행하였나이다
하며
38 자기들을 사로잡아 간 적국의 땅에서
온 마음과 온 뜻으로 주께 돌아와서 주
께서 그들의 조상들에게 주신 땅과 주
께서 택하신 성과 내가 주의 이름을 위
하여 건축한 성전 있는 쪽을 향하여 기
도하거든
39 주는 계신 곳 하늘에서 그들의 기도와
간구를 들으시고 그들의 일을 돌보시오
며 주께 범죄한 주의 백성을 용서하옵
소서
40 나의 하나님이여 이제 이 곳에서 하는
기도에 눈을 드시고 귀를 기울이소서
41 여호와 하나님이여 일어나 들어가사 주
의 능력의 궤와 함께 주의 평안한 처소
에 계시옵소서 여호와 하나님이여 원하
옵건대 주의 제사장들에게 구원을 입게
하시고 또 주의 성도들에게 은혜를 기

뻐하게 하옵소서

42 여호와 하나님이여 주의 기름 부음 받
은 자에게서 얼굴을 돌리지 마시옵고
주의 종 다윗에게 베푸신 은총을 기억
하옵소서 하였더라

### 성전 낙성식 (왕상 8:62-66)

7 솔로몬이 기도를 마치매 불이 하늘에서
부터 내려와서 그 번제물과 제물들을
사르고 여호와의 영광이 그 성전에 가
득하니
2 여호와의 영광이 여호와의 전에 가득하
므로 제사장들이 여호와의 전으로 능히
들어가지 못하였고
3 이스라엘 모든 자손은 불이 내리는 것
과 여호와의 영광이 성전 위에 있는 것
을 보고 돌을 깐 땅에 엎드려 경배하며
여호와께 감사하여 이르되 선하시도다
그의 인자하심이 영원하도다 하니라
4 이에 왕과 모든 백성이 여호와 앞에 제
사를 드리니
5 솔로몬 왕이 드린 제물이 소가 이만 이
천 마리요 양이 십이만 마리라 이와 같
이 왕과 모든 백성이 하나님의 전의 낙
성식을 행하니라
6 그 때에 제사장들은 직분대로 모셔 서
고 레위 사람도 여호와의 악기를 가지
고 섰으니 이 악기는 전에 다윗 왕이
레위 사람들에게 여호와께 감사하게 하
려고 만들어서 여호와의 인자하심이 영
원함을 찬송하게 하던 것이라 제사장들
은 무리 앞에서 나팔을 불고 온 이스라
엘은 서 있더라
7 솔로몬이 또 여호와의 전 앞뜰 가운데
를 거룩하게 하고 거기서 번제물과 화
목제의 기름을 드렸으니 이는 솔로몬이
지은 놋 제단이 능히 그 번제물과 소제

물과 기름을 용납할 수 없음이더라
8 그 때에 솔로몬이 칠 일 동안 절기를
지켰는데 하맛 어귀에서부터 애굽 강까
지의 온 이스라엘의 심히 큰 회중이 모
여 그와 함께 하였더니
9 여덟째 날에 무리가 한 성회를 여니라
제단의 낙성식을 칠 일 동안 행한 후
이 절기를 칠 일 동안 지키니라
10 일곱째 달 제이십삼일에 왕이 백성을
그들의 장막으로 돌려보내매 백성이 여
호와께서 다윗과 솔로몬과 그의 백성
이스라엘에게 베푸신 은혜로 말미암아
기뻐하며 마음에 즐거워하였더라

### 여호와께서 다시 솔로몬에게 나타나시다
(왕상 9:1-9)

11 솔로몬이 여호와의 전과 왕궁 건축을
마치고 솔로몬의 심중에 여호와의 전과
자기의 궁궐에 그가 이루고자 한 것을
다 형통하게 이루니라
12 밤에 여호와께서 솔로몬에게 나타나사
그에게 이르시되 내가 이미 네 기도를
듣고 이 곳을 택하여 내게 제사하는 성
전을 삼았으니
13 혹 내가 하늘을 닫고 비를 내리지 아니
하거나 혹 메뚜기들에게 토산을 먹게
하거나 혹 전염병이 내 백성 가운데에
유행하게 할 때에
14 내 이름으로 일컫는 내 백성이 그들의
악한 길에서 떠나 스스로 낮추고 기도
하여 내 얼굴을 찾으면 내가 하늘에서
듣고 그들의 죄를 사하고 그들의 땅을
고칠지라
15 이제 이 곳에서 하는 기도에 내가 눈을
들고 귀를 기울이리니
16 이는 내가 이미 이 성전을 택하고 거룩
하게 하여 내 이름을 여기에 영원히 있
게 하였음이라 내 눈과 내 마음이 항상

여기에 있으리라
17 네가 만일 내 앞에서 행하기를 네 아버
지 다윗이 행한 것과 같이 하여 내가
네게 명령한 모든 것을 행하여 내 율례
와 법규를 지키면
18 내가 네 나라 왕위를 견고하게 하되 전
에 내가 네 아버지 다윗과 언약하기를
이스라엘을 다스릴 자가 네게서 끊어지
지 아니하리라 한 대로 하리라
19 그러나 너희가 만일 돌아서서 내가 너
희 앞에 둔 내 율례와 명령을 버리고 가
서 다른 신들을 섬겨 그들을 경배하면
20 내가 너희에게 준 땅에서 그 뿌리를 뽑
아내고 내 이름을 위하여 거룩하게 한
이 성전을 내 앞에서 버려 모든 민족
중에 속담거리와 이야깃거리가 되게 하
리니
21 이 성전이 비록 높을지라도 그리로 지
나가는 자마다 놀라 이르되 여호와께서
무슨 까닭으로 이 땅과 이 성전에 이같
이 행하셨는고 하면
22 대답하기를 그들이 자기 조상들을 애굽
땅에서 인도하여 내신 자기 하나님 여
호와를 버리고 다른 신들에게 붙잡혀서
그것들을 경배하여 섬기므로 여호와께
서 이 모든 재앙을 그들에게 내리셨다
하리라 하셨더라

### 솔로몬의 업적 (왕상 9:10-28)

8 솔로몬이 여호와의 전과 자기의 궁궐을
이십 년 동안에 건축하기를 마치고
2 후람이 솔로몬에게 되돌려 준 성읍들을
솔로몬이 건축하여 이스라엘 자손에게
거기에 거주하게 하니라
3 솔로몬이 가서 하맛소바를 쳐서 점령
하고
4 또 광야에서 다드몰을 건축하고 하맛에

서 모든 국고성들을 건축하고
5 또 윗 벧호론과 아랫 벧호론을 건축하
되 성벽과 문과 문빗장이 있게 하여 견
고한 성읍으로 만들고
6 또 바알랏과 자기에게 있는 모든 국고
성들과 모든 병거성들과 마병의 성들을
건축하고 솔로몬이 또 예루살렘과 레바
논과 그가 다스리는 온 땅에 건축하고
자 하던 것을 다 건축하니라
7 이스라엘이 아닌 헷 족속과 아모리 족
속과 브리스 족속과 히위 족속과 여부
스 족속의 남아 있는 모든 자
8 곧 이스라엘 자손이 다 멸하지 않았으
므로 그 땅에 남아 있는 그들의 자손들
을 솔로몬이 역군으로 삼아 오늘에 이
르렀으되
9 오직 이스라엘 자손은 솔로몬이 노예로
삼아 일을 시키지 아니하였으니 그들은
군사와 지휘관의 우두머리들과 그의 병
거와 마병의 지휘관들이 됨이라
10 솔로몬 왕의 공장을 감독하는 자들이
이백오십 명이라 그들이 백성을 다스렸
더라
11 솔로몬이 바로의 딸을 데리고 다윗 성
에서부터 그를 위하여 건축한 왕궁에
이르러 이르되 내 아내가 이스라엘 왕
다윗의 왕궁에 살지 못하리니 이는 여
호와의 궤가 이른 곳은 다 거룩함이니
라 하였더라
12 솔로몬이 낭실 앞에 쌓은 여호와의 제
단 위에 여호와께 번제를 드리되
13 모세의 명령을 따라 매일의 일과대로
안식일과 초하루와 정한 절기 곧 일년
의 세 절기 무교절과 칠칠절과 초막절
에 드렸더라
14 솔로몬이 또 그의 아버지 다윗의 규례

를 따라 제사장들의 반열을 정하여 섬
기게 하고 레위 사람들에게도 그 직분
을 맡겨 매일의 일과대로 찬송하며 제
사장들 앞에서 수종들게 하며 또 문지
기들에게 그 반열을 따라 각 문을 지키
게 하였으니 이는 하나님의 사람 다윗
이 전에 이렇게 명령하였음이라
15 제사장들과 레위 사람들이 국고 일에든
지 무슨 일에든지 왕이 명령한 바를 전
혀 어기지 아니하였더라
16 솔로몬이 여호와의 전의 기초를 쌓던
날부터 준공하기까지 모든 것을 완비하
였으므로 여호와의 전 공사가 결점 없
이 끝나니라
17 그 때에 솔로몬이 에돔 땅의 바닷가 에
시온게벨과 엘롯에 이르렀더니
18 후람이 그의 신복들에게 부탁하여 배
와 바닷길을 아는 종들을 보내매 그들
이 솔로몬의 종들과 함께 오빌에 이르
러 거기서 금 사백오십 달란트를 얻어
솔로몬 왕에게로 가져왔더라

### 스바 여왕이 솔로몬을 찾아오다 (왕상 10:1-13)

9 스바 여왕이 솔로몬의 명성을 듣고 와
서 어려운 질문으로 솔로몬을 시험하고
자 하여 예루살렘에 이르니 매우 많은
시종들을 거느리고 향품과 많은 금과
보석을 낙타에 실었더라 그가 솔로몬
에게 나아와 자기 마음에 있는 것을 다
말하매
2 솔로몬이 그가 묻는 말에 다 대답하였
으니 솔로몬이 몰라서 대답하지 못한
것이 없었더라
3 스바 여왕이 솔로몬의 지혜와 그가 건
축한 궁과
4 그의 상의 음식물과 그의 신하들의 좌
석과 그의 신하들이 도열한 것과 그들

의 공복과 술 관원들과 그들의 공복과
여호와의 전에 올라가는 층계를 보고
정신이 황홀하여
5 왕께 말하되 내가 내 나라에서 당신의
행위와 당신의 지혜에 대하여 들은 소
문이 진실하도다
6 내가 그 말들을 믿지 아니하였더니 이
제 와서 본즉 당신의 지혜가 크다 한
말이 그 절반도 못 되니 당신은 내가
들은 소문보다 더하도다
7 복되도다 당신의 사람들이여, 복되도다
당신의 이 신하들이여, 항상 당신 앞에
서서 당신의 지혜를 들음이로다
8 당신의 하나님 여호와를 송축할지로다
하나님이 당신을 기뻐하시고 그 자리에
올리사 당신의 하나님 여호와를 위하
여 왕이 되게 하셨도다 당신의 하나님
이 이스라엘을 사랑하사 영원히 견고하
게 하시려고 당신을 세워 그들의 왕으
로 삼아 정의와 공의를 행하게 하셨도
다 하고
9 이에 그가 금 백이십 달란트와 매우 많
은 향품과 보석을 왕께 드렸으니 스바
여왕이 솔로몬 왕께 드린 향품 같은 것
이 전에는 없었더라
10 (후람의 신하들과 솔로몬의 신하들도
오빌에서 금을 실어 올 때에 백단목과
보석을 가져온지라
11 왕이 백단목으로 여호와의 전과 왕궁의
층대를 만들고 또 노래하는 자들을 위
하여 수금과 비파를 만들었으니 이같은
것들은 유다 땅에서 전에는 보지 못하
였더라)
12 솔로몬 왕이 스바 여왕이 가져온 대로
답례하고 그 외에 또 그의 소원대로 구
하는 것을 모두 주니 이에 그가 그의

신하들과 더불어 본국으로 돌아갔더라

### 솔로몬의 재산과 지혜 (왕상 10:14-25)

13 솔로몬의 세입금의 무게가 금 육백육십
육 달란트요
14 그 외에 또 무역상과 객상들이 가져온 것
이 있고 아라비아 왕들과 그 나라 방백
들도 금과 은을 솔로몬에게 가져온지라
15 솔로몬 왕이 쳐서 늘인 금으로 큰 방패
이백 개를 만들었으니 방패 하나에 든
금이 육백 세겔이며
16 또 쳐서 늘인 금으로 작은 방패 삼백
개를 만들었으니 방패 하나에 든 금이
삼백 세겔이라 왕이 이것들을 레바논
나무 궁에 두었더라
17 왕이 또 상아로 큰 보좌를 만들고 순금
으로 입혔으니
18 그 보좌에는 여섯 층계와 금 발판이 있
어 보좌와 이어졌고 앉는 자리 양쪽에
는 팔걸이가 있고 팔걸이 곁에는 사자
가 하나씩 섰으며
19 또 열두 사자가 있어 그 여섯 층계 양
쪽에 섰으니 어떤 나라에도 이같이 만
든 것이 없었더라
20 솔로몬 왕이 마시는 그릇은 다 금이요
레바논 나무 궁의 그릇들도 다 순금이
라 솔로몬의 시대에 은을 귀하게 여기
지 아니함은
21 왕의 배들이 후람의 종들과 함께 다시
스로 다니며 그 배들이 삼 년에 일 차
씩 다시스의 금과 은과 상아와 원숭이
와 공작을 실어옴이더라
22 솔로몬 왕의 재산과 지혜가 천하의 모
든 왕들보다 큰지라
23 천하의 열왕이 하나님께서 솔로몬의 마
음에 주신 지혜를 들으며 그의 얼굴을
보기 원하여

24 각기 예물을 가지고 왔으니 곧 은 그릇
과 금 그릇과 의복과 갑옷과 향품과 말
과 노새라 해마다 정한 수가 있었더라
25 솔로몬의 병거 메는 말의 외양간은 사
천이요 마병은 만 이천 명이라 병거성
에도 두고 예루살렘 왕에게도 두었으며
26 솔로몬이 유브라데 강에서부터 블레셋
땅과 애굽 지경까지의 모든 왕을 다스
렸으며
27 왕이 예루살렘에서 은을 돌 같이 흔하
게 하고 백향목을 평지의 뽕나무 같이
많게 하였더라
28 솔로몬을 위하여 애굽과 각국에서 말들
을 가져왔더라

### 솔로몬이 죽다 (왕상 11:41-43)

29 이 외에 솔로몬의 시종 행적은 선지자
나단의 글과 실로 사람 아히야의 예언
과 선견자 잇도의 묵시 책 곧 잇도가
느밧의 아들 여로보암에 대하여 쓴 책
에 기록되지 아니하였느냐
30 솔로몬이 예루살렘에서 온 이스라엘을
다스린 지 사십 년이라
31 솔로몬이 그의 조상들과 함께 자매 그
의 아버지 다윗의 성에 장사되고 그의
아들 르호보암이 대신하여 왕이 되니라

### 북쪽 지파들의 배반 (왕상 12:1-20)

10 르호보암이 세겜으로 갔으니 이는 온
이스라엘이 그를 왕으로 삼고자 하여
세겜에 이르렀음이더라
2 느밧의 아들 여로보암이 전에 솔로몬
왕의 낯을 피하여 애굽으로 도망하여
있었더니 이 일을 듣고 여로보암이 애
굽에서부터 돌아오매
3 무리가 사람을 보내어 그를 불렀더라
여로보암과 온 이스라엘이 와서 르호보
암에게 말하여 이르되

4 왕의 아버지께서 우리의 멍에를 무겁게
하였으나 왕은 이제 왕의 아버지께서
우리에게 시킨 고역과 메운 무거운 멍
에를 가볍게 하소서 그리하시면 우리가
왕을 섬기겠나이다
5 르호보암이 그들에게 대답하되 삼 일
후에 다시 내게로 오라 하매 백성이 가
니라
6 르호보암 왕이 그의 아버지 솔로몬의
생전에 그 앞에 모셨던 원로들과 의논
하여 이르되 너희는 이 백성에게 어떻
게 대답하도록 권고하겠느냐 하니
7 그들이 대답하여 이르되 왕이 만일 이
백성을 후대하여 기쁘게 하고 선한 말
을 하시면 그들이 영원히 왕의 종이 되
리이다 하나
8 왕은 원로들이 가르치는 것을 버리고
그 앞에 모시고 있는 자기와 함께 자라
난 젊은 신하들과 의논하여
9 이르되 너희는 이 백성에게 어떻게 대
답하도록 권고하겠느냐 백성이 내게 말
하기를 왕의 아버지께서 우리에게 메운
멍에를 가볍게 하라 하였느니라 하니
10 함께 자라난 젊은 신하들이 왕께 말하
여 이르되 이 백성들이 왕께 아뢰기를
왕의 아버지께서 우리의 멍에를 무겁
게 하였으나 왕은 우리를 위하여 가볍
게 하라 하였은즉 왕은 대답하시기를
내 새끼 손가락이 내 아버지의 허리보
다 굵으니
11 내 아버지가 너희에게 무거운 멍에를
메게 하였으나 이제 나는 너희의 멍에
를 더욱 무겁게 할지라 내 아버지는 가
죽 채찍으로 너희를 치셨으나 나는 전
갈 채찍으로 하리라 하소서 하더라
12 삼 일 만에 여로보암과 모든 백성이 르

호보암에게 나왔으니 이는 왕이 명령
하여 이르기를 삼 일 만에 내게로 다시
오라 하였음이라
13 왕이 포학한 말로 대답할새 르호보암이
원로들의 가르침을 버리고
14 젊은 신하들의 가르침을 따라 그들에게
말하여 이르되 내 아버지는 너희의 멍
에를 무겁게 하였으나 나는 더 무겁게
할지라 내 아버지는 가죽 채찍으로 너
희를 치셨으나 나는 전갈 채찍으로 치
리라 하니라
15 왕이 이같이 백성의 말을 듣지 아니하
였으니 이 일은 하나님께로 말미암아
난 것이라 여호와께서 전에 실로 사람
아히야로 하여금 느밧의 아들 여로보암
에게 이르신 말씀을 응하게 하심이더라
16 온 이스라엘은 왕이 자기들의 말을 듣
지 아니함을 보고 왕에게 대답하여 이
르되 우리가 다윗과 무슨 관계가 있느
냐 이새의 아들에게서 받을 유산이 없
도다 이스라엘아 각각 너희의 장막으로
돌아가라 다윗이여 이제 너는 네 집이
나 돌보라 하고 온 이스라엘이 그들의
장막으로 돌아가니라
17 그러나 유다 성읍들에 사는 이스라엘
자손들에게는 르호보암이 그들의 왕이
되었더라
18 르호보암 왕이 역군의 감독 하도람을
보냈더니 이스라엘 자손이 저를 돌로
쳐 죽인지라 르호보암 왕이 급히 수레
에 올라 예루살렘으로 도망하였더라
19 이에 이스라엘이 다윗의 집을 배반하여
오늘날까지 이르니라

### 스마야가 여호와의 말씀을 전하다 (왕상 12:21-24)

11 르호보암이 예루살렘에 이르러 유다와
베냐민 족속을 모으니 택한 용사가 십

팔만 명이라 이스라엘과 싸워 나라를
회복하여 르호보암에게 돌리려 하더니
2 여호와의 말씀이 하나님의 사람 스마야
에게 임하여 이르시되
3 솔로몬의 아들 유다 왕 르호보암과 유
다와 베냐민에 속한 모든 이스라엘 무
리에게 말하여 이르기를
4 여호와께서 이같이 말씀하시기를 너희
는 올라가지 말라 너희 형제와 싸우지
말고 각기 집으로 돌아가라 이 일이 내
게로 말미암아 난 것이라 하셨다 하라
하신지라 그들이 여호와의 말씀을 듣고
돌아가고 여로보암을 치러 가던 길에서
되돌아왔더라

### 르호보암이 방비하는 성읍들을 건축하다

5 르호보암이 예루살렘에 살면서 유다 땅
에 방비하는 성읍들을 건축하였으니
6 곧 베들레헴과 에담과 드고아와
7 벧술과 소고와 아둘람과
8 가드와 마레사와 십과
9 아도라임과 라기스와 아세가와
10 소라와 아얄론과 헤브론이니 다 유다와
베냐민 땅에 있어 견고한 성읍들이라
11 르호보암이 그 방비하는 성읍들을 더욱
견고하게 하고 지휘관들을 그 가운데에
두고 양식과 기름과 포도주를 저축하고
12 모든 성읍에 방패와 창을 두어 매우 강
하게 하니라 유다와 베냐민이 르호보암
에게 속하였더라

### 제사장들과 레위 사람들이 유다로 오다

13 온 이스라엘의 제사장들과 레위 사람들
이 그들의 모든 지방에서부터 르호보암
에게 돌아오되
14 레위 사람들이 자기들의 마을들과 산업
을 떠나 유다와 예루살렘에 이르렀으니
이는 여로보암과 그의 아들들이 그들을

해임하여 여호와께 제사장의 직분을 행
하지 못하게 하고
15 여로보암이 여러 산당과 숫염소 우상과
자기가 만든 송아지 우상을 위하여 친
히 제사장들을 세움이라
16 이스라엘 모든 지파 중에 마음을 굳게
하여 이스라엘의 하나님 여호와를 찾는
자들이 레위 사람들을 따라 예루살렘에
이르러 그들의 조상들의 하나님 여호와
께 제사하고자 한지라
17 그러므로 삼 년 동안 유다 나라를 도와
솔로몬의 아들 르호보암을 강성하게 하
였으니 이는 무리가 삼 년 동안을 다윗
과 솔로몬의 길로 행하였음이더라

## 르호보암의 가족

18 르호보암이 다윗의 아들 여리못의 딸
마할랏을 아내로 삼았으니 마할랏은 이
새의 아들 엘리압의 딸 아비하일의 소
생이라
19 그가 아들들 곧 여우스와 스마랴와 사
함을 낳았으며
20 그 후에 압살롬의 딸 마아가에게 장가
들었더니 그가 아비야와 앗대와 시사와
슬로밋을 낳았더라
21 르호보암은 아내 열여덟 명과 첩 예순
명을 거느려 아들 스물여덟 명과 딸 예
순 명을 낳았으나 압살롬의 딸 마아가
를 모든 처첩보다 더 사랑하여
22 르호보암은 마아가의 아들 아비야를 후
계자로 세웠으니 이는 그의 형제들 가
운데 지도자로 삼아 왕으로 세우고자
함이었더라
23 르호보암이 지혜롭게 행하여 그의 모든
아들을 유다와 베냐민의 온 땅 모든 견
고한 성읍에 흩어 살게 하고 양식을 후
히 주고 아내를 많이 구하여 주었더라

## 애굽이 유다를 치다 (왕상 14:25-28)

12 르호보암의 나라가 견고하고 세력이 강
해지매 그가 여호와의 율법을 버리니
온 이스라엘이 본받은지라
2 그들이 여호와께 범죄하였으므로 르호
보암 왕 제오년에 애굽 왕 시삭이 예루
살렘을 치러 올라오니
3 그에게 병거가 천이백 대요 마병이 육
만 명이며 애굽에서 그와 함께 온 백성
곧 리비아와 숙과 구스 사람이 헤아릴
수 없이 많더라
4 시삭이 유다의 견고한 성읍들을 빼앗고
예루살렘에 이르니
5 그 때에 유다 방백들이 시삭의 일로 예
루살렘에 모였는지라 선지자 스마야가
르호보암과 방백들에게 나아와 이르되
여호와께서 이같이 말씀하시기를 너희
가 나를 버렸으므로 나도 너희를 버려
시삭의 손에 넘겼노라 하셨다 한지라
6 이에 이스라엘 방백들과 왕이 스스로
겸비하여 이르되 여호와는 의로우시다
하매
7 여호와께서 그들이 스스로 겸비함을 보
신지라 여호와의 말씀이 스마야에게 임
하여 이르시되 그들이 스스로 겸비하였
으니 내가 멸하지 아니하고 저희를 조
금 구원하여 나의 노를 시삭의 손을 통
하여 예루살렘에 쏟지 아니하리라
8 그러나 그들이 시삭의 종이 되어 나를
섬기는 것과 세상 나라들을 섬기는 것
이 어떠한지 알게 되리라 하셨더라
9 애굽 왕 시삭이 올라와서 예루살렘을
치고 여호와의 전 보물과 왕궁의 보물
을 모두 빼앗고 솔로몬이 만든 금 방패
도 빼앗은지라
10 르호보암 왕이 그 대신에 놋으로 방패

를 만들어 궁문을 지키는 경호 책임자
들의 손에 맡기매
11 왕이 여호와의 전에 들어갈 때마다 경
호하는 자가 그 방패를 들고 갔다가 경
호실로 도로 가져갔더라
12 르호보암이 스스로 겸비하였고 유다에
선한 일도 있으므로 여호와께서 노를
돌이키사 다 멸하지 아니하셨더라

## 르호보암이 죽다

13 르호보암 왕은 예루살렘에서 스스로 세
력을 굳게 하여 다스리니라 르호보암이
왕위에 오를 때에 나이가 사십일 세라
예루살렘 곧 여호와께서 이스라엘의 모
든 지파 중에서 택하여 그의 이름을 두
신 성에서 십칠 년 동안 다스리니라 르
호보암의 어머니의 이름은 나아마요 암
몬 여인이더라
14 르호보암이 악을 행하였으니 이는 그가
여호와를 구하는 마음을 굳게 하지 아
니함이었더라
15 르호보암의 처음부터 끝까지의 행적은
선지자 스마야와 선견자 잇도의 족보책
에 기록되지 아니하였느냐 르호보암과
여로보암 사이에 항상 전쟁이 있으니라
16 르호보암이 그의 조상들과 함께 누우매
다윗 성에 장사되고 그의 아들 아비야
가 그를 대신하여 왕이 되니라

## 아비야와 여로보암의 전쟁 (왕상 15:1-8)

13 여로보암 왕 열여덟째 해에 아비야가
유다의 왕이 되고
2 예루살렘에서 삼 년 동안 다스리니라
그의 어머니의 이름은 미가야요 기브아
사람 우리엘의 딸이더라 아비야가 여로
보암과 더불어 싸울새
3 아비야는 싸움에 용감한 군사 사십만
명을 택하여 싸움을 준비하였고 여로보

암은 큰 용사 팔십만 명을 택하여 그와
대진한지라
4 아비야가 에브라임 산 중 스마라임 산
위에 서서 이르되 여로보암과 이스라엘
무리들아 다 들으라
5 이스라엘 하나님 여호와께서 소금 언약
으로 이스라엘 나라를 영원히 다윗과
그의 자손에게 주신 것을 너희가 알 것
아니냐
6 다윗의 아들 솔로몬의 신하 느밧의 아
들 여로보암이 일어나 자기의 주를 배
반하고
7 난봉꾼과 잡배가 모여 따르므로 스스로
강하게 되어 솔로몬의 아들 르호보암을
대적하였으나 그 때에 르호보암이 어리
고 마음이 연약하여 그들의 입을 능히
막지 못하였었느니라
8 이제 너희가 또 다윗 자손의 손으로 다
스리는 여호와의 나라를 대적하려 하는
도다 너희는 큰 무리요 또 여로보암이
너희를 위하여 신으로 만든 금송아지들
이 너희와 함께 있도다
9 너희가 아론 자손인 여호와의 제사장들
과 레위 사람들을 쫓아내고 이방 백성
들의 풍속을 따라 제사장을 삼지 아니
하였느냐 누구를 막론하고 어린 수송
아지 한 마리와 숫양 일곱 마리를 끌고
와서 장립을 받고자 하는 자마다 허무
한 신들의 제사장이 될 수 있도다
10 우리에게는 여호와께서 우리 하나님이
되시니 우리가 그를 배반하지 아니하였
고 여호와를 섬기는 제사장들이 있으니
아론의 자손이요 또 레위 사람들이 수
종 들어
11 매일 아침 저녁으로 여호와 앞에 번제
를 드리며 분향하며 또 깨끗한 상에 진

설병을 놓고 또 금 등잔대가 있어 그
등에 저녁마다 불을 켜나니 우리는 우
리 하나님 여호와의 계명을 지키나 너
희는 그를 배반하였느니라
12 하나님이 우리와 함께 하사 우리의 머
리가 되시고 그의 제사장들도 우리와
함께 하여 전쟁의 나팔을 불어 너희를
공격하느니라 이스라엘 자손들아 너희
조상들의 하나님 여호와와 싸우지 말라
너희가 형통하지 못하리라
13 여로보암이 유다의 뒤를 둘러 복병하였
으므로 그 앞에는 이스라엘 사람들이
있고 그 뒤에는 복병이 있는지라
14 유다 사람이 뒤를 돌아보고 자기 앞 뒤
의 적병으로 말미암아 여호와께 부르짖
고 제사장들은 나팔을 부니라
15 유다 사람이 소리 지르매 유다 사람이
소리 지를 때에 하나님이 여로보암과
온 이스라엘을 아비야와 유다 앞에서
치시니
16 이스라엘 자손이 유다 앞에서 도망하는
지라 하나님이 그들의 손에 넘기셨으
므로
17 아비야와 그의 백성이 크게 무찌르니
이스라엘이 택한 병사들이 죽임을 당하
고 엎드러진 자들이 오십만 명이었더라
18 그 때에 이스라엘 자손이 항복하고 유
다 자손이 이겼으니 이는 그들이 그들
의 조상들의 하나님 여호와를 의지하였
음이라
19 아비야가 여로보암을 쫓아가서 그의 성
읍들을 빼앗았으니 곧 벧엘과 그 동네
들과 여사나와 그 동네들과 에브론과
그 동네들이라
20 아비야 때에 여로보암이 다시 강성하지
못하고 여호와의 치심을 입어 죽었고

21 아비야는 점점 강성하며 아내 열넷을
거느려 아들 스물둘과 딸 열여섯을 낳
았더라
22 아비야의 남은 사적과 그의 행위와 그
의 말은 선지자 잇도의 주석 책에 기록
되니라

## 아사가 유다 왕이 되다

14 아비야가 그의 조상들과 함께 누우매
다윗 성에 장사되고 그의 아들 아사가
대신하여 왕이 되니 그의 시대에 그의
땅이 십 년 동안 평안하니라
2 아사가 그의 하나님 여호와 보시기에
선과 정의를 행하여
3 이방 제단과 산당을 없애고 주상을 깨
뜨리며 아세라 상을 찍고
4 유다 사람에게 명하여 그 조상들의 하
나님 여호와를 찾게 하며 그의 율법과
명령을 행하게 하고
5 또 유다 모든 성읍에서 산당과 태양상
을 없애매 나라가 그 앞에서 평안함을
누리니라
6 여호와께서 아사에게 평안을 주셨으므
로 그 땅이 평안하여 여러 해 싸움이
없은지라 그가 견고한 성읍들을 유다에
건축하니라
7 아사가 일찍이 유다 사람에게 이르되
우리가 우리 하나님 여호와를 찾았으므
로 이 땅이 아직 우리 앞에 있나니 우
리가 이 성읍들을 건축하고 그 주위에
성곽과 망대와 문과 빗장을 만들자 우
리가 주를 찾았으므로 주께서 우리 사
방에 평안을 주셨느니라 하고 이에 그
들이 성읍을 형통하게 건축하였더라
8 아사의 군대는 유다 중에서 큰 방패와
창을 잡는 자가 삼십만 명이요 베냐민
중에서 작은 방패를 잡으며 활을 당기

는 자가 이십팔만 명이라 그들은 다 큰
용사였더라
9 구스 사람 세라가 그들을 치려 하여 군
사 백만 명과 병거 삼백 대를 거느리고
마레사에 이르매
10 아사가 마주 나가서 마레사의 스바다
골짜기에 전열을 갖추고
11 아사가 그의 하나님 여호와께 부르짖어
이르되 여호와여 힘이 강한 자와 약한
자 사이에는 주밖에 도와 줄 이가 없사
오니 우리 하나님 여호와여 우리를 도
우소서 우리가 주를 의지하오며 주의
이름을 의탁하옵고 이 많은 무리를 치
러 왔나이다 여호와여 주는 우리 하나
님이시오니 원하건대 사람이 주를 이기
지 못하게 하옵소서 하였더니
12 여호와께서 구스 사람들을 아사와 유다
사람들 앞에서 치시니 구스 사람들이
도망하는지라
13 아사와 그와 함께 한 백성이 구스 사람
들을 추격하여 그랄까지 이르매 이에
구스 사람들이 엎드러지고 살아 남은
자가 없었으니 이는 여호와 앞에서와
그의 군대 앞에서 패망하였음이라 노략
한 물건이 매우 많았더라
14 여호와께서 그랄 사면 모든 성읍 백성
을 두렵게 하시니 무리가 그의 모든 성
읍을 치고 그 가운데에 있는 많은 물건
을 노략하고
15 또 짐승 지키는 천막을 치고 양과 낙타
를 많이 이끌고 예루살렘으로 돌아왔
더라

### 아사의 개혁

15 하나님의 영이 오뎃의 아들 아사랴에게
임하시매
2 그가 나가서 아사를 맞아 이르되 아사

와 및 유다와 베냐민의 무리들아 내 말
을 들으라 너희가 여호와와 함께 하면
여호와께서 너희와 함께 하실지라 너희
가 만일 그를 찾으면 그가 너희와 만나
게 되시려니와 너희가 만일 그를 버리
면 그도 너희를 버리시리라
3 이스라엘에는 참 신이 없고 가르치는
제사장도 없고 율법도 없은 지가 오래
되었으나
4 그들이 그 환난 때에 이스라엘 하나님
여호와께로 돌아가서 찾으매 그가 그들
과 만나게 되셨나니
5 그 때에 온 땅의 모든 주민이 크게 요
란하여 사람의 출입이 평안하지 못하며
6 이 나라와 저 나라가 서로 치고 이 성
읍이 저 성읍과 또한 그러하여 피차 상
한 바 되었나니 이는 하나님이 여러 가
지 고난으로 요란하게 하셨음이라
7 그런즉 너희는 강하게 하라 너희의 손
이 약하지 않게 하라 너희 행위에는 상
급이 있음이라 하니라
8 아사가 이 말 곧 선지자 오뎃의 예언을
듣고 마음을 강하게 하여 가증한 물건
들을 유다와 베냐민 온 땅에서 없애고
또 에브라임 산지에서 빼앗은 성읍들에
서도 없애고 또 여호와의 낭실 앞에 있
는 여호와의 제단을 재건하고
9 또 유다와 베냐민의 무리를 모으고 에
브라임과 므낫세와 시므온 가운데에서
나와서 저희 중에 머물러 사는 자들을
모았으니 이는 이스라엘 사람들이 아사
의 하나님 여호와께서 그와 함께 하심
을 보고 아사에게로 돌아오는 자가 많
았음이더라
10 아사 왕 제십오년 셋째 달에 그들이 예
루살렘에 모이고

11 그 날에 노략하여 온 물건 중에서 소
칠백 마리와 양 칠천 마리로 여호와께
제사를 지내고
12 또 마음을 다하고 목숨을 다하여 조상
들의 하나님 여호와를 찾기로 언약하고
13 이스라엘 하나님 여호와를 찾지 아니하
는 자는 대소 남녀를 막론하고 죽이는
것이 마땅하다 하고
14 무리가 큰 소리로 외치며 피리와 나팔
을 불어 여호와께 맹세하매
15 온 유다가 이 맹세를 기뻐한지라 무리
가 마음을 다하여 맹세하고 뜻을 다하
여 여호와를 찾았으므로 여호와께서도
그들을 만나 주시고 그들의 사방에 평
안을 주셨더라
16 아사 왕의 어머니 마아가가 아세라의 가
증한 목상을 만들었으므로 아사가 그의
태후의 자리를 폐하고 그의 우상을 찍
고 빻아 기드론 시냇가에서 불살랐으니
17 산당은 이스라엘 중에서 제하지 아니하
였으나 아사의 마음이 일평생 온전하였
더라
18 그가 또 그의 아버지가 구별한 물건과
자기가 구별한 물건 곧 은과 금과 그릇
들을 하나님의 전에 드렸더니
19 이 때부터 아사 왕 제삼십오년까지 다
시는 전쟁이 없으니라

### 이스라엘과 유다의 충돌 (왕상 15:17-22)

16 아사 왕 제삼십육년에 이스라엘 왕 바
아사가 유다를 치러 올라와서 라마를
건축하여 사람을 유다 왕 아사에게 왕
래하지 못하게 하려 한지라
2 아사가 여호와의 전 곳간과 왕궁 곳간
의 은금을 내어다가 다메섹에 사는 아
람 왕 벤하닷에게 보내며 이르되
3 내 아버지와 당신의 아버지 사이에와

같이 나와 당신 사이에 약조하자 내가
당신에게 은금을 보내노니 와서 이스라
엘 왕 바아사와 세운 약조를 깨뜨려 그
가 나를 떠나게 하라 하매
4 벤하닷이 아사 왕의 말을 듣고 그의 군
대 지휘관들을 보내어 이스라엘 성읍들
을 치되 이욘과 단과 아벨마임과 납달
리의 모든 국고성들을 쳤더니
5 바아사가 듣고 라마 건축하는 일을 포
기하고 그 공사를 그친지라
6 아사 왕이 온 유다 무리를 거느리고 바
아사가 라마를 건축하던 돌과 재목을
운반하여다가 게바와 미스바를 건축하
였더라

### 선견자 하나니

7 그 때에 선견자 하나니가 유다 왕 아사
에게 나와서 그에게 이르되 왕이 아람
왕을 의지하고 왕의 하나님 여호와를
의지하지 아니하였으므로 아람 왕의 군
대가 왕의 손에서 벗어났나이다
8 구스 사람과 룹 사람의 군대가 크지 아
니하며 말과 병거가 심히 많지 아니하
더이까 그러나 왕이 여호와를 의지하였
으므로 여호와께서 왕의 손에 넘기셨나
이다
9 여호와의 눈은 온 땅을 두루 감찰하사
전심으로 자기에게 향하는 자들을 위하
여 능력을 베푸시나니 이 일은 왕이 망
령되이 행하였은즉 이 후부터는 왕에게
전쟁이 있으리이다 하매
10 아사가 노하여 선견자를 옥에 가두었으
니 이는 그의 말에 크게 노하였음이며
그 때에 아사가 또 백성 중에서 몇 사
람을 학대하였더라

### 아사가 죽다 (왕상 15:23-24)

11 아사의 처음부터 끝까지의 행적은 유다

와 이스라엘 열왕기에 기록되니라

12 아사가 왕이 된 지 삼십구 년에 그의
발이 병들어 매우 위독했으나 병이 있
을 때에 그가 여호와께 구하지 아니하
고 의원들에게 구하였더라

13 아사가 왕위에 있은 지 사십일 년 후에
죽어 그의 조상들과 함께 누우매

14 다윗 성에 자기를 위하여 파 두었던 묘
실에 무리가 장사하되 그의 시체를 법
대로 만든 각양 향 재료를 가득히 채운
상에 두고 또 그것을 위하여 많이 분향
하였더라

### 여호사밧이 유다의 왕이 되다

17 아사의 아들 여호사밧이 대신하여 왕이
되어 스스로 강하게 하여 이스라엘을
방어하되

2 유다 모든 견고한 성읍에 군대를 주둔
시키고 또 유다 땅과 그의 아버지 아사
가 정복한 에브라임 성읍들에 영문을
두었더라

3 여호와께서 여호사밧과 함께 하셨으니
이는 그가 그의 조상 다윗의 처음 길로
행하여 바알들에게 구하지 아니하고

4 오직 그의 아버지의 하나님께 구하며
그의 계명을 행하고 이스라엘의 행위를
따르지 아니하였음이라

5 그러므로 여호와께서 나라를 그의 손에
서 견고하게 하시매 유다 무리가 여호
사밧에게 예물을 드렸으므로 그가 부귀
와 영광을 크게 떨쳤더라

6 그가 전심으로 여호와의 길을 걸어 산
당들과 아세라 목상들도 유다에서 제거
하였더라

7 그가 왕위에 있은 지 삼 년에 그의 방
백들 벤하일과 오바댜와 스가랴와 느다
넬과 미가야를 보내어 유다 여러 성읍

에 가서 가르치게 하고
8 또 그들과 함께 레위 사람 스마야와 느
다냐와 스바댜와 아사헬과 스미라못과
여호나단과 아도니야와 도비야와 도바
도니야 등 레위 사람들을 보내고 또 저
희와 함께 제사장 엘리사마와 여호람을
보내었더니
9 그들이 여호와의 율법책을 가지고 유다
에서 가르치되 그 모든 유다 성읍들로
두루 다니며 백성들을 가르쳤더라

## 여호사밧이 강대하여지다

10 여호와께서 유다 사방의 모든 나라에
두려움을 주사 여호사밧과 싸우지 못하
게 하시매
11 블레셋 사람들 중에서는 여호사밧에게
예물을 드리며 은으로 조공을 바쳤고
아라비아 사람들도 짐승 떼 곧 숫양 칠
천칠백 마리와 숫염소 칠천칠백 마리를
드렸더라
12 여호사밧이 점점 강대하여 유다에 견고
한 요새와 국고성을 건축하고
13 유다 여러 성에 공사를 많이 하고 또
예루살렘에 크게 용맹스러운 군사를 두
었으니
14 군사의 수효가 그들의 족속대로 이러하
니라 유다에 속한 천부장 중에는 아드
나가 으뜸이 되어 큰 용사 삼십만 명을
거느렸고
15 그 다음은 지휘관 여호하난이니 이십팔
만 명을 거느렸고
16 그 다음은 시그리의 아들 아마시야니
그는 자기를 여호와께 즐거이 드린 자
라 큰 용사 이십만 명을 거느렸고
17 베냐민에 속한 자 중에 큰 용사 엘리아
다는 활과 방패를 잡은 자 이십만 명을
거느렸고

18 그 다음은 여호사밧이라 싸움을 준비한
자 십팔만 명을 거느렸으니
19 이는 다 왕을 모시는 자요 이 외에 또
온 유다 견고한 성읍들에 왕이 군사를
두었더라

## 선지자 미가야가 아합 왕에게 경고하다
(왕상 22:1-28)

18 여호사밧이 부귀와 영광을 크게 떨쳤고
아합 가문과 혼인함으로 인척 관계를
맺었더라
2 이 년 후에 그가 사마리아의 아합에게
내려갔더니 아합이 그와 시종을 위하여
양과 소를 많이 잡고 함께 가서 길르앗
라못 치기를 권하였더라
3 이스라엘 왕 아합이 유다 왕 여호사밧
에게 이르되 당신이 나와 함께 길르앗
라못으로 가시겠느냐 하니 여호사밧이
대답하되 나는 당신과 다름이 없고 내
백성은 당신의 백성과 다름이 없으니
당신과 함께 싸우리이다 하는지라
4 여호사밧이 또 이스라엘 왕에게 이르되
청하건대 먼저 여호와의 말씀이 어떠하
신지 오늘 물어 보소서 하더라
5 이스라엘 왕이 이에 선지자 사백 명을
모으고 그들에게 이르되 우리가 길르앗
라못에 가서 싸우랴 말랴 하니 그들이
이르되 올라가소서 하나님이 그 성읍을
왕의 손에 붙이시리이다 하더라
6 여호사밧이 이르되 이 외에 우리가 물
을 만한 여호와의 선지자가 여기 있지
아니하니이까 하니
7 이스라엘 왕이 여호사밧에게 이르되 아
직도 이믈라의 아들 미가야 한 사람이
있으니 그로 말미암아 여호와께 물을
수 있으나 그는 내게 대하여 좋은 일로
는 예언하지 아니하고 항상 나쁜 일로
만 예언하기로 내가 그를 미워하나이다

하더라 여호사밧이 이르되 왕은 그런
말씀을 마소서 하니
8 이스라엘 왕이 한 내시를 불러 이르되
이믈라의 아들 미가야를 속히 오게 하
라 하니라
9 이스라엘 왕과 유다 왕 여호사밧이 왕
복을 입고 사마리아 성문 어귀 광장에
서 각기 보좌에 앉았고 여러 선지자들
이 그 앞에서 예언을 하는데
10 그나아나의 아들 시드기야는 철로 뿔들
을 만들어 가지고 말하되 여호와께서 이
같이 말씀하시기를 왕이 이것들로 아
람 사람을 찔러 진멸하리라 하셨다 하고
11 여러 선지자들도 그와 같이 예언하여
이르기를 길르앗 라못으로 올라가서 승
리를 거두소서 여호와께서 그 성읍을
왕의 손에 넘기시리이다 하더라
12 미가야를 부르러 간 사자가 그에게 말
하여 이르되 선지자들의 말이 하나 같
이 왕에게 좋게 말하니 청하건대 당신
의 말도 그들 중 한 사람처럼 좋게 말
하소서 하니
13 미가야가 이르되 여호와께서 살아 계심
을 두고 맹세하노니 내 하나님께서 말
씀하시는 것 곧 그것을 내가 말하리라
하고
14 이에 왕에게 이르니 왕이 그에게 이르
되 미가야야 우리가 길르앗 라못으로
싸우러 가랴 말랴 하는지라 이르되 올
라가서 승리를 거두소서 그들이 왕의
손에 넘긴 바 되리이다 하니
15 왕이 그에게 이르되 여호와의 이름으로
진실한 것 이외에는 아무것도 말하지
말라고 내가 몇 번이나 네게 맹세하게
하여야 하겠느냐 하니
16 그가 이르되 내가 보니 온 이스라엘이

목자 없는 양 같이 산에 흩어졌는데 여
호와의 말씀이 이 무리가 주인이 없으
니 각각 평안히 자기들의 집으로 돌아
갈 것이니라 하셨나이다 하는지라
17 이스라엘 왕이 여호사밧에게 이르되 저
사람이 내게 대하여 좋은 일로 예언하
지 아니하고 나쁜 일로만 예언할 것이
라고 당신에게 말씀하지 아니하였나이
까 하더라
18 미가야가 이르되 그런즉 왕은 여호와의
말씀을 들으소서 내가 보니 여호와께서
그의 보좌에 앉으셨고 하늘의 만군이
그의 좌우편에 모시고 섰는데
19 여호와께서 말씀하시기를 누가 이스라
엘 왕 아합을 꾀어 그에게 길르앗 라못
에 올라가서 죽게 할까 하시니 하나는
이렇게 하겠다 하고 하나는 저렇게 하
겠다 하였는데
20 한 영이 나와서 여호와 앞에 서서 말하
되 내가 그를 꾀겠나이다 하니 여호와
께서 그에게 이르시되 어떻게 하겠느냐
하시니
21 그가 이르되 내가 나가서 거짓말하는
영이 되어 그의 모든 선지자들의 입에
있겠나이다 하니 여호와께서 이르시되
너는 꾀겠고 또 이루리라 나가서 그리
하라 하셨은즉
22 이제 보소서 여호와께서 거짓말하는 영
을 왕의 이 모든 선지자들의 입에 넣으
셨고 또 여호와께서 왕에게 대하여 재
앙을 말씀하셨나이다 하니
23 그나아나의 아들 시드기야가 가까이 와
서 미가야의 뺨을 치며 이르되 여호와
의 영이 나를 떠나 어디로 가서 네게
말씀하더냐 하는지라
24 미가야가 이르되 네가 골방에 들어가서

숨는 바로 그 날에 보리라 하더라
25 이스라엘 왕이 이르되 미가야를 잡아
시장 아몬과 왕자 요아스에게로 끌고
돌아가서
26 왕이 이같이 말하기를 이 놈을 옥에 가
두고 내가 평안히 돌아올 때까지 고난
의 떡과 고난의 물을 먹게 하라 하셨나
이다 하니
27 미가야가 이르되 왕이 참으로 평안히 돌
아오시게 된다면 여호와께서 내게 말씀
하지 아니하셨으리이다 하고 또 이르
되 너희 백성들아 다 들을지어다 하니라

## 아합이 죽다 (왕상 22:29-35)

28 이스라엘 왕과 유다 왕 여호사밧이 길
르앗 라못으로 올라가니라
29 이스라엘 왕이 여호사밧에게 이르되 나
는 변장하고 전쟁터로 들어가려 하노니
당신은 왕복을 입으소서 하고 이스라엘
왕이 변장하고 둘이 전쟁터로 들어가
니라
30 아람 왕이 그의 병거 지휘관들에게 이
미 명령하여 이르기를 너희는 작은 자
나 큰 자나 더불어 싸우지 말고 오직
이스라엘 왕하고만 싸우라 한지라
31 병거의 지휘관들이 여호사밧을 보고 이
르되 이가 이스라엘 왕이라 하고 돌아
서서 그와 싸우려 한즉 여호사밧이 소
리를 지르매 여호와께서 그를 도우시며
하나님이 그들을 감동시키사 그를 떠나
가게 하신지라
32 병거의 지휘관들이 그가 이스라엘 왕이
아님을 보고 추격을 그치고 돌아갔더라
33 한 사람이 무심코 활을 당겨 이스라엘
왕의 갑옷 솔기를 쏜지라 왕이 그의 병
거 모는 자에게 이르되 내가 부상하였
으니 네 손을 돌려 나를 진중에서 나가

게 하라 하였으나
34 이 날의 전쟁이 맹렬하였으므로 이스라
엘 왕이 병거에서 겨우 지탱하며 저녁
때까지 아람 사람을 막다가 해가 질 즈
음에 죽었더라

## 선견자 예후가 여호사밧을 규탄하다

19 유다 왕 여호사밧이 평안히 예루살렘에
돌아와서 그의 궁으로 들어가니라
2 하나니의 아들 선견자 예후가 나가서
여호사밧 왕을 맞아 이르되 왕이 악한
자를 돕고 여호와를 미워하는 자들을
사랑하는 것이 옳으니이까 그러므로 여
호와께로부터 진노하심이 왕에게 임하
리이다
3 그러나 왕에게 선한 일도 있으니 이는
왕이 아세라 목상들을 이 땅에서 없애
고 마음을 기울여 하나님을 찾음이니이
다 하였더라

## 여호사밧의 개혁

4 여호사밧이 예루살렘에 살더니 다시 나
가서 브엘세바에서부터 에브라임 산지
까지 민간에 두루 다니며 그들을 그들
의 조상들의 하나님 여호와께로 돌아오
게 하고
5 또 유다 온 나라의 견고한 성읍에 재판
관을 세우되 성읍마다 있게 하고
6 재판관들에게 이르되 너희가 재판하는
것이 사람을 위하여 할 것인지 여호와
를 위하여 할 것인지를 잘 살피라 너희
가 재판할 때에 여호와께서 너희와 함
께 하심이니라
7 그런즉 너희는 여호와를 두려워하는 마
음으로 삼가 행하라 우리의 하나님 여
호와께서는 불의함도 없으시고 치우침
도 없으시고 뇌물을 받는 일도 없으시
니라 하니라

8 여호사밧이 또 예루살렘에서 레위 사람
들과 제사장들과 이스라엘 족장들 중에
서 사람을 세워 여호와께 속한 일과 예
루살렘 주민의 모든 송사를 재판하게
하고
9 그들에게 명령하여 이르되 너희는 진실
과 성심을 다하여 여호와를 경외하라
10 어떤 성읍에 사는 너희 형제가 혹 피를
흘림이나 혹 율법이나 계명이나 율례나
규례로 말미암아 너희에게 와서 송사하
거든 어떤 송사든지 그들에게 경고하
여 여호와께 죄를 범하지 않게 하여 너
희와 너희 형제에게 진노하심이 임하지
말게 하라 너희가 이렇게 행하면 죄가
없으리라
11 여호와께 속한 모든 일에는 대제사장
아마랴가 너희를 다스리고 왕에게 속한
모든 일은 유다 지파의 어른 이스마엘
의 아들 스바댜가 다스리고 레위 사람
들은 너희 앞에 관리가 되리라 너희는
힘써 행하라 여호와께서 선한 자와 함
께 하실지로다 하니라

### 여호사밧과 아람의 전쟁

20 그 후에 모압 자손과 암몬 자손들이
마온 사람들과 함께 와서 여호사밧을
치고자 한지라
2 어떤 사람이 와서 여호사밧에게 전하여
이르되 큰 무리가 바다 저쪽 아람에서
왕을 치러 오는데 이제 하사손다말 곧
엔게디에 있나이다 하니
3 여호사밧이 두려워하여 여호와께로 낯
을 향하여 간구하고 온 유다 백성에게
금식하라 공포하매
4 유다 사람이 여호와께 도우심을 구하려
하여 유다 모든 성읍에서 모여와서 여
호와께 간구하더라

5 여호사밧이 여호와의 전 새 뜰 앞에서
유다와 예루살렘의 회중 가운데 서서
6 이르되 우리 조상들의 하나님 여호와여
주는 하늘에서 하나님이 아니시니이까
이방 사람들의 모든 나라를 다스리지
아니하시나이까 주의 손에 권세와 능력
이 있사오니 능히 주와 맞설 사람이 없
나이다
7 우리 하나님이시여 전에 이 땅 주민을
주의 백성 이스라엘 앞에서 쫓아내시고
그 땅을 주께서 사랑하시는 아브라함의
자손에게 영원히 주지 아니하셨나이까
8 그들이 이 땅에 살면서 주의 이름을 위
하여 한 성소를 주를 위해 건축하고 이
르기를
9 만일 재앙이나 난리나 견책이나 전염병
이나 기근이 우리에게 임하면 주의 이
름이 이 성전에 있으니 우리가 이 성전
앞과 주 앞에 서서 이 환난 가운데에서
주께 부르짖은즉 들으시고 구원하시리
라 하였나이다
10 옛적에 이스라엘이 애굽 땅에서 나올
때에 암몬 자손과 모압 자손과 세일 산
사람들을 침노하기를 주께서 용납하지
아니하시므로 이에 돌이켜 그들을 떠나
고 멸하지 아니하였거늘
11 이제 그들이 우리에게 갚는 것을 보옵
소서 그들이 와서 주께서 우리에게 주
신 주의 기업에서 우리를 쫓아내고자
하나이다
12 우리 하나님이여 그들을 징벌하지 아니
하시나이까 우리를 치러 오는 이 큰 무
리를 우리가 대적할 능력이 없고 어떻
게 할 줄도 알지 못하옵고 오직 주만
바라보나이다 하고
13 유다 모든 사람들이 그들의 아내와 자

녀와 어린이와 더불어 여호와 앞에 섰
더라
14 여호와의 영이 회중 가운데에서 레위
사람 야하시엘에게 임하셨으니 그는 아
삽 자손 맛다냐의 현손이요 여이엘의
증손이요 브나야의 손자요 스가랴의 아
들이더라
15 야하시엘이 이르되 온 유다와 예루살렘
주민과 여호사밧 왕이여 들을지어다 여
호와께서 이같이 너희에게 말씀하시기
를 너희는 이 큰 무리로 말미암아 두려
워하거나 놀라지 말라 이 전쟁은 너희
에게 속한 것이 아니요 하나님께 속한
것이니라
16 내일 너희는 그들에게로 내려가라 그들
이 시스 고개로 올라올 때에 너희가 골
짜기 어귀 여루엘 들 앞에서 그들을 만
나려니와
17 이 전쟁에는 너희가 싸울 것이 없나니
대열을 이루고 서서 너희와 함께 한 여
호와가 구원하는 것을 보라 유다와 예
루살렘아 너희는 두려워하지 말며 놀라
지 말고 내일 그들을 맞서 나가라 여호
와가 너희와 함께 하리라 하셨느니라
하매
18 여호사밧이 몸을 굽혀 얼굴을 땅에 대
니 온 유다와 예루살렘 주민들도 여호
와 앞에 엎드려 여호와께 경배하고
19 그핫 자손과 고라 자손에게 속한 레위
사람들은 서서 심히 큰 소리로 이스라
엘 하나님 여호와를 찬송하니라
20 이에 백성들이 아침에 일찍이 일어나
서 드고아 들로 나가니라 나갈 때에 여
호사밧이 서서 이르되 유다와 예루살렘
주민들아 내 말을 들을지어다 너희는
너희 하나님 여호와를 신뢰하라 그리하

면 견고히 서리라 그의 선지자들을 신
뢰하라 그리하면 형통하리라 하고
21 백성과 더불어 의논하고 노래하는 자들
을 택하여 거룩한 예복을 입히고 군대
앞에서 행진하며 여호와를 찬송하여 이
르기를 여호와께 감사하세 그의 인자하
심이 영원하도다 하게 하였더니
22 그 노래와 찬송이 시작될 때에 여호와
께서 복병을 두어 유다를 치러 온 암몬
자손과 모압과 세일 산 주민들을 치게
하시므로 그들이 패하였으니
23 곧 암몬과 모압 자손이 일어나 세일 산
주민들을 쳐서 진멸하고 세일 주민들을
멸한 후에는 그들이 서로 쳐죽였더라
24 유다 사람이 들 망대에 이르러 그 무리
를 본즉 땅에 엎드러진 시체들뿐이요
한 사람도 피한 자가 없는지라
25 여호사밧과 그의 백성이 가서 적군의
물건을 탈취할새 본즉 그 가운데에 재
물과 의복과 보물이 많이 있으므로 각
기 탈취하는데 그 물건이 너무 많아 능
히 가져갈 수 없을 만큼 많으므로 사흘
동안에 거두어들이고
26 넷째 날에 무리가 브라가 골짜기에 모
여서 거기서 여호와를 송축한지라 그러
므로 오늘날까지 그 곳을 브라가 골짜
기라 일컫더라
27 유다와 예루살렘 모든 사람이 다시 여
호사밧을 선두로 하여 즐겁게 예루살렘
으로 돌아왔으니 이는 여호와께서 그
들이 그 적군을 이김으로써 즐거워하게
하셨음이라
28 그들이 비파와 수금과 나팔을 합주하고
예루살렘에 이르러 여호와의 전에 나아
가니라
29 이방 모든 나라가 여호와께서 이스라엘

의 적군을 치셨다 함을 듣고 하나님을
두려워하므로
30 여호사밧의 나라가 태평하였으니 이는
그의 하나님이 사방에서 그들에게 평강
을 주셨음이더라

### 여호사밧의 행적 (왕상 22:41-50)

31 여호사밧이 유다의 왕이 되어 왕위에
오를 때에 나이가 삼십오 세라 예루살
렘에서 이십오 년 동안 다스리니라 그
의 어머니의 이름은 아수바라 실히의
딸이더라
32 여호사밧이 그의 아버지 아사의 길로
행하여 돌이켜 떠나지 아니하고 여호와
보시기에 정직하게 행하였으나
33 산당만은 철거하지 아니하였으므로 백
성이 여전히 마음을 정하여 그들의 조
상들의 하나님께로 돌아오지 아니하였
더라
34 이 외에 여호사밧의 시종 행적은 하나
니의 아들 예후의 글에 다 기록되었고
그 글은 이스라엘 열왕기에 올랐더라
35 유다 왕 여호사밧이 나중에 이스라엘
왕 아하시야와 교제하였는데 아하시야
는 심히 악을 행하는 자였더라
36 두 왕이 서로 연합하고 배를 만들어 다
시스로 보내고자 하여 에시온게벨에서
배를 만들었더니
37 마레사 사람 도다와후의 아들 엘리에셀
이 여호사밧을 향하여 예언하여 이르되
왕이 아하시야와 교제하므로 여호와께
서 왕이 지은 것들을 파하시리라 하더
니 이에 그 배들이 부서져서 다시스로
가지 못하였더라

### 유다 왕 여호람 (왕하 8:17-24)

21 여호사밧이 그의 조상들과 함께 누우매
그의 조상들과 함께 다윗 성에 장사되

고 그의 아들 여호람이 대신하여 왕이
되니라
2 여호사밧의 아들 여호람의 아우들 아사
랴와 여히엘과 스가랴와 아사랴와 미가
엘과 스바댜는 다 유다 왕 여호사밧의
아들들이라
3 그의 아버지가 그들에게는 은금과 보물
과 유다 견고한 성읍들을 선물로 후히
주었고 여호람은 장자이므로 왕위를 주
었더니
4 여호람이 그의 아버지의 왕국을 다스
리게 되어 세력을 얻은 후에 그의 모든
아우들과 이스라엘 방백들 중 몇 사람
을 칼로 죽였더라
5 여호람이 왕위에 오를 때에 나이가 삼
십이 세라 예루살렘에서 팔 년 동안 다
스리니라
6 그가 이스라엘 왕들의 길로 행하여 아
합의 집과 같이 하였으니 이는 아합의
딸이 그의 아내가 되었음이라 그가 여
호와 보시기에 악을 행하였으나
7 여호와께서 다윗의 집을 멸하기를 즐겨
하지 아니하셨음은 이전에 다윗과 더불
어 언약을 세우시고 또 다윗과 그의 자
손에게 항상 등불을 주겠다고 말씀하셨
음이더라
8 여호람 때에 에돔이 배반하여 유다의
지배하에서 벗어나 자기 위에 왕을 세
우므로
9 여호람이 지휘관들과 모든 병거를 거느
리고 출정하였더니 밤에 일어나서 자기
를 에워싼 에돔 사람과 그 병거의 지휘
관들을 쳤더라
10 이와 같이 에돔이 배반하여 유다의 지
배하에서 벗어났더니 오늘까지 그러하
였으며 그 때에 립나도 배반하여 여호

람의 지배 하에서 벗어났으니 이는 그
가 그의 조상들의 하나님 여호와를 버
렸음이더라
11 여호람이 또 유다 여러 산에 산당을 세
워 예루살렘 주민으로 음행하게 하고
또 유다를 미혹하게 하였으므로
12 선지자 엘리야가 여호람에게 글을 보내
어 이르되 왕의 조상 다윗의 하나님 여
호와께서 이같이 말씀하시기를 네가 네
아비 여호사밧의 길과 유다 왕 아사의
길로 행하지 아니하고
13 오직 이스라엘 왕들의 길로 행하여 유
다와 예루살렘 주민들이 음행하게 하
기를 아합의 집이 음행하듯 하며 또 네
아비 집에서 너보다 착한 아우들을 죽
였으니
14 여호와가 네 백성과 네 자녀들과 네 아
내들과 네 모든 재물을 큰 재앙으로 치
시리라
15 또 너는 창자에 중병이 들고 그 병이
날로 중하여 창자가 빠져나오리라 하셨
다 하였더라
16 여호와께서 블레셋 사람들과 구스에서
가까운 아라비아 사람들의 마음을 격동
시키사 여호람을 치게 하셨으므로
17 그들이 올라와서 유다를 침략하여 왕궁
의 모든 재물과 그의 아들들과 아내들
을 탈취하였으므로 막내 아들 여호아하
스 외에는 한 아들도 남지 아니하였더라
18 이 모든 일 후에 여호와께서 여호람을
치사 능히 고치지 못할 병이 그 창자에
들게 하셨으므로
19 여러 날 후 이 년 만에 그의 창자가 그
병으로 말미암아 빠져나오매 그가 그
심한 병으로 죽으니 백성이 그들의 조
상들에게 분향하던 것 같이 그에게 분

향하지 아니하였으며
20 여호람이 삼십이 세에 즉위하고 예루살
렘에서 팔 년 동안 다스리다가 아끼는
자 없이 세상을 떠났으며 무리가 그를
다윗 성에 장사하였으나 열왕의 묘실에
는 두지 아니하였더라

### 유다 왕 아하시야 (왕하 8:25-29; 9:21-28)

22 예루살렘 주민이 여호람의 막내 아들
아하시야에게 왕위를 계승하게 하였으
니 이는 전에 아라비아 사람들과 함께
와서 진을 치던 부대가 그의 모든 형들
을 죽였음이라 그러므로 유다 왕 여호
람의 아들 아하시야가 왕이 되었더라
2 아하시야가 왕이 될 때에 나이가 사십
이 세라 예루살렘에서 일 년 동안 다스
리니라 그의 어머니의 이름은 아달랴요
오므리의 손녀더라
3 아하시야도 아합의 집 길로 행하였으니
이는 그의 어머니가 꾀어 악을 행하게
하였음이라
4 그의 아버지가 죽은 후에 그가 패망하
게 하는 아합의 집의 가르침을 따라 여
호와 보시기에 아합의 집 같이 악을 행
하였더라
5 아하시야가 아합의 집의 가르침을 따라
이스라엘 왕 아합의 아들 요람과 함께
길르앗 라못으로 가서 아람 왕 하사엘
과 더불어 싸우더니 아람 사람들이 요
람을 상하게 한지라
6 요람이 아람 왕 하사엘과 싸울 때에 라
마에서 맞아 상한 것을 치료하려 하여
이스르엘로 돌아왔더라 아합의 아들 요
람이 병이 있으므로 유다 왕 여호람의
아들 아사랴가 이스르엘에 내려가서 방
문하였더라
7 아하시야가 요람에게 가므로 해를 입었

으니 이는 하나님께로 말미암은 것이라
아하시야가 갔다가 요람과 함께 나가서
님시의 아들 예후를 맞았으니 그는 여
호와께서 기름을 부으시고 아합의 집을
멸하게 하신 자이더라
8 예후로 하여금 아합의 집을 심판하게
하실 때에 유다 방백들과 아하시야의
형제들의 아들들 곧 아하시야를 섬기는
자들을 만나서 죽였고
9 아하시야는 사마리아에 숨었더니 예후
가 찾으매 무리가 그를 예후에게로 잡
아가서 죽이고 이르기를 그는 전심으로
여호와를 구하던 여호사밧의 아들이라
하고 장사하였더라 이에 아하시야의 집
이 약하여 왕위를 힘으로 지키지 못하
게 되니라

### 유다 여왕 아달랴 (왕하 11:1-3)

10 아하시야의 어머니 아달랴가 자기의 아
들이 죽은 것을 보고 일어나 유다 집의
왕국의 씨를 모두 진멸하였으나
11 왕의 딸 여호사브앗이 아하시야의 아들
요아스를 왕자들이 죽임을 당하는 중에
서 몰래 빼내어 그와 그의 유모를 침실
에 숨겨 아달랴를 피하게 하였으므로 아
달랴가 그를 죽이지 못하였더라 여호사
브앗은 여호람 왕의 딸이요 아하시야의
누이요 제사장 여호야다의 아내이더라
12 요아스가 그들과 함께 하나님의 전에
육 년을 숨어 있는 동안에 아달랴가 나
라를 다스렸더라

### 아달랴에 대한 반역 (왕하 11:4-16)

23 제칠년에 여호야다가 용기를 내어 백
부장 곧 여로함의 아들 아사랴와 여호
하난의 아들 이스마엘과 오벳의 아들
아사랴와 아다야의 아들 마아세야와 시
그리의 아들 엘리사밧 등과 더불어 언

약을 세우매
2 그들이 유다를 두루 다니며 유다 모든
고을에서 레위 사람들과 이스라엘 족장
들을 모아 예루살렘에 이른지라
3 온 회중이 하나님의 전에서 왕과 언약
을 세우매 여호야다가 무리에게 이르되
여호와께서 다윗의 자손에게 대하여 말
씀하신 대로 왕자가 즉위하여야 할지니
4 이제 너희는 이와 같이 행하라 너희 제
사장들과 레위 사람들 곧 안식일에 당
번인 자들의 삼분의 일은 문을 지키고
5 삼분의 일은 왕궁에 있고 삼분의 일은
기초문에 있고 백성들은 여호와의 전
뜰에 있을지라
6 제사장들과 수종 드는 레위 사람들은
거룩한즉 여호와의 전에 들어오려니와
그 외의 다른 사람은 들어오지 못할 것
이니 모든 백성은 여호와께 지켜야 할
바를 지킬지며
7 레위 사람들은 각각 손에 무기를 잡고
왕을 호위하며 다른 사람이 성전에 들
어오거든 죽이고 왕이 출입할 때에 경
호할지니라 하니
8 레위 사람들과 모든 유다 사람들이 제
사장 여호야다가 명령한 모든 것을 준
행하여 각기 수하에 안식일에 당번인
자와 안식일에 비번인 자들을 거느리고
있었으니 이는 제사장 여호야다가 비번
인 자들을 보내지 아니함이더라
9 제사장 여호야다가 하나님의 전 안에
있는 다윗 왕의 창과 큰 방패와 작은
방패를 백부장들에게 주고
10 또 백성들에게 각각 손에 무기를 잡고
왕을 호위하되 성전 오른쪽에서부터 성
전 왼쪽까지 제단과 성전 곁에 서게
하고

11 무리가 왕자를 인도해 내어 면류관을
씌우며 율법책을 주고 세워 왕으로 삼
을새 여호야다와 그의 아들들이 그에게
기름을 붓고 이르기를 왕이여 만세수를
누리소서 하니라
12 아달랴가 백성들이 뛰며 왕을 찬송하는
소리를 듣고 여호와의 전에 들어가서
백성에게 이르러
13 보매 왕이 성전 문 기둥 곁에 섰고 지
휘관들과 나팔수들이 왕의 곁에 모셔
서 있으며 그 땅의 모든 백성들이 즐거
워하여 나팔을 불며 노래하는 자들은
주악하며 찬송을 인도하는지라 이에 아
달랴가 그의 옷을 찢으며 외치되 반역
이로다 반역이로다 하매
14 제사장 여호야다가 군대를 거느린 백부
장들을 불러내어 이르되 반열 밖으로
몰아내라 그를 따르는 자는 칼로 죽이
라 하니 제사장의 이 말은 여호와의 전
에서는 그를 죽이지 말라 함이라
15 이에 무리가 그에게 길을 열어 주고 그
가 왕궁 말문 어귀에 이를 때에 거기서
죽였더라

### 여호야다의 개혁 (왕하 11:17-20)

16 여호야다가 자기와 모든 백성과 왕 사
이에 언약을 세워 여호와의 백성이 되
리라 한지라
17 온 국민이 바알의 신당으로 가서 그 신
당을 부수고 그의 제단들과 형상들을
깨뜨리고 그 제단 앞에서 바알의 제사
장 맛단을 죽이니라
18 여호야다가 여호와의 전의 직원들을 세
워 레위 제사장의 수하에 맡기니 이들
은 다윗이 전에 그들의 반열을 나누어
서 여호와의 전에서 모세의 율법에 기
록한 대로 여호와께 번제를 드리며 다

윗이 정한 규례대로 즐거이 부르고 노
래하게 하였던 자들이더라
19 또 문지기를 여호와의 전 여러 문에 두
어 무슨 일에든지 부정한 모든 자는 들
어오지 못하게 하고
20 백부장들과 존귀한 자들과 백성의 방백
들과 그 땅의 모든 백성을 거느리고 왕
을 인도하여 여호와의 전에서 내려와
윗문으로부터 왕궁에 이르러 왕을 나라
보좌에 앉히매
21 그 땅의 모든 백성이 즐거워하고 성중
이 평온하더라 아달랴를 무리가 칼로
죽였었더라

### 유다 왕 요아스 (왕하 12:1-16)

24 요아스가 왕위에 오를 때에 나이가 칠
세라 예루살렘에서 사십 년 동안 다스
리니라 그의 어머니의 이름은 시비아요
브엘세바 사람이더라
2 제사장 여호야다가 세상에 사는 모든
날에 요아스가 여호와 보시기에 정직하
게 행하였으며
3 여호야다가 그를 두 아내에게 장가들게
하였더니 자녀를 낳았더라
4 그 후에 요아스가 여호와의 전을 보수
할 뜻을 두고
5 제사장들과 레위 사람들을 모으고 그들
에게 이르되 너희는 유다 여러 성읍에
가서 모든 이스라엘에게 해마다 너희의
하나님의 전을 수리할 돈을 거두되 그
일을 빨리 하라 하였으나 레위 사람이
빨리 하지 아니한지라
6 왕이 대제사장 여호야다를 불러 이르되
네가 어찌하여 레위 사람들을 시켜서 여
호와의 종 모세와 이스라엘의 회중이 성
막을 위하여 정한 세를 유다와 예루살
렘에서 거두게 하지 아니하였느냐 하니

7 이는 그 악한 여인 아달랴의 아들들이
하나님의 전을 파괴하고 또 여호와의
전의 모든 성물들을 바알들을 위하여
사용하였음이었더라
8 이에 왕이 말하여 한 궤를 만들어 여호
와의 전 문 밖에 두게 하고
9 유다와 예루살렘에 공포하여 하나님의
종 모세가 광야에서 이스라엘에게 정한
세를 여호와께 드리라 하였더니
10 모든 방백들과 백성들이 기뻐하여 마치
기까지 돈을 가져다가 궤에 던지니라
11 레위 사람들이 언제든지 궤를 메고 왕
의 관리에게 가지고 가서 돈이 많은 것
을 보이면 왕의 서기관과 대제사장에
게 속한 관원이 와서 그 궤를 쏟고 다
시 그 곳에 가져다 두었더라 때때로 이
렇게 하여 돈을 많이 거두매
12 왕과 여호야다가 그 돈을 여호와의 전
감독자에게 주어 석수와 목수를 고용하
여 여호와의 전을 보수하며 또 철공과
놋쇠공을 고용하여 여호와의 전을 수리
하게 하였더니
13 기술자들이 맡아서 수리하는 공사가 점
점 진척되므로 하나님의 전을 이전 모
양대로 견고하게 하니라
14 공사를 마친 후에 그 남은 돈을 왕과
여호야다 앞으로 가져왔으므로 그것으
로 여호와의 전에 쓸 그릇을 만들었으
니 곧 섬겨 제사 드리는 그릇이며 또
숟가락과 금은 그릇들이라 여호야다가
세상에 사는 모든 날에 여호와의 전에
항상 번제를 드렸더라

### 여호야다의 정책이 뒤집히다

15 여호야다가 나이가 많고 늙어서 죽으니
죽을 때에 백삼십 세라
16 무리가 다윗 성 여러 왕의 묘실 중에

장사하였으니 이는 그가 이스라엘과 하
나님과 그의 성전에 대하여 선을 행하
였음이더라
17 여호야다가 죽은 후에 유다 방백들이
와서 왕에게 절하매 왕이 그들의 말을
듣고
18 그의 조상들의 하나님 여호와의 전을
버리고 아세라 목상과 우상을 섬겼으므
로 그 죄로 말미암아 진노가 유다와 예
루살렘에 임하니라
19 그러나 여호와께서 그들에게 선지자를
보내사 다시 여호와에게로 돌아오게 하
려 하시매 선지자들이 그들에게 경고하
였으나 듣지 아니하니라
20 이에 하나님의 영이 제사장 여호야다의
아들 스가랴를 감동시키시매 그가 백성
앞에 높이 서서 그들에게 이르되 하나
님이 이같이 말씀하시기를 너희가 어찌
하여 여호와의 명령을 거역하여 스스로
형통하지 못하게 하느냐 하셨나니 너희
가 여호와를 버렸으므로 여호와께서도
너희를 버리셨느니라 하나
21 무리가 함께 꾀하고 왕의 명령을 따라
그를 여호와의 전 뜰 안에서 돌로 쳐죽
였더라
22 요아스 왕이 이와 같이 스가랴의 아버
지 여호야다가 베푼 은혜를 기억하지
아니하고 그의 아들을 죽이니 그가 죽
을 때에 이르되 여호와는 감찰하시고
신원하여 주옵소서 하니라

## 요아스가 죽다

23 일 주년 말에 아람 군대가 요아스를 치
려고 올라와서 유다와 예루살렘에 이르
러 백성 중에서 모든 방백들을 다 죽이
고 노략한 물건을 다메섹 왕에게로 보
내니라

24 아람 군대가 적은 무리로 왔으나 여호
와께서 심히 큰 군대를 그들의 손에 넘
기셨으니 이는 유다 사람들이 그들의
조상들의 하나님 여호와를 버렸음이라
이와 같이 아람 사람들이 요아스를 징
벌하였더라
25 요아스가 크게 부상하매 적군이 그를
버리고 간 후에 그의 신하들이 제사장
여호야다의 아들들의 피로 말미암아 반
역하여 그를 그의 침상에서 쳐죽인지라
다윗 성에 장사하였으나 왕들의 묘실에
는 장사하지 아니하였더라
26 반역한 자들은 암몬 여인 시므앗의 아
들 사밧과 모압 여인 시므릿의 아들 여
호사밧이더라
27 요아스의 아들들의 사적과 요아스가 중
대한 경책을 받은 것과 하나님의 전을
보수한 사적은 다 열왕기 주석에 기록
되니라 그의 아들 아마샤가 대신하여
왕이 되니라

### 유다 왕 아마샤 (왕하 14:2-6)

25 아마샤가 왕위에 오를 때에 나이가 이
십오 세라 예루살렘에서 이십구 년 동
안 다스리니라 그의 어머니의 이름은
여호앗단이요 예루살렘 사람이더라
2 아마샤가 여호와께서 보시기에 정직하
게 행하기는 하였으나 온전한 마음으로
행하지 아니하였더라
3 그의 나라가 굳게 서매 그의 부왕을 죽
인 신하들을 죽였으나
4 그들의 자녀들은 죽이지 아니하였으니
이는 모세의 율법책에 기록된 대로 함
이라 곧 여호와께서 명령하여 이르시기
를 자녀로 말미암아 아버지를 죽이지
말 것이요 아버지로 말미암아 자녀를
죽이지 말 것이라 오직 각 사람은 자기

의 죄로 말미암아 죽을 것이니라 하셨
더라

## 아마샤와 에돔의 전쟁 (왕하 14:7)

5 아마샤가 유다 사람들을 모으고 그 여
러 족속을 따라 천부장들과 백부장들을
세우되 유다와 베냐민을 함께 그리하고
이십 세 이상으로 계수하여 창과 방패
를 잡고 능히 전장에 나갈 만한 자 삼
십만 명을 얻고
6 또 은 백 달란트로 이스라엘 나라에서
큰 용사 십만 명을 고용하였더니
7 어떤 하나님의 사람이 아마샤에게 나아
와서 이르되 왕이여 이스라엘 군대를
왕과 함께 가게 하지 마옵소서 여호와
께서는 이스라엘 곧 온 에브라임 자손
과 함께 하지 아니하시나니
8 왕이 만일 가시거든 힘써 싸우소서 하
나님이 왕을 적군 앞에 엎드러지게 하
시리이다 하나님은 능히 돕기도 하시고
능히 패하게도 하시나이다 하니
9 아마샤가 하나님의 사람에게 이르되 내
가 백 달란트를 이스라엘 군대에게 주
었으니 어찌할까 하나님의 사람이 말하
되 여호와께서 능히 이보다 많은 것을
왕에게 주실 수 있나이다 하니라
10 아마샤가 이에 에브라임에서 자기에게
온 군대를 나누어 그들의 고향으로 돌
아가게 하였더니 그 무리가 유다 사람
에게 심히 노하여 분연히 고향으로 돌
아갔더라
11 아마샤가 담력을 내어 그의 백성을 거
느리고 소금 골짜기에 이르러 세일 자
손 만 명을 죽이고
12 유다 자손이 또 만 명을 사로잡아 가지
고 바위 꼭대기에 올라가서 거기서 밀
쳐 내려뜨려서 그들의 온 몸이 부서지

게 하였더라

13 아마샤가 자기와 함께 전장에 나가지
못하게 하고 돌려보낸 군사들이 사마리
아에서부터 벧호론까지 유다 성읍들을
약탈하고 사람 삼천 명을 죽이고 물건
을 많이 노략하였더라

14 아마샤가 에돔 사람들을 죽이고 돌아올
때에 세일 자손의 신들을 가져와서 자
기의 신으로 세우고 그것들 앞에 경배
하며 분향한지라

15 그러므로 여호와께서 아마샤에게 진노
하사 한 선지자를 그에게 보내시니 그
가 이르되 저 백성의 신들이 그들의 백
성을 왕의 손에서 능히 구원하지 못하
였거늘 왕은 어찌하여 그 신들에게 구
하나이까 하며

16 선지자가 아직 그에게 말할 때에 왕이
그에게 이르되 우리가 너를 왕의 모사
로 삼았느냐 그치라 어찌하여 맞으려
하느냐 하니 선지자가 그치며 이르되
왕이 이 일을 행하고 나의 경고를 듣지
아니하니 하나님이 왕을 멸하시기로 작
정하신 줄 아노라 하였더라

## 유다와 이스라엘의 전쟁 (왕하 14:8-20)

17 유다 왕 아마샤가 상의하고 예후의 손
자 여호아하스의 아들 이스라엘 왕 요
아스에게 사신을 보내어 이르되 오라
서로 대면하자 한지라

18 이스라엘 왕 요아스가 유다 왕 아마샤
에게 사람을 보내어 이르되 레바논 가
시나무가 레바논 백향목에게 전갈을 보
내어 이르기를 네 딸을 내 아들에게 주
어 아내로 삼게 하라 하였더니 레바논
들짐승이 지나가다가 그 가시나무를 짓
밟았느니라

19 네가 에돔 사람들을 쳤다고 네 마음이

교만하여 자긍하는도다 네 궁에나 있으
라 어찌하여 화를 자초하여 너와 유다
가 함께 망하고자 하느냐 하나
20 아마샤가 듣지 아니하였으니 이는 하나
님께로 말미암은 것이라 그들이 에돔
신들에게 구하였으므로 그 대적의 손에
넘기려 하심이더라
21 이스라엘 왕 요아스가 올라와서 유다
왕 아마샤와 더불어 유다의 벧세메스에
서 대면하였더니
22 유다가 이스라엘 앞에서 패하여 각기
장막으로 도망한지라
23 이스라엘 왕 요아스가 벧세메스에서 여
호아하스의 손자 요아스의 아들 유다
왕 아마샤를 사로잡고 예루살렘에 이르
러 예루살렘 성벽을 에브라임 문에서부
터 성 모퉁이 문까지 사백 규빗을 헐고
24 또 하나님의 전 안에서 오벧에돔이 지
키는 모든 금은과 그릇과 왕궁의 재물
을 빼앗고 또 사람들을 볼모로 잡아 가
지고 사마리아로 돌아갔더라
25 이스라엘 왕 여호아하스의 아들 요아스
가 죽은 후에도 유다 왕 요아스의 아들
아마샤가 십오 년 간 생존하였더라
26 아마샤의 이 외의 처음부터 끝까지의
행적은 유다와 이스라엘 열왕기에 기록
되지 아니하였느냐
27 아마샤가 돌아서서 여호와를 버린 후로
부터 예루살렘에서 무리가 그를 반역하
였으므로 그가 라기스로 도망하였더니
반역한 무리가 사람을 라기스로 따라
보내어 그를 거기서 죽이게 하고
28 그의 시체를 말에 실어다가 그의 조상
들과 함께 유다 성읍에 장사하였더라

## 유다 왕 웃시야 (왕하 14:21-22; 15:1-7)

26 유다 온 백성이 나이가 십육 세 된 웃

시야를 세워 그의 아버지 아마샤를 대
신하여 왕으로 삼으니
2 아마샤 왕이 그의 열조들의 묘실에 누
운 후에 웃시야가 엘롯을 건축하여 유
다에 돌렸더라
3 웃시야가 왕위에 오를 때에 나이가 십
육 세라 예루살렘에서 오십이 년 간 다
스리니라 그의 어머니의 이름은 여골리
아요 예루살렘 사람이더라
4 웃시야가 그의 아버지 아마샤의 모든
행위대로 여호와 보시기에 정직하게 행
하며
5 하나님의 묵시를 밝히 아는 스가랴가
사는 날에 하나님을 찾았고 그가 여호
와를 찾을 동안에는 하나님이 형통하게
하셨더라
6 웃시야가 나가서 블레셋 사람들과 싸우
고 가드 성벽과 야브네 성벽과 아스돗
성벽을 헐고 아스돗 땅과 블레셋 사람
들 가운데에 성읍들을 건축하매
7 하나님이 그를 도우사 블레셋 사람들과
구르바알에 거주하는 아라비아 사람들
과 마온 사람들을 치게 하신지라
8 암몬 사람들이 웃시야에게 조공을 바치
매 웃시야가 매우 강성하여 이름이 애
굽 변방까지 퍼졌더라
9 웃시야가 예루살렘에서 성 모퉁이 문과
골짜기 문과 성굽이에 망대를 세워 견
고하게 하고
10 또 광야에 망대를 세우고 물 웅덩이를
많이 파고 고원과 평지에 가축을 많이
길렀으며 또 여러 산과 좋은 밭에 농부
와 포도원을 다스리는 자들을 두었으니
농사를 좋아함이었더라
11 웃시야에게 또 싸우는 군사가 있으니
서기관 여이엘과 병영장 마아세야가 직

접 조사한 수효대로 왕의 지휘관 하나
냐의 휘하에 속하여 떼를 지어 나가서
싸우는 자라
12 족장의 총수가 이천육백 명이니 모두
큰 용사요
13 그의 휘하의 군대가 삼십만 칠천오백
명이라 건장하고 싸움에 능하여 왕을
도와 적을 치는 자이며
14 웃시야가 그의 온 군대를 위하여 방패
와 창과 투구와 갑옷과 활과 물매 돌을
준비하고
15 또 예루살렘에서 재주 있는 사람들에게
무기를 고안하게 하여 망대와 성곽 위
에 두어 화살과 큰 돌을 쏘고 던지게 하
였으니 그의 이름이 멀리 퍼짐은 기이
한 도우심을 얻어 강성하여짐이었더라

### 웃시야에게 나병이 생기다

16 그가 강성하여지매 그의 마음이 교만하
여 악을 행하여 그의 하나님 여호와께
범죄하되 곧 여호와의 성전에 들어가서
향단에 분향하려 한지라
17 제사장 아사랴가 여호와의 용맹한 제
사장 팔십 명을 데리고 그의 뒤를 따라
들어가서
18 웃시야 왕 곁에 서서 그에게 이르되 웃
시야여 여호와께 분향하는 일은 왕이
할 바가 아니요 오직 분향하기 위하여
구별함을 받은 아론의 자손 제사장들이
할 바니 성소에서 나가소서 왕이 범죄
하였으니 하나님 여호와에게서 영광을
얻지 못하리이다
19 웃시야가 손으로 향로를 잡고 분향하려
하다가 화를 내니 그가 제사장에게 화
를 낼 때에 여호와의 전 안 향단 곁 제
사장들 앞에서 그의 이마에 나병이 생
긴지라

20 대제사장 아사랴와 모든 제사장이 왕의
이마에 나병이 생겼음을 보고 성전에서
급히 쫓아내고 여호와께서 치시므로 왕
도 속히 나가니라
21 웃시야 왕이 죽는 날까지 나병환자가
되었고 나병환자가 되매 여호와의 전에
서 끊어져 별궁에 살았으므로 그의 아
들 요담이 왕궁을 관리하며 백성을 다
스렸더라
22 웃시야의 남은 시종 행적은 아모스의
아들 선지자 이사야가 기록하였더라
23 웃시야가 그의 조상들과 함께 누우매
그는 나병환자라 하여 왕들의 묘실에
접한 땅 곧 그의 조상들의 곁에 장사하
니라 그의 아들 요담이 대신하여 왕이
되니라

## 유다 왕 요담 (왕하 15:32-38)

27 요담이 왕위에 오를 때에 나이가 이십
오 세라 예루살렘에서 십육 년 동안 다
스리니라 그의 어머니의 이름은 여루사
요 사독의 딸이더라
2 요담이 그의 아버지 웃시야의 모든 행
위대로 여호와 보시기에 정직하게 행하
였으나 여호와의 성전에는 들어가지 아
니하였고 백성은 여전히 부패하였더라
3 그가 여호와의 전 윗문을 건축하고 또
오벨 성벽을 많이 증축하고
4 유다 산중에 성읍들을 건축하며 수풀
가운데에 견고한 진영들과 망대를 건축
하고
5 암몬 자손의 왕과 더불어 싸워 그들을
이겼더니 그 해에 암몬 자손이 은 백
달란트와 밀 만 고르와 보리 만 고르를
바쳤고 제이년과 제삼년에도 암몬 자손
이 그와 같이 바쳤더라
6 요담이 그의 하나님 여호와 앞에서 바

른 길을 걸었으므로 점점 강하여졌더라
7 요담의 남은 사적과 그의 모든 전쟁과
행위는 이스라엘과 유다 열왕기에 기록
되니라
8 요담이 왕위에 오를 때에 나이가 이십
오 세요 예루살렘에서 다스린 지 십육
년이라
9 그가 그의 조상들과 함께 누우매 다윗
성에 장사되고 그의 아들 아하스가 대
신하여 왕이 되니라

### 유다 왕 아하스 (왕하 16:1-5)

28 아하스가 왕위에 오를 때에 나이가 이
십 세라 예루살렘에서 십육 년 동안 다
스렸으나 그의 조상 다윗과 같지 아니
하여 여호와 보시기에 정직하게 행하지
아니하고
2 이스라엘 왕들의 길로 행하여 바알들의
우상을 부어 만들고
3 또 힌놈의 아들 골짜기에서 분향하고
여호와께서 이스라엘 자손 앞에서 쫓아
내신 이방 사람들의 가증한 일을 본받
아 그의 자녀들을 불사르고
4 또 산당과 작은 산 위와 모든 푸른 나
무 아래에서 제사를 드리며 분향하니라
5 그러므로 그의 하나님 여호와께서 그를
아람 왕의 손에 넘기시매 그들이 쳐서
심히 많은 무리를 사로잡아 다메섹으로
갔으며 또 이스라엘 왕의 손에 넘기시
매 그가 쳐서 크게 살륙하였으니
6 이는 그의 조상들의 하나님 여호와를
버렸음이라 르말랴의 아들 베가가 유다
에서 하루 동안에 용사 십이만 명을 죽
였으며
7 에브라임의 용사 시그리는 왕의 아들
마아세야와 궁내대신 아스리감과 총리
대신 엘가나를 죽였더라

## 선지자 오뎃

8 이스라엘 자손이 그들의 형제 중에서
그들의 아내와 자녀를 합하여 이십만
명을 사로잡고 그들의 재물을 많이 노
략하여 사마리아로 가져가니
9 그 곳에 여호와의 선지자가 있는데 이
름은 오뎃이라 그가 사마리아로 돌아오
는 군대를 영접하고 그들에게 이르되
너희 조상의 하나님 여호와께서 유다에
게 진노하셨으므로 너희 손에 넘기셨거
늘 너희의 노기가 충천하여 살륙하고
10 이제 너희가 또 유다와 예루살렘 백성
들을 압제하여 노예로 삼고자 생각하는
도다 그러나 너희는 너희의 하나님 여
호와께 범죄함이 없느냐
11 그런즉 너희는 내 말을 듣고 너희의 형
제들 중에서 사로잡아 온 포로를 놓아
돌아가게 하라 여호와의 진노가 너희에
게 임박하였느니라 한지라
12 에브라임 자손의 우두머리 몇 사람 곧
요하난의 아들 아사랴와 무실레못의 아
들 베레갸와 살룸의 아들 여히스기야와
하들래의 아들 아마사가 일어나서 전장
에서 돌아오는 자들을 막으며
13 그들에게 이르되 너희는 이 포로를 이
리로 끌어들이지 못하리라 너희가 행하
는 일이 우리를 여호와께 허물이 있게
함이니 우리의 죄와 허물을 더하게 함
이로다 우리의 허물이 이미 커서 진노
하심이 이스라엘에게 임박하였느니라
하매
14 이에 무기를 가진 사람들이 포로와 노
략한 물건을 방백들과 온 회중 앞에 둔
지라
15 이 위에 이름이 기록된 자들이 일어나
서 포로를 맞고 노략하여 온 것 중에서

옷을 가져다가 벗은 자들에게 입히며
신을 신기며 먹이고 마시게 하며 기름
을 바르고 그 약한 자들은 모두 나귀에
태워 데리고 종려나무 성 여리고에 이
르러 그의 형제에게 돌려준 후에 사마
리아로 돌아갔더라

## 아하스가 앗수르에 도움을 구하다 (왕하 16:7-9)

16 그 때에 아하스 왕이 앗수르 왕에게 사
람을 보내어 도와 주기를 구하였으니
17 이는 에돔 사람들이 다시 와서 유다를
치고 그의 백성을 사로잡았음이며
18 블레셋 사람들도 유다의 평지와 남방 성
읍들을 침노하여 벧세메스와 아얄론과
그데롯과 소고 및 그 주변 마을들과 딤
나 및 그 주변 마을들과 김소 및 그 주
변 마을들을 점령하고 거기에 살았으니
19 이는 이스라엘 왕 아하스가 유다에서 망
령되이 행하여 여호와께 크게 범죄하였
으므로 여호와께서 유다를 낮추심이라
20 앗수르 왕 디글랏빌레셀이 그에게 이르
렀으나 돕지 아니하고 도리어 그를 공
격하였더라
21 아하스가 여호와의 전과 왕궁과 방백들
의 집에서 재물을 가져다가 앗수르 왕
에게 주었으나 그에게 유익이 없었더라

## 아하스의 범죄

22 이 아하스 왕이 곤고할 때에 더욱 여호
와께 범죄하여
23 자기를 친 다메섹 신들에게 제사하여
이르되 아람 왕들의 신들이 그들을 도
왔으니 나도 그 신에게 제사하여 나를
돕게 하리라 하였으나 그 신이 아하스
와 온 이스라엘을 망하게 하였더라
24 아하스가 하나님의 전의 기구들을 모아
하나님의 전의 기구들을 부수고 또 여
호와의 전 문들을 닫고 예루살렘 구석

마다 제단을 쌓고
25 유다 각 성읍에 산당을 세워 다른 신에
게 분향하여 그의 조상들의 하나님 여
호와를 진노하게 하였더라
26 아하스의 남은 시종 사적과 모든 행위는
유다와 이스라엘 열왕기에 기록되니라
27 아하스가 그의 조상들과 함께 누우매
이스라엘 왕들의 묘실에 들이지 아니하
고 예루살렘 성에 장사하였더라 그의
아들 히스기야가 대신하여 왕이 되니라

### 유다 왕 히스기야의 성전 정화 (왕하 18:1-3)

29 히스기야가 왕위에 오를 때에 나이가
이십오 세라 예루살렘에서 이십구 년
동안 다스리니라 그의 어머니의 이름은
아비야요 스가랴의 딸이더라
2 히스기야가 그의 조상 다윗의 모든 행
실과 같이 여호와 보시기에 정직하게
행하여
3 첫째 해 첫째 달에 여호와의 전 문들을
열고 수리하고
4 제사장들과 레위 사람들을 동쪽 광장에
모으고
5 그들에게 이르되 레위 사람들아 내 말
을 들으라 이제 너희는 성결하게 하고
또 너희 조상들의 하나님 여호와의 전
을 성결하게 하여 그 더러운 것을 성소
에서 없애라
6 우리 조상들이 범죄하여 우리 하나님
여호와 보시기에 악을 행하여 하나님을
버리고 얼굴을 돌려 여호와의 성소를
등지고
7 또 낭실 문을 닫으며 등불을 끄고 성소
에서 분향하지 아니하며 이스라엘의 하
나님께 번제를 드리지 아니하므로
8 여호와께서 유다와 예루살렘에 진노하
시고 내버리사 두려움과 놀람과 비웃음

거리가 되게 하신 것을 너희가 똑똑히
보는 바라
9 이로 말미암아 우리의 조상들이 칼에
엎드러지며 우리의 자녀와 아내들이 사
로잡혔느니라
10 이제 이스라엘의 하나님 여호와와 더불
어 언약을 세워 그 맹렬한 노를 우리에
게서 떠나게 할 마음이 내게 있노니
11 내 아들들아 이제는 게으르지 말라 여
호와께서 이미 너희를 택하사 그 앞에
서서 수종들어 그를 섬기며 분향하게
하셨느니라
12 이에 레위 사람들이 일어나니 곧 그핫
의 자손 중 아마새의 아들 마핫과 아사
랴의 아들 요엘과 므라리의 자손 중 압
디의 아들 기스와 여할렐렐의 아들 아
사랴와 게르손 사람 중 심마의 아들 요
아와 요아의 아들 에덴과
13 엘리사반의 자손 중 시므리와 여우엘과
아삽의 자손 중 스가랴와 맛다냐와
14 헤만의 자손 중 여후엘과 시므이와 여
두둔의 자손 중 스마야와 웃시엘이라
15 그들이 그들의 형제들을 모아 성결하게
하고 들어가서 왕이 여호와의 말씀대로
명령한 것을 따라 여호와의 전을 깨끗
하게 할새
16 제사장들도 여호와의 전 안에 들어가서
깨끗하게 하여 여호와의 전에 있는 모
든 더러운 것을 끌어내어 여호와의 전
뜰에 이르매 레위 사람들이 받아 바깥
기드론 시내로 가져갔더라
17 첫째 달 초하루에 성결하게 하기를 시
작하여 그 달 초팔일에 여호와의 낭실
에 이르고 또 팔 일 동안 여호와의 전
을 성결하게 하여 첫째 달 십육 일에
이르러 마치고

18 안으로 들어가서 히스기야 왕을 보고 이
르되 우리가 여호와의 온 전과 번제단
과 그 모든 그릇들과 떡을 진설하는 상
과 그 모든 그릇들을 깨끗하게 하였고
19 또 아하스 왕이 왕위에 있어 범죄할 때
에 버린 모든 그릇들도 우리가 정돈하
고 성결하게 하여 여호와의 제단 앞에
두었나이다 하니라

### 성전의 일이 갖추어지다

20 히스기야 왕이 일찍이 일어나 성읍의
귀인들을 모아 여호와의 전에 올라가서
21 수송아지 일곱 마리와 숫양 일곱 마리
와 어린 양 일곱 마리와 숫염소 일곱
마리를 끌어다가 나라와 성소와 유다를
위하여 속죄제물로 삼고 아론의 자손
제사장들을 명령하여 여호와의 제단에
드리게 하니
22 이에 수소를 잡으매 제사장들이 그 피
를 받아 제단에 뿌리고 또 숫양들을 잡
으매 그 피를 제단에 뿌리고 또 어린
양들을 잡으매 그 피를 제단에 뿌리고
23 이에 속죄제물로 드릴 숫염소들을 왕과
회중 앞으로 끌어오매 그들이 그 위에
안수하고
24 제사장들이 잡아 그 피를 속죄제로 삼
아 제단에 드려 온 이스라엘을 위하여
속죄하니 이는 왕이 명령하여 온 이스
라엘을 위하여 번제와 속죄제를 드리게
하였음이더라
25 왕이 레위 사람들을 여호와의 전에 두
어서 다윗과 왕의 선견자 갓과 선지자
나단이 명령한 대로 제금과 비파와 수
금을 잡게 하니 이는 여호와께서 그의
선지자들로 이렇게 명령하셨음이라
26 레위 사람은 다윗의 악기를 잡고 제사
장은 나팔을 잡고 서매

27 히스기야가 명령하여 번제를 제단에 드
릴새 번제 드리기를 시작하는 동시에
여호와의 시로 노래하고 나팔을 불며
이스라엘 왕 다윗의 악기를 울리고
28 온 회중이 경배하며 노래하는 자들은
노래하고 나팔 부는 자들은 나팔을 불
어 번제를 마치기까지 이르니라
29 제사 드리기를 마치매 왕과 그와 함께
있는 자들이 다 엎드려 경배하니라
30 히스기야 왕이 귀인들과 더불어 레위
사람을 명령하여 다윗과 선견자 아삽의
시로 여호와를 찬송하게 하매 그들이
즐거움으로 찬송하고 몸을 굽혀 예배하
니라
31 이에 히스기야가 말하여 이르되 너희
가 이제 스스로 몸을 깨끗하게 하여 여
호와께 드렸으니 마땅히 나아와 제물과
감사제물을 여호와의 전으로 가져오라
하니 회중이 제물과 감사제물을 가져오
되 무릇 마음에 원하는 자는 또한 번제
물도 가져오니
32 회중이 가져온 번제물의 수효는 수소가
칠십 마리요 숫양이 백 마리요 어린 양
이 이백 마리이니 이는 다 여호와께 번
제물로 드리는 것이며
33 또 구별하여 드린 소가 육백 마리요 양
이 삼천 마리라
34 그런데 제사장이 부족하여 그 모든 번
제 짐승들의 가죽을 능히 벗기지 못하
는 고로 그의 형제 레위 사람들이 그
일을 마치기까지 돕고 다른 제사장들이
성결하게 하기까지 기다렸으니 이는 레
위 사람들의 성결하게 함이 제사장들보
다 성심이 있었음이라
35 번제와 화목제의 기름과 각 번제에 속
한 전제들이 많더라 이와 같이 여호와

의 전에서 섬기는 일이 순서대로 갖추
어지니라
36 이 일이 갑자기 되었으나 하나님께서
백성을 위하여 예비하셨으므로 히스기
야가 백성과 더불어 기뻐하였더라

## 유월절 준비

30 히스기야가 온 이스라엘과 유다에 사
람을 보내고 또 에브라임과 므낫세에
편지를 보내어 예루살렘 여호와의 전에
와서 이스라엘 하나님 여호와를 위하여
유월절을 지키라 하니라
2 왕이 방백들과 예루살렘 온 회중과 더
불어 의논하고 둘째 달에 유월절을 지
키려 하였으니
3 이는 성결하게 한 제사장들이 부족하고
백성도 예루살렘에 모이지 못하였으므
로 그 정한 때에 지킬수 없었음이라
4 왕과 온 회중이 이 일을 좋게 여기고
5 드디어 왕이 명령을 내려 브엘세바에서
부터 단까지 온 이스라엘에 공포하여
일제히 예루살렘으로 와서 이스라엘 하
나님 여호와의 유월절을 지키라 하니
이는 기록한 규례대로 오랫동안 지키지
못하였음이더라
6 보발꾼들이 왕과 방백들의 편지를 받아
가지고 왕의 명령을 따라 온 이스라엘
과 유다에 두루 다니며 전하니 일렀으
되 이스라엘 자손들아 너희는 아브라함
과 이삭과 이스라엘의 하나님 여호와께
로 돌아오라 그리하면 그가 너희 남은
자 곧 앗수르 왕의 손에서 벗어난 자에
게로 돌아오시리라
7 너희 조상들과 너희 형제 같이 하지 말
라 그들은 그의 조상들의 하나님 여호
와께 범죄하였으므로 여호와께서 멸망
하도록 버려 두신 것을 너희가 똑똑히

보는 바니라
8 그런즉 너희 조상들 같이 목을 곧게 하
지 말고 여호와께 돌아와 영원히 거룩
하게 하신 전에 들어가서 너희 하나님
여호와를 섬겨 그의 진노가 너희에게서
떠나게 하라
9 너희가 만일 여호와께 돌아오면 너희
형제들과 너희 자녀가 사로잡은 자들에
게서 자비를 입어 다시 이 땅으로 돌아
오리라 너희 하나님 여호와는 은혜로우
시고 자비하신지라 너희가 그에게로 돌
아오면 그의 얼굴을 너희에게서 돌이키
지 아니하시리라 하였더라
10 보발꾼이 에브라임과 므낫세 지방 각
성읍으로 두루 다녀서 스불론까지 이르
렀으나 사람들이 그들을 조롱하며 비웃
었더라
11 그러나 아셀과 므낫세와 스불론 중에서
몇 사람이 스스로 겸손한 마음으로 예
루살렘에 이르렀고
12 하나님의 손이 또한 유다 사람들을 감
동시키사 그들에게 왕과 방백들이 여호
와의 말씀대로 전한 명령을 한 마음으
로 준행하게 하셨더라

## 유월절을 성대히 지키다

13 둘째 달에 백성이 무교절을 지키려 하
여 예루살렘에 많이 모이니 매우 큰 모
임이라
14 무리가 일어나 예루살렘에 있는 제단과
향단들을 모두 제거하여 기드론 시내에
던지고
15 둘째 달 열넷째 날에 유월절 양을 잡으
니 제사장과 레위 사람이 부끄러워하여
성결하게 하고 번제물을 가지고 여호와
의 전에 이르러
16 규례대로 각각 자기들의 처소에 서고

하나님의 사람 모세의 율법을 따라 제
사장들이 레위 사람의 손에서 피를 받
아 뿌리니라
17 회중 가운데 많은 사람이 자신들을 성
결하게 하지 못하였으므로 레위 사람들
이 모든 부정한 사람을 위하여 유월절
양을 잡아 그들로 여호와 앞에서 성결
하게 하였으나
18 에브라임과 므낫세와 잇사갈과 스불론
의 많은 무리는 자기들을 깨끗하게 하
지 아니하고 유월절 양을 먹어 기록한
규례를 어긴지라 히스기야가 그들을 위
하여 기도하여 이르되 선하신 여호와여
사하옵소서
19 결심하고 하나님 곧 그의 조상들의 하
나님 여호와를 구하는 사람은 누구든지
비록 성소의 결례대로 스스로 깨끗하게
못하였을지라도 사하옵소서 하였더니
20 여호와께서 히스기야의 기도를 들으시
고 백성을 고치셨더라
21 예루살렘에 모인 이스라엘 자손이 크
게 즐거워하며 칠 일 동안 무교절을 지
켰고 레위 사람들과 제사장들은 날마다
여호와를 칭송하며 큰 소리 나는 악기
를 울려 여호와를 찬양하였으며
22 히스기야는 여호와를 섬기는 일에 능숙
한 모든 레위 사람들을 위로하였더라
이와 같이 절기 칠 일 동안에 무리가
먹으며 화목제를 드리고 그의 조상들의
하나님 여호와께 감사하였더라

### 두 번째 절기

23 온 회중이 다시 칠 일을 지키기로 결의
하고 이에 또 칠 일을 즐겁게 지켰더라
24 유다 왕 히스기야가 수송아지 천 마리
와 양 칠천 마리를 회중에게 주었고 방
백들은 수송아지 천 마리와 양 만 마리

를 회중에게 주었으며 자신들을 성결하
게 한 제사장들도 많았더라
25 유다 온 회중과 제사장들과 레위 사람
들과 이스라엘에서 온 모든 회중과 이
스라엘 땅에서 나온 나그네들과 유다에
사는 나그네들이 다 즐거워하였으므로
26 예루살렘에 큰 기쁨이 있었으니 이스라
엘 왕 다윗의 아들 솔로몬 때로부터 이
러한 기쁨이 예루살렘에 없었더라
27 그 때에 제사장들과 레위 사람들이 일
어나서 백성을 위하여 축복하였으니 그
소리가 하늘에 들리고 그 기도가 여호
와의 거룩한 처소 하늘에 이르렀더라

## 히스기야의 개혁

31 이 모든 일이 끝나매 거기에 있는 이스
라엘 무리가 나가서 유다 여러 성읍에
이르러 주상들을 깨뜨리며 아세라 목상
들을 찍으며 유다와 베냐민과 에브라임
과 므낫세 온 땅에서 산당들과 제단들
을 제거하여 없애고 이스라엘 모든 자
손이 각각 자기들의 본성 기업으로 돌
아갔더라
2 히스기야가 제사장들과 레위 사람들의
반열을 정하고 그들의 반열에 따라 각
각 그들의 직임을 행하게 하되 곧 제사
장들과 레위 사람들에게 번제와 화목제
를 드리며 여호와의 휘장 문에서 섬기
며 감사하며 찬송하게 하고
3 또 왕의 재산 중에서 얼마를 정하여 여
호와의 율법에 기록된 대로 번제 곧 아
침과 저녁의 번제와 안식일과 초하루와
절기의 번제에 쓰게 하고
4 또 예루살렘에 사는 백성을 명령하여
제사장들과 레위 사람들 몫의 음식을
주어 그들에게 여호와의 율법을 힘쓰게
하라 하니라

5 왕의 명령이 내리자 곧 이스라엘 자손
이 곡식과 포도주와 기름과 꿀과 밭의
모든 소산의 첫 열매들을 풍성히 드렸
고 또 모든 것의 십일조를 많이 가져왔
으며
6 유다 여러 성읍에 사는 이스라엘과 유
다 자손들도 소와 양의 십일조를 가져
왔고 또 그들의 하나님 여호와께 구별
하여 드릴 성물의 십일조를 가져왔으며
그것을 쌓아 여러 더미를 이루었는데
7 셋째 달에 그 더미들을 쌓기 시작하여
일곱째 달에 마친지라
8 히스기야와 방백들이 와서 쌓인 더미들
을 보고 여호와를 송축하고 그의 백성
이스라엘을 위하여 축복하니라
9 히스기야가 그 더미들에 대하여 제사장
들과 레위 사람들에게 물으니
10 사독의 족속 대제사장 아사랴가 그에게
대답하여 이르되 백성이 예물을 여호와
의 전에 드리기 시작함으로부터 우리
가 만족하게 먹었으나 남은 것이 많으
니 이는 여호와께서 그의 백성에게 복
을 주셨음이라 그 남은 것이 이렇게 많
이 쌓였나이다
11 그 때에 히스기야가 명령하여 여호와의
전 안에 방들을 준비하라 하므로 그렇
게 준비하고
12 성심으로 그 예물과 십일조와 구별한
물건들을 갖다 두고 레위 사람 고나냐
가 그 일의 책임자가 되고 그의 아우
시므이는 부책임자가 되며
13 여히엘과 아사시야와 나핫과 아사헬과
여리못과 요사밧과 엘리엘과 이스마갸
와 마핫과 브나야는 고나냐와 그의 아
우 시므이의 수하에서 보살피는 자가
되니 이는 히스기야 왕과 하나님의 전

을 관리하는 아사랴가 명령한 바이며
14 동문지기 레위 사람 임나의 아들 고레
는 즐거이 하나님께 드리는 예물을 맡
아 여호와께 드리는 것과 모든 지성물
을 나눠 주며
15 그의 수하의 에덴과 미냐민과 예수아와
스마야와 아마랴와 스가냐는 제사장들
의 성읍들에 있어서 직임을 맡아 그의
형제들에게 반열대로 대소를 막론하고
나눠 주되
16 삼 세 이상으로 족보에 기록된 남자 외
에 날마다 여호와의 전에 들어가서 그
반열대로 직무에 수종드는 자들에게 다
나눠 주며
17 또 그들의 족속대로 족보에 기록된 제
사장들에게 나눠 주며 이십세 이상에서
그 반열대로 직무를 맡은 레위 사람들
에게 나눠 주며
18 또 그 족보에 기록된 온 회중의 어린
아이들 아내들 자녀들에게 나눠 주었으
니 이 회중은 성결하고 충실히 그 직분
을 다하는 자며
19 각 성읍에서 등록된 사람이 있어 성읍
가까운 들에 사는 아론 자손 제사장들
에게도 나눠 주되 제사장들의 모든 남
자와 족보에 기록된 레위 사람들에게
나눠 주었더라
20 히스기야가 온 유다에 이같이 행하되
그의 하나님 여호와 보시기에 선과 정
의와 진실함으로 행하였으니
21 그가 행하는 모든 일 곧 하나님의 전에
수종드는 일에나 율법에나 계명에나 그
의 하나님을 찾고 한 마음으로 행하여
형통하였더라

### 앗수르 군대가 예루살렘을 위협하다
(왕하 18:13-37; 19:14-19, 35-37; 사 36:1-22; 37:8-38)

32 이 모든 충성된 일을 한 후에 앗수르

왕 산헤립이 유다에 들어와서 견고한
성읍들을 향하여 진을 치고 쳐서 점령
하고자 한지라
2 히스기야가 산헤립이 예루살렘을 치러
온 것을 보고
3 그의 방백들과 용사들과 더불어 의논하
고 성 밖의 모든 물 근원을 막고자 하
매 그들이 돕더라
4 이에 백성이 많이 모여 모든 물 근원과
땅으로 흘러가는 시내를 막고 이르되
어찌 앗수르 왕들이 와서 많은 물을 얻
게 하리요 하고
5 히스기야가 힘을 내어 무너진 모든 성
벽을 보수하되 망대까지 높이 쌓고 또
외성을 쌓고 다윗 성의 밀로를 견고하
게 하고 무기와 방패를 많이 만들고
6 군대 지휘관들을 세워 백성을 거느리게
하고 성문 광장에서 자기 앞에 무리를
모으고 말로 위로하여 이르되
7 너희는 마음을 강하게 하며 담대히 하
고 앗수르 왕과 그를 따르는 온 무리로
말미암아 두려워하지 말며 놀라지 말라
우리와 함께 하시는 이가 그와 함께 하
는 자보다 크니
8 그와 함께 하는 자는 육신의 팔이요 우
리와 함께 하시는 이는 우리의 하나님
여호와시라 반드시 우리를 도우시고 우
리를 대신하여 싸우시리라 하매 백성이
유다 왕 히스기야의 말로 말미암아 안
심하니라
9 그 후에 앗수르 왕 산헤립이 그의 온
군대를 거느리고 라기스를 치며 그의
신하들을 예루살렘에 보내어 유다 왕
히스기야와 예루살렘에 있는 유다 무리
에게 말하여 이르기를
10 앗수르 왕 산헤립은 이같이 말하노라

너희가 예루살렘에 에워싸여 있으면서
무엇을 의뢰하느냐
11 히스기야가 너희를 꾀어 이르기를 우리
하나님 여호와께서 우리를 앗수르 왕의
손에서 건져내시리라 하거니와 이 어찌
너희를 주림과 목마름으로 죽게 함이
아니냐
12 이 히스기야가 여호와의 산당들과 제단
들을 제거하여 버리고 유다와 예루살렘
에 명령하여 이르기를 너희는 다만 한
제단 앞에서 예배하고 그 위에 분향하
라 하지 아니하였느냐
13 나와 내 조상들이 이방 모든 백성들에
게 행한 것을 너희가 알지 못하느냐 모
든 나라의 신들이 능히 그들의 땅을 내
손에서 건져낼 수 있었느냐
14 내 조상들이 진멸한 모든 나라의 그 모
든 신들 중에 누가 능히 그의 백성을
내 손에서 건져내었기에 너희 하나님이
능히 너희를 내 손에서 건지겠느냐
15 그런즉 이와 같이 너희는 히스기야에게
속지 말라 꾀임을 받지 말라 그를 믿지
도 말라 어떤 백성이나 어떤 나라의 신
도 능히 자기의 백성을 나의 손과 나의
조상들의 손에서 건져내지 못하였나니
하물며 너희 하나님이 너희를 내 손에
서 건져내겠느냐 하였더라
16 산헤립의 신하들도 더욱 여호와 하나님
과 그의 종 히스기야를 비방하였으며
17 산헤립이 또 편지를 써 보내어 이스라
엘 하나님 여호와를 욕하고 비방하여
이르기를 모든 나라의 신들이 그들의
백성을 내 손에서 구원하여 내지 못한
것 같이 히스기야의 신들도 그의 백성
을 내 손에서 구원하여 내지 못하리라
하고

18 산헤립의 신하가 유다 방언으로 크게
소리 질러 예루살렘 성 위에 있는 백성
을 놀라게 하고 괴롭게 하여 그 성을
점령하려 하였는데
19 그들이 예루살렘의 하나님을 비방하기
를 사람의 손으로 지은 세상 사람의 신
들을 비방하듯 하였더라
20 이러므로 히스기야 왕이 아모스의 아들
선지자 이사야와 더불어 하늘을 향하여
부르짖어 기도하였더니
21 여호와께서 한 천사를 보내어 앗수르
왕의 진영에서 모든 큰 용사와 대장과
지휘관들을 멸하신지라 앗수르 왕이 낯
이 뜨거워 그의 고국으로 돌아갔더니
그의 신의 전에 들어갔을 때에 그의 몸
에서 난 자들이 거기서 칼로 죽였더라
22 이와 같이 여호와께서 히스기야와 예루
살렘 주민을 앗수르 왕 산헤립의 손과
모든 적국의 손에서 구원하여 내사 사
면으로 보호하시매
23 여러 사람이 예물을 가지고 예루살렘에
와서 여호와께 드리고 또 보물을 유다
왕 히스기야에게 드린지라 이 후부터
히스기야가 모든 나라의 눈에 존귀하게
되었더라

### 히스기야의 병과 교만
(왕하 20:1-3, 12-19; 사 38:1-3; 39:1-8)

24 그 때에 히스기야가 병들어 죽게 되었으
므로 여호와께 기도하매 여호와께서 그
에게 대답하시고 또 이적을 보이셨으나
25 히스기야가 마음이 교만하여 그 받은
은혜를 보답하지 아니하므로 진노가 그
와 유다와 예루살렘에 내리게 되었더니
26 히스기야가 마음의 교만함을 뉘우치고
예루살렘 주민들도 그와 같이 하였으므
로 여호와의 진노가 히스기야의 생전에
는 그들에게 내리지 아니하니라

### 히스기야의 부와 영광

27 히스기야가 부와 영광이 지극한지라 이
에 은금과 보석과 향품과 방패와 온갖 보
배로운 그릇들을 위하여 창고를 세우며
28 곡식과 새 포도주와 기름의 산물을 위
하여 창고를 세우며 온갖 짐승의 외양
간을 세우며 양 떼의 우리를 갖추며
29 양 떼와 많은 소 떼를 위하여 성읍들을
세웠으니 이는 하나님이 그에게 재산을
심히 많이 주셨음이며
30 이 히스기야가 또 기혼의 윗샘물을 막
아 그 아래로부터 다윗 성 서쪽으로 곧
게 끌어들였으니 히스기야가 그의 모든
일에 형통하였더라
31 그러나 바벨론 방백들이 히스기야에게
사신을 보내어 그 땅에서 나타난 이적
을 물을 때에 하나님이 히스기야를 떠
나시고 그의 심중에 있는 것을 다 알고
자 하사 시험하셨더라

### 히스기야가 죽다 (왕하 20:20-21)

32 히스기야의 남은 행적과 그의 모든 선
한 일은 아모스의 아들 선지자 이사야
의 묵시 책과 유다와 이스라엘 열왕기
에 기록되니라
33 히스기야가 그의 조상들과 함께 누우
매 온 유다와 예루살렘 주민이 그를 다
윗 자손의 묘실 중 높은 곳에 장사하여
그의 죽음에 그에게 경의를 표하였더라
그의 아들 므낫세가 대신하여 왕이 되
니라

### 유다 왕 므낫세 (왕하 21:1-9)

33 므낫세가 왕위에 오를 때에 나이가 십
이 세라 예루살렘에서 오십오 년 동안
다스리며
2 여호와 보시기에 악을 행하여 여호와께
서 이스라엘 자손 앞에서 쫓아내신 이

방 사람들의 가증한 일을 본받아
3 그의 아버지 히스기야가 헐어 버린 산
당을 다시 세우며 바알들을 위하여 제
단을 쌓으며 아세라 목상을 만들며 하
늘의 모든 일월성신을 경배하여 섬기며
4 여호와께서 전에 이르시기를 내가 내
이름을 예루살렘에 영원히 두리라 하신
여호와의 전에 제단들을 쌓고
5 또 여호와의 전 두 마당에 하늘의 일월
성신을 위하여 제단들을 쌓고
6 또 힌놈의 아들 골짜기에서 그의 아들
들을 불 가운데로 지나가게 하며 또 점
치며 사술과 요술을 행하며 신접한 자
와 박수를 신임하여 여호와 보시기에
악을 많이 행하여 여호와를 진노하게
하였으며
7 또 자기가 만든 아로새긴 목상을 하나
님의 전에 세웠더라 옛적에 하나님이
이 성전에 대하여 다윗과 그의 아들 솔
로몬에게 이르시기를 내가 이스라엘 모
든 지파 중에서 택한 이 성전과 예루살
렘에 내 이름을 영원히 둘지라
8 만일 이스라엘 사람이 내가 명령한 일
들 곧 모세를 통하여 전한 모든 율법과
율례와 규례를 지켜 행하면 내가 그들
의 발로 다시는 그의 조상들에게 정하
여 준 땅에서 옮기지 않게 하리라 하셨
으나
9 유다와 예루살렘 주민이 므낫세의 꾀임
을 받고 악을 행한 것이 여호와께서 이
스라엘 자손 앞에서 멸하신 모든 나라
보다 더욱 심하였더라

## 므낫세가 기도하다

10 여호와께서 므낫세와 그의 백성에게 이
르셨으나 그들이 듣지 아니하므로
11 여호와께서 앗수르 왕의 군대 지휘관들

이 와서 치게 하시매 그들이 므낫세를
사로잡고 쇠사슬로 결박하여 바벨론으
로 끌고 간지라
12 그가 환난을 당하여 그의 하나님 여호
와께 간구하고 그의 조상들의 하나님
앞에 크게 겸손하여
13 기도하였으므로 하나님이 그의 기도를
받으시며 그의 간구를 들으시사 그가
예루살렘에 돌아와서 다시 왕위에 앉게
하시매 므낫세가 그제서야 여호와께서
하나님이신 줄을 알았더라

### 므낫세가 죽다 (왕하 21:17-18)

14 그 후에 다윗 성 밖 기혼 서쪽 골짜기
안에 외성을 쌓되 어문 어귀까지 이르
러 오벨을 둘러 매우 높이 쌓고 또 유
다 모든 견고한 성읍에 군대 지휘관을
두며
15 이방 신들과 여호와의 전의 우상을 제
거하며 여호와의 전을 건축한 산에와
예루살렘에 쌓은 모든 제단들을 다 성
밖에 던지고
16 여호와의 제단을 보수하고 화목제와 감
사제를 그 제단 위에 드리고 유다를 명
령하여 이스라엘 하나님 여호와를 섬기
라 하매
17 백성이 그의 하나님 여호와께만 제사를
드렸으나 아직도 산당에서 제사를 드렸
더라
18 므낫세의 남은 사적과 그가 하나님께
한 기도와 선견자가 이스라엘 하나님
여호와의 이름으로 권한 말씀은 모두
이스라엘 왕들의 행장에 기록되었고
19 또 그의 기도와 그의 기도를 들으신 것
과 그의 모든 죄와 허물과 겸손하기 전
에 산당을 세운 곳과 아세라 목상과 우
상을 세운 곳들이 다 호새의 사기에 기

록되니라

20 므낫세가 그의 열조와 함께 누우매 그
의 궁에 장사되고 그의 아들 아몬이 대
신하여 왕이 되니라

### 유다 왕 아몬 (왕하 21:19-26)

21 아몬이 왕위에 오를 때에 나이가 이십
이 세라 예루살렘에서 이 년 동안 다스
리며
22 그의 아버지 므낫세의 행함 같이 여호
와 보시기에 악을 행하여 아몬이 그의
아버지 므낫세가 만든 아로새긴 모든
우상에게 제사하여 섬겼으며
23 이 아몬이 그의 아버지 므낫세가 스스
로 겸손함 같이 여호와 앞에서 스스로
겸손하지 아니하고 더욱 범죄하더니
24 그의 신하가 반역하여 왕을 궁중에서
죽이매
25 백성들이 아몬 왕을 반역한 사람들을
다 죽이고 그의 아들 요시야를 대신하
여 왕으로 삼으니라

### 유다 왕 요시야의 개혁 (왕하 22:1-2)

34 요시야가 왕위에 오를 때에 나이가 팔
세라 예루살렘에서 삼십일 년 동안 다
스리며
2 여호와 보시기에 정직하게 행하여 그의
조상 다윗의 길로 걸으며 좌우로 치우
치지 아니하고
3 아직도 어렸을 때 곧 왕위에 있은 지
팔 년에 그의 조상 다윗의 하나님을 비
로소 찾고 제십이년에 유다와 예루살렘
을 비로소 정결하게 하여 그 산당들과
아세라 목상들과 아로새긴 우상들과 부
어 만든 우상들을 제거하여 버리매
4 무리가 왕 앞에서 바알의 제단들을 헐
었으며 왕이 또 그 제단 위에 높이 달
린 태양상들을 찍고 또 아세라 목상들

과 아로새긴 우상들과 부어 만든 우상
들을 빻아 가루를 만들어 제사하던 자
들의 무덤에 뿌리고
5 제사장들의 뼈를 제단 위에서 불살라
유다와 예루살렘을 정결하게 하였으며
6 또 므낫세와 에브라임과 시므온과 납달
리까지 사면 황폐한 성읍들에도 그렇게
행하여
7 제단들을 허물며 아세라 목상들과 아로
새긴 우상들을 빻아 가루를 만들며 온
이스라엘 땅에 있는 모든 태양상을 찍
고 예루살렘으로 돌아왔더라

### 율법책의 발견 (왕하 22:3-20)

8 요시야가 왕위에 있은 지 열여덟째 해
에 그 땅과 성전을 정결하게 하기를 마
치고 그의 하나님 여호와의 전을 수리
하려 하여 아살랴의 아들 사반과 시장
마아세야와 서기관 요아하스의 아들 요
아를 보낸지라
9 그들이 대제사장 힐기야에게 나아가 전
에 하나님의 전에 헌금한 돈을 그에게
주니 이 돈은 문을 지키는 레위 사람들
이 므낫세와 에브라임과 남아 있는 모
든 이스라엘 사람과 온 유다와 베냐민
과 예루살렘 주민들에게서 거둔 것이라
10 그 돈을 여호와의 전 공사를 감독하는
자들의 손에 넘기니 그들이 여호와의
전에 있는 일꾼들에게 주어 그 전을 수
리하게 하되
11 곧 목수들과 건축하는 자들에게 주어
다듬은 돌과 연접하는 나무를 사며 유
다 왕들이 헐어버린 성전들을 위하여
들보를 만들게 하매
12 그 사람들이 성실하게 그 일을 하니라
그의 감독들은 레위 사람들 곧 므라리
자손 중 야핫과 오바댜요 그핫 자손들

중 스가랴와 무술람이라 다 그 일을 감
독하고 또 악기에 익숙한 레위 사람들
이 함께 하였으며
13 그들은 또 목도꾼을 감독하며 모든 공
사 담당자를 감독하고 어떤 레위 사람
은 서기와 관리와 문지기가 되었더라
14 무리가 여호와의 전에 헌금한 돈을 꺼
낼 때에 제사장 힐기야가 모세가 전한
여호와의 율법책을 발견하고
15 힐기야가 서기관 사반에게 말하여 이르
되 내가 여호와의 전에서 율법책을 발
견하였노라 하고 힐기야가 그 책을 사
반에게 주매
16 사반이 책을 가지고 왕에게 나아가서
복명하여 이르되 왕께서 종들에게 명령
하신 것을 종들이 다 준행하였나이다
17 또 여호와의 전에서 발견한 돈을 쏟아
서 감독자들과 일꾼들에게 주었나이다
하고
18 서기관 사반이 또 왕에게 아뢰어 이르
되 제사장 힐기야가 내게 책을 주더이
다 하고 사반이 왕 앞에서 그것을 읽
으매
19 왕이 율법의 말씀을 듣자 곧 자기 옷을
찢더라
20 왕이 힐기야와 사반의 아들 아히감과
미가의 아들 압돈과 서기관 사반과 왕
의 시종 아사야에게 명령하여 이르되
21 너희는 가서 나와 및 이스라엘과 유다
의 남은 자들을 위하여 이 발견한 책의
말씀에 대하여 여호와께 물으라 우리
조상들이 여호와의 말씀을 지키지 아니
하고 이 책에 기록된 모든 것을 준행하
지 아니하였으므로 여호와께서 우리에
게 쏟으신 진노가 크도다 하니라
22 이에 힐기야와 왕이 보낸 사람들이 여

선지자 훌다에게로 나아가니 그는 하스
라의 손자 독핫의 아들로서 예복을 관
리하는 살룸의 아내라 예루살렘 둘째
구역에 살았더라 그들이 그에게 이 뜻
을 전하매
23 훌다가 그들에게 이르되 이스라엘의 하
나님 여호와께서 이같이 말씀하시기를
너희는 너희를 내게 보낸 사람에게 말
하라 하시니라
24 여호와께서 이같이 말씀하시기를 내가
이 곳과 그 주민에게 재앙을 내리되 곧
유다 왕 앞에서 읽은 책에 기록된 모든
저주대로 하리니
25 이는 이 백성들이 나를 버리고 다른 신
들에게 분향하며 그의 손의 모든 행위
로 나의 노여움을 샀음이라 그러므로
나의 노여움을 이 곳에 쏟으매 꺼지지
아니하리라 하라 하셨느니라
26 너희를 보내어 여호와께 묻게 한 유다
왕에게는 너희가 이렇게 전하라 이스라
엘의 하나님 여호와께서 이같이 말씀하
시기를 네가 들은 말을 의논하건대
27 내가 이 곳과 그 주민을 가리켜 말한
것을 네가 듣고 마음이 연약하여 하나
님 앞 곧 내 앞에서 겸손하여 옷을 찢
고 통곡하였으므로 나도 네 말을 들었
노라 여호와가 말하였느니라
28 그러므로 내가 네게 너의 조상들에게
돌아가서 평안히 묘실로 들어가게 하
리니 내가 이 곳과 그 주민에게 내리
는 모든 재앙을 네가 눈으로 보지 못하
리라 하셨느니라 이에 사신들이 왕에게
복명하니라

### 여호와께 순종하기로 하다 (왕하 23:1-20)

29 왕이 사람을 보내어 유다와 예루살렘의
모든 장로를 불러 모으고

30 여호와의 전에 올라가매 유다 모든 사
람과 예루살렘 주민들과 제사장들과 레
위 사람들과 모든 백성이 노소를 막론
하고 다 함께 한지라 왕이 여호와의 전
안에서 발견한 언약책의 모든 말씀을
읽어 무리의 귀에 들려 주고
31 왕이 자기 처소에 서서 여호와 앞에서
언약을 세우되 마음을 다하고 목숨을
다하여 여호와를 순종하고 그의 계명과
법도와 율례를 지켜 이 책에 기록된 언
약의 말씀을 이루리라 하고
32 예루살렘과 베냐민에 있는 자들이 다
여기에 참여하게 하매 예루살렘 주민이
하나님 곧 그의 조상들의 하나님의 언
약을 따르니라
33 이와 같이 요시야가 이스라엘 자손에게
속한 모든 땅에서 가증한 것들을 다 제
거하여 버리고 이스라엘의 모든 사람으
로 그들의 하나님 여호와를 섬기게 하
였으므로 요시야가 사는 날에 백성이
그들의 조상들의 하나님 여호와께 복종
하고 떠나지 아니하였더라

### 요시야가 유월절을 지키다 (왕하 23:21-23)

35 요시야가 예루살렘에서 여호와께 유월
절을 지켜 첫째 달 열넷째 날에 유월절
어린 양을 잡으니라
2 왕이 제사장들에게 그들의 직분을 맡기
고 격려하여 여호와의 전에서 직무를
수행하게 하고
3 또 여호와 앞에 구별되어서 온 이스라
엘을 가르치는 레위 사람에게 이르되
거룩한 궤를 이스라엘 왕 다윗의 아들
솔로몬이 건축한 전 가운데 두고 다시
는 너희 어깨에 메지 말고 마땅히 너희
의 하나님 여호와와 그의 백성 이스라
엘을 섬길 것이라

4 너희는 이스라엘 왕 다윗의 글과 다윗
의 아들 솔로몬의 글을 준행하여 너희
족속대로 반열을 따라 스스로 준비하고
5 너희 형제 모든 백성의 족속의 서열대
로 또는 레위 족속의 서열대로 성소에
서서
6 스스로 성결하게 하고 유월절 어린 양
을 잡아 너희 형제들을 위하여 준비하
되 여호와께서 모세를 통하여 전하신
말씀을 따라 행할지니라
7 요시야가 그 모인 모든 이를 위하여 백
성들에게 자기의 소유 양 떼 중에서 어
린 양과 어린 염소 삼만 마리와 수소
삼천 마리를 내어 유월절 제물로 주매
8 방백들도 즐거이 희생을 드려 백성과
제사장들과 레위 사람들에게 주었고 하
나님의 전을 주장하는 자 힐기야와 스
가랴와 여히엘은 제사장들에게 양 이천
육백 마리와 수소 삼백 마리를 유월절
제물로 주었고
9 또 레위 사람들의 우두머리들 곧 고나
냐와 그의 형제 스마야와 느다넬과 또
하사뱌와 여이엘과 요사밧은 양 오천
마리와 수소 오백 마리를 레위 사람들
에게 유월절 제물로 주었더라
10 이와 같이 섬길 일이 구비되매 왕의 명
령을 따라 제사장들은 그들의 처소에
서고 레위 사람들은 그들의 반열대로
서고
11 유월절 양을 잡으니 제사장들은 그들의
손에서 피를 받아 뿌리고 또 레위 사람
들은 잡은 짐승의 가죽을 벗기고
12 그 번제물을 옮겨 족속의 서열대로 모
든 백성에게 나누어 모세의 책에 기록
된 대로 여호와께 드리게 하고 소도 그
와 같이 하고

13 이에 규례대로 유월절 양을 불에 굽고
그 나머지 성물은 솥과 가마와 냄비에
삶아 모든 백성들에게 속히 분배하고
14 그 후에 자기와 제사장들을 위하여 준
비하니 이는 아론의 자손 제사장들이
번제와 기름을 저녁까지 드리므로 레위
사람들이 자기와 아론의 자손 제사장들
을 위하여 준비함이더라
15 아삽의 자손 노래하는 자들은 다윗과 아
삽과 헤만과 왕의 선견자 여두둔이 명
령한 대로 자기 처소에 있고 문지기들
은 각 문에 있고 그 직무에서 떠날 것
이 없었으니 이는 그의 형제 레위 사람
들이 그들을 위하여 준비하였음이더라
16 이와 같이 당일에 여호와를 섬길 일이
다 준비되매 요시야 왕의 명령대로 유
월절을 지키며 번제를 여호와의 제단에
드렸으며
17 그 때에 모인 이스라엘 자손이 유월절
을 지키고 이어서 무교절을 칠 일 동안
지켰으니
18 선지자 사무엘 이후로 이스라엘 가운데
서 유월절을 이같이 지키지 못하였고
이스라엘 모든 왕들도 요시야가 제사장
들과 레위 사람들과 모인 온 유다와 이
스라엘 무리와 예루살렘 주민과 함께
지킨 것처럼은 유월절을 지키지 못하였
더라
19 요시야가 왕위에 있은 지 열여덟째 해
에 이 유월절을 지켰더라

## 요시야가 죽다 (왕하 23:28-30)

20 이 모든 일 후 곧 요시야가 성전을 정돈
하기를 마친 후에 애굽 왕 느고가 유브
라데 강 가의 갈그미스를 치러 올라왔
으므로 요시야가 나가서 방비하였더니
21 느고가 요시야에게 사신을 보내어 이르

되 유다 왕이여 내가 그대와 무슨 관계
가 있느냐 내가 오늘 그대를 치려는 것
이 아니요 나와 더불어 싸우는 족속을
치려는 것이라 하나님이 나에게 명령하
사 속히 하라 하셨은즉 하나님이 나와
함께 계시니 그대는 하나님을 거스르지
말라 그대를 멸하실까 하노라 하나
22 요시야가 몸을 돌이켜 떠나기를 싫어하
고 오히려 변장하고 그와 싸우고자 하
여 하나님의 입에서 나온 느고의 말을
듣지 아니하고 므깃도 골짜기에 이르러
싸울 때에
23 활 쏘는 자가 요시야 왕을 쏜지라 왕이
그의 신하들에게 이르되 내가 중상을
입었으니 나를 도와 나가게 하라
24 그 부하들이 그를 병거에서 내리게 하
고 그의 버금 병거에 태워 예루살렘에
이른 후에 그가 죽으니 그의 조상들의
묘실에 장사되니라 온 유다와 예루살렘
사람들이 요시야를 슬퍼하고
25 예레미야는 그를 위하여 애가를 지었으
며 모든 노래하는 남자들과 여자들은
요시야를 슬피 노래하니 이스라엘에 규
례가 되어 오늘까지 이르렀으며 그 가
사는 애가 중에 기록되었더라
26 요시야의 남은 사적과 여호와의 율법에
기록된 대로 행한 모든 선한 일과
27 그의 처음부터 끝까지의 행적은 이스라
엘과 유다 열왕기에 기록되니라

### 유다 왕 여호아하스 (왕하 23:30-35)

36 그 땅의 백성이 요시야의 아들 여호아
하스를 세워 그의 아버지를 대신하여
예루살렘에서 왕으로 삼으니
2 여호아하스가 왕위에 오를 때에 나이가
이십삼 세더라 그가 예루살렘에서 다스
린 지 석 달에

3 애굽 왕이 예루살렘에서 그의 왕위를
폐하고 또 그 나라에 은 백 달란트와
금 한 달란트를 벌금으로 내게 하며
4 애굽 왕 느고가 또 그의 형제 엘리아김
을 세워 유다와 예루살렘 왕으로 삼고
그의 이름을 고쳐 여호야김이라 하고
그의 형제 여호아하스를 애굽으로 잡아
갔더라

### 유다 왕 여호야김 (왕하 23:36-24:7)

5 여호야김이 왕위에 오를 때에 나이가
이십오 세라 예루살렘에서 십일 년 동
안 다스리며 그의 하나님 여호와 보시
기에 악을 행하였더라
6 바벨론 왕 느부갓네살이 올라와서 그를
치고 그를 쇠사슬로 결박하여 바벨론으
로 잡아가고
7 느부갓네살이 또 여호와의 전 기구들을
바벨론으로 가져다가 바벨론에 있는 자
기 신당에 두었더라
8 여호야김의 남은 사적과 그가 행한 모
든 가증한 일들과 그에게 발견된 악행
이 이스라엘과 유다 열왕기에 기록되니
라 그의 아들 여호야긴이 대신하여 왕
이 되니라

### 유다 왕 여호야긴 (왕하 24:8-17)

9 여호야긴이 왕위에 오를 때에 나이가
팔 세라 예루살렘에서 석달 열흘 동안
다스리며 여호와 보시기에 악을 행하였
더라
10 그 해에 느부갓네살 왕이 사람을 보내
어 여호야긴을 바벨론으로 잡아가고 여
호와의 전의 귀한 그릇들도 함께 가져
가고 그의 숙부 시드기야를 세워 유다
와 예루살렘 왕으로 삼았더라

### 유다 왕 시드기야 (왕하 24:18-20; 25:1-21; 렘 52:1-11)

11 시드기야가 왕위에 오를 때에 나이가

이십일 세라 예루살렘에서 십일 년 동
안 다스리며
12 그의 하나님 여호와 보시기에 악을 행
하고 선지자 예레미야가 여호와의 말씀
으로 일러도 그 앞에서 겸손하지 아니
하였으며
13 또한 느부갓네살 왕이 그를 그의 하나
님을 가리켜 맹세하게 하였으나 그가
왕을 배반하고 목을 곧게 하며 마음을
완악하게 하여 이스라엘 하나님 여호와
께로 돌아오지 아니하였고
14 모든 제사장들의 우두머리들과 백성도
크게 범죄하여 이방 모든 가증한 일을
따라서 여호와께서 예루살렘에 거룩하
게 두신 그의 전을 더럽게 하였으며
15 그 조상들의 하나님 여호와께서 그의
백성과 그 거하시는 곳을 아끼사 부지
런히 그의 사신들을 그 백성에게 보내
어 이르셨으나
16 그의 백성이 하나님의 사신들을 비웃고
그의 말씀을 멸시하며 그의 선지자를
욕하여 여호와의 진노를 그의 백성에
게 미치게 하여 회복할 수 없게 하였으
므로
17 하나님이 갈대아 왕의 손에 그들을 다
넘기시매 그가 와서 그들의 성전에서
칼로 청년들을 죽이며 청년 남녀와 노
인과 병약한 사람을 긍휼히 여기지 아
니하였으며
18 또 하나님의 전의 대소 그릇들과 여호
와의 전의 보물과 왕과 방백들의 보물
을 다 바벨론으로 가져가고
19 또 하나님의 전을 불사르며 예루살렘 성
벽을 헐며 그들의 모든 궁실을 불사르
며 그들의 모든 귀한 그릇들을 부수고
20 칼에서 살아 남은 자를 그가 바벨론으

로 사로잡아가매 무리가 거기서 갈대아
왕과 그의 자손의 노예가 되어 바사국
이 통치할 때까지 이르니라
21 이에 토지가 황폐하여 땅이 안식년을
누림 같이 안식하여 칠십 년을 지냈으
니 여호와께서 예레미야의 입으로 하신
말씀이 이루어졌더라

### 고레스의 귀국 명령 (스 1:1-4)

22 바사의 고레스 왕 원년에 여호와께서
예레미야의 입으로 하신 말씀을 이루시
려고 여호와께서 바사의 고레스 왕의
마음을 감동시키시매 그가 온 나라에
공포도 하고 조서도 내려 이르되
23 바사 왕 고레스가 이같이 말하노니 하
늘의 신 여호와께서 세상 만국을 내게
주셨고 나에게 명령하여 유다 예루살렘
에 성전을 건축하라 하셨나니 너희 중
에 그의 백성된 자는 다 올라갈지어다
너희 하나님 여호와께서 함께 하시기를
원하노라 하였더라

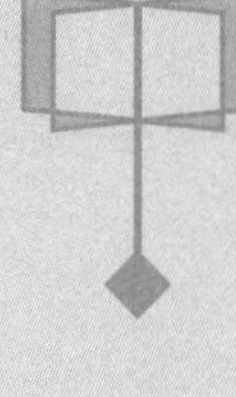

# 에스라

## 여호와께서 고레스의 마음을 감동시키다

1 바사 왕 고레스 원년에 여호와께서 예
레미야의 입을 통하여 하신 말씀을 이
루게 하시려고 바사 왕 고레스의 마음
을 감동시키시매 그가 온 나라에 공포
도 하고 조서도 내려 이르되
2 바사 왕 고레스는 말하노니 하늘의 하
나님 여호와께서 세상 모든 나라를 내
게 주셨고 나에게 명령하사 유다 예루
살렘에 성전을 건축하라 하셨나니
3 이스라엘의 하나님은 참 신이시라 너희
중에 그의 백성 된 자는 다 유다 예루
살렘으로 올라가서 이스라엘의 하나님
여호와의 성전을 건축하라 그는 예루살
렘에 계신 하나님이시라
4 그 남아 있는 백성이 어느 곳에 머물러
살든지 그 곳 사람들이 마땅히 은과 금
과 그 밖의 물건과 짐승으로 도와 주고
그 외에도 예루살렘에 세울 하나님의
성전을 위하여 예물을 기쁘게 드릴지니
라 하였더라

## 사로잡혀 간 백성이 돌아오다

5 이에 유다와 베냐민 족장들과 제사장들
과 레위 사람들과 그 마음이 하나님께
감동을 받고 올라가서 예루살렘에 여호
와의 성전을 건축하고자 하는 자가 다
일어나니
6 그 사면 사람들이 은 그릇과 금과 물품
들과 짐승과 보물로 돕고 그 외에도 예
물을 기쁘게 드렸더라
7 고레스 왕이 또 여호와의 성전 그릇을
꺼내니 옛적에 느부갓네살이 예루살렘
에서 옮겨다가 자기 신들의 신당에 두
었던 것이라
8 바사 왕 고레스가 창고지기 미드르닷에
게 명령하여 그 그릇들을 꺼내어 세어

서 유다 총독 세스바살에게 넘겨주니
9 그 수는 금 접시가 서른 개요 은 접시
가 천 개요 칼이 스물아홉 개요
10 금 대접이 서른 개요 그보다 못한 은
대접이 사백열 개요 그밖의 그릇이 천
개이니
11 금, 은 그릇이 모두 오천사백 개라 사
로잡힌 자를 바벨론에서 예루살렘으로
데리고 갈 때에 세스바살이 그 그릇들
을 다 가지고 갔더라

### 돌아온 사람들 (느 7:4-73)

2 옛적에 바벨론 왕 느부갓네살에게 사로
잡혀 바벨론으로 갔던 자들의 자손들
중에서 놓임을 받고 예루살렘과 유다
도로 돌아와 각기 각자의 성읍으로 돌
아간 자
2 곧 스룹바벨과 예수아와 느헤미야와 스
라야와 르엘라야와 모르드개와 빌산과
미스발과 비그왜와 르훔과 바아나 등과
함께 나온 이스라엘 백성의 명수가 이
러하니
3 바로스 자손이 이천백칠십이 명이요
4 스바댜 자손이 삼백칠십이 명이요
5 아라 자손이 칠백칠십오 명이요
6 바핫모압 자손 곧 예수아와 요압 자손
이 이천팔백십이 명이요
7 엘람 자손이 천이백오십사 명이요
8 삿두 자손이 구백사십오 명이요
9 삭개 자손이 칠백육십 명이요
10 바니 자손이 육백사십이 명이요
11 브배 자손이 육백이십삼 명이요
12 아스갓 자손이 천이백이십이 명이요
13 아도니감 자손이 육백육십육 명이요
14 비그왜 자손이 이천오십육 명이요
15 아딘 자손이 사백오십사 명이요
16 아델 자손 곧 히스기야 자손이 구십팔

명이요
17 베새 자손이 삼백이십삼 명이요
18 요라 자손이 백십이 명이요
19 하숨 자손이 이백이십삼 명이요
20 깁발 자손이 구십오 명이요
21 베들레헴 사람이 백이십삼 명이요
22 느도바 사람이 오십육 명이요
23 아나돗 사람이 백이십팔 명이요
24 아스마웻 자손이 사십이 명이요
25 기랴다림과 그비라와 브에롯 자손이 칠
백사십삼 명이요
26 라마와 게바 자손이 육백이십일 명이요
27 믹마스 사람이 백이십이 명이요
28 벧엘과 아이 사람이 이백이십삼 명이요
29 느보 자손이 오십이 명이요
30 막비스 자손이 백오십육 명이요
31 다른 엘람 자손이 천이백오십사 명이요
32 하림 자손이 삼백이십 명이요
33 로드와 하딧과 오노 자손이 칠백이십오
명이요
34 여리고 자손이 삼백사십오 명이요
35 스나아 자손이 삼천육백삼십 명이었더라
36 제사장들은 예수아의 집 여다야 자손이
구백칠십삼 명이요
37 임멜 자손이 천오십이 명이요
38 바스훌 자손이 천이백사십칠 명이요
39 하림 자손이 천십칠 명이었더라
40 레위 사람은 호다위야 자손 곧 예수아
와 갓미엘 자손이 칠십사 명이요
41 노래하는 자들은 아삽 자손이 백이십팔
명이요
42 문지기의 자손들은 살룸과 아델과 달문
과 악굽과 하디다와 소배 자손이 모두
백삼십구 명이었더라
43 느디님 사람들은 시하 자손과 하수바
자손과 답바옷 자손과

44 게로스 자손과 시아하 자손과 바돈 자손과

45 르바나 자손과 하가바 자손과 악굽 자손과

46 하갑 자손과 사믈래 자손과 하난 자손과

47 깃델 자손과 가할 자손과 르아야 자손과

48 르신 자손과 느고다 자손과 갓삼 자손과

49 웃사 자손과 바세아 자손과 베새 자손과

50 아스나 자손과 므우님 자손과 느부심 자손과

51 박북 자손과 하그바 자손과 할훌 자손과

52 바슬룻 자손과 므히다 자손과 하르사 자손과

53 바르고스 자손과 시스라 자손과 데마 자손과

54 느시야 자손과 하디바 자손이었더라

55 솔로몬의 신하의 자손은 소대 자손과 하소베렛 자손과 브루다 자손과

56 야알라 자손과 다르곤 자손과 깃델 자손과

57 스바댜 자손과 하딜 자손과 보게렛하스바임 자손과 아미 자손이니

58 모든 느디님 사람과 솔로몬의 신하의 자손이 삼백구십이 명이었더라

59 델멜라와 델하르사와 그룹과 앗단과 임멜에서 올라온 자가 있으나 그들의 조상의 가문과 선조가 이스라엘에 속하였는지 밝힐 수 없었더라

60 그들은 들라야 자손과 도비야 자손과 느고다 자손이라 모두 육백오십이 명이요

61 제사장 중에는 하바야 자손과 학고스 자손과 바르실래 자손이니 바르실래는 길르앗 사람 바르실래의 딸 중의 한 사람을 아내로 삼고 바르실래의 이름을 따른 자라

62 이 사람들은 계보 중에서 자기 이름을

찾아도 얻지 못하므로 그들을 부정하게
여겨 제사장의 직분을 행하지 못하게
하고
63 방백이 그들에게 명령하여 우림과 둠밈
을 가진 제사장이 일어나기 전에는 지
성물을 먹지 말라 하였느니라
64 온 회중의 합계가 사만 이천삼백육십
명이요
65 그 외에 남종과 여종이 칠천삼백삼십칠
명이요 노래하는 남녀가 이백 명이요
66 말이 칠백삼십육이요 노새가 이백사십
오요
67 낙타가 사백삼십오요 나귀가 육천칠백
이십이었더라
68 어떤 족장들이 예루살렘에 있는 여호와
의 성전 터에 이르러 하나님의 전을 그
곳에 다시 건축하려고 예물을 기쁘게
드리되
69 힘 자라는 대로 공사하는 금고에 들이
니 금이 육만 천 다릭이요 은이 오천
마네요 제사장의 옷이 백 벌이었더라
70 이에 제사장들과 레위 사람들과 백성
몇과 노래하는 자들과 문지기들과 느디
님 사람들이 각자의 성읍에 살았고 이
스라엘 무리도 각자의 성읍에 살았더라

### 비로소 여호와께 번제를 드리다

3 이스라엘 자손이 각자의 성읍에 살았더
니 일곱째 달에 이르러 일제히 예루살
렘에 모인지라
2 요사닥의 아들 예수아와 그의 형제 제
사장들과 스알디엘의 아들 스룹바벨과
그의 형제들이 다 일어나 이스라엘 하
나님의 제단을 만들고 하나님의 사람
모세의 율법에 기록한 대로 번제를 그
위에서 드리려 할새
3 무리가 모든 나라 백성을 두려워하여

제단을 그 터에 세우고 그 위에서 아침
저녁으로 여호와께 번제를 드리며
4 기록된 규례대로 초막절을 지켜 번제를
매일 정수대로 날마다 드리고
5 그 후에는 항상 드리는 번제와 초하루
와 여호와의 모든 거룩한 절기의 번제
와 사람이 여호와께 기쁘게 드리는 예
물을 드리되
6 일곱째 달 초하루부터 비로소 여호와께
번제를 드렸으나 그 때에 여호와의 성
전 지대는 미처 놓지 못한지라
7 이에 석수와 목수에게 돈을 주고 또 시
돈 사람과 두로 사람에게 먹을 것과 마
실 것과 기름을 주고 바사 왕 고레스의
명령대로 백향목을 레바논에서 욥바 해
변까지 운송하게 하였더라

## 성전 건축을 시작하다

8 예루살렘에 있는 하나님의 성전에 이른
지 이 년 둘째 달에 스알디엘의 아들
스룹바벨과 요사닥의 아들 예수아와 다
른 형제 제사장들과 레위 사람들과 무
릇 사로잡혔다가 예루살렘에 돌아온 자
들이 공사를 시작하고 이십 세 이상의
레위 사람들을 세워 여호와의 성전 공
사를 감독하게 하매
9 이에 예수아와 그의 아들들과 그의 형
제들과 갓미엘과 그의 아들들과 유다
자손과 헤나닷 자손과 그의 형제 레위
사람들이 일제히 일어나 하나님의 성전
일꾼들을 감독하니라
10 건축자가 여호와의 성전의 기초를 놓
을 때에 제사장들은 예복을 입고 나팔
을 들고 아삽 자손 레위 사람들은 제금
을 들고 서서 이스라엘 왕 다윗의 규례
대로 여호와를 찬송하되
11 찬양으로 화답하며 여호와께 감사하여

이르되 주는 지극히 선하시므로 그의
인자하심이 이스라엘에게 영원하시도다
하니 모든 백성이 여호와의 성전 기초
가 놓임을 보고 여호와를 찬송하며 큰
소리로 즐거이 부르며
12 제사장들과 레위 사람들과 나이 많은
족장들은 첫 성전을 보았으므로 이제
이 성전의 기초가 놓임을 보고 대성통
곡하였으나 여러 사람은 기쁨으로 크게
함성을 지르니
13 백성이 크게 외치는 소리가 멀리 들리
므로 즐거이 부르는 소리와 통곡하는
소리를 백성들이 분간하지 못하였더라

## 성전 건축을 방해하는 사람들

4 사로잡혔던 자들의 자손이 이스라엘의
하나님 여호와의 성전을 건축한다 함을
유다와 베냐민의 대적이 듣고
2 스룹바벨과 족장들에게 나아와 이르되
우리도 너희와 함께 건축하게 하라 우
리도 너희 같이 너희 하나님을 찾노라
앗수르 왕 에살핫돈이 우리를 이리로
오게 한 날부터 우리가 하나님께 제사
를 드리노라 하니
3 스룹바벨과 예수아와 기타 이스라엘 족
장들이 이르되 우리 하나님의 성전을
건축하는 데 너희는 우리와 상관이 없
느니라 바사 왕 고레스가 우리에게 명
령하신 대로 우리가 이스라엘의 하나님
여호와를 위하여 홀로 건축하리라 하였
더니
4 이로부터 그 땅 백성이 유다 백성의 손
을 약하게 하여 그 건축을 방해하되
5 바사 왕 고레스의 시대부터 바사 왕 다
리오가 즉위할 때까지 관리들에게 뇌물
을 주어 그 계획을 막았으며
6 또 아하수에로가 즉위할 때에 그들이

글을 올려 유다와 예루살렘 주민을 고
발하니라
7 아닥사스다 때에 비슬람과 미드르닷과
다브엘과 그의 동료들이 바사 왕 아닥
사스다에게 글을 올렸으니 그 글은 아
람 문자와 아람 방언으로 써서 진술하
였더라
8 방백 르훔과 서기관 심새가 아닥사스다
왕에게 올려 예루살렘 백성을 고발한
그 글에
9 방백 르훔과 서기관 심새와 그의 동료
디나 사람과 아바삿 사람과 다블래 사
람과 아바새 사람과 아렉 사람과 바벨
론 사람과 수산 사람과 데해 사람과 엘
람 사람과
10 그 밖에 백성 곧 존귀한 오스납발이 사
마리아 성과 유브라데 강 건너편 다른
땅에 옮겨 둔 자들과 함께 고발한다 하
였더라
11 아닥사스다 왕에게 올린 그 글의 초본
은 이러하니 강 건너편에 있는 신하들은
12 왕에게 아뢰나이다 당신에게서 우리에
게로 올라온 유다 사람들이 예루살렘에
이르러 이 패역하고 악한 성읍을 건축
하는데 이미 그 기초를 수축하고 성곽
을 건축하오니
13 이제 왕은 아시옵소서 만일 이 성읍을
건축하고 그 성곽을 완공하면 저 무리
가 다시는 조공과 관세와 통행세를 바
치지 아니하리니 결국 왕들에게 손해가
되리이다
14 우리가 이제 왕궁의 소금을 먹으므로
왕이 수치 당함을 차마 보지 못하여 사
람을 보내어 왕에게 아뢰오니
15 왕은 조상들의 사기를 살펴보시면 그
사기에서 이 성읍은 패역한 성읍이라

예로부터 그 중에서 항상 반역하는 일
을 행하여 왕들과 각 도에 손해가 된
것을 보시고 아실지라 이 성읍이 무너
짐도 이 때문이니이다
16 이제 감히 왕에게 아뢰오니 이 성읍이
중건되어 성곽이 준공되면 이로 말미암
아 왕의 강 건너편 영지가 없어지리이
다 하였더라
17 왕이 방백 르훔과 서기관 심새와 사마
리아에 거주하는 그들 동관들과 강 건
너편 다른 땅 백성에게 조서를 내리니
일렀으되 너희는 평안할지어다
18 너희가 올린 글을 내 앞에서 낭독시
키고
19 명령하여 살펴보니 과연 이 성읍이 예
로부터 왕들을 거역하며 그 중에서 항
상 패역하고 반역하는 일을 행하였으며
20 옛적에는 예루살렘을 다스리는 큰 군왕
들이 있어서 강 건너편 모든 땅이 그들
에게 조공과 관세와 통행세를 다 바쳤
도다
21 이제 너희는 명령을 전하여 그 사람들
에게 공사를 그치게 하여 그 성을 건축
하지 못하게 하고 내가 다시 조서 내리
기를 기다리라
22 너희는 삼가서 이 일에 게으르지 말라
어찌하여 화를 더하여 왕들에게 손해가
되게 하랴 하였더라
23 아닥사스다 왕의 조서 초본이 르훔과
서기관 심새와 그의 동료 앞에서 낭독
되매 그들이 예루살렘으로 급히 가서
유다 사람들을 보고 권력으로 억제하여
그 공사를 그치게 하니
24 이에 예루살렘에서 하나님의 성전 공사
가 바사 왕 다리오 제이년까지 중단되
니라

## 성전 건축을 다시 시작하다

5 선지자들 곧 선지자 학개와 잇도의 손
자 스가랴가 이스라엘의 하나님의 이름
으로 유다와 예루살렘에 거주하는 유다
사람들에게 예언하였더니
2 이에 스알디엘의 아들 스룹바벨과 요사
닥의 아들 예수아가 일어나 예루살렘에
있던 하나님의 성전을 다시 건축하기
시작하매 하나님의 선지자들이 함께 있
어 그들을 돕더니
3 그 때에 유브라데 강 건너편 총독 닷드
내와 스달보스내와 그들의 동관들이 다
나아와 그들에게 이르되 누가 너희에게
명령하여 이 성전을 건축하고 이 성곽
을 마치게 하였느냐 하기로
4 우리가 이 건축하는 자의 이름을 아뢰
었으나
5 하나님이 유다 장로들을 돌보셨으므로
그들이 능히 공사를 막지 못하고 이 일
을 다리오에게 아뢰고 그 답장이 오기
를 기다렸더라
6 유브라데 강 건너편 총독 닷드내와 스
달보스내와 그들의 동관인 유브라데 강
건너편 아바삭 사람이 다리오 왕에게
올린 글의 초본은 이러하니라
7 그 글에 일렀으되 다리오 왕은 평안하
옵소서
8 왕께 아뢰옵나이다 우리가 유다 도에
가서 지극히 크신 하나님의 성전에 나
아가 본즉 성전을 큰 돌로 세우며 벽에
나무를 얹고 부지런히 일하므로 공사가
그 손에서 형통하옵기에
9 우리가 그 장로들에게 물어보기를 누가
너희에게 명령하여 이 성전을 건축하고
이 성곽을 마치라고 하였느냐 하고
10 우리가 또 그 우두머리들의 이름을 적

어 왕에게 아뢰고자 하여 그들의 이름
을 물은즉
11 그들이 우리에게 대답하여 이르기를 우
리는 천지의 하나님의 종이라 예전에
건축되었던 성전을 우리가 다시 건축하
노라 이는 본래 이스라엘의 큰 왕이 건
축하여 완공한 것이었으나
12 우리 조상들이 하늘에 계신 하나님을
노엽게 하였으므로 하나님이 그들을 갈
대아 사람 바벨론 왕 느부갓네살의 손
에 넘기시매 그가 이 성전을 헐며 이
백성을 사로잡아 바벨론으로 옮겼더니
13 바벨론 왕 고레스 원년에 고레스 왕이
조서를 내려 하나님의 이 성전을 다시
건축하게 하고
14 또 느부갓네살이 예루살렘 하나님의 성
전 안에서 금, 은 그릇을 옮겨다가 바벨
론 신당에 두었던 것을 고레스 왕이 그
신당에서 꺼내어 그가 세운 총독 세스
바살이라고 부르는 자에게 내주고
15 일러 말하되 너는 이 그릇들을 가지고
가서 예루살렘 성전에 두고 하나님의
전을 제자리에 건축하라 하매
16 이에 이 세스바살이 이르러 예루살렘
하나님의 성전 지대를 놓았고 그 때로
부터 지금까지 건축하여 오나 아직도
마치지 못하였다 하였사오니
17 이제 왕께서 좋게 여기시거든 바벨론에
서 왕의 보물전각에서 조사하사 과연 고
레스 왕이 조서를 내려 하나님의 이 성
전을 예루살렘에 다시 건축하라 하셨는
지 보시고 왕은 이 일에 대하여 왕의 기
쁘신 뜻을 우리에게 보이소서 하였더라

### 고레스의 조서와 다리오 왕의 명령

6 이에 다리오 왕이 조서를 내려 문서창
고 곧 바벨론의 보물을 쌓아둔 보물전

각에서 조사하게 하여
2 메대도 악메다 궁성에서 한 두루마리를
찾았으니 거기에 기록하였으되
3 고레스 왕 원년에 조서를 내려 이르기
를 예루살렘에 있는 하나님의 성전에
대하여 이르노니 이 성전 곧 제사 드리
는 처소를 건축하되 지대를 견고히 쌓
고 그 성전의 높이는 육십 규빗으로,
너비도 육십 규빗으로 하고
4 큰 돌 세 켜에 새 나무 한 켜를 놓으라
그 경비는 다 왕실에서 내리라
5 또 느부갓네살이 예루살렘 성전에서 탈
취하여 바벨론으로 옮겼던 하나님의 성
전 금, 은 그릇들을 돌려보내어 예루살
렘 성전에 가져다가 하나님의 성전 안
각기 제자리에 둘지니라 하였더라
6 이제 유브라데 강 건너편 총독 닷드내
와 스달보스내와 너희 동관 유브라데
강 건너편 아바삭 사람들은 그 곳을 멀
리하여
7 하나님의 성전 공사를 막지 말고 유다
총독과 장로들이 하나님의 이 성전을
제자리에 건축하게 하라
8 내가 또 조서를 내려서 하나님의 이 성
전을 건축함에 대하여 너희가 유다 사
람의 장로들에게 행할 것을 알리노니
왕의 재산 곧 유브라데 강 건너편에서
거둔 세금 중에서 그 경비를 이 사람들
에게 끊임없이 주어 그들로 멈추지 않
게 하라
9 또 그들이 필요로 하는 것 곧 하늘의
하나님께 드릴 번제의 수송아지와 숫양
과 어린 양과 또 밀과 소금과 포도주와
기름을 예루살렘 제사장의 요구대로 어
김없이 날마다 주어
10 그들이 하늘의 하나님께 향기로운 제물

을 드려 왕과 왕자들의 생명을 위하여
기도하게 하라
11 내가 또 명령을 내리노니 누구를 막론
하고 이 명령을 변조하면 그의 집에서
들보를 빼내고 그를 그 위에 매어달게
하고 그의 집은 이로 말미암아 거름더
미가 되게 하라
12 만일 왕들이나 백성이 이 명령을 변조
하고 손을 들어 예루살렘 하나님의 성
전을 헐진대 그 곳에 이름을 두신 하나
님이 그들을 멸하시기를 원하노라 나
다리오가 조서를 내렸노니 신속히 행할
지어다 하였더라

## 성전 봉헌

13 다리오 왕의 조서가 내리매 유브라데
강 건너편 총독 닷드내와 스달보스내와
그들의 동관들이 신속히 준행하니라
14 유다 사람의 장로들이 선지자 학개와
잇도의 손자 스가랴의 권면을 따랐으므
로 성전 건축하는 일이 형통한지라 이
스라엘 하나님의 명령과 바사 왕 고레
스와 다리오와 아닥사스다의 조서를 따
라 성전을 건축하며 일을 끝내되
15 다리오 왕 제육년 아달월 삼일에 성전
일을 끝내니라
16 이스라엘 자손과 제사장들과 레위 사람
들과 기타 사로잡혔던 자의 자손이 즐
거이 하나님의 성전 봉헌식을 행하니
17 하나님의 성전 봉헌식을 행할 때에 수
소 백 마리와 숫양 이백 마리와 어린
양 사백 마리를 드리고 또 이스라엘 지
파의 수를 따라 숫염소 열두 마리로 이
스라엘 전체를 위하여 속죄제를 드리고
18 제사장을 그 분반대로, 레위 사람을 그
순차대로 세워 예루살렘에서 하나님을
섬기게 하되 모세의 책에 기록된 대로

하게 하니라

## 유월절

19 사로잡혔던 자의 자손이 첫째 달 십사
일에 유월절을 지키되
20 제사장들과 레위 사람들이 일제히 몸을
정결하게 하여 다 정결하매 사로잡혔던
자들의 모든 자손과 자기 형제 제사장
들과 자기를 위하여 유월절 양을 잡으니
21 사로잡혔다가 돌아온 이스라엘 자손과
자기 땅에 사는 이방 사람의 더러운 것
으로부터 스스로를 구별한 모든 이스라
엘 사람들에게 속하여 이스라엘의 하나
님 여호와를 찾는 자들이 다 먹고
22 즐거움으로 이레 동안 무교절을 지켰으
니 이는 여호와께서 그들을 즐겁게 하
시고 또 앗수르 왕의 마음을 그들에게
로 돌려 이스라엘의 하나님이신 하나님
의 성전 건축하는 손을 힘 있게 하도록
하셨음이었더라

## 에스라가 예루살렘에 이르다

7 이 일 후에 바사 왕 아닥사스다가 왕위
에 있을 때에 에스라라 하는 자가 있으
니라 그는 스라야의 아들이요 아사랴의
손자요 힐기야의 증손이요
2 살룸의 현손이요 사독의 오대 손이요
아히둡의 육대 손이요
3 아마랴의 칠대 손이요 아사랴의 팔대
손이요 므라욧의 구대 손이요
4 스라히야의 십대 손이요 웃시엘의 십일
대 손이요 북기의 십이대 손이요
5 아비수아의 십삼대 손이요 비느하스의
십사대 손이요 엘르아살의 십오대 손이
요 대제사장 아론의 십육대 손이라
6 이 에스라가 바벨론에서 올라왔으니 그
는 이스라엘의 하나님 여호와께서 주신
모세의 율법에 익숙한 학자로서 그의

하나님 여호와의 도우심을 입음으로 왕
에게 구하는 것은 다 받는 자이더니
7 아닥사스다 왕 제칠년에 이스라엘 자손
과 제사장들과 레위 사람들과 노래하는
자들과 문지기들과 느디님 사람들 중에
몇 사람이 예루살렘으로 올라올 때에
8 이 에스라가 올라왔으니 왕의 제칠년
다섯째 달이라
9 첫째 달 초하루에 바벨론에서 길을 떠
났고 하나님의 선한 손의 도우심을 입
어 다섯째 달 초하루에 예루살렘에 이
르니라
10 에스라가 여호와의 율법을 연구하여 준
행하며 율례와 규례를 이스라엘에게 가
르치기로 결심하였었더라

### 아닥사스다 왕이 내린 조서

11 여호와의 계명의 말씀과 이스라엘에게
주신 율례 학자요 학자 겸 제사장인 에
스라에게 아닥사스다 왕이 내린 조서의
초본은 아래와 같으니라
12 모든 왕의 왕 아닥사스다는 하늘의 하
나님의 율법에 완전한 학자 겸 제사장
에스라에게
13 조서를 내리노니 우리 나라에 있는 이스
라엘 백성과 그들 제사장들과 레위 사람
들 중에 예루살렘으로 올라갈 뜻이 있
는 자는 누구든지 너와 함께 갈지어다
14 너는 네 손에 있는 네 하나님의 율법을
따라 유다와 예루살렘의 형편을 살피기
위하여 왕과 일곱 자문관의 보냄을 받
았으니
15 왕과 자문관들이 예루살렘에 거하시는
이스라엘 하나님께 성심으로 드리는 은
금을 가져가고
16 또 네가 바벨론 온 도에서 얻을 모든
은금과 및 백성과 제사장들이 예루살렘

에 있는 그들의 하나님의 성전을 위하
여 기쁘게 드릴 예물을 가져다가
17 그들의 돈으로 수송아지와 숫양과 어린
양과 그 소제와 그 전제의 물품을 신속
히 사서 예루살렘 네 하나님의 성전 제
단 위에 드리고
18 그 나머지 은금은 너와 너의 형제가 좋
게 여기는 일에 너희 하나님의 뜻을 따
라 쓸지며
19 네 하나님의 성전에서 섬기는 일을 위
하여 네게 준 그릇은 예루살렘 하나님
앞에 드리고
20 그 외에도 네 하나님의 성전에 쓰일 것
이 있어서 네가 드리고자 하거든 무엇이
든지 궁중창고에서 내다가 드릴지니라
21 나 곧 아닥사스다 왕이 유브라데 강 건
너편 모든 창고지기에게 조서를 내려
이르기를 하늘의 하나님의 율법 학자
겸 제사장 에스라가 무릇 너희에게 구
하는 것을 신속히 시행하되
22 은은 백 달란트까지, 밀은 백 고르까지,
포도주는 백 밧까지, 기름도 백 밧까지
하고 소금은 정량 없이 하라
23 무릇 하늘의 하나님의 전을 위하여 하
늘의 하나님이 명령하신 것은 삼가 행
하라 어찌하여 진노가 왕과 왕자의 나
라에 임하게 하랴
24 내가 너희에게 이르노니 제사장들이나
레위 사람들이나 노래하는 자들이나 문
지기들이나 느디님 사람들이나 혹 하나
님의 성전에서 일하는 자들에게 조공과
관세와 통행세를 받는 것이 옳지 않으
니라 하였노라
25 에스라여 너는 네 손에 있는 네 하나님
의 지혜를 따라 네 하나님의 율법을 아
는 자를 법관과 재판관을 삼아 강 건

너편 모든 백성을 재판하게 하고 그 중
알지 못하는 자는 너희가 가르치라
26 무릇 네 하나님의 명령과 왕의 명령을
준행하지 아니하는 자는 속히 그 죄를
정하여 혹 죽이거나 귀양 보내거나 가
산을 몰수하거나 옥에 가둘지니라 하였
더라

### 에스라가 여호와를 송축하다

27 우리 조상들의 하나님 여호와를 송축
할지로다 그가 왕의 마음에 예루살렘
여호와의 성전을 아름답게 할 뜻을 두
시고
28 또 나로 왕과 그의 보좌관들 앞과 왕
의 권세 있는 모든 방백의 앞에서 은혜
를 얻게 하셨도다 내 하나님 여호와의
손이 내 위에 있으므로 내가 힘을 얻어
이스라엘 중에 우두머리들을 모아 나와
함께 올라오게 하였노라

### 에스라와 함께 돌아온 백성들

8 아닥사스다 왕이 왕위에 있을 때에 나
와 함께 바벨론에서 올라온 족장들과
그들의 계보는 이러하니라
2 비느하스 자손 중에서는 게르솜이요 이
다말 자손 중에서는 다니엘이요 다윗
자손 중에서는 핫두스요
3 스가냐 자손 곧 바로스 자손 중에서는
스가랴니 그와 함께 족보에 기록된 남
자가 백오십 명이요
4 바핫모압 자손 중에서는 스라히야의 아
들 엘여호에내니 그와 함께 있는 남자
가 이백 명이요
5 스가냐 자손 중에서는 야하시엘의 아
들이니 그와 함께 있는 남자가 삼백
명이요
6 아딘 자손 중에서는 요나단의 아들 에
벳이니 그와 함께 있는 남자가 오십 명

이요

7 엘람 자손 중에서는 아달리야의 아들
여사야니 그와 함께 있는 남자가 칠십
명이요

8 스바댜 자손 중에서는 미가엘의 아들
스바댜니 그와 함께 있는 남자가 팔십
명이요

9 요압 자손 중에서는 여히엘의 아들 오
바댜니 그와 함께 있는 남자가 이백십
팔 명이요

10 슬로밋 자손 중에서는 요시뱌의 아들
이니 그와 함께 있는 남자가 백육십 명
이요

11 베배 자손 중에서는 베배의 아들 스가
랴니 그와 함께 있는 남자가 이십팔 명
이요

12 아스갓 자손 중에서는 학가단의 아들
요하난이니 그와 함께 있는 남자가 백
십 명이요

13 아도니감 자손 중에 나중된 자의 이름
은 엘리벨렛과 여우엘과 스마야니 그와
함께 있는 남자가 육십 명이요

14 비그왜 자손 중에서는 우대와 사붓이니
그와 함께 있는 남자가 칠십 명이었느
니라

## 에스라가 레위 사람을 찾다

15 내가 무리를 아하와로 흐르는 강 가에
모으고 거기서 삼 일 동안 장막에 머물
며 백성과 제사장들을 살핀즉 그 중에
레위 자손이 한 사람도 없는지라

16 이에 모든 족장 곧 엘리에셀과 아리엘
과 스마야와 엘라단과 야립과 엘라단과
나단과 스가랴와 므술람을 부르고 또
명철한 사람 요야립과 엘라단을 불러

17 가시뱌 지방으로 보내어 그 곳 족장 잇
도에게 나아가게 하고 잇도와 그의 형

제 곧 가시뱌 지방에 사는 느디님 사람
들에게 할 말을 일러 주고 우리 하나님
의 성전을 위하여 섬길 자를 데리고 오
라 하였더니
18 우리 하나님의 선한 손의 도우심을 입
고 그들이 이스라엘의 손자 레위의 아
들 말리의 자손 중에서 한 명철한 사람
을 데려오고 또 세레뱌와 그의 아들들
과 형제 십팔 명과
19 하사뱌와 므라리 자손 중 여사야와 그
의 형제와 그의 아들들 이십 명을 데려
오고
20 다윗과 방백들이 레위 사람들을 섬기라
고 준 느디님 사람 중 성전 일꾼은 이
백이십 명이었는데 그들은 모두 지명
받은 이들이었더라

### 에스라가 금식하며 간구하다

21 그 때에 내가 아하와 강 가에서 금식을
선포하고 우리 하나님 앞에서 스스로
겸비하여 우리와 우리 어린 아이와 모
든 소유를 위하여 평탄한 길을 그에게
간구하였으니
22 이는 우리가 전에 왕에게 아뢰기를 우
리 하나님의 손은 자기를 찾는 모든 자
에게 선을 베푸시고 자기를 배반하는
모든 자에게는 권능과 진노를 내리신다
하였으므로 길에서 적군을 막고 우리를
도울 보병과 마병을 왕에게 구하기를
부끄러워 하였음이라
23 그러므로 우리가 이를 위하여 금식하며
우리 하나님께 간구하였더니 그의 응낙
하심을 입었느니라

### 성전에 바친 예물

24 그 때에 내가 제사장의 우두머리들 중
열두 명 곧 세레뱌와 하사뱌와 그의 형
제 열 명을 따로 세우고

25 그들에게 왕과 모사들과 방백들과 또
그 곳에 있는 이스라엘 무리가 우리 하
나님의 성전을 위하여 드린 은과 금과
그릇들을 달아서 주었으니
26 내가 달아서 그들 손에 준 것은 은이
육백오십 달란트요 은 그릇이 백 달란
트요 금이 백 달란트며
27 또 금잔이 스무 개라 그 무게는 천 다
릭이요 또 아름답고 빛나 금 같이 보배
로운 놋 그릇이 두 개라
28 내가 그들에게 이르되 너희는 여호와께
거룩한 자요 이 그릇들도 거룩하고 그
은과 금은 너희 조상들의 하나님 여호
와께 즐거이 드린 예물이니
29 너희는 예루살렘 여호와의 성전 골방에
이르러 제사장들과 레위 사람의 우두머
리들과 이스라엘의 족장들 앞에서 이
그릇을 달기까지 삼가 지키라
30 이에 제사장들과 레위 사람들이 은과
금과 그릇을 예루살렘 우리 하나님의
성전으로 가져가려 하여 그 무게대로
받으니라

## 에스라가 예루살렘으로 돌아오다

31 첫째 달 십이 일에 우리가 아하와 강을
떠나 예루살렘으로 갈새 우리 하나님의
손이 우리를 도우사 대적과 길에 매복
한 자의 손에서 건지신지라
32 이에 예루살렘에 이르러 거기서 삼 일
간 머물고
33 제사일에 우리 하나님의 성전에서 은과
금과 그릇을 달아서 제사장 우리야의
아들 므레못의 손에 넘기니 비느하스의
아들 엘르아살과 레위 사람 예수아의
아들 요사밧과 빈누이의 아들 노아댜가
함께 있어
34 모든 것을 다 세고 달아 보고 그 무게

의 총량을 그 때에 기록하였느니라
35 사로잡혔던 자의 자손 곧 이방에서 돌
아온 자들이 이스라엘의 하나님께 번제
를 드렸는데 이스라엘 전체를 위한 수
송아지가 열두 마리요 또 숫양이 아흔
여섯 마리요 어린 양이 일흔일곱 마리
요 또 속죄제의 숫염소가 열두 마리니
모두 여호와께 드린 번제물이라
36 무리가 또 왕의 조서를 왕의 총독들과
유브라데 강 건너편 총독들에게 넘겨
주매 그들이 백성과 하나님의 성전을
도왔느니라

## 에스라의 회개 기도

9 이 일 후에 방백들이 내게 나아와 이르
되 이스라엘 백성과 제사장들과 레위
사람들이 이 땅 백성들에게서 떠나지
아니하고 가나안 사람들과 헷 사람들과
브리스 사람들과 여부스 사람들과 암몬
사람들과 모압 사람들과 애굽 사람들과
아모리 사람들의 가증한 일을 행하여
2 그들의 딸을 맞이하여 아내와 며느리로
삼아 거룩한 자손이 그 지방 사람들과
서로 섞이게 하는데 방백들과 고관들이
이 죄에 더욱 으뜸이 되었다 하는지라
3 내가 이 일을 듣고 속옷과 겉옷을 찢고
머리털과 수염을 뜯으며 기가 막혀 앉
으니
4 이에 이스라엘의 하나님의 말씀으로 말
미암아 떠는 자가 사로잡혔던 이 사람
들의 죄 때문에 다 내게로 모여오더라
내가 저녁 제사 드릴 때까지 기가 막혀
앉았더니
5 저녁 제사를 드릴 때에 내가 근심 중에
일어나서 속옷과 겉옷을 찢은 채 무릎
을 꿇고 나의 하나님 여호와를 향하여
손을 들고

6 말하기를 나의 하나님이여 내가 부끄럽
고 낯이 뜨거워서 감히 나의 하나님을
향하여 얼굴을 들지 못하오니 이는 우
리 죄악이 많아 정수리에 넘치고 우리
허물이 커서 하늘에 미침이니이다
7 우리 조상들의 때로부터 오늘까지 우리
의 죄가 심하매 우리의 죄악으로 말미
암아 우리와 우리 왕들과 우리 제사장
들을 여러 나라 왕들의 손에 넘기사 칼
에 죽으며 사로잡히며 노략을 당하며
얼굴을 부끄럽게 하심이 오늘날과 같으
니이다
8 이제 우리 하나님 여호와께서 우리에게
잠시 동안 은혜를 베푸사 얼마를 남겨
두어 피하게 하신 우리를 그 거룩한 처
소에 박힌 못과 같게 하시고 우리 하나
님이 우리 눈을 밝히사 우리가 종노릇
하는 중에서 조금 소생하게 하셨나이다
9 우리가 비록 노예가 되었사오나 우리
하나님이 우리를 그 종살이하는 중에
버려 두지 아니하시고 바사 왕들 앞에
서 우리가 불쌍히 여김을 입고 소생하
여 우리 하나님의 성전을 세우게 하시
며 그 무너진 것을 수리하게 하시며 유
다와 예루살렘에서 우리에게 울타리를
주셨나이다
10 우리 하나님이여 이렇게 하신 후에도
우리가 주의 계명을 저버렸사오니 이제
무슨 말씀을 하오리이까
11 전에 주께서 주의 종 선지자들에게 명
령하여 이르시되 너희가 가서 얻으려
하는 땅은 더러운 땅이니 이는 이방 백
성들이 더럽고 가증한 일을 행하여 이
끝에서 저 끝까지 그 더러움으로 채웠
음이라
12 그런즉 너희 여자들을 그들의 아들들에

게 주지 말고 그들의 딸들을 너희 아들
들을 위하여 데려오지 말며 그들을 위
하여 평화와 행복을 영원히 구하지 말
라 그리하면 너희가 왕성하여 그 땅의
아름다운 것을 먹으며 그 땅을 자손에
게 물려 주어 영원한 유산으로 물려 주
게 되리라 하셨나이다
13 우리의 악한 행실과 큰 죄로 말미암아
이 모든 일을 당하였사오나 우리 하나
님이 우리 죄악보다 형벌을 가볍게 하
시고 이만큼 백성을 남겨 주셨사오니
14 우리가 어찌 다시 주의 계명을 거역하
고 이 가증한 백성들과 통혼하오리이까
그리하면 주께서 어찌 우리를 멸하시고
남아 피할 자가 없도록 진노하시지 아
니하시리이까
15 이스라엘의 하나님 여호와여 주는 의로
우시니 우리가 남아 피한 것이 오늘날
과 같사옵거늘 도리어 주께 범죄하였사
오니 이로 말미암아 주 앞에 한 사람도
감히 서지 못하겠나이다 하니라

### 이방 아내와 그 소생을 내쫓기로 하다

10 에스라가 하나님의 성전 앞에 엎드려
울며 기도하여 죄를 자복할 때에 많은
백성이 크게 통곡하매 이스라엘 중에서
백성의 남녀와 어린 아이의 큰 무리가
그 앞에 모인지라
2 엘람 자손 중 여히엘의 아들 스가냐가
에스라에게 이르되 우리가 우리 하나님
께 범죄하여 이 땅 이방 여자를 맞이하
여 아내로 삼았으나 이스라엘에게 아직
도 소망이 있나니
3 곧 내 주의 교훈을 따르며 우리 하나님
의 명령을 떨며 준행하는 자의 가르침
을 따라 이 모든 아내와 그들의 소생을
다 내보내기로 우리 하나님과 언약을

세우고 율법대로 행할 것이라
4 이는 당신이 주장할 일이니 일어나소서
우리가 도우리니 힘써 행하소서 하니라
5 이에 에스라가 일어나 제사장들과 레위
사람들과 온 이스라엘에게 이 말대로
행하기를 맹세하게 하매 무리가 맹세하
는지라
6 이에 에스라가 하나님의 성전 앞에서
일어나 엘리아십의 아들 여호하난의 방
으로 들어가니라 그가 들어가서 사로잡
혔던 자들의 죄를 근심하여 음식도 먹
지 아니하며 물도 마시지 아니하더니
7 유다와 예루살렘에 사로잡혔던 자들의
자손들에게 공포하기를 너희는 예루살
렘으로 모이라
8 누구든지 방백들과 장로들의 훈시를 따
라 삼일 내에 오지 아니하면 그의 재산
을 적몰하고 사로잡혔던 자의 모임에서
쫓아내리라 하매
9 유다와 베냐민 모든 사람들이 삼 일 내
에 예루살렘에 모이니 때는 아홉째 달
이십일이라 무리가 하나님의 성전 앞
광장에 앉아서 이 일과 큰 비 때문에
떨고 있더니
10 제사장 에스라가 일어나 그들에게 이르
되 너희가 범죄하여 이방 여자를 아내
로 삼아 이스라엘의 죄를 더하게 하였
으니
11 이제 너희 조상들의 하나님 앞에서 죄
를 자복하고 그의 뜻대로 행하여 그 지
방 사람들과 이방 여인을 끊어 버리라
하니
12 모든 회중이 큰 소리로 대답하여 이르
되 당신의 말씀대로 우리가 마땅히 행
할 것이니이다
13 그러나 백성이 많고 또 큰 비가 내리는

때니 능히 밖에 서지 못할 것이요 우리
가 이 일로 크게 범죄하였은즉 하루 이
틀에 할 일이 아니오니
14 이제 온 회중을 위하여 우리의 방백들
을 세우고 우리 모든 성읍에 이방 여자
에게 장가든 자는 다 기한에 각 고을의
장로들과 재판장과 함께 오게 하여 이
일로 인한 우리 하나님의 진노가 우리
에게서 떠나게 하소서 하나
15 오직 아사헬의 아들 요나단과 디과의
아들 야스야가 일어나 그 일을 반대하
고 므술람과 레위 사람 삽브대가 그들
을 돕더라
16 사로잡혔던 자들의 자손이 그대로 한지
라 제사장 에스라가 그 종족을 따라 각
각 지명된 족장들 몇 사람을 선임하고
열째 달 초하루에 앉아 그 일을 조사
하여
17 첫째 달 초하루에 이르러 이방 여인을
아내로 맞이한 자의 일 조사하기를 마
치니라

### 이방 여자와 결혼한 남자들

18 제사장의 무리 중에 이방 여인을 아내
로 맞이한 자는 예수아 자손 중 요사닥
의 아들과 그의 형제 마아세야와 엘리
에셀과 야립과 그달랴라
19 그들이 다 손을 잡아 맹세하여 그들의
아내를 내보내기로 하고 또 그 죄로 말
미암아 숫양 한 마리를 속건제로 드렸
으며
20 또 임멜 자손 중에서는 하나니와 스바
댜요
21 하림 자손 중에서는 마아세야와 엘리야
와 스마야와 여히엘과 웃시야요
22 바스훌 자손 중에서는 엘료에내와 마아
세야와 이스마엘과 느다넬과 요사밧과

엘라사였더라
23 레위 사람 중에서는 요사밧과 시므이와
글라야라 하는 글리다와 브다히야와 유
다와 엘리에셀이었더라
24 노래하는 자 중에서는 엘리아십이요 문
지기 중에서는 살룸과 델렘과 우리였
더라
25 이스라엘 중에서는 바로스 자손 중에서
는 라먀와 잇시야와 말기야와 미야민과
엘르아살과 말기야와 브나야요
26 엘람 자손 중에서는 맛다냐와 스가랴와
여히엘과 압디와 여레못과 엘리야요
27 삿두 자손 중에서는 엘료에내와 엘리아
십과 맛다냐와 여레못과 사밧과 아시
사요
28 베배 자손 중에서는 여호하난과 하나냐
와 삽배와 아들래요
29 바니 자손 중에서는 므술람과 말룩과
아다야와 야숩과 스알과 여레못이요
30 바핫모압 자손 중에서는 앗나와 글랄과
브나야와 마아세야와 맛다냐와 브살렐
과 빈누이와 므낫세요
31 하림 자손 중에서는 엘리에셀과 잇시야
와 말기야와 스마야와 시므온과
32 베냐민과 말룩과 스마랴요
33 하숨 자손 중에서는 맛드내와 맛닷다와
사밧과 엘리벨렛과 여레매와 므낫세와
시므이요
34 바니 자손 중에서는 마아대와 아므람과
우엘과
35 브나야와 베드야와 글루히와
36 와냐와 므레못과 에랴십과
37 맛다냐와 맛드내와 야아수와
38 바니와 빈누이와 시므이와
39 셀레먀와 나단과 아다야와
40 막나드배와 사새와 사래와

41 아사렐과 셀레먀와 스마랴와

42 살룸과 아마랴와 요셉이요

43 느보 자손 중에서는 여이엘과 맛디디야
와 사밧과 스비내와 잇도와 요엘과 브
나야더라

44 이상은 모두 이방 여인을 아내로 맞이
한 자라 그 중에는 자녀를 낳은 여인도
있었더라

# 느헤미야

## 느헤미야가 예루살렘을 두고 기도하다

1 하가랴의 아들 느헤미야의 말이라 아닥
사스다 왕 제이십년 기슬르월에 내가
수산 궁에 있는데
2 내 형제들 가운데 하나인 하나니가 두
어 사람과 함께 유다에서 내게 이르렀
기로 내가 그 사로잡힘을 면하고 남아
있는 유다와 예루살렘 사람들의 형편을
물은즉
3 그들이 내게 이르되 사로잡힘을 면하고
남아 있는 자들이 그 지방 거기에서 큰
환난을 당하고 능욕을 받으며 예루살렘
성은 허물어지고 성문들은 불탔다 하는
지라
4 내가 이 말을 듣고 앉아서 울고 수일
동안 슬퍼하며 하늘의 하나님 앞에 금
식하며 기도하여
5 이르되 하늘의 하나님 여호와 크고 두
려우신 하나님이여 주를 사랑하고 주의
계명을 지키는 자에게 언약을 지키시며
긍휼을 베푸시는 주여 간구하나이다
6 이제 종이 주의 종들인 이스라엘 자손
을 위하여 주야로 기도하오며 우리 이
스라엘 자손이 주께 범죄한 죄들을 자
복하오니 주는 귀를 기울이시며 눈을
여시사 종의 기도를 들으시옵소서 나와
내 아버지의 집이 범죄하여
7 주를 향하여 크게 악을 행하여 주께서
주의 종 모세에게 명령하신 계명과 율
례와 규례를 지키지 아니하였나이다
8 옛적에 주께서 주의 종 모세에게 명령
하여 이르시되 만일 너희가 범죄하면
내가 너희를 여러 나라 가운데에 흩을
것이요
9 만일 내게로 돌아와 내 계명을 지켜 행
하면 너희 쫓긴 자가 하늘 끝에 있을지

라도 내가 거기서부터 그들을 모아 내
이름을 두려고 택한 곳에 돌아오게 하
리라 하신 말씀을 이제 청하건대 기억
하옵소서
10 이들은 주께서 일찍이 큰 권능과 강한
손으로 구속하신 주의 종들이요 주의
백성이니이다
11 주여 구하오니 귀를 기울이사 종의 기
도와 주의 이름을 경외하기를 기뻐하는
종들의 기도를 들으시고 오늘 종이 형
통하여 이 사람 앞에서 은혜를 입게 하
옵소서 하였나니 그 때에 내가 왕의 술
관원이 되었느니라

## 느헤미야가 예루살렘으로 가다

2 아닥사스다 왕 제이십년 니산월에 왕
앞에 포도주가 있기로 내가 그 포도주
를 왕에게 드렸는데 이전에는 내가 왕
앞에서 수심이 없었더니
2 왕이 내게 이르시되 네가 병이 없거늘
어찌하여 얼굴에 수심이 있느냐 이는
필연 네 마음에 근심이 있음이로다 하
더라 그 때에 내가 크게 두려워하여
3 왕께 대답하되 왕은 만세수를 하옵소서
내 조상들의 묘실이 있는 성읍이 이제
까지 황폐하고 성문이 불탔사오니 내가
어찌 얼굴에 수심이 없사오리이까 하니
4 왕이 내게 이르시되 그러면 네가 무엇
을 원하느냐 하시기로 내가 곧 하늘의
하나님께 묵도하고
5 왕에게 아뢰되 왕이 만일 좋게 여기시
고 종이 왕의 목전에서 은혜를 얻었사
오면 나를 유다 땅 나의 조상들의 묘실
이 있는 성읍에 보내어 그 성을 건축하
게 하옵소서 하였는데
6 그 때에 왕후도 왕 곁에 앉아 있었더라
왕이 내게 이르시되 네가 몇 날에 다녀

올 길이며 어느 때에 돌아오겠느냐 하
고 왕이 나를 보내기를 좋게 여기시기
로 내가 기한을 정하고
7 내가 또 왕에게 아뢰되 왕이 만일 좋게
여기시거든 강 서쪽 총독들에게 내리시
는 조서를 내게 주사 그들이 나를 용납
하여 유다에 들어가기까지 통과하게 하
시고
8 또 왕의 삼림 감독 아삽에게 조서를 내
리사 그가 성전에 속한 영문의 문과 성
곽과 내가 들어갈 집을 위하여 들보로
쓸 재목을 내게 주게 하옵소서 하매 내
하나님의 선한 손이 나를 도우시므로
왕이 허락하고
9 군대 장관과 마병을 보내어 나와 함께
하게 하시기로 내가 강 서쪽에 있는 총
독들에게 이르러 왕의 조서를 전하였
더니
10 호론 사람 산발랏과 종이었던 암몬 사
람 도비야가 이스라엘 자손을 흥왕하게
하려는 사람이 왔다 함을 듣고 심히 근
심하더라
11 내가 예루살렘에 이르러 머무른 지 사
흘 만에
12 내 하나님께서 예루살렘을 위해 무엇을
할 것인지 내 마음에 주신 것을 내가
아무에게도 말하지 아니하고 밤에 일
어나 몇몇 사람과 함께 나갈새 내가 탄
짐승 외에는 다른 짐승이 없더라
13 그 밤에 골짜기 문으로 나가서 용정으
로 분문에 이르는 동안에 보니 예루살
렘 성벽이 다 무너졌고 성문은 불탔더
라
14 앞으로 나아가 샘문과 왕의 못에 이르
러서는 탄 짐승이 지나갈 곳이 없는
지라

15 그 밤에 시내를 따라 올라가서 성벽을
살펴본 후에 돌아서 골짜기 문으로 들
어와 돌아왔으나
16 방백들은 내가 어디 갔었으며 무엇을
하였는지 알지 못하였고 나도 그 일을
유다 사람들에게나 제사장들에게나 귀
족들에게나 방백들에게나 그 외에 일하
는 자들에게 알리지 아니하다가
17 후에 그들에게 이르기를 우리가 당한
곤경은 너희도 보고 있는 바라 예루살
렘이 황폐하고 성문이 불탔으니 자, 예
루살렘 성을 건축하여 다시 수치를 당
하지 말자 하고
18 또 그들에게 하나님의 선한 손이 나를
도우신 일과 왕이 내게 이른 말씀을 전
하였더니 그들의 말이 일어나 건축하자
하고 모두 힘을 내어 이 선한 일을 하
려 하매
19 호론 사람 산발랏과 종이었던 암몬 사
람 도비야와 아라비아 사람 게셈이 이
말을 듣고 우리를 업신여기고 우리를
비웃어 이르되 너희가 하는 일이 무엇
이냐 너희가 왕을 배반하고자 하느냐
하기로
20 내가 그들에게 대답하여 이르되 하늘의
하나님이 우리를 형통하게 하시리니 그
의 종들인 우리가 일어나 건축하려니와
오직 너희에게는 예루살렘에서 아무 기
업도 없고 권리도 없고 기억되는 바도
없다 하였느니라

### 예루살렘 성벽 중수

3 그 때에 대제사장 엘리아십이 그의 형
제 제사장들과 함께 일어나 양문을 건
축하여 성별하고 문짝을 달고 또 성벽
을 건축하여 함메아 망대에서부터 하나
넬 망대까지 성별하였고

2 그 다음은 여리고 사람들이 건축하였고
또 그 다음은 이므리의 아들 삭굴이 건
축하였으며
3 어문은 하스나아의 자손들이 건축하여
그 들보를 얹고 문짝을 달고 자물쇠와
빗장을 갖추었고
4 그 다음은 학고스의 손자 우리야의 아
들 므레못이 중수하였고 그 다음은 므
세사벨의 손자 베레갸의 아들 므술람이
중수하였고 그 다음은 바아나의 아들
사독이 중수하였고
5 그 다음은 드고아 사람들이 중수하였으
나 그 귀족들은 그들의 주인들의 공사
를 분담하지 아니하였으며
6 옛 문은 바세아의 아들 요야다와 브소
드야의 아들 므술람이 중수하여 그 들
보를 얹고 문짝을 달고 자물쇠와 빗장
을 갖추었고

7 그 다음은 기브온 사람 믈라댜와 메로
놋 사람 야돈이 강 서쪽 총독의 관할에
속한 기브온 사람들 및 미스바 사람들
과 더불어 중수하였고
8 그 다음은 금장색 할해야의 아들 웃시
엘 등이 중수하였고 그 다음은 향품 장
사 하나냐 등이 중수하되 그들이 예루
살렘의 넓은 성벽까지 하였고
9 그 다음은 예루살렘 지방의 절반을 다
스리는 후르의 아들 르바야가 중수하
였고
10 그 다음은 하루맙의 아들 여다야가 자
기 집과 마주 대한 곳을 중수하였고 그
다음은 하삽느야의 아들 핫두스가 중수
하였고
11 하림의 아들 말기야와 바핫모압의 아들
핫숩이 한 부분과 화덕 망대를 중수하
였고

12 그 다음은 예루살렘 지방 절반을 다스
리는 할로헤스의 아들 살룸과 그의 딸
들이 중수하였고
13 골짜기 문은 하눈과 사노아 주민이 중
수하여 문을 세우며 문짝을 달고 자물
쇠와 빗장을 갖추고 또 분문까지 성벽
천 규빗을 중수하였고
14 분문은 벧학게렘 지방을 다스리는 레갑
의 아들 말기야가 중수하여 문을 세우
며 문짝을 달고 자물쇠와 빗장을 갖추
었고
15 샘문은 미스바 지방을 다스리는 골호세
의 아들 살룬이 중수하여 문을 세우고
덮었으며 문짝을 달고 자물쇠와 빗장을
갖추고 또 왕의 동산 근처 셀라 못 가
의 성벽을 중수하여 다윗 성에서 내려
오는 층계까지 이르렀고
16 그 다음은 벧술 지방 절반을 다스리는
아스북의 아들 느헤미야가 중수하여 다
윗의 묘실과 마주 대한 곳에 이르고 또
파서 만든 못을 지나 용사의 집까지 이
르렀고
17 그 다음은 레위 사람 바니의 아들 르훔
이 중수하였고 그 다음은 그일라 지방
절반을 다스리는 하사뱌가 그 지방을
대표하여 중수하였고
18 그 다음은 그들의 형제들 가운데 그일
라 지방 절반을 다스리는 헤나닷의 아
들 바왜가 중수하였고
19 그 다음은 미스바를 다스리는 예수아의
아들 에셀이 한 부분을 중수하여 성 굽
이에 있는 군기고 맞은편까지 이르렀고
20 그 다음은 삽배의 아들 바룩이 한 부분
을 힘써 중수하여 성 굽이에서부터 대
제사장 엘리아십의 집 문에 이르렀고
21 그 다음은 학고스의 손자 우리야의 아

들 므레못이 한 부분을 중수하여 엘리
아십의 집 문에서부터 엘리아십의 집
모퉁이에 이르렀고
22 그 다음은 평지에 사는 제사장들이 중
수하였고
23 그 다음은 베냐민과 핫숩이 자기 집 맞
은편 부분을 중수하였고 그 다음은 아
나냐의 손자 마아세야의 아들 아사랴가
자기 집에서 가까운 부분을 중수하였고
24 그 다음은 헤나닷의 아들 빈누이가 한
부분을 중수하되 아사랴의 집에서부터
성 굽이를 지나 성 모퉁이에 이르렀고
25 우새의 아들 발랄은 성 굽이 맞은편과
왕의 윗 궁에서 내민 망대 맞은편 곧
시위청에서 가까운 부분을 중수하였고
그 다음은 바로스의 아들 브다야가 중
수하였고
26 (그 때에 느디님 사람은 오벨에 거주하
여 동쪽 수문과 마주 대한 곳에서부터
내민 망대까지 이르렀느니라)
27 그 다음은 드고아 사람들이 한 부분을
중수하여 내민 큰 망대와 마주 대한 곳
에서부터 오벨 성벽까지 이르렀느니라
28 마문 위로부터는 제사장들이 각각 자기
집과 마주 대한 부분을 중수하였고
29 그 다음은 임멜의 아들 사독이 자기 집
과 마주 대한 부분을 중수하였고 그 다
음은 동문지기 스가냐의 아들 스마야가
중수하였고
30 그 다음은 셀레먀의 아들 하나냐와 살
랍의 여섯째 아들 하눈이 한 부분을 중
수하였고 그 다음은 베레갸의 아들 므
술람이 자기의 방과 마주 대한 부분을
중수하였고
31 그 다음은 금장색 말기야가 함밉갓 문
과 마주 대한 부분을 중수하여 느디님

사람과 상인들의 집에서부터 성 모퉁이
성루에 이르렀고
32 성 모퉁이 성루에서 양문까지는 금장색
과 상인들이 중수하였느니라

## 방해를 물리치다

4 산발랏이 우리가 성을 건축한다 함을
듣고 크게 분노하여 유다 사람들을 비
웃으며
2 자기 형제들과 사마리아 군대 앞에서
일러 말하되 이 미약한 유다 사람들이
하는 일이 무엇인가, 스스로 견고하게
하려는가, 제사를 드리려는가, 하루에
일을 마치려는가 불탄 돌을 흙 무더기
에서 다시 일으키려는가 하고
3 암몬 사람 도비야는 곁에 있다가 이르
되 그들이 건축하는 돌 성벽은 여우가
올라가도 곧 무너지리라 하더라
4 우리 하나님이여 들으시옵소서 우리가
업신여김을 당하나이다 원하건대 그들
이 욕하는 것을 자기들의 머리에 돌리
사 노략거리가 되어 이방에 사로잡히게
하시고
5 주 앞에서 그들의 악을 덮어 두지 마시
며 그들의 죄를 도말하지 마옵소서 그
들이 건축하는 자 앞에서 주를 노하시
게 하였음이니이다 하고
6 이에 우리가 성을 건축하여 전부가 연
결되고 높이가 절반에 이르렀으니 이는
백성이 마음 들여 일을 하였음이니라
7 산발랏과 도비야와 아라비아 사람들과
암몬 사람들과 아스돗 사람들이 예루살
렘 성이 중수되어 그 허물어진 틈이 메
꾸어져 간다 함을 듣고 심히 분노하여
8 다 함께 꾀하기를 예루살렘으로 가서
치고 그 곳을 요란하게 하자 하기로
9 우리가 우리 하나님께 기도하며 그들로

말미암아 파수꾼을 두어 주야로 방비하
는데
10 유다 사람들은 이르기를 흙 무더기가
아직도 많거늘 짐을 나르는 자의 힘이
다 빠졌으니 우리가 성을 건축하지 못
하리라 하고
11 우리의 원수들은 이르기를 그들이 알지
못하고 보지 못하는 사이에 우리가 그
들 가운데 달려 들어가서 살륙하여 역
사를 그치게 하리라 하고
12 그 원수들의 근처에 거주하는 유다 사
람들도 그 각처에서 와서 열 번이나 우
리에게 말하기를 너희가 우리에게로 와
야 하리라 하기로
13 내가 성벽 뒤의 낮고 넓은 곳에 백성이
그들의 종족을 따라 칼과 창과 활을 가
지고 서 있게 하고
14 내가 돌아본 후에 일어나서 귀족들과
민장들과 남은 백성에게 말하기를 너희
는 그들을 두려워하지 말고 지극히 크
시고 두려우신 주를 기억하고 너희 형
제와 자녀와 아내와 집을 위하여 싸우
라 하였느니라
15 우리의 대적이 우리가 그들의 의도를
눈치챘다 함을 들으니라 하나님이 그들
의 꾀를 폐하셨으므로 우리가 다 성에
돌아와서 각각 일하였는데
16 그 때로부터 내 수하 사람들의 절반은
일하고 절반은 갑옷을 입고 창과 방패
와 활을 가졌고 민장은 유다 온 족속의
뒤에 있었으며
17 성을 건축하는 자와 짐을 나르는 자는
다 각각 한 손으로 일을 하며 한 손에
는 병기를 잡았는데
18 건축하는 자는 각각 허리에 칼을 차고
건축하며 나팔 부는 자는 내 곁에 섰었

느니라
19 내가 귀족들과 민장들과 남은 백성에게
이르기를 이 공사는 크고 넓으므로 우
리가 성에서 떨어져 거리가 먼즉
20 너희는 어디서든지 나팔 소리를 듣거든
그리로 모여서 우리에게로 나아오라 우
리 하나님이 우리를 위하여 싸우시리라
하였느니라
21 우리가 이같이 공사하는데 무리의 절반
은 동틀 때부터 별이 나기까지 창을 잡
았으며
22 그 때에 내가 또 백성에게 말하기를 사
람마다 그 종자와 함께 예루살렘 안에
서 잘지니 밤에는 우리를 위하여 파수
하겠고 낮에는 일하리라 하고
23 나나 내 형제들이나 종자들이나 나를
따라 파수하는 사람들이나 우리가 다
우리의 옷을 벗지 아니하였으며 물을
길으러 갈 때에도 각각 병기를 잡았느
니라

## 가난한 백성이 부르짖다

5 그 때에 백성들이 그들의 아내와 함께
크게 부르짖어 그들의 형제인 유다 사
람들을 원망하는데
2 어떤 사람은 말하기를 우리와 우리 자
녀가 많으니 양식을 얻어 먹고 살아야
하겠다 하고
3 어떤 사람은 말하기를 우리가 밭과 포
도원과 집이라도 저당 잡히고 이 흉년
에 곡식을 얻자 하고
4 어떤 사람은 말하기를 우리는 밭과 포
도원으로 돈을 빚내서 왕에게 세금을
바쳤도다
5 우리 육체도 우리 형제의 육체와 같고
우리 자녀도 그들의 자녀와 같거늘 이
제 우리 자녀를 종으로 파는도다 우리

딸 중에 벌써 종된 자가 있고 우리의
밭과 포도원이 이미 남의 것이 되었으
나 우리에게는 아무런 힘이 없도다 하
더라
6 내가 백성의 부르짖음과 이런 말을 듣
고 크게 노하였으나
7 깊이 생각하고 귀족들과 민장들을 꾸짖
어 그들에게 이르기를 너희가 각기 형
제에게 높은 이자를 취하는도다 하고
대회를 열고 그들을 쳐서
8 그들에게 이르기를 우리는 이방인의 손
에 팔린 우리 형제 유다 사람들을 우리
의 힘을 다하여 도로 찾았거늘 너희는
너희 형제를 팔고자 하느냐 더구나 우
리의 손에 팔리게 하겠느냐 하매 그들
이 잠잠하여 말이 없기로
9 내가 또 이르기를 너희의 소행이 좋지
못하도다 우리의 대적 이방 사람의 비
방을 생각하고 우리 하나님을 경외하는
가운데 행할 것이 아니냐
10 나와 내 형제와 종자들도 역시 돈과 양
식을 백성에게 꾸어 주었거니와 우리가
그 이자 받기를 그치자
11 그런즉 너희는 그들에게 오늘이라도 그
들의 밭과 포도원과 감람원과 집이며
너희가 꾸어 준 돈이나 양식이나 새 포
도주나 기름의 백분의 일을 돌려보내라
하였더니
12 그들이 말하기를 우리가 당신의 말씀대
로 행하여 돌려보내고 그들에게서 아무
것도 요구하지 아니하리이다 하기로 내
가 제사장들을 불러 그들에게 그 말대
로 행하겠다고 맹세하게 하고
13 내가 옷자락을 털며 이르기를 이 말대
로 행하지 아니하는 자는 모두 하나님
이 또한 이와 같이 그 집과 산업에서

털어 버리실지니 그는 곧 이렇게 털려
서 빈손이 될지로다 하매 회중이 다 아
멘 하고 여호와를 찬송하고 백성들이
그 말한 대로 행하였느니라

## 느헤미야가 총독의 녹을 받지 아니하다

14 또한 유다 땅 총독으로 세움을 받은 때
곧 아닥사스다 왕 제이십년부터 제삼십
이년까지 십이 년 동안은 나와 내 형제
들이 총독의 녹을 먹지 아니하였느니라
15 나보다 먼저 있었던 총독들은 백성에게
서, 양식과 포도주와 또 은 사십 세겔을
그들에게서 빼앗았고 또한 그들의 종자
들도 백성을 압제하였으나 나는 하나님
을 경외하므로 이같이 행하지 아니하고
16 도리어 이 성벽 공사에 힘을 다하며 땅
을 사지 아니하였고 내 모든 종자들도
모여서 일을 하였으며
17 또 내 상에는 유다 사람들과 민장들 백
오십 명이 있고 그 외에도 우리 주위에
있는 이방 족속들 중에서 우리에게 나
아온 자들이 있었는데
18 매일 나를 위하여 소 한 마리와 살진
양 여섯 마리를 준비하며 닭도 많이 준
비하고 열흘에 한 번씩은 각종 포도주
를 갖추었나니 비록 이같이 하였을지라
도 내가 총독의 녹을 요구하지 아니하
였음은 이 백성의 부역이 중함이었더라
19 내 하나님이여 내가 이 백성을 위하여
행한 모든 일을 기억하사 내게 은혜를
베푸시옵소서

## 느헤미야에 대한 음모

6 산발랏과 도비야와 아라비아 사람 게셈
과 그 나머지 우리의 원수들이 내가 성
벽을 건축하여 허물어진 틈을 남기지
아니하였다 함을 들었는데 그 때는 내
가 아직 성문에 문짝을 달지 못한 때였

더라
2 산발랏과 게셈이 내게 사람을 보내어
이르기를 오라 우리가 오노 평지 한 촌
에서 서로 만나자 하니 실상은 나를 해
하고자 함이었더라
3 내가 곧 그들에게 사자들을 보내어 이
르기를 내가 이제 큰 역사를 하니 내려
가지 못하겠노라 어찌하여 역사를 중
지하게 하고 너희에게로 내려가겠느냐
하매
4 그들이 네 번이나 이같이 내게 사람을
보내되 나는 꼭 같이 대답하였더니
5 산발랏이 다섯 번째는 그 종자의 손
에 봉하지 않은 편지를 들려 내게 보냈
는데
6 그 글에 이르기를 이방 중에도 소문이
있고 가스무도 말하기를 너와 유다 사
람들이 모반하려 하여 성벽을 건축한다
하나니 네가 그 말과 같이 왕이 되려
하는도다
7 또 네가 선지자를 세워 예루살렘에서
너를 들어 선전하기를 유다에 왕이 있
다 하게 하였으니 지금 이 말이 왕에게
들릴지라 그런즉 너는 이제 오라 함께
의논하자 하였기로
8 내가 사람을 보내어 그에게 이르기를
네가 말한 바 이런 일은 없는 일이요
네 마음에서 지어낸 것이라 하였나니
9 이는 그들이 다 우리를 두렵게 하고자
하여 말하기를 그들의 손이 피곤하여
역사를 중지하고 이루지 못하리라 함이
라 이제 내 손을 힘있게 하옵소서 하였
노라
10 이 후에 므헤다벨의 손자 들라야의 아
들 스마야가 두문불출 하기로 내가 그
집에 가니 그가 이르기를 그들이 너를

죽이러 올 터이니 우리가 하나님의 전
으로 가서 외소 안에 머물고 그 문을
닫자 저들이 반드시 밤에 와서 너를 죽
이리라 하기로
11 내가 이르기를 나 같은 자가 어찌 도망
하며 나 같은 몸이면 누가 외소에 들어
가서 생명을 보존하겠느냐 나는 들어가
지 않겠노라 하고
12 깨달은즉 그는 하나님께서 보내신 바가
아니라 도비야와 산발랏에게 뇌물을 받
고 내게 이런 예언을 함이라
13 그들이 뇌물을 준 까닭은 나를 두렵게
하고 이렇게 함으로 범죄하게 하고 악
한 말을 지어 나를 비방하려 함이었느
니라
14 내 하나님이여 도비야와 산발랏과 여선
지 노아댜와 그 남은 선지자들 곧 나를
두렵게 하고자 한 자들의 소행을 기억
하옵소서 하였노라

### 성벽 공사가 끝나다

15 성벽 역사가 오십이 일 만인 엘룰월 이
십오일에 끝나매
16 우리의 모든 대적과 주위에 있는 이방
족속들이 이를 듣고 다 두려워하여 크
게 낙담하였으니 그들이 우리 하나님께
서 이 역사를 이루신 것을 앎이니라
17 또한 그 때에 유다의 귀족들이 여러 번
도비야에게 편지하였고 도비야의 편지
도 그들에게 이르렀으니
18 도비야는 아라의 아들 스가냐의 사위가
되었고 도비야의 아들 여호하난도 베레
갸의 아들 므술람의 딸을 아내로 맞이
하였으므로 유다에서 그와 동맹한 자가
많음이라
19 그들이 도비야의 선행을 내 앞에 말하
고 또 내 말도 그에게 전하매 도비야가

내게 편지하여 나를 두렵게 하고자 하
였느니라

## 느헤미야가 지도자들을 세우다

7 성벽이 건축되매 문짝을 달고 문지기와
노래하는 자들과 레위 사람들을 세운
후에
2 내 아우 하나니와 영문의 관원 하나냐
가 함께 예루살렘을 다스리게 하였는데
하나냐는 충성스러운 사람이요 하나님
을 경외함이 무리 중에서 뛰어난 자라
3 내가 그들에게 이르기를 해가 높이 뜨
기 전에는 예루살렘 성문을 열지 말고
아직 파수할 때에 곧 문을 닫고 빗장을
지르며 또 예루살렘 주민이 각각 자기
가 지키는 곳에서 파수하되 자기 집 맞
은편을 지키게 하라 하였노니
4 그 성읍은 광대하고 그 주민은 적으며
가옥은 미처 건축하지 못하였음이니라

## 포로에서 돌아온 사람들 (스 2:1-70)

5 내 하나님이 내 마음을 감동하사 귀족
들과 민장들과 백성을 모아 그 계보대
로 등록하게 하시므로 내가 처음으로
돌아온 자의 계보를 얻었는데 거기에
기록된 것을 보면
6 옛적에 바벨론 왕 느부갓네살에게 사로
잡혀 갔던 자들 중에서 놓임을 받고 예
루살렘과 유다에 돌아와 각기 자기들의
성읍에 이른 자들 곧
7 스룹바벨과 예수아와 느헤미야와 아사
랴와 라아먀와 나하마니와 모르드개와
빌산과 미스베렛과 비그왜와 느훔과 바
아나와 함께 나온 이스라엘 백성의 명
수가 이러하니라
8 바로스 자손이 이천백칠십이 명이요
9 스바댜 자손이 삼백칠십이 명이요
10 아라 자손이 육백오십이 명이요

11 바핫모압 자손 곧 예수아와 요압 자손
이 이천팔백십팔 명이요
12 엘람 자손이 천이백오십사 명이요
13 삿두 자손이 팔백사십오 명이요
14 삭개 자손이 칠백육십 명이요
15 빈누이 자손이 육백사십팔 명이요
16 브배 자손이 육백이십팔 명이요
17 아스갓 자손이 이천삼백이십이 명이요
18 아도니감 자손이 육백육십칠 명이요
19 비그왜 자손이 이천육십칠 명이요
20 아딘 자손이 육백오십오 명이요
21 아델 자손 곧 히스기야 자손이 구십팔
명이요
22 하숨 자손이 삼백이십팔 명이요
23 베새 자손이 삼백이십사 명이요
24 하립 자손이 백십이 명이요
25 기브온 사람이 구십오 명이요
26 베들레헴과 느도바 사람이 백팔십팔 명
이요
27 아나돗 사람이 백이십팔 명이요
28 벧아스마웻 사람이 사십이 명이요
29 기럇여아림과 그비라와 브에롯 사람이
칠백사십삼 명이요
30 라마와 게바 사람이 육백이십일 명이요
31 믹마스 사람이 백이십이 명이요
32 벧엘과 아이 사람이 백이십삼 명이요
33 기타 느보 사람이 오십이 명이요
34 기타 엘람 자손이 천이백오십사 명이요
35 하림 자손이 삼백이십 명이요
36 여리고 자손이 삼백사십오 명이요
37 로드와 하딧과 오노 자손이 칠백이십일
명이요
38 스나아 자손이 삼천구백삼십 명이었느
니라
39 제사장들은 예수아의 집 여다야 자손이
구백칠십삼 명이요

40 임멜 자손이 천오십이 명이요
41 바스훌 자손이 천이백사십칠 명이요
42 하림 자손이 천십칠 명이었느니라
43 레위 사람들은 호드야 자손 곧 예수아
와 갓미엘 자손이 칠십사 명이요
44 노래하는 자들은 아삽 자손이 백사십팔
명이요
45 문지기들은 살룸 자손과 아델 자손과
달문 자손과 악굽 자손과 하디다 자손
과 소배 자손이 모두 백삼십팔 명이었
느니라
46 느디님 사람들은 시하 자손과 하수바
자손과 답바옷 자손과
47 게로스 자손과 시아 자손과 바돈 자손과
48 르바나 자손과 하가바 자손과 살매 자
손과
49 하난 자손과 깃델 자손과 가할 자손과
50 르아야 자손과 르신 자손과 느고다 자
손과
51 갓삼 자손과 웃사 자손과 바세아 자손과
52 베새 자손과 므우님 자손과 느비스심
자손과
53 박북 자손과 하그바 자손과 할훌 자손과
54 바슬릿 자손과 므히다 자손과 하르사
자손과
55 바르고스 자손과 시스라 자손과 데마
자손과
56 느시야 자손과 하디바 자손이었느니라
57 솔로몬의 신하의 자손은 소대 자손과
소베렛 자손과 브리다 자손과
58 야알라 자손과 다르곤 자손과 깃델 자
손과
59 스바댜 자손과 핫딜 자손과 보게렛하스
바임 자손과 아몬 자손이니
60 모든 느디님 사람과 솔로몬의 신하의
자손이 삼백구십이 명이었느니라

61 델멜라와 델하르사와 그룹과 앗돈과 임
멜로부터 올라온 자가 있으나 그들의
종족이나 계보가 이스라엘에 속하였는
지는 증거할 수 없으니
62 그들은 들라야 자손과 도비야 자손과
느고다 자손이라 모두가 육백사십이 명
이요
63 제사장 중에는 호바야 자손과 학고스
자손과 바르실래 자손이니 바르실래는
길르앗 사람 바르실래의 딸 중의 하나
로 아내를 삼고 바르실래의 이름으로
불린 자라
64 이 사람들은 계보 중에서 자기 이름을
찾아도 찾지 못하였으므로 그들을 부정
하게 여겨 제사장의 직분을 행하지 못
하게 하고
65 총독이 그들에게 명령하여 우림과 둠밈
을 가진 제사장이 일어나기 전에는 지
성물을 먹지 말라 하였느니라
66 온 회중의 합계는 사만 이천삼백육십
명이요
67 그 외에 노비가 칠천삼백삼십칠 명이요
그들에게 노래하는 남녀가 이백사십오
명이 있었고
68 말이 칠백삼십육 마리요 노새가 이백사
십오 마리요
69 낙타가 사백삼십오 마리요 나귀가 육천
칠백이십 마리였느니라
70 어떤 족장들은 역사를 위하여 보조하였
고 총독은 금 천 드라크마와 대접 오십
과 제사장의 의복 오백삼십 벌을 보물
곳간에 드렸고
71 또 어떤 족장들은 금 이만 드라크마와
은 이천이백 마네를 역사 곳간에 드렸고
72 그 나머지 백성은 금 이만 드라크마와
은 이천 마네와 제사장의 의복 육십칠

벌을 드렸느니라

### 백성 앞에서 율법책을 읽다

73 이와 같이 제사장들과 레위 사람들과 문
지기들과 노래하는 자들과 백성 몇 명
과 느디님 사람들과 온 이스라엘 자손
이 다 자기들의 성읍에 거주하였느니라
8 이스라엘 자손이 자기들의 성읍에 거주
하였더니 일곱째 달에 이르러 모든 백
성이 일제히 수문 앞 광장에 모여 학사
에스라에게 여호와께서 이스라엘에게
명령하신 모세의 율법책을 가져오기를
청하매
2 일곱째 달 초하루에 제사장 에스라가
율법책을 가지고 회중 앞 곧 남자나 여
자나 알아들을 만한 모든 사람 앞에 이
르러
3 수문 앞 광장에서 새벽부터 정오까지
남자나 여자나 알아들을 만한 모든 사
람 앞에서 읽으매 뭇 백성이 그 율법책
에 귀를 기울였는데
4 그 때에 학사 에스라가 특별히 지은 나
무 강단에 서고 그의 곁 오른쪽에 선
자는 맛디댜와 스마와 아나야와 우리야
와 힐기야와 마아세야요 그의 왼쪽에
선 자는 브다야와 미사엘과 말기야와
하숨과 하스밧다나와 스가랴와 므술람
이라
5 에스라가 모든 백성 위에 서서 그들 목
전에 책을 펴니 책을 펼 때에 모든 백
성이 일어서니라
6 에스라가 위대하신 하나님 여호와를 송
축하매 모든 백성이 손을 들고 아멘 아
멘 하고 응답하고 몸을 굽혀 얼굴을 땅
에 대고 여호와께 경배하니라
7 예수아와 바니와 세레뱌와 야민과 악굽
과 사브대와 호디야와 마아세야와 그리

다와 아사랴와 요사밧과 하난과 블라야
와 레위 사람들은 백성이 제자리에 서
있는 동안 그들에게 율법을 깨닫게 하
였는데
8 하나님의 율법책을 낭독하고 그 뜻을
해석하여 백성에게 그 낭독하는 것을
다 깨닫게 하니
9 백성이 율법의 말씀을 듣고 다 우는지
라 총독 느헤미야와 제사장 겸 학사 에
스라와 백성을 가르치는 레위 사람들이
모든 백성에게 이르기를 오늘은 너희
하나님 여호와의 성일이니 슬퍼하지 말
며 울지 말라 하고
10 느헤미야가 또 그들에게 이르기를 너희
는 가서 살진 것을 먹고 단 것을 마시
되 준비하지 못한 자에게는 나누어 주
라 이 날은 우리 주의 성일이니 근심하
지 말라 여호와로 인하여 기뻐하는 것
이 너희의 힘이니라 하고
11 레위 사람들도 모든 백성을 정숙하게
하여 이르기를 오늘은 성일이니 마땅히
조용하고 근심하지 말라 하니
12 모든 백성이 곧 가서 먹고 마시며 나누
어 주고 크게 즐거워하니 이는 그들이
그 읽어 들려 준 말을 밝히 앎이라
13 그 이튿날 뭇 백성의 족장들과 제사장
들과 레위 사람들이 율법의 말씀을 밝
히 알고자 하여 학사 에스라에게 모여서
14 율법에 기록된 바를 본즉 여호와께서
모세를 통하여 명령하시기를 이스라엘
자손은 일곱째 달 절기에 초막에서 거
할지니라 하였고
15 또 일렀으되 모든 성읍과 예루살렘에
공포하여 이르기를 너희는 산에 가서
감람나무 가지와 들감람나무 가지와 화
석류나무 가지와 종려나무 가지와 기타

무성한 나무 가지를 가져다가 기록한
바를 따라 초막을 지으라 하라 한지라
16 백성이 이에 나가서 나뭇가지를 가져다
가 혹은 지붕 위에, 혹은 뜰 안에, 혹은
하나님의 전 뜰에, 혹은 수문 광장에,
혹은 에브라임 문 광장에 초막을 짓되
17 사로잡혔다가 돌아온 회중이 다 초막을
짓고 그 안에서 거하니 눈의 아들 여호
수아 때로부터 그 날까지 이스라엘 자
손이 이같이 행한 일이 없었으므로 이
에 크게 기뻐하며
18 에스라는 첫날부터 끝날까지 날마다 하
나님의 율법책을 낭독하고 무리가 이레
동안 절기를 지키고 여덟째 날에 규례
를 따라 성회를 열었느니라

## 백성들이 죄를 자복하다

9 그 달 스무나흗 날에 이스라엘 자손이
다 모여 금식하며 굵은 베 옷을 입고
티끌을 무릅쓰며
2 모든 이방 사람들과 절교하고 서서 자
기의 죄와 조상들의 허물을 자복하고
3 이 날에 낮 사분의 일은 그 제자리에
서서 그들의 하나님 여호와의 율법책을
낭독하고 낮 사분의 일은 죄를 자복하
며 그들의 하나님 여호와께 경배하는데
4 레위 사람 예수아와 바니와 갓미엘과
스바냐와 분니와 세레뱌와 바니와 그나
니는 단에 올라서서 큰 소리로 그들의
하나님 여호와께 부르짖고
5 또 레위 사람 예수아와 갓미엘과 바니
와 하삽느야와 세레뱌와 호디야와 스바
냐와 브다히야는 이르기를 너희 무리는
마땅히 일어나 영원부터 영원까지 계신
너희 하나님 여호와를 송축할지어다 주
여 주의 영화로운 이름을 송축하올 것
은 주의 이름이 존귀하여 모든 송축이

나 찬양에서 뛰어남이니이다
6 오직 주는 여호와시라 하늘과 하늘들의
하늘과 일월 성신과 땅과 땅 위의 만물
과 바다와 그 가운데 모든 것을 지으시
고 다 보존하시오니 모든 천군이 주께
경배하나이다
7 주는 하나님 여호와시라 옛적에 아브람
을 택하시고 갈대아 우르에서 인도하여
내시고 아브라함이라는 이름을 주시고
8 그의 마음이 주 앞에서 충성됨을 보시
고 그와 더불어 언약을 세우사 가나안
족속과 헷 족속과 아모리 족속과 브리
스 족속과 여부스 족속과 기르가스 족
속의 땅을 그의 씨에게 주리라 하시더
니 그 말씀대로 이루셨사오매 주는 의
로우심이로소이다
9 주께서 우리 조상들이 애굽에서 고난
받는 것을 감찰하시며 홍해에서 그들의
부르짖음을 들으시고
10 이적과 기사를 베푸사 바로와 그의 모
든 신하와 그의 나라 온 백성을 치셨사
오니 이는 그들이 우리의 조상들에게
교만하게 행함을 아셨음이라 주께서 오
늘과 같이 명예를 얻으셨나이다
11 또 주께서 우리 조상들 앞에서 바다
를 갈라지게 하사 그들이 바다 가운데
를 육지 같이 통과하게 하시고 쫓아오
는 자들을 돌을 큰 물에 던짐 같이 깊
은 물에 던지시고
12 낮에는 구름 기둥으로 인도하시고 밤에
는 불 기둥으로 그들이 행할 길을 그들
에게 비추셨사오며
13 또 시내 산에 강림하시고 하늘에서부터
그들과 말씀하사 정직한 규례와 진정한
율법과 선한 율례와 계명을 그들에게
주시고

14 거룩한 안식일을 그들에게 알리시며 주
의 종 모세를 통하여 계명과 율례와 율
법을 그들에게 명령하시고
15 그들의 굶주림 때문에 하늘에서 그들에
게 양식을 주시며 그들의 목마름 때문
에 그들에게 반석에서 물을 내시고 또
주께서 옛적에 손을 들어 맹세하시고
주겠다고 하신 땅을 들어가서 차지하라
말씀하셨사오나
16 그들과 우리 조상들이 교만하고 목을
굳게 하여 주의 명령을 듣지 아니하고
17 거역하며 주께서 그들 가운데에서 행하
신 기사를 기억하지 아니하고 목을 굳
게 하며 패역하여 스스로 한 우두머리
를 세우고 종 되었던 땅으로 돌아가고
자 하였나이다 그러나 주께서는 용서하
시는 하나님이시라 은혜로우시며 긍휼
히 여기시며 더디 노하시며 인자가 풍
부하시므로 그들을 버리지 아니하셨나
이다
18 또 그들이 자기들을 위하여 송아지를
부어 만들고 이르기를 이는 곧 너희를
인도하여 애굽에서 나오게 한 신이라
하여 하나님을 크게 모독하였사오나
19 주께서는 주의 크신 긍휼로 그들을 광
야에 버리지 아니하시고 낮에는 구름
기둥이 그들에게서 떠나지 아니하고 길
을 인도하며 밤에는 불 기둥이 그들이
갈 길을 비추게 하셨사오며
20 또 주의 선한 영을 주사 그들을 가르치
시며 주의 만나가 그들의 입에서 끊어
지지 않게 하시고 그들의 목마름을 인
하여 그들에게 물을 주어
21 사십 년 동안 들에서 기르시되 부족함이
없게 하시므로 그 옷이 해어지지 아니
하였고 발이 부르트지 아니하였사오며

22 또 나라들과 족속들을 그들에게 각각
나누어 주시매 그들이 시혼의 땅 곧 헤
스본 왕의 땅과 바산 왕 옥의 땅을 차
지하였나이다
23 주께서 그들의 자손을 하늘의 별같이
많게 하시고 전에 그들의 열조에게 들
어가서 차지하라고 말씀하신 땅으로 인
도하여 이르게 하셨으므로
24 그 자손이 들어가서 땅을 차지하되 주
께서 그 땅 가나안 주민들이 그들 앞에
복종하게 하실 때에 가나안 사람들과
그들의 왕들과 본토 여러 족속들을 그
들의 손에 넘겨 임의로 행하게 하시매
25 그들이 견고한 성읍들과 기름진 땅을
점령하고 모든 아름다운 물건이 가득한
집과 판 우물과 포도원과 감람원과 허
다한 과목을 차지하여 배불리 먹어 살
찌고 주의 큰 복을 즐겼사오나

26 그들은 순종하지 아니하고 주를 거역하
며 주의 율법을 등지고 주께로 돌아오
기를 권면하는 선지자들을 죽여 주를
심히 모독하였나이다
27 그러므로 주께서 그들을 대적의 손에
넘기사 그들이 곤고를 당하게 하시매
그들이 환난을 당하여 주께 부르짖을
때에 주께서 하늘에서 들으시고 주의
크신 긍휼로 그들에게 구원자들을 주어
그들을 대적의 손에서 구원하셨거늘
28 그들이 평강을 얻은 후에 다시 주 앞에
서 악을 행하므로 주께서 그들을 원수
들의 손에 버려 두사 원수들에게 지배
를 당하게 하시다가 그들이 돌이켜 주
께 부르짖으매 주께서 하늘에서 들으시
고 여러 번 주의 긍휼로 건져내시고
29 다시 주의 율법을 복종하게 하시려고
그들에게 경계하셨으나 그들이 교만하

여 사람이 준행하면 그 가운데에서 삶
을 얻는 주의 계명을 듣지 아니하며 주
의 규례를 범하여 고집하는 어깨를 내
밀며 목을 굳게 하여 듣지 아니하였나
이다
30 그러나 주께서 그들을 여러 해 동안 참
으시고 또 주의 선지자들을 통하여 주
의 영으로 그들을 경계하시되 그들이
듣지 아니하므로 열방 사람들의 손에
넘기시고도
31 주의 크신 긍휼로 그들을 아주 멸하지
아니하시며 버리지도 아니하셨사오니
주는 은혜로우시고 불쌍히 여기시는 하
나님이심이니이다
32 우리 하나님이여 광대하시고 능하시고
두려우시며 언약과 인자하심을 지키시
는 하나님이여 우리와 우리 왕들과 방
백들과 제사장들과 선지자들과 조상들
과 주의 모든 백성이 앗수르 왕들의 때
로부터 오늘까지 당한 모든 환난을 이
제 작게 여기지 마옵소서
33 그러나 우리가 당한 모든 일에 주는 공
의로우시니 우리는 악을 행하였사오나
주께서는 진실하게 행하셨음이니이다
34 우리 왕들과 방백들과 제사장들과 조상
들이 주의 율법을 지키지 아니하며 주
의 명령과 주께서 그들에게 경계하신
말씀을 순종하지 아니하고
35 그들이 그 나라와 주께서 그들에게 베
푸신 큰 복과 자기 앞에 주신 넓고 기
름진 땅을 누리면서도 주를 섬기지 아
니하며 악행을 그치지 아니하였으므로
36 우리가 오늘날 종이 되었는데 곧 주께
서 우리 조상들에게 주사 그것의 열매
를 먹고 그것의 아름다운 소산을 누리
게 하신 땅에서 우리가 종이 되었나이다

37 우리의 죄로 말미암아 주께서 우리 위
에 세우신 이방 왕들이 이 땅의 많은
소산을 얻고 그들이 우리의 몸과 가축
을 임의로 관할하오니 우리의 곤란이
심하오며
38 우리가 이 모든 일로 말미암아 이제 견
고한 언약을 세워 기록하고 우리의 방
백들과 레위 사람들과 제사장들이 다
인봉하나이다 하였느니라

## 언약에 인봉한 사람들

10 그 인봉한 자는 하가랴의 아들 총독 느
헤미야와 시드기야,
2 스라야, 아사랴, 예레미야,
3 바스훌, 아마랴, 말기야,
4 핫두스, 스바냐, 말룩,
5 하림, 므레못, 오바댜,
6 다니엘, 긴느돈, 바룩,
7 므술람, 아비야, 미야민,
8 마아시야, 빌개, 스마야이니 이는 제사
장들이요
9 또 레위 사람 곧 아사냐의 아들 예수아,
헤나닷의 자손 중 빈누이, 갓미엘과
10 그의 형제 스바냐, 호디야, 그리다, 블
라야, 하난,
11 미가, 르홉, 하사뱌,
12 삭굴, 세레뱌, 스바냐,
13 호디야, 바니, 브니누요
14 또 백성의 우두머리들 곧 바로스, 바핫
모압, 엘람, 삿두, 바니,
15 분니, 아스갓, 베배,
16 아도니야, 비그왜, 아딘,
17 아델, 히스기야, 앗술,
18 호디야, 하숨, 베새,
19 하립, 아나돗, 노배,
20 막비아스, 므술람, 헤실,
21 므세사벨, 사독, 얏두아,

22 블라댜, 하난, 아나야,

23 호세아, 하나냐, 핫숩,

24 할르헤스, 빌하, 소벡,

25 르훔, 하삽나, 마아세야,

26 아히야, 하난, 아난,

27 말룩, 하림, 바아나이니라

28 그 남은 백성과 제사장들과 레위 사람
들과 문지기들과 노래하는 자들과 느디
님 사람들과 및 이방 사람과 절교하고
하나님의 율법을 준행하는 모든 자와
그들의 아내와 그들의 자녀들 곧 지식
과 총명이 있는 자들은

29 다 그들의 형제 귀족들을 따라 저주로
맹세하기를 우리가 하나님의 종 모세를
통하여 주신 하나님의 율법을 따라 우
리 주 여호와의 모든 계명과 규례와 율
례를 지켜 행하여

30 우리의 딸들을 이 땅 백성에게 주지 아
니하고 우리의 아들들을 위하여 그들의
딸들을 데려오지 아니하며

31 혹시 이 땅 백성이 안식일에 물품이나
온갖 곡물을 가져다가 팔려고 할지라도
우리가 안식일이나 성일에는 그들에게
서 사지 않겠고 일곱째 해마다 땅을 쉬
게 하고 모든 빚을 탕감하리라 하였고

32 우리가 또 스스로 규례를 정하기를 해
마다 각기 세겔의 삼분의 일을 수납하
여 하나님의 전을 위하여 쓰게 하되

33 곧 진설병과 항상 드리는 소제와 항상
드리는 번제와 안식일과 초하루와 정한
절기에 쓸 것과 성물과 이스라엘을 위
하는 속죄제와 우리 하나님의 전의 모
든 일을 위하여 쓰게 하였고

34 또 우리 제사장들과 레위 사람들과 백
성들이 제비 뽑아 각기 종족대로 해마
다 정한 시기에 나무를 우리 하나님의

전에 바쳐 율법에 기록한 대로 우리 하
나님 여호와의 제단에 사르게 하였고
35 해마다 우리 토지 소산의 만물과 각종
과목의 첫 열매를 여호와의 전에 드리
기로 하였고
36 또 우리의 맏아들들과 가축의 처음 난
것과 소와 양의 처음 난 것을 율법에
기록된 대로 우리 하나님의 전으로 가
져다가 우리 하나님의 전에서 섬기는
제사장들에게 주고
37 또 처음 익은 밀의 가루와 거제물과 각
종 과목의 열매와 새 포도주와 기름을
제사장들에게로 가져다가 우리 하나님
의 전의 여러 방에 두고 또 우리 산물
의 십일조를 레위 사람들에게 주리라
하였나니 이 레위 사람들은 우리의 모
든 성읍에서 산물의 십일조를 받는 자
임이며
38 레위 사람들이 십일조를 받을 때에는
아론의 자손 제사장 한 사람이 함께 있
을 것이요 레위 사람들은 그 십일조의
십분의 일을 가져다가 우리 하나님의
전 곳간의 여러 방에 두되
39 곧 이스라엘 자손과 레위 자손이 거제
로 드린 곡식과 새 포도주와 기름을 가
져다가 성소의 그릇들을 두는 골방 곧
섬기는 제사장들과 문지기들과 노래하
는 자들이 있는 골방에 둘 것이라 그리
하여 우리가 우리 하나님의 전을 버려
두지 아니하리라

### 예루살렘에 거주하는 백성들

11 백성의 지도자들은 예루살렘에 거주하
였고 그 남은 백성은 제비 뽑아 십분의
일은 거룩한 성 예루살렘에서 거주하게
하고 그 십분의 구는 다른 성읍에 거주
하게 하였으며

2 예루살렘에 거주하기를 자원하는 모든
자를 위하여 백성들이 복을 빌었느니라

3 이스라엘과 제사장들과 레위 사람들과
느디님 사람들과 솔로몬의 신하들의 자
손은 유다 여러 성읍에서 각각 자기 성
읍 자기 기업에 거주하였느니라 예루살
렘에 거주한 그 지방의 지도자들은 이
러하니

4 예루살렘에 거주한 자는 유다 자손과
베냐민 자손 몇 명이라 유다 자손 중에
는 베레스 자손 아다야이니 그는 웃시
야의 아들이요 스가랴의 손자요 아마랴
의 증손이요 스바댜의 현손이요 마할랄
렐의 오대 손이며

5 또 마아세야니 그는 바룩의 아들이요
골호세의 손자요 하사야의 증손이요 아
다야의 현손이요 요야립의 오대 손이요
스가랴의 육대 손이요 실로 사람의 칠
대 손이라

6 예루살렘에 거주한 베레스 자손은 모두
사백육십팔 명이니 다 용사였느니라

7 베냐민 자손은 살루이니 그는 므술람의
아들이요 요엣의 손자요 브다야의 증손
이요 골라야의 현손이요 마아세야의 오
대 손이요 이디엘의 육대 손이요 여사
야의 칠대 손이며

8 그 다음은 갑배와 살래 등이니 모두 구
백이십팔 명이라

9 시그리의 아들 요엘이 그들의 감독이
되었고 핫스누아의 아들 유다는 버금이
되어 성읍을 다스렸느니라

10 제사장 중에는 요야립의 아들 여다야와
야긴이며

11 또 하나님의 전을 맡은 자 스라야이니
그는 힐기야의 아들이요 므술람의 손자
요 사독의 증손이요 므라욧의 현손이요

아히둡의 오대 손이며
12 또 전에서 일하는 그들의 형제니 모두
팔백이십이 명이요 또 아다야이니 그는
여로함의 아들이요 블라야의 손자요 암
시의 증손이요 스가랴의 현손이요 바스
훌의 오대 손이요 말기야의 육대 손이며
13 또 그 형제의 족장된 자이니 모두 이백
사십이 명이요 또 아맛새이니 그는 아
사렐의 아들이요 아흐새의 손자요 므실
레못의 증손이요 임멜의 현손이며
14 또 그들의 형제의 큰 용사들이니 모두
백이십팔 명이라 하그돌림의 아들 삽디
엘이 그들의 감독이 되었느니라
15 레위 사람 중에는 스마야이니 그는 핫
숩의 아들이요 아스리감의 손자요 하사
뱌의 증손이요 분니의 현손이며
16 또 레위 사람의 족장 삽브대와 요사밧
이니 그들은 하나님의 전 바깥 일을 맡
았고
17 또 아삽의 증손 삽디의 손자 미가의 아
들 맛다냐이니 그는 기도할 때에 감사
하는 말씀을 인도하는 자가 되었고 형
제 중에 박부갸가 버금이 되었으며 또
여두둔의 증손 갈랄의 손자 삼무아의
아들 압다니
18 거룩한 성에 레위 사람은 모두 이백팔
십사 명이었느니라
19 성 문지기는 악굽과 달몬과 그 형제이
니 모두 백칠십이 명이며
20 그 나머지 이스라엘 백성과 제사장과
레위 사람은 유다 모든 성읍에 흩어져
각각 자기 기업에 살았고
21 느디님 사람은 오벨에 거주하니 시하와
기스바가 그들의 책임자가 되었느니라
22 노래하는 자들인 아삽 자손 중 미가의
현손 맛다냐의 증손 하사뱌의 손자 바

니의 아들 웃시는 예루살렘에 거주하는
레위 사람의 감독이 되어 하나님의 전
일을 맡아 다스렸으니
23 이는 왕의 명령대로 노래하는 자들에게
날마다 할 일을 정해 주었기 때문이며
24 유다의 아들 세라의 자손 곧 므세사벨
의 아들 브다히야는 왕의 수하에서 백
성의 일을 다스렸느니라

## 마을과 주변 동네들에 거주하는 백성들

25 마을과 들로 말하면 유다 자손의 일부
는 기럇 아르바와 그 주변 동네들과 디
본과 그 주변 동네들과 여갑스엘과 그
마을들에 거주하며
26 또 예수아와 몰라다와 벧벨렛과
27 하살수알과 브엘세바와 그 주변 동네들
에 거주하며
28 또 시글락과 므고나와 그 주변 동네들
에 거주하며
29 또 에느림몬과 소라와 야르뭇에 거주
하며
30 또 사노아와 아둘람과 그 마을들과 라
기스와 그 들판과 아세가와 그 주변 동
네들에 살았으니 그들은 브엘세바에서
부터 힌놈의 골짜기까지 장막을 쳤으며
31 또 베냐민 자손은 게바에서부터 믹마스
와 아야와 벧엘과 그 주변 동네들에 거
주하며
32 아나돗과 놉과 아나냐와
33 하솔과 라마와 깃다임과
34 하딧과 스보임과 느발랏과
35 로드와 오노와 장인들의 골짜기에 거주
하였으며
36 유다에 있던 레위 사람의 일부는 베냐
민과 합하였느니라

## 제사장과 레위 사람들

12 스알디엘의 아들 스룹바벨과 예수아와

함께 돌아온 제사장들과 레위 사람들은
이러하니라 제사장들은 스라야와 예레
미야와 에스라와
2 아마랴와 말룩과 핫두스와
3 스가냐와 르훔과 므레못과
4 잇도와 긴느도이와 아비야와
5 미야민과 마아댜와 빌가와
6 스마야와 요야립과 여다야와
7 살루와 아목과 힐기야와 여다야니 이상
은 예수아 때에 제사장들과 그들의 형
제의 지도자들이었느니라

### 대제사장 예수아의 자손들

8 레위 사람들은 예수아와 빈누이와 갓미
엘과 세레뱌와 유다와 맛다냐니 이 맛
다냐는 그의 형제와 함께 찬송하는 일
을 맡았고
9 또 그들의 형제 박부갸와 운노는 직무
를 따라 그들의 맞은편에 있으며
10 예수아는 요야김을 낳고 요야김은 엘리
아십을 낳고 엘리아십은 요야다를 낳고
11 요야다는 요나단을 낳고 요나단은 얏두
아를 낳았느니라

### 제사장의 족장들

12 요야김 때에 제사장, 족장 된 자는 스라
야 족속에는 므라야요 예레미야 족속에
는 하나냐요
13 에스라 족속에는 므술람이요 아마랴 족
속에는 여호하난이요
14 말루기 족속에는 요나단이요 스바냐 족
속에는 요셉이요
15 하림 족속에는 아드나요 므라욧 족속에
는 헬개요
16 잇도 족속에는 스가랴요 긴느돈 족속에
는 므술람이요
17 아비야 족속에는 시그리요 미냐민 곧
모아댜 족속에는 빌대요

18 빌가 족속에는 삼무아요 스마야 족속에
는 여호나단이요
19 요야립 족속에는 맛드내요 여다야 족속
에는 웃시요
20 살래 족속에는 갈래요 아목 족속에는
에벨이요
21 힐기야 족속에는 하사뱌요 여다야 족속
에는 느다넬이었느니라

## 제사장과 레위 사람들에 관한 기록

22 엘리아십과 요야다와 요하난과 얏두아
때에 레위 사람의 족장이 모두 책에 기
록되었고 바사 왕 다리오 때에 제사장
도 책에 기록되었고
23 레위 자손의 족장들은 엘리아십의 아
들 요하난 때까지 역대지략에 기록되
었으며
24 레위 족속의 지도자들은 하사뱌와 세레
뱌와 갓미엘의 아들 예수아라 그들은
그들의 형제의 맞은편에 있어 하나님의
사람 다윗의 명령대로 순서를 따라 주
를 찬양하며 감사하고
25 맛다냐와 박부갸와 오바댜와 므술람과
달몬과 악굽은 다 문지기로서 순서대로
문안의 곳간을 파수하였나니
26 이상의 모든 사람들은 요사닥의 손자
예수아의 아들 요야김과 총독 느헤미야
와 제사장 겸 학사 에스라 때에 있었느
니라

## 느헤미야가 성벽을 봉헌하다

27 예루살렘 성벽을 봉헌하게 되니 각처에
서 레위 사람들을 찾아 예루살렘으로
데려다가 감사하며 노래하며 제금을 치
며 비파와 수금을 타며 즐거이 봉헌식
을 행하려 하매
28 이에 노래하는 자들이 예루살렘 사방
들과 느도바 사람의 마을에서 모여들고

29 또 벧길갈과 게바와 아스마웻 들에서
모여들었으니 이 노래하는 자들은 자기
들을 위하여 예루살렘 사방에 마을들을
이루었음이라
30 제사장들과 레위 사람들이 몸을 정결하
게 하고 또 백성과 성문과 성벽을 정결
하게 하니라
31 이에 내가 유다의 방백들을 성벽 위에
오르게 하고 또 감사 찬송하는 자의 큰
무리를 둘로 나누어 성벽 위로 대오를
지어 가게 하였는데 한 무리는 오른쪽
으로 분문을 향하여 가게 하니
32 그들의 뒤를 따르는 자는 호세야와 유
다 지도자의 절반이요
33 또 아사랴와 에스라와 므술람과
34 유다와 베냐민과 스마야와 예레미야
이며
35 또 제사장들의 자손 몇 사람이 나팔을
잡았으니 요나단의 아들 스마야의 손자
맛다냐의 증손 미가야의 현손 삭굴의
오대 손 아삽의 육대 손 스가랴와
36 그의 형제들인 스마야와 아사렐과 밀랄
래와 길랄래와 마애와 느다넬과 유다와
하나니라 다 하나님의 사람 다윗의 악
기를 잡았고 학사 에스라가 앞서서
37 샘문으로 전진하여 성벽으로 올라가는
곳에 이르러 다윗 성의 층계로 올라가
서 다윗의 궁 윗 길에서 동쪽으로 향하
여 수문에 이르렀고
38 감사 찬송하는 다른 무리는 왼쪽으로
행진하는데 내가 백성의 절반과 더불어
그 뒤를 따라 성벽 위로 가서 화덕 망
대 윗 길로 성벽 넓은 곳에 이르고
39 에브라임 문 위로 옛문과 어문과 하나
넬 망대와 함메아 망대를 지나 양문에
이르러 감옥 문에 멈추매

40 이에 감사 찬송하는 두 무리가 하나님
의 전에 섰고 또 나와 민장의 절반도
함께 하였고
41 제사장 엘리아김과 마아세야와 미냐민
과 미가야와 엘료에내와 스가랴와 하나
냐는 다 나팔을 잡았고
42 또 마아세야와 스마야와 엘르아살과 웃
시와 여호하난과 말기야와 엘람과 에셀
이 함께 있으며 노래하는 자는 크게 찬
송하였는데 그 감독은 예스라히야라
43 이 날에 무리가 큰 제사를 드리고 심히
즐거워하였으니 이는 하나님이 크게 즐
거워하게 하셨음이라 부녀와 어린 아이
도 즐거워하였으므로 예루살렘이 즐거
워하는 소리가 멀리 들렸느니라

### 제사장과 레위 사람에게 준 몫

44 그 날에 사람을 세워 곳간을 맡기고 제
사장들과 레위 사람들에게 돌릴 것 곧
율법에 정한 대로 거제물과 처음 익은
것과 십일조를 모든 성읍 밭에서 거두
어 이 곳간에 쌓게 하였노니 이는 유다
사람이 섬기는 제사장들과 레위 사람들
로 말미암아 즐거워하기 때문이라
45 그들은 하나님을 섬기는 일과 결례의
일을 힘썼으며 노래하는 자들과 문지기
들도 그러하여 모두 다윗과 그의 아들
솔로몬의 명령을 따라 행하였으니
46 옛적 다윗과 아삽의 때에는 노래하는
자의 지도자가 있어서 하나님께 찬송하
는 노래와 감사하는 노래를 하였음이며
47 스룹바벨 때와 느헤미야 때에는 온 이
스라엘이 노래하는 자들과 문지기들에
게 날마다 쓸 몫을 주되 그들이 성별한
것을 레위 사람들에게 주고 레위 사람
들은 그것을 또 성별하여 아론 자손에
게 주었느니라

## 느헤미야의 개혁

13 그 날 모세의 책을 낭독하여 백성에게
들렸는데 그 책에 기록하기를 암몬 사
람과 모압 사람은 영원히 하나님의 총
회에 들어오지 못하리니
2 이는 그들이 양식과 물로 이스라엘 자
손을 영접하지 아니하고 도리어 발람에
게 뇌물을 주어 저주하게 하였음이라
그러나 우리 하나님이 그 저주를 돌이
켜 복이 되게 하셨다 하였는지라
3 백성이 이 율법을 듣고 곧 섞인 무리를
이스라엘 가운데에서 모두 분리하였느
니라
4 이전에 우리 하나님의 전의 방을 맡은
제사장 엘리아십이 도비야와 연락이 있
었으므로
5 도비야를 위하여 한 큰 방을 만들었으
니 그 방은 원래 소제물과 유향과 그릇
과 또 레위 사람들과 노래하는 자들과
문지기들에게 십일조로 주는 곡물과 새
포도주와 기름과 또 제사장들에게 주는
거제물을 두는 곳이라
6 그 때에는 내가 예루살렘에 있지 아니
하였느니라 바벨론 왕 아닥사스다 삼십
이년에 내가 왕에게 나아갔다가 며칠
후에 왕에게 말미를 청하고
7 예루살렘에 이르러서야 엘리아십이 도
비야를 위하여 하나님의 전 뜰에 방을
만든 악한 일을 안지라
8 내가 심히 근심하여 도비야의 세간을
그 방 밖으로 다 내어 던지고
9 명령하여 그 방을 정결하게 하고 하나
님의 전의 그릇과 소제물과 유향을 다
시 그리로 들여놓았느니라
10 내가 또 알아본즉 레위 사람들이 받을
몫을 주지 아니하였으므로 그 직무를

행하는 레위 사람들과 노래하는 자들이
각각 자기 밭으로 도망하였기로
11 내가 모든 민장들을 꾸짖어 이르기를
하나님의 전이 어찌하여 버린 바 되었
느냐 하고 곧 레위 사람을 불러 모아
다시 제자리에 세웠더니
12 이에 온 유다가 곡식과 새 포도주와 기
름의 십일조를 가져다가 곳간에 들이
므로
13 내가 제사장 셀레먀와 서기관 사독과
레위 사람 브다야를 창고지기로 삼고
맛다냐의 손자 삭굴의 아들 하난을 버
금으로 삼았나니 이는 그들이 충직한
자로 인정됨이라 그 직분은 형제들에게
분배하는 일이었느니라
14 내 하나님이여 이 일로 말미암아 나를
기억하옵소서 내 하나님의 전과 그 모
든 직무를 위하여 내가 행한 선한 일을
도말하지 마옵소서
15 그 때에 내가 본즉 유다에서 어떤 사람
이 안식일에 술틀을 밟고 곡식단을 나
귀에 실어 운반하며 포도주와 포도와
무화과와 여러 가지 짐을 지고 안식일
에 예루살렘에 들어와서 음식물을 팔기
로 그 날에 내가 경계하였고
16 또 두로 사람이 예루살렘에 살며 물고
기와 각양 물건을 가져다가 안식일에
예루살렘에서도 유다 자손에게 팔기로
17 내가 유다의 모든 귀인들을 꾸짖어 그
들에게 이르기를 너희가 어찌 이 악을
행하여 안식일을 범하느냐
18 너희 조상들이 이같이 행하지 아니하였
느냐 그래서 우리 하나님이 이 모든 재
앙을 우리와 이 성읍에 내리신 것이 아
니냐 그럼에도 불구하고 너희가 안식일
을 범하여 진노가 이스라엘에게 더욱

심하게 임하도록 하는도다 하고
19 안식일 전 예루살렘 성문이 어두워갈
때에 내가 성문을 닫고 안식일이 지나
기 전에는 열지 말라 하고 나를 따르는
종자 몇을 성문마다 세워 안식일에는
아무 짐도 들어오지 못하게 하였으므로
20 장사꾼들과 각양 물건 파는 자들이 한
두 번 예루살렘 성 밖에서 자므로
21 내가 그들에게 경계하여 이르기를 너희
가 어찌하여 성 밑에서 자느냐 다시 이
같이 하면 내가 잡으리라 하였더니 그
후부터는 안식일에 그들이 다시 오지
아니하였느니라
22 내가 또 레위 사람들에게 몸을 정결하
게 하고 와서 성문을 지켜서 안식일을
거룩하게 하라 하였느니라 내 하나님이
여 나를 위하여 이 일도 기억하시옵고
주의 크신 은혜대로 나를 아끼시옵소서

23 그 때에 내가 또 본즉 유다 사람이 아
스돗과 암몬과 모압 여인을 맞아 아내
로 삼았는데
24 그들의 자녀가 아스돗 방언을 절반쯤은
하여도 유다 방언은 못하니 그 하는 말
이 각 족속의 방언이므로
25 내가 그들을 책망하고 저주하며 그들
중 몇 사람을 때리고 그들의 머리털을
뽑고 이르되 너희는 너희 딸들을 그들
의 아들들에게 주지 말고 너희 아들들
이나 너희를 위하여 그들의 딸을 데려
오지 아니하겠다고 하나님을 가리켜 맹
세하라 하고
26 또 이르기를 옛적에 이스라엘 왕 솔
로몬이 이 일로 범죄하지 아니하였느
냐 그는 많은 나라 중에 비길 왕이 없
이 하나님의 사랑을 입은 자라 하나님
이 그를 왕으로 삼아 온 이스라엘을 다

스리게 하셨으나 이방 여인이 그를 범
죄하게 하였나니
27 너희가 이방 여인을 아내로 맞아 이 모
든 큰 악을 행하여 우리 하나님께 범죄
하는 것을 우리가 어찌 용납하겠느냐
28 대제사장 엘리아십의 손자 요야다의 아
들 하나가 호론 사람 산발랏의 사위가
되었으므로 내가 쫓아내어 나를 떠나게
하였느니라
29 내 하나님이여 그들이 제사장의 직분을
더럽히고 제사장의 직분과 레위 사람에
대한 언약을 어겼사오니 그들을 기억하
옵소서
30 내가 이와 같이 그들에게 이방 사람을
떠나게 하여 그들을 깨끗하게 하고 또
제사장과 레위 사람의 반열을 세워 각
각 자기의 일을 맡게 하고
31 또 정한 기한에 나무와 처음 익은 것을
드리게 하였사오니 내 하나님이여 나를
기억하사 복을 주옵소서

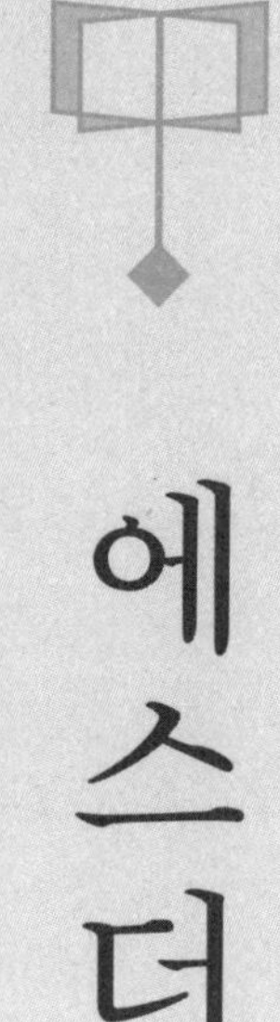

# 에스더

## 와스디 왕후가 폐위되다

1 이 일은 아하수에로 왕 때에 있었던 일
이니 아하수에로는 인도로부터 구스까
지 백이십칠 지방을 다스리는 왕이라
2 당시에 아하수에로 왕이 수산 궁에서
즉위하고
3 왕위에 있은 지 제삼년에 그의 모든 지
방관과 신하들을 위하여 잔치를 베푸니
바사와 메대의 장수와 각 지방의 귀족
과 지방관들이 다 왕 앞에 있는지라
4 왕이 여러 날 곧 백팔십 일 동안에 그
의 영화로운 나라의 부함과 위엄의 혁
혁함을 나타내니라
5 이 날이 지나매 왕이 또 도성 수산에
있는 귀천간의 백성을 위하여 왕궁 후
원 뜰에서 칠 일 동안 잔치를 베풀새
6 백색, 녹색, 청색 휘장을 자색 가는 베
줄로 대리석 기둥 은고리에 매고 금과
은으로 만든 걸상을 화반석, 백석, 운모
석, 흑석을 깐 땅에 진설하고
7 금 잔으로 마시게 하니 잔의 모양이 각
기 다르고 왕이 풍부하였으므로 어주가
한이 없으며
8 마시는 것도 법도가 있어 사람으로 억
지로 하지 않게 하니 이는 왕이 모든
궁내 관리에게 명령하여 각 사람이 마
음대로 하게 함이더라
9 왕후 와스디도 아하수에로 왕궁에서 여
인들을 위하여 잔치를 베푸니라
10 제칠일에 왕이 주흥이 일어나서 어전
내시 므후만과 비스다와 하르보나와 빅
다와 아박다와 세달과 가르가스 일곱
사람을 명령하여
11 왕후 와스디를 청하여 왕후의 관을 정
제하고 왕 앞으로 나아오게 하여 그의
아리따움을 뭇 백성과 지방관들에게 보

이게 하라 하니 이는 왕후의 용모가 보
기에 좋음이라
12 그러나 왕후 와스디는 내시가 전하는
왕명을 따르기를 싫어하니 왕이 진노하
여 마음속이 불 붙는 듯하더라
13 왕이 사례를 아는 현자들에게 묻되 (왕
이 규례와 법률을 아는 자에게 묻는 전
례가 있는데
14 그 때에 왕에게 가까이 하여 왕의 기색
을 살피며 나라 첫 자리에 앉은 자는
바사와 메대의 일곱 지방관 곧 가르스
나와 세달과 아드마다와 다시스와 메레
스와 마르스나와 므무간이라)
15 왕후 와스디가 내시가 전하는 아하수에
로 왕의 명령을 따르지 아니하니 규례
대로 하면 어떻게 처치할까
16 므무간이 왕과 지방관 앞에서 대답하여
이르되 왕후 와스디가 왕에게만 잘못했
을 뿐 아니라 아하수에로 왕의 각 지방
의 관리들과 뭇 백성에게도 잘못하였나
이다
17 아하수에로 왕이 명령하여 왕후 와스디
를 청하여도 오지 아니하였다 하는 왕
후의 행위의 소문이 모든 여인들에게
전파되면 그들도 그들의 남편을 멸시할
것인즉
18 오늘이라도 바사와 메대의 귀부인들이
왕후의 행위를 듣고 왕의 모든 지방관
들에게 그렇게 말하리니 멸시와 분노가
많이 일어나리이다
19 왕이 만일 좋게 여기실진대 와스디가
다시는 왕 앞에 오지 못하게 하는 조서
를 내리되 바사와 메대의 법률에 기록
하여 변개함이 없게 하고 그 왕후의 자
리를 그보다 나은 사람에게 주소서
20 왕의 조서가 이 광대한 전국에 반포되

면 귀천을 막론하고 모든 여인들이 그
들의 남편을 존경하리이다 하니라
21 왕과 지방관들이 그 말을 옳게 여긴지
라 왕이 므무간의 말대로 행하여
22 각 지방 각 백성의 문자와 언어로 모든
지방에 조서를 내려 이르기를 남편이
자기의 집을 주관하게 하고 자기 민족
의 언어로 말하게 하라 하였더라

## 에스더가 왕후가 되다

2 그 후에 아하수에로 왕의 노가 그치매
와스디와 그가 행한 일과 그에 대하여
내린 조서를 생각하거늘
2 왕의 측근 신하들이 아뢰되 왕은 왕을
위하여 아리따운 처녀들을 구하게 하
시되
3 전국 각 지방에 관리를 명령하여 아리
따운 처녀를 다 도성 수산으로 모아 후
궁으로 들여 궁녀를 주관하는 내시 헤
개의 손에 맡겨 그 몸을 정결하게 하는
물품을 주게 하시고
4 왕의 눈에 아름다운 처녀를 와스디 대
신 왕후로 삼으소서 하니 왕이 그 말을
좋게 여겨 그대로 행하니라
5 도성 수산에 한 유다인이 있으니 이름
은 모르드개라 그는 베냐민 자손이니
기스의 증손이요 시므이의 손자요 야일
의 아들이라
6 전에 바벨론 왕 느부갓네살이 예루살렘
에서 유다 왕 여고냐와 백성을 사로잡
아 갈 때에 모르드개도 함께 사로잡혔
더라
7 그의 삼촌의 딸 하닷사 곧 에스더는 부
모가 없었으나 용모가 곱고 아리따운
처녀라 그의 부모가 죽은 후에 모르드
개가 자기 딸 같이 양육하더라
8 왕의 조서와 명령이 반포되매 처녀들이

도성 수산에 많이 모여 헤개의 수하에
나아갈 때에 에스더도 왕궁으로 이끌려
가서 궁녀를 주관하는 헤개의 수하에
속하니
9 헤개가 이 처녀를 좋게 보고 은혜를 베
풀어 몸을 정결하게 할 물품과 일용품
을 곧 주며 또 왕궁에서 으레 주는 일
곱 궁녀를 주고 에스더와 그 궁녀들을
후궁 아름다운 처소로 옮기더라
10 에스더가 자기의 민족과 종족을 말하지
아니하니 이는 모르드개가 명령하여 말
하지 말라 하였음이라
11 모르드개가 날마다 후궁 뜰 앞으로 왕
래하며 에스더의 안부와 어떻게 될지를
알고자 하였더라
12 처녀마다 차례대로 아하수에로 왕에게
나아가기 전에 여자에 대하여 정한 규
례대로 열두 달 동안을 행하되 여섯 달
은 몰약 기름을 쓰고 여섯 달은 향품과
여자에게 쓰는 다른 물품을 써서 몸을
정결하게 하는 기한을 마치며
13 처녀가 왕에게 나아갈 때에는 그가 구
하는 것을 다 주어 후궁에서 왕궁으로
가지고 가게 하고
14 저녁이면 갔다가 아침에는 둘째 후궁으
로 돌아와서 비빈을 주관하는 내시 사
아스가스의 수하에 속하고 왕이 그를
기뻐하여 그의 이름을 부르지 아니하면
다시 왕에게 나아가지 못하더라
15 모르드개의 삼촌 아비하일의 딸 곧 모
르드개가 자기의 딸 같이 양육하는 에
스더가 차례대로 왕에게 나아갈 때에
궁녀를 주관하는 내시 헤개가 정한 것
외에는 다른 것을 구하지 아니하였으나
모든 보는 자에게 사랑을 받더라
16 아하수에로 왕의 제칠년 시월 곧 데벳

월에 에스더가 왕궁에 인도되어 들어가
서 왕 앞에 나가니
17 왕이 모든 여자보다 에스더를 더 사랑
하므로 그가 모든 처녀보다 왕 앞에 더
은총을 얻은지라 왕이 그의 머리에 관
을 씌우고 와스디를 대신하여 왕후로
삼은 후에
18 왕이 크게 잔치를 베푸니 이는 에스더
를 위한 잔치라 모든 지방관과 신하들
을 위하여 잔치를 베풀고 또 각 지방의
세금을 면제하고 왕의 이름으로 큰 상
을 주니라

## 모르드개가 왕의 목숨을 구하다

19 처녀들을 다시 모을 때에는 모르드개가
대궐 문에 앉았더라
20 에스더는 모르드개가 명령한 대로 그
종족과 민족을 말하지 아니하니 그가
모르드개의 명령을 양육 받을 때와 같
이 따름이더라
21 모르드개가 대궐 문에 앉았을 때에 문
을 지키던 왕의 내시 빅단과 데레스 두
사람이 원한을 품고 아하수에로 왕을
암살하려는 음모를 꾸미는 것을
22 모르드개가 알고 왕후 에스더에게 알리
니 에스더가 모르드개의 이름으로 왕에
게 아뢴지라
23 조사하여 실증을 얻었으므로 두 사람을
나무에 달고 그 일을 왕 앞에서 궁중
일기에 기록하니라

## 하만이 유다 사람을 멸하고자 하다

3 그 후에 아하수에로 왕이 아각 사람 함
므다다의 아들 하만의 지위를 높이 올
려 함께 있는 모든 대신 위에 두니
2 대궐 문에 있는 왕의 모든 신하들이 다
왕의 명령대로 하만에게 꿇어 절하되
모르드개는 꿇지도 아니하고 절하지도

아니하니
3 대궐 문에 있는 왕의 신하들이 모르드
개에게 이르되 너는 어찌하여 왕의 명
령을 거역하느냐 하고
4 날마다 권하되 모르드개가 듣지 아니하
고 자기는 유다인임을 알렸더니 그들이
모르드개의 일이 어찌 되나 보고자 하
여 하만에게 전하였더라
5 하만이 모르드개가 무릎을 꿇지도 아니
하고 절하지도 아니함을 보고 매우 노
하더니
6 그들이 모르드개의 민족을 하만에게 알
리므로 하만이 모르드개만 죽이는 것이
부족하다고 생각하고 아하수에로의 온
나라에 있는 유다인 곧 모르드개의 민
족을 다 멸하고자 하더라
7 아하수에로 왕 제십이년 첫째 달 곧 니
산월에 무리가 하만 앞에서 날과 달에
대하여 부르 곧 제비를 뽑아 열두째 달
곧 아달월을 얻은지라
8 하만이 아하수에로 왕에게 아뢰되 한
민족이 왕의 나라 각 지방 백성 중에
흩어져 거하는데 그 법률이 만민의 것
과 달라서 왕의 법률을 지키지 아니하
오니 용납하는 것이 왕에게 무익하니
이다
9 왕이 옳게 여기시거든 조서를 내려 그
들을 진멸하소서 내가 은 일만 달란트
를 왕의 일을 맡은 자의 손에 맡겨 왕
의 금고에 드리리이다 하니
10 왕이 반지를 손에서 빼어 유다인의 대
적 곧 아각 사람 함므다다의 아들 하만
에게 주며
11 이르되 그 은을 네게 주고 그 백성도
그리하노니 너의 소견에 좋을 대로 행
하라 하더라

12 첫째 달 십삼일에 왕의 서기관이 소집
되어 하만의 명령을 따라 왕의 대신과
각 지방의 관리와 각 민족의 관원에게
아하수에로 왕의 이름으로 조서를 쓰되
곧 각 지방의 문자와 각 민족의 언어로
쓰고 왕의 반지로 인치니라
13 이에 그 조서를 역졸에게 맡겨 왕의 각
지방에 보내니 열두째 달 곧 아달월 십
삼일 하루 동안에 모든 유다인을 젊은
이 늙은이 어린이 여인들을 막론하고
죽이고 도륙하고 진멸하고 또 그 재산
을 탈취하라 하였고
14 이 명령을 각 지방에 전하기 위하여
조서의 초본을 모든 민족에게 선포하
여 그 날을 위하여 준비하게 하라 하였
더라
15 역졸이 왕의 명령을 받들어 급히 나가
매 그 조서가 도성 수산에도 반포되니
왕은 하만과 함께 앉아 마시되 수산 성
은 어지럽더라

### 에스더가 백성을 구원하겠다고 하다

4 모르드개가 이 모든 일을 알고 자기의
옷을 찢고 굵은 베 옷을 입고 재를 뒤
집어쓰고 성중에 나가서 대성 통곡하며
2 대궐 문 앞까지 이르렀으니 굵은 베 옷
을 입은 자는 대궐 문에 들어가지 못함
이라
3 왕의 명령과 조서가 각 지방에 이르매
유다인이 크게 애통하여 금식하며 울며
부르짖고 굵은 베 옷을 입고 재에 누운
자가 무수하더라
4 에스더의 시녀와 내시가 나아와 전하니
왕후가 매우 근심하여 입을 의복을 모
르드개에게 보내어 그 굵은 베 옷을 벗
기고자 하나 모르드개가 받지 아니하는
지라

5 에스더가 왕의 어명으로 자기에게 가까
이 있는 내시 하닥을 불러 명령하여 모
르드개에게 가서 이것이 무슨 일이며
무엇 때문인가 알아보라 하매
6 하닥이 대궐 문 앞 성 중 광장에 있는
모르드개에게 이르니
7 모르드개가 자기가 당한 모든 일과 하
만이 유다인을 멸하려고 왕의 금고에
바치기로 한 은의 정확한 액수를 하닥
에게 말하고
8 또 유다인을 진멸하라고 수산 궁에서
내린 조서 초본을 하닥에게 주어 에스
더에게 보여 알게 하고 또 그에게 부탁
하여 왕에게 나아가서 그 앞에서 자기
민족을 위하여 간절히 구하라 하니
9 하닥이 돌아와 모르드개의 말을 에스더
에게 알리매
10 에스더가 하닥에게 이르되 너는 모르드
개에게 전하기를
11 왕의 신하들과 왕의 각 지방 백성이 다
알거니와 남녀를 막론하고 부름을 받지
아니하고 안뜰에 들어가서 왕에게 나가
면 오직 죽이는 법이요 왕이 그 자에게
금 규를 내밀어야 살 것이라 이제 내가
부름을 입어 왕에게 나가지 못한 지가
이미 삼십 일이라 하라 하니라
12 그가 에스더의 말을 모르드개에게 전
하매
13 모르드개가 그를 시켜 에스더에게 회답
하되 너는 왕궁에 있으니 모든 유다인
중에 홀로 목숨을 건지리라 생각하지
말라
14 이 때에 네가 만일 잠잠하여 말이 없으
면 유다인은 다른 데로 말미암아 놓임
과 구원을 얻으려니와 너와 네 아버지
집은 멸망하리라 네가 왕후의 자리를

얻은 것이 이 때를 위함이 아닌지 누가
알겠느냐 하니
15 에스더가 모르드개에게 회답하여 이
르되
16 당신은 가서 수산에 있는 유다인을 다
모으고 나를 위하여 금식하되 밤낮 삼
일을 먹지도 말고 마시지도 마소서 나
도 나의 시녀와 더불어 이렇게 금식한
후에 규례를 어기고 왕에게 나아가리니
죽으면 죽으리이다 하니라
17 모르드개가 가서 에스더가 명령한 대로
다 행하니라

## 에스더가 왕과 하만을 잔치에 청하다

5 제삼일에 에스더가 왕후의 예복을 입고
왕궁 안 뜰 곧 어전 맞은편에 서니 왕
이 어전에서 전 문을 대하여 왕좌에 앉
았다가
2 왕후 에스더가 뜰에 선 것을 본즉 매
우 사랑스러우므로 손에 잡았던 금 규
를 그에게 내미니 에스더가 가까이 가
서 금 규 끝을 만진지라
3 왕이 이르되 왕후 에스더여 그대의 소
원이 무엇이며 요구가 무엇이냐 나라의
절반이라도 그대에게 주겠노라 하니
4 에스더가 이르되 오늘 내가 왕을 위하
여 잔치를 베풀었사오니 왕이 좋게 여
기시거든 하만과 함께 오소서 하니
5 왕이 이르되 에스더가 말한 대로 하도
록 하만을 급히 부르라 하고 이에 왕이
하만과 함께 에스더가 베푼 잔치에 가
니라
6 잔치의 술을 마실 때에 왕이 에스더에
게 이르되 그대의 소청이 무엇이뇨 곧
허락하겠노라 그대의 요구가 무엇이뇨
나라의 절반이라 할지라도 시행하겠노
라 하니

7 에스더가 대답하여 이르되 나의 소청,
나의 요구가 이러하니이다
8 내가 만일 왕의 목전에서 은혜를 입었
고 왕이 내 소청을 허락하시며 내 요구
를 시행하시기를 좋게 여기시면 내가
왕과 하만을 위하여 베푸는 잔치에 또
오소서 내일은 왕의 말씀대로 하리이다
하니라

## 하만의 음모

9 그 날 하만이 마음이 기뻐 즐거이 나오
더니 모르드개가 대궐 문에 있어 일어
나지도 아니하고 몸을 움직이지도 아니
하는 것을 보고 매우 노하나
10 참고 집에 돌아와서 사람을 보내어 그
의 친구들과 그의 아내 세레스를 청
하여
11 자기의 큰 영광과 자녀가 많은 것과 왕
이 자기를 들어 왕의 모든 지방관이나
신하들보다 높인 것을 다 말하고
12 또 하만이 이르되 왕후 에스더가 그 베
푼 잔치에 왕과 함께 오기를 허락 받은
자는 나밖에 없었고 내일도 왕과 함께
청함을 받았느니라
13 그러나 유다 사람 모르드개가 대궐 문
에 앉은 것을 보는 동안에는 이 모든
일이 만족하지 아니하도다 하니
14 그의 아내 세레스와 모든 친구들이 이
르되 높이가 오십 규빗 되는 나무를 세
우고 내일 왕에게 모르드개를 그 나무
에 매달기를 구하고 왕과 함께 즐거이
잔치에 가소서 하니 하만이 그 말을 좋
게 여기고 명령하여 나무를 세우니라

## 왕이 모르드개를 존귀하게 하다

6 그 날 밤에 왕이 잠이 오지 아니하므로
명령하여 역대 일기를 가져다가 자기
앞에서 읽히더니

2 그 속에 기록하기를 문을 지키던 왕의
두 내시 빅다나와 데레스가 아하수에로
왕을 암살하려는 음모를 모르드개가 고
발하였다 하였는지라
3 왕이 이르되 이 일에 대하여 무슨 존귀
와 관작을 모르드개에게 베풀었느냐 하
니 측근 신하들이 대답하되 아무것도
베풀지 아니하였나이다 하니라
4 왕이 이르되 누가 뜰에 있느냐 하매 마
침 하만이 자기가 세운 나무에 모르드
개 달기를 왕께 구하고자 하여 왕궁 바
깥뜰에 이른지라
5 측근 신하들이 아뢰되 하만이 뜰에 섰
나이다 하니 왕이 이르되 들어오게 하
라 하니
6 하만이 들어오거늘 왕이 묻되 왕이 존
귀하게 하기를 원하는 사람에게 어떻게
하여야 하겠느냐 하만이 심중에 이르되
왕이 존귀하게 하기를 원하시는 자는
나 외에 누구리요 하고
7 왕께 아뢰되 왕께서 사람을 존귀하게
하시려면
8 왕께서 입으시는 왕복과 왕께서 타시는
말과 머리에 쓰시는 왕관을 가져다가
9 그 왕복과 말을 왕의 신하 중 가장 존
귀한 자의 손에 맡겨서 왕이 존귀하게
하시기를 원하시는 사람에게 옷을 입
히고 말을 태워서 성 중 거리로 다니며
그 앞에서 반포하여 이르기를 왕이 존
귀하게 하기를 원하시는 사람에게는 이
같이 할 것이라 하게 하소서 하니라
10 이에 왕이 하만에게 이르되 너는 네 말
대로 속히 왕복과 말을 가져다가 대궐
문에 앉은 유다 사람 모르드개에게 행
하되 무릇 네가 말한 것에서 조금도 빠
짐이 없이 하라

11 하만이 왕복과 말을 가져다가 모르드개
에게 옷을 입히고 말을 태워 성 중 거
리로 다니며 그 앞에서 반포하되 왕이
존귀하게 하시기를 원하시는 사람에게
는 이같이 할 것이라 하니라
12 모르드개는 다시 대궐 문으로 돌아오고
하만은 번뇌하여 머리를 싸고 급히 집
으로 돌아가서
13 자기가 당한 모든 일을 그의 아내 세레
스와 모든 친구에게 말하매 그 중 지혜
로운 자와 그의 아내 세레스가 이르되
모르드개가 과연 유다 사람의 후손이면
당신이 그 앞에서 굴욕을 당하기 시작
하였으니 능히 그를 이기지 못하고 분
명히 그 앞에 엎드러지리이다
14 아직 말이 그치지 아니하여서 왕의 내
시들이 이르러 하만을 데리고 에스더가
베푼 잔치에 빨리 나아가니라

### 하만의 몰락

7 왕이 하만과 함께 또 왕후 에스더의 잔
치에 가니라
2 왕이 이 둘째 날 잔치에 술을 마실 때
에 다시 에스더에게 물어 이르되 왕후
에스더여 그대의 소청이 무엇이냐 곧
허락하겠노라 그대의 요구가 무엇이냐
곧 나라의 절반이라 할지라도 시행하겠
노라
3 왕후 에스더가 대답하여 이르되 왕이여
내가 만일 왕의 목전에서 은혜를 입었
으며 왕이 좋게 여기시면 내 소청대로
내 생명을 내게 주시고 내 요구대로 내
민족을 내게 주소서
4 나와 내 민족이 팔려서 죽임과 도륙함
과 진멸함을 당하게 되었나이다 만일
우리가 노비로 팔렸더라면 내가 잠잠하
였으리이다 그래도 대적이 왕의 손해를

보충하지 못하였으리이다 하니
5 아하수에로 왕이 왕후 에스더에게 말하
여 이르되 감히 이런 일을 심중에 품은
자가 누구며 그가 어디 있느냐 하니
6 에스더가 이르되 대적과 원수는 이 악
한 하만이니이다 하니 하만이 왕과 왕
후 앞에서 두려워하거늘
7 왕이 노하여 일어나서 잔치 자리를 떠
나 왕궁 후원으로 들어가니라 하만이
일어서서 왕후 에스더에게 생명을 구하
니 이는 왕이 자기에게 벌을 내리기로
결심한 줄 앎이더라
8 왕이 후원으로부터 잔치 자리에 돌아오
니 하만이 에스더가 앉은 걸상 위에 엎
드렸거늘 왕이 이르되 저가 궁중 내 앞
에서 왕후를 강간까지 하고자 하는가
하니 이 말이 왕의 입에서 나오매 무리
가 하만의 얼굴을 싸더라
9 왕을 모신 내시 중에 하르보나가 왕에
게 아뢰되 왕을 위하여 충성된 말로 고
발한 모르드개를 달고자 하여 하만이
높이가 오십 규빗 되는 나무를 준비하
였는데 이제 그 나무가 하만의 집에 섰
나이다 왕이 이르되 하만을 그 나무에
달라 하매
10 모르드개를 매달려고 한 나무에 하만을
다니 왕의 노가 그치니라

## 유다 사람에게 살 길이 열리다

8 그 날 아하수에로 왕이 유다인의 대적
하만의 집을 왕후 에스더에게 주니라
에스더가 모르드개는 자기에게 어떻게
관계됨을 왕께 아뢰었으므로 모르드개
가 왕 앞에 나오니
2 왕이 하만에게서 거둔 반지를 빼어 모
르드개에게 준지라 에스더가 모르드개
에게 하만의 집을 관리하게 하니라

3 에스더가 다시 왕 앞에서 말씀하며 왕
의 발 아래 엎드려 아각 사람 하만이
유다인을 해하려 한 악한 꾀를 제거하
기를 울며 구하니
4 왕이 에스더를 향하여 금 규를 내미는
지라 에스더가 일어나 왕 앞에 서서
5 이르되 왕이 만일 즐거워하시며 내가
왕의 목전에 은혜를 입었고 또 왕이 이
일을 좋게 여기시며 나를 좋게 보실진
대 조서를 내리사 아각 사람 함므다다
의 아들 하만이 왕의 각 지방에 있는
유다인을 진멸하려고 꾀하고 쓴 조서를
철회하소서
6 내가 어찌 내 민족이 화 당함을 차마
보며 내 친척의 멸망함을 차마 보리이
까 하니
7 아하수에로 왕이 왕후 에스더와 유다인
모르드개에게 이르되 하만이 유다인을
살해하려 하므로 나무에 매달렸고 내가
그 집을 에스더에게 주었으니
8 너희는 왕의 명의로 유다인에게 조서를
뜻대로 쓰고 왕의 반지로 인을 칠지어
다 왕의 이름을 쓰고 왕의 반지로 인친
조서는 누구든지 철회할 수 없음이니라
하니라
9 그 때 시완월 곧 삼월 이십삼일에 왕의
서기관이 소집되고 모르드개가 시키는
대로 조서를 써서 인도로부터 구스까지
의 백이십칠 지방 유다인과 대신과 지
방관과 관원에게 전할새 각 지방의 문
자와 각 민족의 언어와 유다인의 문자
와 언어로 쓰되
10 아하수에로 왕의 명의로 쓰고 왕의 반
지로 인을 치고 그 조서를 역졸들에게
부쳐 전하게 하니 그들은 왕궁에서 길
러서 왕의 일에 쓰는 준마를 타는 자들

이라

11 조서에는 왕이 여러 고을에 있는 유다
인에게 허락하여 그들이 함께 모여 스
스로 생명을 보호하여 각 지방의 백성
중 세력을 가지고 그들을 치려하는 자
들과 그들의 처자를 죽이고 도륙하고
진멸하고 그 재산을 탈취하게 하되
12 아하수에로 왕의 각 지방에서 아달월
곧 십이월 십삼일 하루 동안에 하게 하
였고
13 이 조서 초본을 각 지방에 전하고 각
민족에게 반포하고 유다인들에게 준비
하였다가 그 날에 대적에게 원수를 갚
게 한지라
14 왕의 어명이 매우 급하매 역졸이 왕의
일에 쓰는 준마를 타고 빨리 나가고 그
조서가 도성 수산에도 반포되니라
15 모르드개가 푸르고 흰 조복을 입고 큰
금관을 쓰고 자색 가는 베 겉옷을 입고
왕 앞에서 나오니 수산 성이 즐거이 부
르며 기뻐하고
16 유다인에게는 영광과 즐거움과 기쁨과
존귀함이 있는지라
17 왕의 어명이 이르는 각 지방, 각 읍에
서 유다인들이 즐기고 기뻐하여 잔치를
베풀고 그 날을 명절로 삼으니 본토 백
성이 유다인을 두려워하여 유다인 되는
자가 많더라

### 유다 사람이 대적들을 진멸하다

9 아달월 곧 열두째 달 십삼일은 왕의 어
명을 시행하게 된 날이라 유다인의 대
적들이 그들을 제거하기를 바랐더니 유
다인이 도리어 자기들을 미워하는 자들
을 제거하게 된 그 날에
2 유다인들이 아하수에로 왕의 각 지방,
각 읍에 모여 자기들을 해하고자 한 자

를 죽이려 하니 모든 민족이 그들을 두
려워하여 능히 막을 자가 없고
3 각 지방 모든 지방관과 대신들과 총독
들과 왕의 사무를 보는 자들이 모르드
개를 두려워하므로 다 유다인을 도우니
4 모르드개가 왕궁에서 존귀하여 점점 창
대하매 이 사람 모르드개의 명성이 각
지방에 퍼지더라
5 유다인이 칼로 그 모든 대적들을 쳐서
도륙하고 진멸하고 자기를 미워하는 자
에게 마음대로 행하고
6 유다인이 또 도성 수산에서 오백 명을
죽이고 진멸하고
7 또 바산다다와 달본과 아스바다와
8 보라다와 아달리야와 아리다다와
9 바마스다와 아리새와 아리대와 왜사다
10 곧 함므다다의 손자요 유다인의 대적
하만의 열 아들을 죽였으나 그들의 재
산에는 손을 대지 아니하였더라
11 그 날에 도성 수산에서 도륙한 자의 수
효를 왕께 아뢰니
12 왕이 왕후 에스더에게 이르되 유다인
이 도성 수산에서 이미 오백 명을 죽이
고 멸하고 또 하만의 열 아들을 죽였으
니 왕의 다른 지방에서는 어떠하였겠느
냐 이제 그대의 소청이 무엇이냐 곧 허
락하겠노라 그대의 요구가 무엇이냐 또
한 시행하겠노라 하니
13 에스더가 이르되 왕이 만일 좋게 여기
시면 수산에 사는 유다인들이 내일도
오늘 조서대로 행하게 하시고 하만의
열 아들의 시체를 나무에 매달게 하소
서 하니
14 왕이 그대로 행하기를 허락하고 조서를
수산에 내리니 하만의 열 아들의 시체
가 매달리니라

15 아달월 십사일에도 수산에 있는 유다인
이 모여 또 삼백 명을 수산에서 도륙하
되 그들의 재산에는 손을 대지 아니하
였고
16 왕의 각 지방에 있는 다른 유다인들이
모여 스스로 생명을 보호하여 대적들에
게서 벗어나며 자기들을 미워하는 자
칠만 오천 명을 도륙하되 그들의 재산
에는 손을 대지 아니하였더라
17 아달월 십삼일에 그 일을 행하였고 십
사일에 쉬며 그 날에 잔치를 베풀어 즐
겼고
18 수산에 사는 유다인들은 십삼일과 십사
일에 모였고 십오일에 쉬며 이 날에 잔
치를 베풀어 즐긴지라
19 그러므로 시골의 유다인 곧 성이 없는
고을고을에 사는 자들이 아달월 십사일
을 명절로 삼아 잔치를 베풀고 즐기며
서로 예물을 주더라

### 부림일

20 모르드개가 이 일을 기록하고 아하수에
로 왕의 각 지방에 있는 모든 유다인에
게 원근을 막론하고 글을 보내어 이르
기를
21 한 규례를 세워 해마다 아달월 십사일
과 십오일을 지키라
22 이 달 이 날에 유다인들이 대적에게서
벗어나서 평안함을 얻어 슬픔이 변하여
기쁨이 되고 애통이 변하여 길한 날이
되었으니 이 두 날을 지켜 잔치를 베풀
고 즐기며 서로 예물을 주며 가난한 자
를 구제하라 하매
23 유다인이 자기들이 이미 시작한 대로
또한 모르드개가 보낸 글대로 계속하여
행하였으니
24 곧 아각 사람 함므다다의 아들 모든 유

다인의 대적 하만이 유다인을 진멸하기
를 꾀하고 부르 곧 제비를 뽑아 그들을
죽이고 멸하려 하였으나
25 에스더가 왕 앞에 나아감으로 말미암아
왕이 조서를 내려 하만이 유다인을 해
하려던 악한 꾀를 그의 머리에 돌려보
내어 하만과 그의 여러 아들을 나무에
달게 하였으므로
26 무리가 부르의 이름을 따라 이 두 날을
부림이라 하고 유다인이 이 글의 모든
말과 이 일에 보고 당한 것으로 말미
암아
27 뜻을 정하고 자기들과 자손과 자기들과
화합한 자들이 해마다 그 기록하고 정
해 놓은 때 이 두 날을 이어서 지켜 폐
하지 아니하기로 작정하고
28 각 지방, 각 읍, 각 집에서 대대로 이
두 날을 기념하여 지키되 이 부림일을
유다인 중에서 폐하지 않게 하고 그들의
후손들이 계속해서 기념하게 하였더라
29 아비하일의 딸 왕후 에스더와 유다인
모르드개가 전권으로 글을 쓰고 부림에
대한 이 둘째 편지를 굳게 지키게 하되
30 화평하고 진실한 말로 편지를 써서 아
하수에로의 나라 백이십칠 지방에 있는
유다 모든 사람에게 보내어
31 정한 기간에 이 부림일을 지키게 하였
으니 이는 유다인 모르드개와 왕후 에
스더가 명령한 바와 유다인이 금식하며
부르짖은 것으로 말미암아 자기와 자기
자손을 위하여 정한 바가 있음이더라
32 에스더의 명령이 이 부림에 대한 일을
견고하게 하였고 그 일이 책에 기록되
었더라

### 왕과 모르드개가 높임을 받다

10 아하수에로 왕이 그의 본토와 바다 섬

들로 하여금 조공을 바치게 하였더라
2 왕의 능력 있는 모든 행적과 모르드개
를 높여 존귀하게 한 사적이 메대와 바
사 왕들의 일기에 기록되지 아니하였
느냐
3 유다인 모르드개가 아하수에로 왕의 다
음이 되고 유다인 중에 크게 존경받고
그의 허다한 형제에게 사랑을 받고 그
의 백성의 이익을 도모하며 그의 모든
종족을 안위하였더라

# 십계명

하나님이 이 모든 말씀으로 말씀하여 이르시되,
나는 너를 애굽 땅, 종 되었던 집에서 인도하여 낸 네 하나님 여호와니라.

제일은, 너는 나 외에는 다른 신들을 네게 두지 말라.

제이는, 너를 위하여 새긴 우상을 만들지 말고,
또 위로 하늘에 있는 것이나 아래로 땅에 있는 것이나
땅 아래 물속에 있는 것의 어떤 형상도 만들지 말며,
그것들에게 절하지 말며, 그것들을 섬기지 말라.
나 네 하나님 여호와는 질투하는 하나님인즉,
나를 미워하는 자의 죄를 갚되 아버지로부터 아들에게로
삼사 대까지 이르게 하거니와, 나를 사랑하고
내 계명을 지키는 자에게는 천 대까지 은혜를 베푸느니라.

제삼은, 너는 네 하나님 여호와의 이름을 망령되게 부르지 말라.
여호와는 그의 이름을 망령되게 부르는 자를
죄 없다 하지 아니하리라.

제사는, 안식일을 기억하여 거룩하게 지키라.
엿새 동안은 힘써 네 모든 일을 행할 것이나
일곱째 날은 네 하나님 여호와의 안식일인즉,
너나 네 아들이나 네 딸이나 네 남종이나 네 여종이나
네 가축이나 네 문안에 머무는 객이라도
아무 일도 하지 말라.
이는 엿새 동안에 나 여호와가 하늘과 땅과 바다와
그 가운데 모든 것을 만들고 일곱째 날에 쉬었음이라.
그러므로 나 여호와가 안식일을 복되게 하여
그 날을 거룩하게 하였느니라.